LETTRES
DE
S. JÉRÔME
TRADUITES EN FRANÇOIS

Sur les Editions & sur plusieurs manuscrits très-anciens ;

Avec des Notes exactes & beaucoup de Remarques sur les endroits difficiles.

Par Dom GUILLAUME ROUSSEL, *Religieux Benedictin de la Congrégation de S. Maur.*

TOME PREMIER.

A PARIS,
Chez LOUIS ROULLAND, ruë S. Jacques, à S. Loüis & aux Armes de la Reine.

M. DCC. IV.
AVEC APPROBATION ET PRIVILEGE DU ROY.

PREFACE.

L E nom de S. Jerôme est si grand & si respectable dans l'Eglise, sa doctrine est si pure & si autorisée, ses maximes si saintes & si édifiantes, que l'on a tout sujet d'esperer que la traduction de ses Lettres que l'on donne ici au public, sera reçûë avec plaisir de tous ceux qui aiment la veritable & solide pieté. Tout le monde sçait que ce grand Saint a été la gloire & l'ornement d'un siecle que plusieurs Grands Hommes ont illustré par leur science & par leurs vertus. Le desir de se consacrer aux exercices de la penitence, & l'attrait qu'il eut pour la solitude, le porterent d'abord à se cacher dans l'affreux desert de la Calcide. Là separé du commerce de tous les hommes, il n'eut pour toute compagnie que les bêtes farouches, pour toute possession que sa bibliotheque qui faisoit & sa richesse & ses delices, pour toute consolation que celle qu'il goû-

PREFACE.

toit dans la méditation de la loi du Seigneur, & dans l'étude de l'Ecriture sainte.

Mais Dieu qui se plaît à élever les humbles, & qui ne vouloit pas laisser sous le boisseau cette brillante lumiere capable d'éclairer tout Israël, le tira bien-tôt de cette obscurité à laquelle il s'étoit condamné lui-même. La voix de cet illustre Anachoréte commença à se faire entendre du fond de sa retraite, & à retentir parmi les rochers de son desert. La reputation de sa science & l'éclat de ses vertus percerent les tenebres de sa solitude; & cette source d'eau vive après avoir coulé quelque temps parmi les sables brulants de la Syrie, se répandit ensuite par toute l'Eglise, & porta l'abondance dans le champ du Seigneur. Toutes les Nations de la terre le consulterent comme leur oracle; la France, l'Espagne, l'Italie, l'Allemagne, l'Afrique, la Grece, toutes les Eglises d'Orient & d'Occident, rechercherent ses ouvrages, & n'épargnerent rien pour s'enrichir de ce precieux tresor. Tous les Savans lui proposerent leurs doutes, & l'on vit en peu de tems le Monastere de Bethléem devenir sous un si grand Maitre l'école de toute l'Eglise. Il fut admiré de ceux même qui étoient l'admiration de leur siecle. Le Grand Augustin le consulta sur ses difficultez, & l'écouta comme son Maître: Le Pape Damase ne crut pas déroger à la grandeur & à la dignité de son Siége, en consultant ce savant Solitaire sur les questions les plus difficiles de l'Ecriture sainte. Il voulut même en quelque façon partager avec lui le poids du Souverain Pontificat & le soin de toutes les Eglises, en se servant de sa plume pour écrire les Lettres Synodales, & de ses conseils pour regler les affaires Ecclesiastiques.

Il trouva dans Rome un théatre digne de son érudition & de sa vertu. Il y fut si universellement estimé, que tout le monde le jugea digne du premier trône de l'Eglise. Son merite lui attira l'estime & l'amitié de tous les gens de bien, & il n'eut pour ennemis que ceux qui le sont de la pieté & de la Religion, je veux dire les Heretiques & les Libertins, parce qu'il se declara toûjours hautement contre l'erreur & contre les vices. On ne sçauroit exprimer les grands exemples qu'il donna, & les grands fruits qu'il fit

PREFACE.

dans cette Capitale du monde. Ce fut là qu'il acheva ce que le Grand Athanase avoit commencé, en inspirant aux Romains l'estime & l'amour de l'état Monastique, dont la seule idée avoit jusqu'alors revolté l'orgueil & la delicatesse des ames charnelles. Ce fut là qu'il établit une école de chasteté & de continence, où une infinité de Vierges & de Veuves également distinguées dans le monde par leur naissance & par leurs vertus, venoient apprendre à mener une vie sainte parmi les scandales du siecle, pauvre parmi les richesses, penitente au milieu des delices, humble jusque dans le centre de l'orgueil & de la vanité mondaine. C'est à l'école & sous la conduite de ce Grand-Homme que se formerent les Marcelles, les Paules, les Eustoquies, les Aselles, les Fabioles, & qu'elles s'éleverent à ce haut point de perfection & de sainteté qui a fait tant d'honneur à la Religion, & qui les a rendues dignes d'être mises au nombre des Saints.

C'est à ces Dames Romaines que s'adressent la plûpart des Lettres dont l'on donne ici la traduction. C'est là que l'on trouve les regles qu'elles ont suivi, & qui les ont sanctifiées ; regles

PREFACE.

si belles, si sûres, si Chrétiennes, que le Concile d'Aix-la-Chapelle assemblé l'an 816. sous Loüis le Debonnaire, a cru ne pouvoir proposer un plus beau modéle aux Vierges consacrées à Dieu. C'est aussi dans la lecture de ces mêmes Lettres que sainte Therese trouva dequoi calmer les agitations de son cœur, l'onction interieure qui la détacha entierement des creatures, & la lumiere qui la conduisit dans la voye de la perfection jusques à ce haut degré de vertu où JESUS-CHRIST l'a élevée. On y trouve en effet tout ce qui peut les rendre également utiles & agreables, une éloquence naturelle qui charme, une érudition profonde qui instruit, un tour delicat qui plaît, une diversité agreable qui attache, une onction secrete qui penetre, une pieté sincere qui édifie, des veritez sensibles qui persuadent, des maximes saintes qui touchent, une morale pure & solide qui sanctifie. Soit qu'il s'éleve contre le vice, soit qu'il exhorte à la vertu, il ne s'écarte jamais des maximes de l'Evangile, reduisant tout aux principes établis par JESUS-CHRIST & par les Apôtres. On ne voit rien dans ses Lettres qui puisse favoriser ou

á iiij

PRÉFACE.

le relâchement des mondains qui donnent au vice le nom de vertu, ou les illusions des faux-devots qui introduisent dans les mœurs de fausses vertus plus dangereuses encore que les vices. Il adresse la plûpart de ses Lettres à des personnes de la premiere qualité, nez dans les grandeurs, élevez dans les plaisirs, nourris dans la molesse, consacrez dès leur enfance à l'ambition & à la vanité ; gens qui ordinairement s'imaginent être formez d'une boüe plus precieuse que celle du reste des hommes, & qui croient que leur condition les élevant au dessus des autres, doit en même-tems les affranchir des loix que Jesus-Christ impose au commun des Chrétiens. Mais bien loin de flater en cela leur orgueil & leur delicatesse, il leur fait voir que la veritable noblesse consiste dans la vertu ; que les richesses ne sont dignes que d'être foulées aux pieds, que l'humilité est la vertu de tous les Chrétiens ; que rien ne releve davantage l'éclat des grandeurs que le mépris qu'on en fait ; & que les Grands du monde sont d'autant plus obligez de veiller sur leur cœur, & de reprimer par une mortification continuelle la vivacité de leurs passions & les mouvemens déreglez de la nature, que tout est piége pour eux dans la condition où Dieu les a fait naître.

Comme on ne trouve rien de mou & de relaché dans sa Morale, aussi n'y voit-on rien d'outré & de superstitieux. L'Evangile seul est sa regle, & les pratiques de devotion qu'il prescrit, sont les mêmes que JESUS-CHRIST nous a enseignées. Il porte ceux ausquels il écrit à la plus haute perfection, mais il ne les y conduit point par des routes nouvelles ; il suit toûjours celles que le Sauveur nous a tracées. On n'y verra point cette devotion sterile, ces vertus oisives, cette foi vuide de bonnes œuvres, cette charité infructueuse, cette pieté chimerique, ces speculations creuses, toutes ces pratiques visionaires & extravagantes qu'une imagination échauffée a inventées, ou que le rafinement d'une spiritualité mal entendüe a introduites dans la morale sous le nom de pur amour. Tout cela n'est point de son goût ; il s'attache à l'essentiel, il va au solide, & les vertus qu'il enseigne sont celles de tous les Chrétiens. Il demande une devotion reglée par le

PREFACE.

devoir, une oraison assaisonnée par la lecture, une retraite adoucie par le travail, une innocence soutenüe par le jeûne, une penitence moderée par la discretion, une foi agissante par la charité, une charité féconde en bonnes œuvres; en un mot des vertus d'état, & conformes à la profession qu'on a embrassée.

Il y a peu d'états dont il n'explique les obligations & les devoirs. Il apprend aux Evêques à édifier leurs Peuples par leurs exemples, à les former par leurs instructions, à les secourir par leurs aumônes : aux Prêtres à soutenir la dignité de leur ministere par la sainteté de leur vie, & à éviter tout ce qui peut blesser non seulement la conscience, mais même la reputation d'un Ministre de JESUS-CHRIST : aux Solitaires à s'éloigner du commerce du monde, & à se sanctifier dans leur solitude par la priere, par le jeûne, par le travail des mains, & par l'étude de l'Ecriture sainte : aux Vierges à chercher dans la retraite & dans la penitence un azile à leur chasteté, & à ne s'occuper que des choses de Dieu, *afin d'être saintes & de corps & d'esprit*: Aux veuves

PREFACE.

à s'affranchir du joug de la vanité, à n'user de leur liberté que pour suivre JESUS-CHRIST, à tourner du côté de Dieu toutes les affections d'un cœur que l'homme avoit partagé : aux personnes mariées à donner à leurs enfans une éducation Chrétienne, à maintenir la paix dans leurs familles par des complaisances reciproques, & à éviter soigneusement tout ce qui peut troubler le repos & empoisonner les douceurs de la société.

Outre les Lettres où saint Jerôme donne des regles pour bien vivre, il y en a plusieurs autres qui ne sont ni moins belles ni moins édifiantes. Dans les unes il affermit nôtre foi contre les erreurs qui s'éleverent de son tems, & dont la plûpart ont été renouvellées par les Heretiques de ces derniers siecles. Dans les autres il celebre la memoire & fait l'éloge de plusieurs personnes distinguées par leur pieté, & dont les exemples sont très propres à inspirer l'amour de la vertu. Il traite tout cela avec tant d'éloquence & de delicatesse, & il sçait si bien l'art d'y faire entrer ce qu'il y a de plus pathetique dans l'Ecriture sainte, de plus curieux dans l'histoire Ecclesiasti-

PREFACE.

que & profane, de plus recherché dans les Philosophes, de plus sublime dans les Orateurs, de plus ingenieux dans les Poëtes, qu'il ne peut manquer de toucher les Lecteurs les plus insensibles, & d'attacher les plus indifferens.

Il faut neanmoins avoüer qu'il s'éleve quelquefois si haut, qu'on le perd en quelque façon de vûë. Il y a dans quelques-unes de ses Lettres des endroits si difficiles & si mêlez de sens spirituels & anagogiques qu'il tire de l'explication de quelques mots Hebreux, qu'on se trouve pour ainsi dire tout ébloüi en les lisant. Cette maniere d'écrire étoit du goût de son siecle, mais elle ne l'est pas tant du nôtre, qui aime tout ce qui est naturel, & qui haït tout ce qui paroît trop élevé. Au reste ces endroits sont rares, & quelques secs & dégoûtans qu'ils paroissent à quelques-uns, ceux qui savent & qui aiment l'Ecriture sainte, y découvrent des beautez qui échapent à des yeux moins clair-voïans.

Ces difficultez n'ont point arrêté l'Auteur qui a donné au Public il y a environ 25. ans *les Lettres choisies de saint Jerôme*; il a cru que le plus court & le plus aisé étoit de les passer tout-à-fait. Je ne prétens point faire ici la critique de sa Tra-

PREFACE.

duction ; il faut être exemt de defauts pour relever ceux des autres, & c'est de quoi je n'ose me flater. Je me contenterai de dire qu'il la faite sur un petit volume *in seize* intitulé : *Epistola selecta sancti Hieronymi*, où la plûpart des Lettres de saint Jerôme sont tronquées & imparfaites. Les defauts de l'Original ont passé dans sa Traduction, de maniere que telle Lettre qui dans celle-ci a plus de soixante pages, n'en a pas plus de dix ou douze dans la sienne. On ne peut point nous reprocher ce defaut ; on donne ici les Lettres de saint Jerôme toutes entieres. Quand on y a rencontré des difficultez, on a tâché de les expliquer par des Notes courtes qu'on a mis à la marge, & lors qu'on a été obligé de leur donner une explication plus étendüe, on les a éclaircies par des Remarques que l'on trouvera à la fin de chaque volume.

Profitez donc, mon cher Lecteur, de la pieté, de l'érudition & des lumieres d'un des plus Grands hommes qui ait jamais été dans l'Eglise, & entrez dans les sentimens de Nepotien, qui aïant reçu une Lettre de saint Jerôme, *se vantoit de posseder un trésor d'un prix infini, & qui surpassoit toutes les richesses de Darius & de Crésus.*

Lettre 37. à Heliodore.

APPROBATION.

J'Ai lû par ordre de Monseigneur le Chancelier le livre qui a pour titre *Lettres de saint Jerôme traduites en françois sur*, &c. & n'y ai rien trouvé de contraire à la foi ni aux bonnes mœurs. A Paris le vintiéme Mai 1703.

GALLIOT.

Communauté des Marchands Libraires & Imprimeurs de Paris ; le tout à peine de nullité des Présentes, du contenu desquelles Nous vous mandons & enjoignons faire joüir & user ledit Exposant & ses aïans cause pleinement & paisiblement, cessant & faisant cesser tout troubles & empêchemens contraires : Voulons qu'en mettant au commencement ou à la fin dudit Livre l'Extrait des Présentes, elles soient tenuës pour deüement signifiées, & qu'aux copies collationnées par l'un de nos amez & feaux Conseillers Secretaires foi soit ajoûtée comme à l'original : Commandons au premier nôtre Huissier ou Sergent sur ce requis, faire pour l'execution des presentes tous Exploits, Significations, & autres Actes de Justice requis & necessaires, sans pour ce demander autre permission ; nonobstant clameur de Haro, Chartre Normande & Lettres à ce contraires : CAR tel est nôtre plaisir. Donné à Versailles le vingt-neuviéme jour de Janvier l'an de grace mil six cens quatre-vingt dix-neuf, & de nôtre Regne le cinquante-sixiéme. Par le Roi en son Conseil,

DE S. HILAIRE.

Et Dom GUILLAUME ROUSSEL a cedé son droit du present Privilege à LOUIS ROULLAND Libraire à Paris, pour en joüir suivant l'accord fait entre eux.

Regiftré sur le Livre de la Communauté des Imprimeurs & Libraires, conformément aux Reglemens. A Paris le premier Juillet 1699.

C. BALLARD, *Syndic.*

Achevé d'imprimer pour la premiere fois le vingt-sixiéme Novembre 1703.

LETTRES
DE
SAINT JEROME.

PREMIERE LETTRE.
A HELIODORE.

Heliodore s'étoit retiré avec S. Jérôme dans le desert de Syrie, pour y faire profession de la vie solitaire; mais il abandonna & son ami & le desert, sous prétexte de quelque affaire de famille. S. Jérôme sensible à la perte d'un ami qui lui étoit si cher, l'exhorte par cette lettre à revenir; & pour l'y engager, il lui représente d'une maniére vive & touchante, les obligations de son état, les dangers du siécle, le poids des dignitez Ecclesiastiques, & les douceurs de la vie solitaire.   *Ecrite l'an 371.*

'Est par l'amitié sincére que la charité a formée entre nous, & par les sentimens de vôtre propre cœur, que vous devez juger de l'affection & de l'empressement avec lequel j'ai taché de vous retenir avec moi dans le desert.

Cette lettre même que je vous écris, & que mes larmes ont presque effacée, fait assez voir de quelle douleur je fûs penetré à vôtre depart, & combien de soupirs & de gemissemens il me coûta. Mais semblable à un petit enfant, dont les maniéres sont douces & flateuses, vous sçûtes si bien adoucir par vos caresses, le mepris que vous faisiez de mes priéres, que je ne sçûs alors quel parti prendre. En effet, que pouvois-je faire? Devois-je demeurer dans le silence? Je n'étois pas assez maître de mes sentimens, pour pouvoir dissimuler ce que je souhaitois avec tant de passion. Devois-je vous presser davantage? vous ne daigniez pas seulement m'écouter, parceque vous ne repondiez pas à l'amitié que j'avois pour vous. Quelques inutiles qu'aient été les efforts que je fis alors pour vous retenir avec moi, je veux bien encore aujourd'hui aller vous chercher, tout éloigné que vous êtes. C'est tout ce que peut faire la charité meprisée, & c'est là la seule resource qui lui reste.

Puis donc qu'en partant vous me priâtes de vous écrire, & que je vous promis de le faire, dés que je serois entré dans le desert, pour vous exhorter à m'y suivre; je m'acquite aujourd'hui de ma promesse, hastez-vous donc de venir. N'allez pas rappeller le souvenir des [a] extremitez facheuses où vous vous vîtes re-

---

a L'Edition d'Erasme porte: *Nolo pristinarum necessitudinum recorderis.... Nolo te longinquæ peregrinationis terreat difficultas.* C'est à dire, *que le souvenir de vos premiers* attachemens *ne vous revienne pas. Que les peines & les difficultez d'un long voiage, ne vous* épouventent point. L'on a cru que ce sens; quoique bon, n'étoit pas celui de S. Jerôme. C'est pourquoi l'on s'est attaché aux manuscrits, qui tous, sans exception, portent: *pristinarum necessitatum.... antiquæ peregrinationis.*

duit la prémiere fois : ce n'est que par un dépouïllement universel qu'on arrive à la perfection que demande la vie solitaire. Que les peines & les difficultez qu'il vous falut essuïer dans nôtre prémier voiage, ne vous épouvantent point : Si vous croïez en JESUS-CHRIST, vous devez ajoûter foi à ce qu'il dit dans l'Evangile : *Cherchez prémierement le Roïaume de Dieu, & toutes ces choses vous seront données comme par surcroît. Ne portez avec vous ni sac, ni bâton ;* car c'est être fort riche, que d'être pauvre avec JESUS-CHRIST.

Matth. 6, 33.

Mais que fais-je, & à quoi pensai-je de vous prier encore ? laissons là les priéres & les caresses : quand l'amour est offensé, il doit se mettre en colére. Aprés vous être moqué de mes priéres, peut-être écouterez-vous mes reproches. Soldat efféminé, que faites-vous dans la maison de vôtre pere ? Quels retranchemens y faites-vous pour vous fortifier contre vos ennemis ? quels hivers y passez-vous sous les tentes & les pavillons ? Déja l'on entend sonner la trompette du haut du Ciel ; déja l'on voit paroître au milieu des nüées nôtre General, qui vient les armes à la main pour combatre le Monde : armé qu'il est d'une épée à deux tranchants qui sort de sa bouche, il coupe & renverse déja tout ce qu'il rencontre. Il fait beau vous voir, dans une pareille conjoncture, sortir de vôtre chambre pour aller au combat, & quitter l'ombre pour vous exposer aux ardeurs du soleil. Un corps accoûtumé à la mollesse des habits, ne sçauroit supporter le poids d'une cuirasse : le casque est un fardeau trop pesant pour une tête qui n'est

Apoc. 1. 16.

A ij

couverte que de linge : une main delicate, & qui s'est laisſée amollir par une longue oiſiveté, trouve la poignée d'une épée trop dure, & trop difficile à manier. Ecoutez les paroles de vôtre Roi : *Celui qui n'eſt pas avec moi, eſt contre moi ; & celui-là diſſipe, qui n'amaſe pas avec moi.* Souvenez-vous du jour que vous vous enrôlâtes, & qu'enſeveli avec JESUS-CHRIST par le baptême, vous vous obligeâtes par ſerment à le ſervir, & à lui ſacrifier juſqu'à vôtre pere & vôtre mere. Déja le demon fait tous ſes efforts pour étouffer JESUS-CHRIST dans vôtre cœur ; & les ennemis de vôtre ſalut ne voïent qu'à regret entre vos mains, la ſolde que vous reçûtes lors que vous vous engageâtes à ſon ſervice. Quelques careſſes que vôtre ᵃ petit neveu vous faſſe pour vous retenir ; quoique vôtre mere les cheveux épars & les habits dechirés, vous montre le ſein qui vous a alaité ; quoique vôtre pere ſe couche ſur le ſuëil de la porte pour vous empeſcher de paſſer : foulez-le courageuſement aux piés, & ſans verſer une ſeule larme, courez promtement vous ranger ſous l'étendart de la Croix. C'eſt une eſpece de pieté que d'être cruel dans ces occaſions, & ce n'eſt que dans de pareilles conjonctures qu'il eſt permis de l'être. Un jour viendra que vous retournerez victorieux en vôtre patrie, & que comme un brave ſoldat, vous marcherez la couronne ſur la tête au milieu de la Jeruſalem celeſte. Alors devenu avec S. Paul citoien du Ciel, vous y demanderez

Luc 11. 23.

---

a Il s'appelloit Nepotien, & c'eſt à lui que S. Jerôme adreſſe la Lettre XV.

le droit de cité pour vos parens ; & comme c'est moi qui vous ai encouragé à vaincre, j'espere aussi que vous ne m'oublierez pas dans vos priéres.

Au reste je sçai assez quels sont les liens dont vous dites que vous êtes embarassé. Je ne suis pas insensible, & je n'ai pas un cœur incapable de se laisser toucher : je n'ai été ni nourri du lait des tigresses d'Hircanie, ni formé dans le sein des rochers ; J'ai passé comme vous par toutes ces épreuves. Tantôt vôtre sœur, qui est veûve, vous tient tendrement embrasé : tantôt vos esclaves, qui vous ont vû croître dés le berceau, vous demandent à quel maître vous les laissez desormais : tantôt vôtre Gouvernante, qui est aujourd'hui toute cassée de vieillesse ; & vôtre Gouverneur, qui a pour vous la tendresse d'un Pere, vous representent qu'ils n'ont plus guére à vivre, & vous conjurent de ne les point abandonner avant leur mort. Peut-être aussi que vôtre mere avec un sein plat & un front tout ridé, vous repete souvent ces petites chansons qu'elle vous chantoit autrefois pour vous faire têter. Je veux même que l'on vous applique ces paroles du Poëte.

Vôtre illustre Maison en vous seul aujourd'hui, *Virg. Eneid.*
Trouve, prête à tomber, son salutaire appui. 12.

Quand on aime veritablement Dieu, & que l'on craint les peines de l'enfer, l'on n'a point de peine à rompre toutes ces chaînes.

Vous me direz peut-être que l'Ecriture Sainte nous ordonne d'obeïr à nos parens. Je l'avoüe ; mais elle nous apprend aussi que l'on ne peut, sans se perdre, les aimer plus que JESUS-CHRIST. Quoi ? voulez-vous que je m'arrête aux larmes d'une mere, tandis que je vois mon ennemi tout prest à m'ôter la vie ? Voulez-vous que j'abandonne le service de JESUS-CHRIST pour l'amour d'un Pere, moi qui pour l'amour de Jesus-Christ, dois lui refuser jusqu'aux devoirs de la sepulture, que ce même amour m'oblige neanmoins de rendre à tous les hommes ? Le Sauveur ne regarda-t-il pas comme un sujet de scandale les lâches & timides precautions que prenoit S. Pierre pour l'empêcher de souffrir la mort ? Et lors que les fidelles de Cesarée voulurent détourner S. Paul d'aller à Jerusalem, cet Apôtre ne leur repondit-il pas : *C'est en vain que vous pleurez, & que vous tâchez de m'attendrir le cœur : car je suis tout prest de souffrir dans Jerusalem, non seulement la prison, mais la mort même, pour la gloire de Jesus-Christ nôtre Seigneur ?* Lors donc que l'on atttaque nôtre foi par tous ces sentimens de pieté & de tendresse qu'inspire la nature, il faut leur opposer, comme un mur inébranlable, cette parole du Fils de Dieu : *Ceux-là sont ma mere & mes freres, qui font la volonté de mon Pere qui est dans le Ciel.* s'ils croient en JESUS-CHRIST, n'est-il pas de leur devoir de m'aider & de me soûtenir dans les combats où je suis prest de m'engager pour son service ? Que s'ils ne croient point en lui, *laissons les morts ensevelir leurs morts.*

Cela est bon, me direz-vous, lors qu'il s'agit de souffrir le martyre. Vous vous trompez, mon frere, vous vous trompez, si vous croïez qu'un Chrétien n'est pas toûjours en butte aux persecutions ; jamais il n'y est plus dangereusement exposé, que lors qu'il ne s'aperçoit pas de leur violence. Quoi ? nôtre ennemi semblable à un lion rugissant tourne sans cesse au tour de nous, cherchant à devorer quelqu'un ; & vous vous flaterez d'être en paix ? Il se tient en embuscade avec les riches, pour tuer l'innocent dans l'obscurité ; il a toûjours les yeux ouverts sur le pauvre ; il l'épie en cachéte comme un lion en sa caverne ; il dresse des embûches pour perdre le pauvre : tandis que couché à l'ombre d'un agreable feüillage, vous goûtez tranquillement les douceurs du sommeil, sans craindre ce lion furieux dont vous allez bien-tôt devenir la proïe. D'un côté l'amour du plaisir me poursuit sans relâche : de l'autre l'avarice fait tous ses efforts pour s'ouvrir un passage dans mon cœur : tantôt l'intemperance me porte à me faire un Dieu de mon ventre, & à le mettre à la place de JESUS-CHRIST ; tantôt la concupiscence me sollicite à violer le temple du S. Esprit, & à le banir de mon ame. Enfin je me vois continuellement aux prises avec un ennemi qui porte mille noms differens, & qui a un fond inépuisable de malignité & d'artifices. Accablé donc que je suis de tant de miséres, & devenu l'esclave de tant d'ennemis, oserai-je encore me flater d'en avoir triomphé ?

1. Pet. 5. 8.

Psalm. 9. 30

Examinez bien, mon tres-cher frere, tous ces pechez en particulier, pésez-en la malice & grandeur, & ne pensez pas qu'ils soient moins grands & moins énormes que celui de l'idolatrie. Ecoutez sur cela ce que dit l'Apôtre

Ephes. 5. 5. S. Paul: *Sçachez que nul fornicateur, nul impudique, nul* a *avare, nul trompeur (ce qui est une idolatrie) ne sera heritier du Roïaume de* Jesus-Christ *& de Dieu.* Et quoiqu'en general tout ce qui a relation au Demon, soit contraire à Dieu, & que tout ce qui appartient à ce prince des tenebres, à qui toutes les idoles sont consacrées, soit une veritable idolatrie; neanmoins le même Apôtre dit ailleurs en termes exprés: *Faites donc mourir les membres de l'homme terrestre qui est en vous, la fornication, l'impureté, les mauvais desirs, la cupidité, & l'avarice, qui sont une idolatrie, & qui attirent la colére de Dieu sur les hommes rebelles à la verité.* Car le culte que l'on rend aux idoles ne consiste pas seulement à jetter un peu d'encens dans le feu qui brule sur les autels des faux Dieux, ou à prendre du vin dans une coupe, & à le repandre en sacrifice. Pour nier que l'avarice n'est pas une veritable idolatrie, il faut que l'on croie pouvoir donner le nom de justice à la trahison de Judas qui vendit son Maître trente deniers. Pour oser soûtenir que l'on peut sans sacrilége s'abandonner à des passions honteuses, il faut avoir violé par des prostitutions abominables les membres de Jesus-Christ, & soüillé dans le commerce infame de ces personnes qui sont devoüées à la brutalité publique, un

Coloss. 3. 5.

---

a S Jerôme expliquant cet endroit dans son commentaire sur l'epitre aux Ephesien's, entend par *avarice* l'ardeur & la soif insatiable des plaisirs charnels C'est pourquoi il ajoute ici le mot de *trompeur*, ou *seducteur* (*fraudator*) (qui ne se trouve point dans S. Paul Ephes. 5. 5.) faisant allusion à ce que dit cet Apôtre 1. Thessal. 4. 6. *Que personne n'opprime son frere, & ne lui fasse tort dans aucune affaire*: ce que S. Jerôme & quelques autres Interpretes expliquent de l'injure qu'on fait à un homme en portant sa femme à lui manquer de fidelité.

corps que l'on doit offrir à Dieu comme une hostie vivante & agreable à ses yeux. Pour dire que la fraude n'est pas une idolatrie, il faut être semblable à ceux dont il est parlé dans les Actes des Apôtres, qui furent punis de mort subite, pour avoir reservé une partie du prix de l'heritage qu'ils avoient vendu. Songez, mon frere, que vous n'êtes plus le Maître de ce que vous possediez dans le siécle. *Quiconque*, dit le Sauveur, *ne renonce pas à tout ce qu'il possede, ne peut être mon disciple*. Que vous avez peu de zéle & de courage pour un Chrétien ! Voïez un Saint Pierre qui quitte ses filets : considerez un Publicain qui abandonne son bureau, & qui devient Apôtre aussi-tôt. Le Fils de l'homme n'a pas seulement où reposer sa tête ; & vous voulez habiter dans de magnifiques palais, & vous promener dans de superbes galeries ? ª Comment pouvez-vous mettre vôtre esperance dans les biens de la terre, vous qui devez un jour partager avec JESUS-CHRIST l'heritage du Ciel ? Considerez ce que signifie le nom de Moine que vous portez. Que faites-vous dans la foule du monde, vous que ce nom oblige à vivre seul & à l'écart ?

Act. 5. 1.

Luc. 14. 33.

Quand je vous donne ces avis, je ne me flate pas de n'avoir jamais essuïé de tempestes, & d'être toûjours arrivé heureusement au port, sans avoir souffert aucun dommage, ni dans mon vaisseau, ni dans sa charge. Au contraire ce n'est

---

a L'on a suivi ici les manuscrits qui portent : *Hereditatem exspectas saeculi, coheres Christi* ? l'edition d'Erasme fait un autre sens, car elle porte : *Hereditatem exspectans saeculi, coheres Christi esse non poteris*. C'est à dire : si vous mettez vôtre esperance dans les biens de la terre, vous ne pouvez prétendre d'avoir part avec Jesus-Christ à l'heritage du Ciel.

qu'après avoir échoüé depuis peu sur la côte, que tout effraïé encore du naufrage dont je ne fais que de sortir, j'avertis ceux qui veulent s'embarquer sur cette mer orageuse, des perils où ils
» s'exposent ; & que je leur dis d'une voix encore
» toute tremblante: Prenez garde à vous ; car dans
» ce golfe, qui est presque toujours agité de tempê-
» tes, l'amour du plaisir, comme un autre Cha-
» ribde, attire les voiageurs, & les fait perir sans
» resource. Ici l'impureté, semblable au fameux
» écuëil de Scylle, paroît sous le visage agreable
» d'une femme, & fait faire à l'innocence de fune-
» stes naufrages. Cette Côte que vous voïez, est
» habitée par une nation cruelle & barbare. Là le
» Demon avec ses compagnons, court la mer com-
» me un pirate, portant avec soi les chaînes qu'il
» a preparées pour ceux qui tomberont en sa puis-
» sance. Soïez donc toujours sur vos gardes : car
» quoique cette mer paroisse à vos yeux aussi calme
» qu'un étang, & que le vent remüe à peine la su-
» perficie de ses eaux ; neanmoins cette surface si
» unie en apparence, est pleine de hautes monta-
» gnes ; l'ennemi est caché, le peril est au dedans.
» Preparez donc vos cordages, depliez vos voiles,
» imprimez sur vôtre front le signe de la Croix
» pour vous servir de vergue ; car ce calme appa-
» rent est une veritable tempête.

Mais quoi me direz-vous, est-il donc impossible de demeurer dans les villes sans cesser d'être Chrétien ? Vous n'êtes pas, mon frere, sur le même pié que les autres. Ecoutez ce que dit le *Matth. 19.* Fils de Dieu : *Si vous voulez être parfait, allez,* *21.* *vendez tout ce que vous possedez, & donnez-en le* *prix aux pauvres, puis venez & me suivez.* Vous avez fait vœu de tendre à la perfection : car lors que vous avez abandonnez le siécle, & que *vous vous êtes fait eunuque pour le Roiaume du Ciel*, vous vous êtes engagé en même tems à mener une vie parfaite. Or un parfait serviteur de Jesus-Christ, ne doit point avoir d'autre possession que Jesus-Christ même; ou s'il possede quelque chose avec lui, il cesse d'être parfait. Que s'il n'est pas dans cet état de perfection qu'il a promise à Dieu, il n'a pû faire cette promesse sans mensonge ; & *la bouche qui profere le mensonge donne la mort à l'ame.* De tout cela je conclus que si vous êtes parfait, vous ne devez plus desirer les biens de la terre ; & que si vous ne l'êtes pas, vous avez trompé Dieu. Aprés que l'Oracle de l'Evangile nous a dit avec une voix divine & éclatante : *Vous ne sçauriez servir deux maîtres en même tems* ; ose-t-on bien faire mentir Jesus-Christ, en servant tout à la fois & Dieu & l'argent ? Ce divin Sauveur nous dit si souvent : *Si quelqu'un veut venir aprés moi, qu'il renonce à soi même, qu'il prenne sa Croix, & qu'il me suive* ; Et l'on se flate de pouvoir le suivre avec le pesant fardeau des richesses. *Celui qui dit qui croit en* Jesus-Christ, *doit marcher comme* Jesus-Christ *a marché*.

Sap. 1. 11.

Matth. 6. 24.

ibid. 16. 24.

1. Joh. 2. 6.

Vous ne manquerez pas de me répondre, que vous ne possedez plus rien. Mais si cela est que ne combatez-vous donc, puis que ce detachement universel vous rend si propre au combat ? Peut-être croïez-vous pouvoir vous acquiter de tous ces devoirs dans vôtre patrie : mais ne sçavez-vous pas que le Sauveur n'a point fait de miracles dans la sienne ? voulez-vous en sçavoir la raison ? La voici, appuiée de l'autorité de

JESUS-CHRIST même : *C'eſt qu'un Prophete n'eſt jamais conſideré dans ſon païs.* Je ne cherche point la gloire, me direz-vous, & je me contente du témoignage de ma propre conſcience. Le Fils de Dieu ne la cherchoit pas non plus, puis qu'il prit la fuite lors que les peuples voulurent l'élever ſur le trone. Mais les hommes regardent ordinairement avec mépris ceux pour qui ils n'ont aucune conſideration ; des mépris, ils en viennent aux outrages ; les outrages excitent la colére ; la colére nous jette dans le trouble & dans l'agitation ; l'ame troublée & agitée abandonne ſouvent les bons deſſeins qu'elle avoit formés ; cette inquietude la rend foible & languiſſante ; dans cet état d'affoibliſſement & de langueur, elle perd toûjours quelque choſe de ce qu'elle poſſedoit auparavant, & il eſt certain que cette perte ne ſçauroit paſſer pour une perfection. De tout cela l'on doit conclure, qu'un Solitaire qui demeure toûjours dans ſon païs, ne peut jamais s'élever à la perfection de ſon état. Or c'eſt un crime que de ne vouloir pas devenir plus parfait.

Aprés avoir été chaſſé de ce retranchement, vous ne manquerez pas de vous prévaloir de l'exemple des Eccleſiaſtiques ; & comme il eſt conſtant qu'ils demeurent dans leurs villes, vous voudrez voir ſi je ſerai aſſez hardi pour condamner leur conduite. Mais à Dieu ne plaiſe que je parle mal de ceux qui tiennent dans l'Egliſe la place des Apôtres ; qui conſacrent le corps de JESUS-CHRIST par la vertu des paroles qu'ils prononcent ; qui nous ont fait Chrétiens ; qui aïant les clés du Roiaume du Ciel, jugent en quelque façon avant le jour du jugement, & qui conservent l'épouse de Jesus-Christ par une vie chaste & retenuë. Je vous l'ai déja dit; il n'en est pas de solitaires, comme des Ecclesiastiques. Ceux-ci sont les Pasteurs du troupeau de Jesus-Christ; & moi je ne suis qu'une brebis de ce troupeau, qui reçois ma nourriture de leur main. Ils vivent de l'autel; mais pour moi si je manque à y porter mon offrande, l'on me regarde comme un arbre sterile qui n'est bon qu'à être coupé. Ma pauvreté n'est pas même un prétexte legitime, pour me dispenser de cette obligation, puis que Jesus-Christ loüe dans l'Evangile l'action d'une pauvre veuve, qui n'aïant plus que deux piéces de monnoye, ne laissa pas de les jetter dans le tronc. Il ne m'est pas permis de m'asseoir en la presence d'un Prestre: & si je peche, il peut me livrer au Demon pour mortifier ma chair, afin que mon ame soit sauvée au jour du Seigneur. Quand quelqu'un dans l'ancienne loi refusoit d'obeïr aux Prestres, on le condamnoit à être lapidé hors du camp, ou à avoir la tête tranchée, afin de laver dans son sang le mepris qu'il avoit fait de la dignité Sacerdotale. Mais aujourd'hui l'on frape avec le glaive spirituel ceux qui veulent se soustraire à leur autorité, & on les chasse de l'Eglise pour être la proïe des Demons.

Luc 21. 2.

1. Cor. 5. 5.

Deut. 17. 12.

Que si vos freres vous engagent par leurs pieuses sollicitations à prendre l'ordre de la Prestrise; je me réjoüirai de vôtre élevation, mais je craindrai vôtre chûte. Vous me direz peut-être *que de desirer l'Episcopat, c'est souhaiter une fonction & une œuvre sainte.* J'en tombe d'accord : mais ajoûtez ce qui suit : *Il faut donc que l'Evêque soit irreprehensible, qu'il n'ait épousé qu'une* femme, qu'il soit sobre, chaste, prudent, grave & modeste, exerçant l'hospitalité, capable d'instruire; qu'il ne soit ni sujet au vin, ni violent & promt à fraper, mais équitable & moderé. Aprés avoir expliqué dans la suite tous les devoirs des Evêques, l'Apôtre saint Paul préscrit [a] aux ministres du troisiéme Ordre une manière de vie qui n'est ni moins exacte ni moins reguliére. *Il faut aussi*, dit-il, *que les Diacres soient chastes & honnestes; qu'ils ne soient point doubles dans leurs paroles, ni sujets à boire beaucoup de vin; qu'ils ne cherchent point à faire de gain honteux, mais qu'ils conservent le mystere de la foi dans une conscience pure. Qu'on les éprouve donc auparavant, & s'ils sont d'une vie irreprochable, qu'on les admette aux fonctions de leur ministère.* Malheur à celui qui entre dans la sale du festin, sans être vêtu d'une robbe nuptiale; car à quoi doit-il s'attendre, sinon qu'on lui dise aussi-tôt: *Mon ami, comment êtes-vous entré ici?* & que n'aiant rien à répondre, le Roi commande à ses gens de l'emporter hors de la sale, de lui lier les piés & les mains, & de le jetter dans les tenebres exterieures, où il y aura des pleurs & des grincemens de dents. Malheur à celui qui envelopant dans son mouchoir le talent qu'il a reçu, se contente de le mettre en reserve, tandis que les autres le font profiter; car son maître irrité de sa paresse, lui fera aussi-tôt cette rude reprimande: *Méchant serviteur, pourquoi n'avez-vous pas mis mon argent à la banque, afin qu'à mon retour je le retirasse avec les interests?* c'est à dire: Pourquoi ne vous êtes-vous pas dechargé au pié de l'autel d'un fardeau que vous ne pou-

1. Tim. 3. 1.

ibid. 3. 8.

Matth. 22. 11.

Luc. 19. 20.

[a] C'est à dire, aux Diacres.

viez porter? car en gardant mon argent par une paresse & une timidité honteuse, qui vous a empêché de le mettre à profit, vous avez occupé la place d'un autre qui l'auroit fait profiter au double.

De même donc qu'un fidelle Ministre se rend digne d'un rang plus élevé: ainsi celui qui approche indignement du calice du Seigneur, se rend coupable du corps & du sang du Seigneur. Tous ceux qui sont élevez à la dignité Episcopale, ne remplissent pas les devoirs d'un veritable Evêque. Si vous jettez les yeux sur un saint Pierre, jettez-les aussi sur un Judas: Si vous considerez un S. Estienne, regardez en même tems un Nicolas contre qui le Seigneur prononce dans l'Apocalypse une sentence de condemnation; & qui par les dogmes infames & abominables qu'il a inventés, a donné naissance à l'heresie des Nicolaïtes. Ce n'est donc qu'aprés s'être éprouvé soi-même, que l'on doit s'engager dans un si saint ministére. Car les dignitez Ecclesiastiques ne font pas le Chrétien. Corneille le Centenier, tout païen qu'il étoit, fut purifié par les dons du S. Esprit. Daniel n'étant encore qu'un enfant, fut le juge des vieillards. L'esprit de prophetie se repandit tout d'un coup sur Amos, dans le tems qu'il s'occupoit à cüeillir des meures sauvages. David qui n'étoit qu'un berger, fut choisi de Dieu pour être le Roi d'Israël; & Jesus-Christ aima toujours tendrement le plus jeune de ses Apôtres. Mettez-vous, mon cher frere, à la derniere place, afin que l'on vous fasse monter plus haut, lors qu'il arrivera quelqu'un moins distingué que vous. *Sur qui le Seigneur se repose-t-il, sinon sur les humbles & les*

Apoc. 2. 6.

Luc. 14. 10.

Isa. 66. 2.

pacifiques, qui écoutent sa parole avec une crainte respectueuse ? L'on exige davantage de celui à qui l'on a plus donné, *& les puissans seront puissamment tourmentés.* Et que l'on ne se flate point d'une chasteté purement exterieure, puis que les hommes doivent rendre compte au jour du jugement de toutes les paroles inutiles qu'ils auront dites ; & que c'est se rendre coupable d'homicide que de dire des injures à son frere. Il n'est pas aisé de remplir la place d'un Saint Paul, & de tenir le rang d'un Saint Pierre, qui regnent maintenant avec JESUS-CHRIST : ceux qui sont dans un poste si élevé, doivent toûjours apprehender qu'un Ange ne vienne *déchirer le voile de leur temple, & ôter leur chandelier de son lieu.* Si vous avez dessein de bâtir une tour, examinez auparavant à quoi doit se monter l'ouvrage que vous entreprenez. Quand une fois le sel a perdu sa force, il n'est plus bon qu'à être jetté & foulé aux piés par les pourceaux. Si un Solitaire tombe, le Prestre priera pour lui : mais qui priera pour le Prestre, s'il vient lui-même à tomber ?

Aprés m'être heüreusement tiré de ces endroits remplis de tant d'écuëils ; aprés avoir conduit ma barque jusqu'en pleine mer, à travers tant de rochers tout couverts d'écume ; aprés m'être débarassé de toutes ces questions : il faut maintenant que je deplie toutes mes voiles, & qu'à l'exemple des matelots qui sont prests à prendre terre, je jette des cris de joye sur la fin de mon discours. O desert toûjours émaillé des fleurs de JESUS-CHRIST ! ô solitude d'où l'on tire les pierres qui servent à bâtir cette ville du grand Roi dont parle S. Jean dans son Apocalypse !

Sap. 6. 7.

Apoc. 2. 5.
Luc. 14. 28.

lypſe ! ô deſert où l'on a l'avantage de converſer plus familiérement avec Dieu ? Que faites-vous dans le monde, mon frere, vous qui êtes plus grand que le monde? juſques à quand demeurerez-vous à l'ombre des maiſons ? juſques à quand ſerez-vous enfermé dans des villes d'où s'éleve ſans ceſſe une noire fumée ? Croiez-moi, il me ſemble être ici comme dans un nouveau jour : déchargé que je ſuis du poids accablant de mon corps, je prens plaiſir à m'envoler dans un air plus ſerein & plus épuré. Que craignez-vous dans la ſolitude ? la pauvreté ? JEsus-Christ appelle les pauvres Bienheureux : le travail ? on ne couronne les athletes qu'aprés qu'ils ont combatu juſqu'à ſe mettre tout en eau. Eſt-ce le ſoin de vôtre nourriture qui vous inquiéte ? La foi n'apprehende point la faim. Craignez-vous de coucher ſur la dure , & de meurtrir vôtre corps déja affoibli & deſéché par une longue abſtinence ? Le Sauveur y repoſera avec vous. Ne ſçauriez-vous ſouffrir une tête mal-propre & des cheveux negligés ? L'Apôtre ſaint Paul nous apprend que Jesus-Christ eſt la tête de l'homme. La vaſte étenduë d'une affreuſe ſolitude vous fait-elle peur ? vous n'avez qu'à vous promener en eſprit dans le Paradis ; dés que vous y aurez élevé vos penſées, vous ne ſerez plus dans le deſert. Apprehendez-vous que faute de prendre le bain, vôtre peau ne ſe ride, & ne devienne trop rude ? Quand une fois l'on a été lavé en Jesus-Christ , l'on n'a plus beſoin de ſe laver davantage. En un mot, écoutez ce que ſaint Paul répond à toutes vos difficultez : *Toutes les ſouffrances de la vie préſente*, dit cet Apôtre, *n'ont aucune proportion avec cette gloire qui ſera un jour*

Apoc. 21. 18.

1. Cor. 11. 3.

Rom. 8. 18.

decouverte en nous. Ah! mon frere, c'est trop aimer ce qui flate les sens, que de vouloir goûter ici bas toutes les douceurs de la terre, & regner encore avec JESUS-CHRIST dans le Ciel. Un jour viendra que ce corps mortel & corruptible, sera revêtu de l'incorruptibilité & de l'immortalité. Heureux alors le serviteur que son maître aura trouvé veillant. Vous serez alors comblé de joïe, tandis que le bruit de la trompette jettera l'effroi dans l'ame de tous les peuples de la terre. Car lors que le Seigneur paroîtra pour juger le monde, l'on entendra retentir par tout des cris lugubres, & des hurlemens effroïables. L'on verra toutes les Nations dans une consternation generale, se fraper la poitrine, & donner par tout des marques de leur douleur. L'on y verra ces Rois autrefois si puissants & si redoutables, mais alors seuls & dépoüillés de tout leur grandeur, trembler en la présence de leur juge. Venus y paroîtra avec son fils Cupidon, & Jupiter avec sa foudre. Platon accompagné de ses disciples passera alors pour un insensé; & Aristote avec tous ses raisonnemens se verra confondu. Et vous qui aurez toûjours mené une vie pauvre & obscure, vous leur direz alors dans
» le transport de vôtre joïe : Voilà celui qui a été
» crucifié pour moi. Voilà mon Juge, que l'on a vû
» crier dans une étable couvert de méchants haillons.
» Voilà le fils d'un charpentier, & d'une
» pauvre femme qui ne vivoient que du travail de
» leurs mains. Voilà ce Dieu qui étant encore
» dans le sein de sa mere, fut obligé de s'enfuir
» en Egypte, pour se dérober aux poursuites d'un
» homme mortel. Voilà ce Sauveur que l'on a vû
» couronné d'épines, & couvert d'un méchant

morceau d'écarlate. Voilà ce Magicien, ce Pos- »
sedé, ce Samaritain. Regardez, ô Juifs ces »
mains que vous avez percées : Considerez, Ro- »
mains, ce côté que vous avez ouvert : Voïez si »
c'est là le même corps que ses disciples, à ce que »
vous prétendiez, enleverent secretement durant »
la nuit. »

L'amitié que j'ai pour vous, mon cher frere, m'a porté à vous écrire de la sorte, afin que vous puissiez un jour avoir part à cette felicité qui nous coûte aujourd'hui tant de travaux & tant de peines.

II. LETTRE

à Theodose, & à quelques autres Solitaires.

Lors que saint Jerôme meditoit sa retraite, & parcouroit les deserts de Syrie, il écrivit cette lettre à quelques Solitaires qu'il y avoit vûs en passant, il leur témoigne le desir qu'il avoit de demeurer avec eux, & les conjure de lui obtenir de Dieu la grace de perseverer dans le nouveau genre de vie qu'il avoit dessein d'embrasser.

Ecrite vers l'an 370.

QUe je voudrois bien être maintenant avec vous, & quelque indigne que je sois de vous voir, que j'aurois de joïe d'embrasser toute vôtre sainte Communauté ! Je verrois une solitude plus agréable que toutes les villes du monde, & des deserts habités, comme le Paradis terrestre, par une multitude de Saints. Mais puis qu'un aussi grand pecheur que moi ne merite pas de vivre en vôtre compagnie, je vous conjure du moins (& je suis sûr que vous pouvez obtenir cette grace pour moi) de prier Dieu qu'il me delivre des tenebres de ce monde. Je vous l'ai déja dit de bouche, je vous le repete encore aujourd'hui dans cette lettre ; il n'y a rien que je souhaite avec tant de passion, que de me voir affranchi de la servitude du siécle. Menagez-moi donc par vos priéres cette heureuse liberté. C'est à moi à vouloir, mais c'est à vous à m'obtenir la grace de pouvoir exécuter ce que je veux. Je suis comme une brebis malade qui s'est écartée du troupeau : à moins que le bon Pasteur ne me charge sur ses épaules, pour me raporter à la bergerie, je ferai toujours foible & chancelant, & je tomberai dans le tems même que je ferai tous mes efforts pour me relever. Je suis cet Enfant prodigue qui ai consumé dans la débauche tout ce que mon Pere m'avoit donné ; & qui toujours enchanté des plaisirs du monde, ai negligé jusques ici de venir lui demander pardon de mes égaremens. Comme tout ce que j'ai fait pour renoncer à mes desordres, n'a abouti qu'à d'inutiles desirs, & à de vains projets de conversion ; le demon ne cesse de me tendre de nouveaux piéges, & de me faire naître de nouveaux obstacles. Il me semble qu'une vaste mer m'environne de tous côtés ; & dans la situation où je me trouve, je ne sçaurois ni reculer ni avancer. C'est donc de vos priéres que j'attens le vent favorable du Saint Esprit pour continuer ma course, & pour arriver heureusement au port.

III. LETTRE

à ᵃ Julien Diacre.

Saint Jerôme écrivit cette lettre à Julien, pour se justifier de son silence, dont il lui avoit fait quelques reproches. Il le remercie aussi de lui avoir appris que sa sœur perseveroit toûjours dans ses bons sentimens, & le prie de continuer à prendre soin de sa conduite.

Ecrite vers l'an 371.

ON dit ordinairement, que les menteurs ne meritent aucune créance, lors même qu'ils disent la verité. Les reproches que vous me faites de mon silence, me font assez connoître que c'est là l'idée que vous avez conçuë de moi. Vous dirai-je que je vous ai écrit plusieurs lettres, & qu'il faut que les Messagers n'aïent pas eu soin de vous les rendre ? C'est là, me direz-vous, l'excuse ordinaire de tous ceux qui sont paresseux à écrire. Dirai-je que je n'ai trouvé personne par qui je pûsse vous faire tenir mes lettres ? vous me répondrez que je n'ai pas manqué d'occasions. Vous soûtiendrai-je que je n'en ai laissé échaper aucune ? Ceux que j'ai chargé de mes lettres, & qui ne vous les ont point renduës, me soûtiendront aussi que je ne leur en ai point donné; de maniére que nous ne pourrons jamais, éloignés que nous sommes l'un de l'autre, nous éclaircir de la verité. Que ferai-je donc ? Je vous demanderai pardon, tout innocent que je suis ; car après avoir été poussé si

---

ᵃ Ce Julien étoit du païs même de saint Jerôme, comme il paroît par sa lettre à Chromace.

vivement, je croi qu'il m'est plus avantageux de demander la paix, que de faire ferme pour soûtenir le combat. Je pourrois neanmoins vous dire pour ma justification, qu'une maladie continuelle, jointe aux chagrins dont j'étois accablé, m'a reduit à une telle extremité, & mené si prés du tombeau, qu'à peine pouvois-je alors me connoître moi-même. Et afin que vous ne doutiez pas de ce que je vous dis, j'imiterai les Orateurs, & je vous citerai les témoins, aprés avoir emploïé les raisons pour me défendre. Nôtre frere Heliodore étoit ici dans le tems que je fus si malade. Il y étoit venu à dessein de demeurer avec moi dans le desert, mais mes pechez l'en ont chassé. Au reste si mon silence m'a rendu criminel, je sçai le secret de reparer ma faute; c'est de vous écrire souvent. C'est ainsi qu'en jugeoit Horace lors qu'il a dit :

Horat. l. 1. Serm. sat. 3.

De nos Musiciens c'est le vice ordinaire;
Priez-les de chanter, ils font mille façons;
Cessez de les prier, ils ne sçauroient se taire,
Et bientôt vous serez accablé de chansons.

Je vais donc vous accabler desormais de tant de lettres, que vous serez le prémier à me prier de ne vous plus écrire.

J'ai bien de la joïe de ce que ma sœur, qui est vôtre fille en JESUS-CHRIST, continuë à bien faire, & je vous remercie de m'avoir apris le prémier cette agreable nouvelle : car je suis ici dans un lieu où bien loin de sçavoir ce qui se passe en nôtre païs, j'ignore même s'il subsiste encore. *L'Hidre Espagnolle, toujours envenimée con-

a C'estoit quelque Espagnol qui déchiroit la reputation de saint Jerôme. Le nom de ce calom- | niateur nous est inconnu. V. les remar.

tre moi, a beau me dechirer ; j'ai un Juge à qui je dois répondre de mes actions ; je n'apprehende point le jugement des hommes, & l'on peut bien m'appliquer ici ce que le Poëte dit du Sage :

L'Univers periroit, que cet affreux malheur,
Ne feroit pas trembler son intrepide cœur. *Id. l. 3.*
carm. od. 3.

Souvenez-vous donc, je vous prie, de ce que dit l'Apôtre saint Paul, Que nos bonnes œuvres doivent subsister toujours, & aïez soin de vous ménager une recompense éternelle, en travaillant au salut de cette pauvre fille ; & d'augmenter ma joïe en me donnant souvent des nouvelles de sa bonne conduite, qui doit être pour vous & pour elle une source de gloire dans le Ciel. *1. Cor 3.*
14.

IV. LETTRE.

à Chromace, Jovin & Eusebe.

Chromace & Eusebe étoient freres, & natifs d'Aquilée; Jovin étoit leur ami commun. Saint Jerôme leur adressa cette lettre peu de tems après sa retraite, pour se plaindre de leur silence. Il y releve les vertus de Bonose son ancien ami, & y parle de lui-même avec de grands sentimens d'humilité. Enfin il les prie d'écrire à sa sœur pour la soûtenir dans la pratique de la vertu. *Ecrite la même année que la precedente.*

JE n'ai pas crû devoir vous faire mes complimens à part, ni separer dans ma lettre trois amis qui s'aiment avec tant de tendresse, que l'union que la nature a formée entre a les deux freres, n'est pas plus forte ni plus étroite, que celle que l'amitié a fait naître entre tous les trois. J'aurois même souhaité pouvoir renfermer vos trois noms en un seul, comme vôtre lettre sembloit m'engager à le faire, afin de voir trois personnes dans un seul ami, & trois amis dans une seule personne.

b Evagre m'a fait tenir vôtre lettre dans ce vaste desert qui s'étend entre la Syrie & le païs des Sarrazins. La joïe qu'elle m'a donnée, surpasse celle qu'eurent autrefois les Romains, lors qu'aprés la bataille de Cannes, ils virent renaître la felicité & la gloire de leur Empire par la defaite de l'armée d'Hannibal que Marcellus tailla en piéces prés de Nole. Quoi que nôtre cher Evagre, qui m'aime comme lui-même, vienne me voir tres-souvent, cependant comme nous sommes fort éloignés l'un de l'autre, je ne suis pas moins affligé de son absence, que j'avois eu de joïe de vivre avec lui dans le desert.

Je ne suis occupé maintenant que de vôtre chere lettre : tout mon plaisir est de la baiser, de m'entretenir avec elle, de la lire sans cesse. Elle seule sçait parler Latin dans un païs où l'on est obligé de garder le silence, ou d'apprendre un langage à demi barbare. Toutes les fois que je regarde les caracteres qu'une main qui m'est si connuë y a tracés, & dans lesquels il me semble voir des personnes qui me sont si cheres, je m'i-

a Chromace & Eusebe.
b Cet Evagre avoit accompagné saint Jerôme dans son voïage de Syrie ; mais il le quitta à Antioche. Il étoit Prestre de cette Eglise, & il en fut fait Evêque à la place de Paulin en 389. Il continua toujours à venir voir & à assister saint Jerôme dans son desert. Il ne faut pas le confondre avec Evagre de Pont, fameux Origeniste, & ennemi declaré de saint Jerôme.

magine ou que je ne suis plus ici, où que vous y êtes avec moi. Croïez-en l'amitié qui me fait parler, & qui ne sçait ce que c'est que de dissimuler ses sentimens ; au moment que je vous écris, il me semble que je vous voi.

Au reste je suis fort surpris, & je ne puis m'empêcher de m'en plaindre d'abord, de ce qu'étant separés par tant de terres & de mers, vous m'aïez écrit une lettre si courte. Peut-être avez-vous crû devoir en user de la sorte avec moi, pour me punir de ce que j'ai negligé, comme vous me le marquez dans vôtre lettre, de vous faire sçavoir de mes nouvelles. Je ne croi pas que le papier vous ait manqué, ᶜ l'Egypte en fournit assez, & quand bien même ᵈ Ptolomée en auroit défendu le commerce, le Roi Attalus auroit suppléé à ce defaut par les parchemins qu'il a envoïés de Pergame, & qu'on appelle encore aujourd'hui *Pergamenæ* du nom de cette ville. Est-ce que le Messager étoit pressé de partir ? il n'y a point de lettre si longue qu'on ne puisse faire en une nuit. Aviez-vous quelque affaire qui ne vous permettoit pas d'écrire ? il n'en est point, quelque importante qu'elle puisse être, qui ne doive ceder aux devoirs de la charité. Il faut donc ou que vous n'aïez pas voulu vous donner la peine de m'écrire plus au long, ou que vous ne m'en aïez pas jugé digne. J'aime mieux vous accuser de negligence, que de me

ᶜ Le papier d'Egypte se faisoit avec l'écorce d'un petit arbre ou d'une espece de jonc appellé *papyrus*, d'où est venu le nom de *papier*.
ᵈ Saint Jerôme fait ici allusion à ce que Pline rapporte hist. l. 13. c. 11. Que Ptolomée Roi d'E- gypte jaloux de sa bibliotéque empêcha le commerce du papier, afin d'ôter aux autres nations le moïen de faire des livres. Mais qu'Attalus Roi de Pergame envoïa à Rome des parchemins faits de peaux de bêtes.

condamner moi-même sans raison, parce qu'il vous sera plus aisé de vous corriger de vôtre paresse, qu'à moi de m'attirer vôtre amitié & vôtre estime, si je ne l'ai pas encore.

Vous me mandez que ᵃ Bonose, semblable à un poisson, s'est retiré au milieu des eaux. Pour moi tout soüillé encore de mes anciennes iniquités, je cherche comme le scorpion & le basilic des lieux secs & arides. Il écrase déja la tête de la couleuvre, & moi je suis encore la pâture de ce serpent que Dieu condamna à manger la terre. Il touche déja au dernier de ces degrez mysterieux dont parle le Prophete Roi ; tandis qu'occupé à pleurer mes pechez, je n'ai pas encore monté le premier. Je ne sçai même si je pourrai jamais dire : *J'ai levé mes yeux vers les montagnes, pour voir d'où me viendra du secours.* Parmi les orages & les agitations du siécle, il trouve dans son île, c'est à dire dans le sein de l'Eglise, un azile où il est à l'abri des tempêtes ; & peut-être même qu'à l'exemple de saint Jean il mange déja ce livre mysterieux dont cet Apôtre parle dans son Apocalypse : & moi enseveli encore dans le tombeau de mes crimes, & chargé des liens du peché, j'attens que le Seigneur me dise comme à Lazare : *Jerôme sortez dehors.* Enfin Bonose *a porté sa ceinture au delà de l'Euphrate* (car comme dit Job, *toute la force du demon consiste dans ses reins*) il l'a *cachée dans le trou d'une pierre,* & l'aïant ensuite trouvée *toute rompuë,* il a chanté avec le Prophete Roi : Seigneur vous êtes le maître de mes reins & de mon

Psal. 120.

Apoc. 10. 10.

Jer. 13. 4.

Job. 40. 11.

ᵃ Bonose s'étoit retiré dans une île de la Dalmatie ; Voïez la lettre à Rufin où saint Jerôme fait l'éloge de sa vertu, & la description de son desert.

cœur, *vous avez rompu mes liens, je vous sacrifierai une hostie de loüanges.* Je me trouve dans une situation bien differente ; car Nabuchodonozor m'a conduit à Babylone chargé de chaînes, je veux dire qu'il a jetté le trouble & la confusion dans mon cœur, & que m'assujettissant à son joug, & me mettant un *cercle de fer au nez*, il m'a commandé de chanter les Cantiques de Sion; mais je lui ai répondu : *Le Seigneur romp les liens des captifs, le Seigneur éclaire les aveugles.* En un mot pour achever le portrait que j'ai commencé à vous faire du bonheur dont joüit Bonose, & de la misére où je suis reduit ; cet illustre Solitaire est prêt à recevoir la couronne que Dieu lui destine, & moi je suis encore occupé à demander le pardon de mes pechez.

ibid. 5. 21.

Psal. 145. 8.

La conversion de ma sœur est l'ouvrage du saint homme Julien ; c'est lui *qui a planté* cet arbre, *c'est à vous à l'arroser, & le Seigneur lui donnera son accroissement.* JESUS-CHRIST l'a resuscitée & me la renduë pour me consoler de la blessure mortelle que le demon lui avoit faite. Mais aprés tout je ne la croi pas encore en sureté, & comme dit le Poëte :

1. Cor. 3. 6.

Quoique hors des perils, tout est peril pour elle.

Virg. Æn. 4.

Vous sçavez que la jeunesse marche dans des routes où l'on trouve des pas bien glissans, j'y suis tombé moi même, & si vous avez été assez heureux pour en sortir, ce n'a pas été sans crainte de tomber. C'est l'état où ma sœur se trouve aujourd'hui. Elle a besoin dans une conjoncture si dangereuse & si delicate que chacun la console & la soûtienne par des avis salutaires. Je vous conjure donc d'avoir la bonté de la consoler par vos lettres, & comme *la charité souffre* tout, engagez aussi, s'il vous plaît, [a] l'Evêque Valerien à lui écrire pour la fortifier dans ses bons desseins : car rien ne console & n'anime davantage les jeunes gens que de voir que des personnes de distinction prennent interêt à ce qui les regarde. Elle est dans un païs qui est comme le centre de la rusticité & de la barbarie; on n'y connoît point d'autre Dieu que le ventre ; on ne s'y occupe que du present, sans penser à l'avenir ; & le plus riche y passe pour le plus saint. Ajoûtez à cela que ces peuples grossiers & barbares sont gouvernés par le Prêtre Lupicin qui ne l'est pas moins qu'eux ; *tel vase, tel couvercle*, comme dit le proverbe ; ou pour me servir du mot qui au raport de Lucilius est le seul dont Crassus ait jamais ri, & qui fut dit en sa presence à l'occasion d'un âne qui mangeoit des chardons : *telles levres, telles laituës*. C'est à dire que Lupicin est un pilote foible & ignorant qui se mêle de gouverner un vaisseau à demi-brisé & qui fait eau de tous côtés ; que c'est un aveugle qui conduit d'autres aveugles dans le précipice ; en un mot que le Pasteur ressemble au troupeau.

Je saluë vôtre vertueuse Mere, que je regarde aussi comme la mienne, avec tout le respect que vous sçavez que j'ai pour elle. Quoi qu'elle marche avec vous dans les voïes de la sainteté, on peut dire neanmoins qu'elle vous y a devancés, puis qu'elle a mis au monde des Saints qui ont été la richesse & la benediction de ses entrailles. Je saluë aussi vos sœurs qui sont si dignes de l'estime & de la veneration d'un chacun. Elles ont triomphé & de la foiblesse de leur sexe, & des

[a] Evêque d'Aquilée. L.

vanités du monde, & elles tiennent à la main leurs lampes pleines d'huile & toujours allumées, en attendant l'arrivée de l'Epoux. Heureuse la maison où ᵇ la Veuve Anne demeure avec des Vierges qui prophetisent, & deux Samüels élevés dans le Temple. Heureuse la famille où l'on voit la Mere des Maccabées couronnée de la gloire de son propre martyre, & de celui de ses enfans. Quoi que vous confessiez tous les jours JESUS-CHRIST en gardant ses commandemens, vous l'avez confessé d'une maniére plus éclatante & plus glorieuse pour vous, en empêchant que vôtre ville ne fut infecté du venin de l'Arianisme. Peut-être serez-vous surpris de ce qu'à la fin de ma lettre j'entame une nouvelle matiére ; mais puis-je empêcher ma bouche d'exprimer les sentimens de mon cœur ? le plaisir que j'ai de m'entretenir avec vous m'emporte malgré moi au delà des bornes d'une lettre. Je vous écris fort à la hâte, & vous ne trouverez aucun ordre dans mon discours ; mais l'amour ne sçait ce que c'est d'en garder.

*Matth.*25: 1.

b Saint Jerôme compare ici Chromace & Eusebe son frere, à Samüel ; leur Mere à Anne fille de Phanüel ; & leurs sœurs aux filles de Philippe Diacre, que l'Ecriture appelle *Propheteßes*.

V. LETTRE

à Nicée Soûdiacre d'Aquilée.

Ecrite la mê-me année. Saint Jerôme écrivit cette lettre à Nicée du desert de Syrie. Il s'y plaint de son silence, & le prie tres-instamment de lui apprendre de ses nouvelles.

Turpilius Poëte comique, parlant du commerce des lettres, dit que c'est le seul moïen qu'aient les hommes de voir leurs amis pendant leur absence. Cet auteur a dit vrai, quoi que dans un sujet qui n'est qu'une pure fiction. En effet n'est-ce pas en quelque façon voir & posseder ses amis, que de s'entretenir avec eux par lettres? Aussi le commerce en étoit-il établi parmi ces peuples d'Italie qu'Ennius appelle *a Casques*, gens grossiers & sauvages, qui comme dit Ciceron dans ses livres de la Rhetorique, vivoient comme des bêtes. Comme le papier & le parchemin n'étoient pas encore en usage dans ce tems-là, ils écrivoient ou sur des tablettes de bois bien polies, ou sur des écorces d'arbres. De là vient qu'on appelloit ceux qui portoient les lettres, *Tabellarii*; ceux qui les écrivoient, *Librarii*, du mot *liber* qui signifie cette petite écorce qui est immediatement attaché au tronc de l'arbre. Si des hommes grossiers & qui n'avoient presque rien d'humain, avoient établi entre eux un commerce si doux & si agréable; comment pouvons-nous y renoncer, nous

---
a Le mot *Casius* dans la langue des anciens Sabins, signifioit | vieux, ancien.

qui vivons dans un siécle où regnent la politesse & les beaux arts ? Chromace & Eusebe son frere, qui ne sont pas moins unis par la conformité de leurs inclinations, que par les liens que forme la nature, m'ont fait l'honneur de me prévenir par leurs lettres ; tandis que vous, mon cher Nicée, qui ne faites que de me quitter, vous *déchirez* une amitié naissante, plûtôt que vous ne la *décousez* ; ce que Lelius condamne dans le livre que Ciceron a fait de l'amitié. Avez-vous tant d'aversion pour l'Orient, que vous ne vouliez pas même que vos lettres y viennent ? ah ! sortez sortez de vôtre assoupissement, & rompez enfin le silence. Accordez du moins une lettre à l'amitié. Parmi les douceurs que vous goûtez dans vôtre païs, souvenez-vous quelquefois des voïages que nous avons faits ensemble. Si vous m'aimez encore, je vous prie de m'apprendre de vos cheres nouvelles : si vous avez quelque sujet de chagrin contre moi, ne laissez pas de m'écrire, même dans vôtre colére ; il me sera toujours bien doux de recevoir des lettres d'un ami, quelque irrité qu'il puisse être.

VI. LETTRE.

à Chrysogone Solitaire d'Aquilée.

Sur le même sujet.

Ecrite la même année.

HEliodore nôtre ami commun, & à qui vous n'êtes pas moins cher qu'à moi, a pû vous apprendre combien je vous aime, & quel plaisir je me fais de parler souvent de vous, de me souvenir dans toutes les conversations des agréables momens que nous avons passés ensemble ; de loüer vôtre humilité, vôtre charité, & toutes vos autres vertus. Pour vous, mon cher Chryfogone, on peut dire que vous êtes de la nature des Linx, qui oublient les objets qu'ils avoient devant les yeux, dés qu'ils tournent la tête pour regarder ailleurs. Car vous avez tellement perdu le fouvenir de nôtre ancienne amitié, qu'on voit bien que vous avez entiérement effacé cette lettre qui eft imprimée, comme dit faint Paul, dans le cœur de tous les Chrétiens. Quand les Linx, dont je viens de vous parler, rencontrent dans les bois des chevreüils ou des cerfs, ils ne les laiffent point échaper, mais s'attachant à leur côté, ils les déchirent cruellement & les devorent tout en courant. Ils ne fongent à leur proïe que lors qu'ils ont faim ; & quand ils s'en font raffaffiez, ils n'y penfent plus, jufqu'à ce que la neceffité de manger leur en rappelle le fouvenir. Pourquoi donc, mon cher Chryfogone, renoncer fitôt à une amitié qui ne fait que de naître, & dont vous n'avez pas eu le tems de vous degoûter ? pourquoi abandonner un ami avant que de l'avoir poffedé ? Comme les pareffeux ne manquent jamais de prétexte pour juftifier leur négligence, peut-être me direz-vous que vous n'aviez rien à me mander : Mais c'eft cela même que vous deviez m'écrire ; il faloit me faire fçavoir que vous n'aviez rien à me mander.

VII. LETTRE

VII. LETTRE

à Antoine.

Sur le même sujet.

Écrite la même année.

LEs Apôtres disputant entre eux à qui auroit le premier rang, le Fils de Dieu qui étoit venu enseigner l'humilité aux hommes, prenant un petit enfant par la main, leur dit : *Si vous ne vous convertissez, & si vous ne devenez semblables à ce petit enfant, vous n'entrerez point dans le Roïaume du Ciel.* Et de peur qu'on ne crût qu'il ne pratiquoit point ce qu'il enseignoit aux autres, il nous a donné lui-même des exemples d'humilité, lavant les piés à ses Apôtres, donnant un baiser au perfide Judas, s'entretenant avec la Samaritaine, parlant du Roïaume du Ciel tandis que Madeleine étoit assise à ses piés, & voulant que de simples femmes fussent les premiers témoins de sa résurrection. L'orgueil au contraire a précipité le premier des Anges du comble de la gloire. Le peuple Juif qui vouloit être salué dans les places publiques, & tenir le premier rang dans les Synagogues, a été exterminé, & tous les avantages qu'il possedoit ont passé aux Gentils, qui auparavant *n'étoient devant Dieu que comme une goute d'eau qui tombe d'un sceau*; Le Seigneur choisit saint Pierre & saint Jacques, qui n'étoient que de pauvres pêcheurs, pour confondre les Philosophes du siécle & les Sages du monde, selon ce que dit l'Ecriture : *Dieu resiste aux superbes, & donne sa grace aux humbles.*

Considerez, mon frere, combien grand doit

Matth. 18. 3.

Isa. 40. 15.

1. Pet. 5. 5.

être un vice dont Dieu se declare l'ennemi, & qui lui fait méprifer dans l'Evangile le Pharifien orgueïlleux, & écouter favorablement l'humble Publicain. Quoi que je vous aïe déja écrit dix lettres, si je ne me trompe, pour vous affurer de mon eftime & de mon amitié; vous n'avez pas encore daigné me répondre un feul mot. Le Seigneur veut bien s'entretenir avec fes ferviteurs, & vous refufez de parler à un frere ? c'eft m'outrager, me direz-vous, que de me parler de la forte. Croïez-moi, si je n'apprehendois pas de pouffer mon reffentiment trop loin, indigné que je fuis de vôtre procedé à mon égard, je vous accablerois de tant de reproches, que vous feriez contraint de m'écrire, fût-ce par un mouvement d'indignation & de colére. Mais comme le propre de l'homme eft de s'abandonner aux mouvemens de la colére, & que le devoir du Chrétien eft de les reprimer; je veux bien en ufer encore aujourd'hui avec vous comme j'ai fait par le paffé ; & vous prier de m'apprendre de vos nouvelles, & de m'aimer autant que je vous aime. Adieu.

VIII. LETTRE.

à Paul de ª Concorde.

Paul, à qui saint Jerôme adresse cette lettre, étoit un vieillard âgé de cent ans, natif de Concordia petite ville d'Italie. Saint Jerôme le felicite de son heureuse vieillesse, qu'il attribuë à sa vertu. Il le prie aussi de lui envoïer les Commentaires de Fortunatien, l'histoire d'Aurelius Victor, & les lettres de Novatien.

Ecrite la même année.

LA brièveté de la vie est la peine du peché, & tant de personnes qu'une mort precipitée enleve souvent dés le berceau, font assez voir que nôtre siécle devient de jour en jour plus méchant & plus corrompu. Aprés que le prémier homme seduit par les artifices du Serpent, eut été chassé du Paradis terrestre, d'immortel qu'il étoit, il devint sujet à la mort. Cependant comme les hommes ne laissoient pas encore de vivre quelquefois plus de neuf cens ans, une vie si longue, qui sembloit être une seconde immortalité, suspendoit en quelque façon l'effet de la sentence par laquelle ils avoient été condamnés à la mort. La corruption du siécle augmentant de jour en jour, l'impieté des Géans attira un deluge universel qui fut pour le monde comme une espece

---

a Il y a une ville de ce nom en Espagne. C'est ce qui a fait croire à un auteur moderne que ce vieillard à qui saint Jerôme écrit cette lettre, étoit Espagnol. Mais saint Jérôme écrivant à Rufin, qui étoit d'Aquilée, & lui parlant de ce même Paul, dit qu'il étoit de son païs : La ville de Concorde dont il parle ici, étoit donc en Italie ; c'étoit autrefois une ville Episcopale dependante du Patriarche d'Aquilée, & située entre Aquilée & Altino.

de baptême. Dieu mit alors des bornes plus étroites à la vie des hommes; mais plongez que nous sommes dans le crime, & toûjours revoltez contre le Ciel, nous n'avons pas sçû profiter d'un terme si court. En effet qui est l'homme qui vive plus de cent ans, ou qui ne s'ennüie pas d'une vie si longue, quand il peut aller jusques là? *Les jours de nôtre vie*, dit le Prophete Roi, *sont bornés à soixante & dix ans, ou à quatre-vingt tout au plus; si l'on va au delà, le reste de la vie se passe dans les chagrins & dans la langueur.*

À quoi bon, me direz-vous, prendre les choses de si haut ? n'est-ce pas là, comme dit Horace,

Par l'histoire des œufs qu'une [a] *Princesse fit, De la guerre de Troïe entamer le recit.*

C'est que j'ai dessein de faire ici l'éloge de vôtre vieillesse, & de vos cheveux blancs, qui ressemblent [b] à ceux de JESUS-CHRIST. A l'âge de cent ans on vous voit encore garder exactement les Commandemens du Seigneur, & goûter par avance dans une heureuse vieillesse le bonheur de la vie future. Vous avez encore la vûë bonne, la demarche ferme, l'oüie subtile, les dents blanches, la voix éclatante, le corps sain & vigoureux, un visage vermeil qui ne s'accorde point avec vos cheveux blancs, une vi-

Psal. 89. 10.

---

a Nous lisons dans la Fable que Leda femme de Tindare Roi de Laconie, conçut de Jupiter transformé en cigne, deux œufs, de l'un desquels sortirent Castor & Clytemnestre, & de l'autre Pollux & Helene, qui fut la cause de la guerre de Troye.

b Saint Jerôme fait ici allusion à ce passage de l'Apocalypse c. 1. ỹ. 14. *J'apperçûs un homme qui ressembloit au Fils de l'homme. Sa tête & ses cheveux étoient blancs comme la laine la plus blanche, & comme la neige.*

gueur qui dément vôtre âge ; une memoire heureuse que les années n'ont point affoiblie, une vivacité d'esprit que la froideur du sang n'a point diminuée, le front uni, & la main ferme. Le Seigneur a voulu nous faire voir en vôtre personne une image de la resurrection future, pour nous apprendre que les incommodités que souffrent les autres vieillards dans un corps tout usé & à demi mort, sont la punition du péché ; & qu'au contraire cette fleur de jeunesse que vous conservez dans un âge si avancé, est la recompense de la vertu. Il est vrai qu'on voit quelquefois des pecheurs qui joüissent dans leur vieillesse d'une parfaite santé, mais c'est le demon qui la leur donne pour les entretenir dans leurs desordres ; au lieu que c'est le Seigneur qui conserve la vôtre, pour vous faire goûter une joïe pure & solide.

Les Grecs, *cette nation volage, ces sçavans orgueilleux*, comme les appelle Ciceron dans son plaidoïer pour Flaccus, se faisoient païer des loüanges qu'ils donnoient à leurs Princes & à leurs Rois. Je ne suis pas moins interessé qu'eux, & je prétens que vous me recompensiez aussi de celles que je viens de vous donner. Et ne pensez pas que je me borne à peu de choses, je ne vous demande pas moins que la perle de l'Evangile, je veux dire, *les paroles du Seigneur,* Psal. 11. 7. *qui sont des paroles chastes & pures, semblables à un argent épuré par le feu, purifié dans le creuset, & raffiné jusqu'à sept fois.* Je vous prie donc de m'envoïer les Commentaires de Fortunatien, l'histoire des persecutions par Aurelius Victor, & les lettres de Novatien, afin que découvrant le venin dont ce Schismatique a voulu infecter l'Eglise, je prenne avec plus de plaisir le contre-poison que l'illustre martyr saint Cyprien nous presente dans ses ouvrages. Cependant je vous envoïe un autre vous-même, c'est à dire ᵃ la vie d'un Paul encore plus âgé que vous. J'ai tâché dans cet ouvrage de mesurer mon stile à la portée des simples ; mais on a beau remplir une cruche d'eau, elle conserve toûjours sa premiere odeur. Si ce petit present vous est agréable, j'en ai encore d'autres que je vous envoirai, s'il plaît au Seigneur, avec plusieurs marchandises d'Orient.

IX LETTRE

à Exuperance.

Ecrite la même année. *Exuperance étoit un homme de guerre. Saint Jerôme lui écrivit cette lettre pour lui demander son amitié. Il y fait l'éloge de sa vertu, & il l'exhorte à vendre son bien, & à en distribuer le prix aux pauvres.*

DE tous les avantages que j'ai retirés de l'amitié qu'a pour moi nôtre saint Frere Quintilien, le plus grand à mon gré, est l'union de cœur & d'esprit qu'il m'a fait contracter avec vous, sans vous avoir jamais vû. Qui pourroit en effet se défendre d'aimer un homme qui mene sous un habit de soldat la vie d'un Prophete ; & qui malgré les engagemens de *l'homme exterieur* tout occupé ce semble des choses du monde,

ᵃ C'étoit la vie de saint Paul premier hermite, que saint Jerôme avoit composée dans les premieres années de sa retraite, & qu'il met lui-même à la tête de tous ses ouvrages dans le Catalogue qu'il en a fait.

conserve toute la pureté & toute l'innocence de *l'homme interieur créé à l'image de Dieu ?* C'est ce qui m'a fait souhaiter d'avoir avec vous un commerce de lettres ; j'en fais aujourd'hui toutes les avances, & je vous prie de me faire naître l'occasion de vous écrire plus souvent, afin que je puisse le faire avec plus de liberté.

Je me contente aujourd'hui de vous faire souvenir de ces paroles de l'Apôtre saint Paul : *Etes-vous lié avec une femme ? ne cherchez point à vous délier : êtes-vous libre ? ne cherchez point de femme.* C'est à dire, ne vous engagez point dans un état qui vous prive de vôtre liberté ; ce qui fait voir que les engagemens du mariage sont de veritables liens ; or être lié, c'est être esclave ; être délié, c'est être libre. Puis donc que vous joüissez de la liberté de JESUS-CHRIST; puis que sous les dehors d'une vie toute mondaine, vous remplissez tous les devoirs d'un veritable Chrétien, puis que vous êtes presque arrivé *au haut du toit, n'en descendez point pour prendre vos habits ; ne regardez point derrière vous, & ne quitez point la charrüe après y avoir mis la main.* Suivez plûtôt l'exemple de Joseph, & abandonnez comme lui vôtre manteau à une femme Egyptienne, pour suivre tout nud le sauveur qui dit dans l'Evangile : *Quiconque ne renonce pas à tout, & ne me suit pas en portant sa Croix, ne peut être mon disciple.* Déchargez-vous du pesant fardeau des biens de la terre, & ne cherchez point des richesses que l'Evangile compare à la bosse des chameaux. Elevez-vous au Ciel dans un dépoüillement & un dégagement parfait de toutes les choses du monde ; de peur qu'accablé par le poids des richesses, vous ne

1. Cor. 7. 27.

Matth. 24. 17.

Luc. 14. 27.

Matth. 19. 24.

puissiez arriver au comble de la perfection.

Si je vous parle de la sorte, ce n'est pas qu'on m'ait dit que vous soïez avare ; mais ce que je suis persuadé que vous ne continuez à porter les armes, qu'afin d'amasser des biens dont JESUS-CHRIST nous ordonne de nous défaire. Vous sçavez qu'il commande aux riches de vendre tout ce qu'ils possedent, d'en donner le prix aux pauvres, & aprés cela de le suivre. Si vous avez du bien vous devez vous soûmettre à cette loi : si vous n'en n'avez pas, pourquoi chercher ce que vous serez obligé de distribuer aux pauvres ? Il est certain que JESUS-CHRIST nous tient compte de tout, quand il voit en nous un desir sincére de lui plaire. Jamais personne n'a été plus pauvre que les Apôtres, & cependant jamais personne n'a tant quitté qu'eux pour l'amour du Sauveur. Le Fils de Dieu preferera à tous les riches cette pauvre Veuve de l'Evangile qui ne mît dans le tronc que deux petites pieces de monnoïe, parce qu'elle donnoit tout ce qu'elle avoit. N'amassez donc point des biens que vous serez contraint de donner ; mais donnez ceux que vous avez déja amassés ; afin que JESUS CHRIST reconnoisse par là le courage & le zéle de son nouveau soldat ; que ce Pere transporté de joïe aille au devant de vous lors que vous reviendrez à lui d'un païs éloigné ; qu'il ordonne qu'on vous habille, qu'on vous mette un anneau au doit, qu'on tuë pour vous le veau gras, & qu'il permette que dégagé de l'amour du monde & des embarras du siécle, vous veniez bien-tôt nous voir avec nôtre saint Frere Quintilien. Je vous écris cette lettre pour vous demander part à vôtre amitié ; si vous voulez bien

Luc. 15. 22.

'accorder cette grace, je goûterai souvent avec
ous le plaisir qu'il y a de s'entretenir avec ses
mis.

X. LETTRE
à Castorine.

Saint Jerôme aiant eu quelque different avec Casto-   Ecrite la
rine, qui étoit sa Tante maternelle, lui écrivoit   même année.
cette lettre du desert de Syrie, pour la prier
d'oublier le passé, & d'étouffer dans son cœur
ses anciens ressentimens.

SAint Jean qui a uni en sa personne la qualité
d'Apôtre avec celle d'Evangeliste, dit que
tout homme qui haït son frere, est homicide. C'est   1. Joh. 3.
avec bien de la justice qu'il parle de la sorte; car   15.
comme l'homicide est ordinairement l'effet de la
haine, un cœur qui s'abandonne aux emportemens de cette furieuse passion, est souvent coupable d'un meurtre dont la main est innocente.
A quoi bon un tel debut, me direz-vous, &
que pretendez-vous par là ? c'est de vous exhorter à banir de nos cœurs toute l'aigreur & toute
l'amertume que nos anciens differens y ont fait
naître, afin d'y preparer une demeure agréable
au Seigneur. *Mettez-vous en colere,* dit David,   *Psal.* 4. 5.
& ne pechez point; c'est à dire, comme l'expli-
que saint Paul, *Que le soleil ne se couche point sur*   *Ephes.* 4.
vôtre colere. Que deviendrons-nous au jour du   26.
Jugement, nous que le soleil voit perseverer
dans la haine, non pas durant un jour, mais depuis tant d'années ? JESUS-CHRIST dit dans l'E-   *Matth.* 5.
vangile : *Si en presentant vôtre don à l'autel,*   23.

vous vous souvenez que vôtre frere a quelque sujet de chagrin contre vous; laissez-là vôtre don devant l'autel, & allez vous reconcilier auparavant avec vôtre frere, & puis vous reviendrez offrir vôtre don. Que je suis malheureux (je ne veux pas en dire autant de vous) d'avoir passé tant d'années sans offrir de dons à l'autel ; ou d'avoir perdu par une haine inveterée tout le merite de ceux que j'ai offerts ! Comment avons-nous pû dire tous les jours dans nos prieres : *Pardonnez-nous nos offenses, comme nous pardonnons à ceux qui nous ont offensés* ; puis que nôtre cœur n'étoit point d'intelligence avec nôtre bouche, & que nos actions démentoient nos prieres ? Je vous prie donc encore aujourd'hui, comme je vous en ai déja prié il y a plus d'un an, de vouloir bien entretenir avec moi cette paix que le Seigneur nous a laissée. Il voit vôtre cœur & le mien ; & avant qu'il soit peu nous paroîtrons devant son tribunal, & nous y serons ou recompensés pour avoir fait la paix, ou punis pour l'avoir rompuë. Que si vous ne voulez pas, ce qu'à Dieu ne plaise, étouffer vos anciens ressentimens ; pour moi je ne laisserai pas d'être déchargé devant Dieu, & cette lettre que je vous écris suffira pour me justifier.

Matth. 6. 16.

XI. LETTRE.

aux Vierges de la Montagne d'Hermon.

Saint Jerôme adresse cette lettre à des Religieuses qui demeuroient sur la Montagne d'Hermon. Il s'y plaint de leur silence, & leur montre par plusieurs exemples de l'Ecriture, que tout pecheur qu'il est, il ne merite pas d'être traité avec tant de mépris.

Ecrite vers l'an 373. ou 374.

ON voit bien que je suis dans le fond d'un desert, puis que je n'ai pas même assez de papier pour vous écrire. J'avois dessein de m'entretenir long-tems avec vous, mais comme le papier me manquoit, & me forçoit malgré moi à garder le silence ; j'ai été obligé de presser mon écriture, & de renfermer un long discours dans un tres-petit espace. J'ai trouvé par là le secret de vaincre ma pauvreté, & de vous dire bien des choses dans une petite lettre. Jugez par là de l'affection que j'ai pour vous, puis que n'aïant pas de quoi vous écrire, je n'ai pas laissé de le faire.

Au reste je vous prie de pardonner à ma douleur, si je me plains de vôtre silence. Je ne vous le dis que les larmes aux yeux, j'en suis veritablement touché, & je ne puis m'empêcher d'en avoir quelque ressentiment. Aprés vous avoir écrit tant de fois, vous n'avez pas seulement daigné me répondre un seul mot. Je sçai que *les tenebres ne peuvent s'allier avec la lumiere,* & qu'un pecheur comme moi est indigne d'avoir part à l'amitié des Servantes de Dieu : mais je sçai aussi qu'une femme de mauvaise vie lava de ses larmes les piés du Seigneur ; que les chiens mangent les miettes qui tombent de la table de leurs maîtres ; que le Sauveur est venu appeller les pecheurs, & non pas les justes, parce que les sains n'ont pas besoin de medecin; qu'il cherche la conversion du pecheur, & non pas sa mort ; qu'il rapporte sur ses épaules une brebis qui s'étoit égarée ; que comme un pere plein de tendresse, il reçoit avec joie un enfant prodigue qui revient à lui. Je sçai que l'Apôtre saint Paul nous a dit: *Ne jugez point avant le tems. Qui êtes-vous pour oser condamner le serviteur d'autrui ? s'il tombe, ou s'il demeure ferme, cela regarde son maître: Que celui qui est debout, prenne garde de tomber. Portez les fardeaux les uns des autres.* Les jugemens de JESUS-CHRIST, mes tres cheres sœurs, sont bien differens de ceux d'un homme envieux & passionné. On n'est pas condamné à son Tribunal avec autant de rigueur que dans ces lieux écartés où la medisance fait le procez à tout le monde. On trouvera un jour du dereglement & de l'injustice dans plusieurs actions qui aujourd'hui paroissent droites & justes aux yeux des hommes. On cache souvent des tresors dans des pots de terre. Saint Pierre aprés avoir renié son Divin Maître jusqu'à trois fois, merita par l'amertume de ses larmes d'être retabli dans son premier état. *Celui à qui on remet davantage, aime aussi davantage.* Les Anges oubliant tout un troupeau, ne se rejoüissent dans le Ciel que du retour d'une brebis malade qui s'en étoit écartée. Si quelqu'un veut condamner cette conduite, le Seigneur lui dira : *Mon ami, si je suis bon, pourquoi vôtre œil est-il mauvais ?*

I. Cor. 4. 5.
Rom. 14. 4.
I. Cor 10. 12.
Gal. 6. 2.

Luc. 7. 15.

Matth. 20. 15.

XII. LETTRE
à ᵃ Rufin.

Saint Jerôme aïant apris que Rufin étoit arrivé de Rome en Egypte, il lui témoigne par cette lettre la joïe que cette heureuse nouvelle lui a donnée, & l'empressement qu'il a de le voir. Il lui rend compte ensuite de tout ce qu'il lui est arrivé depuis leur separation, c'est à dire, de ces voïages, de la mort de ses compagnons Innocent & Hylas, & de l'état present où il se trouve dans le desert de Syrie. Il finit par le recit de la vie solitaire & penitente que Bonose, leur ami commun, menoit dans une île deserte.

Ecrite vers l'an 373.

JE connois aujourd'hui par ma propre experience, mon tres cher Rufin, ce que j'avois déja apris dans les saintes Ecritures, Que Dieu donne quelquefois plus qu'on ne lui demande, & qu'il accorde souvent ce que l'œil n'a point vû, ce que l'oreille n'a point entendu, & ce que le cœur de l'homme ne sçauroit comprendre. Car moi qui ne souhaitois que de pouvoir entretenir avec vous un commerce de lettres, afin de joüir par là, du moins en idée, du plaisir de vous voir, & qui bornois là mes plus ardens desirs: j'ai la joïe d'aprendre que vous êtes entré dans les deserts de l'Egypte, pour y visiter les Communautés des saints Moines qui y habitent, & pour y voir ces nombreuses familles de Solitaires qui

1. Cor. 2. 9.

ᵃ Ce Rufin, à qui saint Jerôme écrit, étoit un Prêtre d'Aquilée, qui après avoir été de ses meilleurs amis, fut depuis un de ses plus grands ennemis.

menent sur la terre une vie toute celeste. O ! si par une grace particuliere de nôtre Seigneur JESUS-CHRIST, je pouvois aujourd'hui être transporté comme le furent autrefois, Phi- *Act. 8. 40.* lippe lors qu'il baptisa l'Eunuque de la Reine Candace, & Abacuc lors qu'il porta à manger à *Dan. 14.* Daniel ; avec quelle tendresse vous embrasserois-*35.* je ! avec quelle ardeur baiserois-je cette bouche, qui autrefois a reçû avec moi les impressions de l'erreur, & qui a repris aussi avec moi le goût de la verité ? Mais parce que je ne merite pas que Dieu fasse un tel miracle en ma faveur, non pas tant pour vous approcher d'ici, que pour me transporter où vous êtes ; & que d'ailleurs mon corps qui dans sa plus grande santé, est toûjours foible & languissant, est maintenant tout à fait ruiné par mes frequentes maladies : je vous en-voïe cette lettre en ma place, comme une chaî-ne que l'amour même a formée, pour vous atti-rer jusques ici.

Nôtre frere Heliodore est le premier qui m'a appris vôtre arrivée, & qui par cette heureuse nouvelle m'a comblé d'une joïe que je ne m'at-tendois pas de goûter. J'avois de la peine à la croire, tant je souhaitois qu'elle fût veritable : car outre qu'il me témoignoit ne la sçavoir que par oüi dire, elle étoit si extraordinaire, qu'elle ne me paroissoit pas croïable. Dans le tems que partagé entre le doute & l'esperance, je balançois encore à y ajoûter foi, elle me fut confirmée par un homme qui se vantoit d'en être bien assûré. C'étoit un certain Solitaire d'Alexandrie, que le peuple de cette grande ville avoit envoïé en Egypte, pour distribuer des aumônes à ces saints Confesseurs, qui sont déja martyrs de

cœur & d'affection. Je vous avoüe que je ne
sçûs encore à quoi m'en tenir ; car cet homme ne
sçavoit ni de quel païs vous êtiez, ni comment
vous vous appelliez : neanmoins comme il me
confirmoit une nouvelle, que j'avois déja ap-
prise d'ailleurs, son témoignage ne laissoit pas
de me la rendre plus croïable. Enfin je sçûs la
verité à fond, & une infinité de gens, qui reve-
noient d'Egypte, m'assurerent que Rufin étoit
dans le Desert de Nitrie, & qu'il étoit allé visiter le Bienheureux Macaire. Je sentis alors
toutes mes incertitudes s'évanoüir ; mais en même tems j'ûs un vrai chagrin de me voir malade.
Si mes infirmitez ne m'avoient pas arrêté ici
malgré moi, j'aurois été vous trouver avec un
saint empressement, sans craindre ni les chaleurs
excessives de l'esté, ni les perils ordinaires de la
navigation. Croïez-moi, mon cher frere, il
n'est point de pilote batu de la tempête, qui regarde le port avec autant d'inquietude, point de
terre brûlée par les ardeurs du soleil, qui desire
la pluïe avec autant d'ardeur ; point de mere assise
sur le rivage de la mer, qui attende le retour de
son fils avec autant d'impatience, que j'ai de passion & d'empressement de vous voir.
Quand un coup fatal & imprevû nous eût arraché l'un à l'autre, & rompu par cette cruelle separation les aimables liens qui nous unissoient
ensemble.

Sur ma tête aussitôt la pluïe obscurcit l'air;
Mes yeux ne virent plus que le Ciel & la mer.

Aprés avoir parcouru avec des peines & des fa- *Virg. Eneid.*
tigues incroïables ; la Thrace, le Pont, la Bi- 3.
thinie, la Galatie, la Cappadoce, & les brûlans

climats de la Cilicie, enfin ne sçachant plus où aller, & errant çà & là, je suis entré dans la Syrie, comme dans un port tres propre à me mettre, aprés tant de naufrages, à l'abri des tempêtes. J'ai souffert dans cette solitude toutes les especes de maladies que l'on sçauroit imaginer; & des deux yeux que j'avois, j'ai eu le malheur d'en perdre un. Car Innocent qui étoit une portion de moi-même, m'a été enlevé tout à coup par une fiévre violente. De sorte qu'il ne me reste plus que nôtre cher Evagre, de qui seul j'emprunte toute ma lumiere, & qui trouve dans mes infirmités continuelles, un surcroît de peines & de chagrins. Nous avions aussi avec nous Hylas, domestique de * sainte Melanie. Il avoit effacé par la pureté & l'innocence de ses mœurs, la tâche & la honte de sa servitude : mais il a r'ouvert par sa mort une playe qui n'étoit pas encore bien fermée. Au reste puis que l'Apôtre saint Paul nous défend de pleurer les morts ; & que d'ailleurs la joïe que me donne l'agréable nouvelle de vôtre arrivée, a moderé l'excez de ma douleur, & adouci tous mes chagrins ; je vous écris ceci pour vous l'apprendre, si vous ne le sçavez pas ; ou pour vous faire part de ma joïe, si vous le sçavez déja.

* V. les remarques.

1. Thess. 4. 12.

Vôtre cher ami Bonose, ou plûtôt le mien, & pour parler plus juste, nôtre ami commun, monte maintenant au Ciel par cette échelle mystique que Jacob vit en songe durant son sommeil ; il porte sa croix sans penser au lendemain, & sans regarder en arriere. Il seme avec larmes afin de reüeillir avec joïe ; & il éleve dans sa retraite ce serpent mysterieux que Moïse éleva autrefois dans le desert. Aprés ce bel exemple

Gen. 28. 12.

Num. 21. 9.

d'une

ertu, non pas imaginaire, mais veritable ; que les Grecs & les Latins cessent de nous vanter les actions miraculeuses, ou plûtôt les vertus chimeriques de leurs pretendus Heros. Voici un jeune homme élevé avec nous dans la science des beaux arts, & distingué parmi ses égaux, par son rang & par ses richesses ; qui abandonne sa mere, ses sœurs, & un frere qu'il aime tendrement, pour se retirer dans une île deserte, environnée de toutes parts des eaux de la mer, sujette aux tempêtes & aux naufrages, affreuse par une vaste solitude, qui n'offre aux yeux que des rochers escarpés & tout découverts. Neanmoins cette triste demeure est pour lui un Paradis terrestre. Il ne voit personne dans ce vaste desert ; pas un laboureur, pas un solitaire : il n'a pas même avec lui le petit Onesime cet aimable enfant qu'il aimoit comme son frere, & qui faisoit ses plus cheres delices. C'est là que seul (si neanmoins c'est être seul que d'être toûjours en la compagnie de Jesus-Christ) il contemple cette gloire de Dieu ; que les Apôtres même ne pûrent voir que dans un lieu solitaire & écarté. Il est vrai qu'il n'y voit point ces grandes villes qui sont flanquées de tours & de bastions : mais aussi il est devenu habitant d'une nouvelle cité. Tout son corps est couvert d'un affreux cilice : mais c'est l'équipage le plus propre où il puisse être pour aller dans les nuées au devant de Jesus-Christ. Il n'a point le plaisir d'y voir couler les ruisseaux & les fontaines : mais il boit dans le sein même du Seigneur une eau vive & salutaire. Jettez pour un moment les yeux sur son desert, mon tres-cher ami, & tournez de ce côté là toutes vos pensées : témoin de ses travaux & de ses combats, vous pouvez plus aisément celebrer ses triomphes & ses victoires. L'on voit sans cesse fremir au tour de cette île une mer toûjours agitée & toûjours furieuse, qui venant à donner dans les enfoncemens des falaises, & à briser les flots contre les rochers; excite un bruit si épouvantable, que tout le rivage en retentit. La terre sterile & sans herbages, n'y fait point voir de verdure ; & la campagne desechée & sans arbres, n'y donne point d'ombre. Par tout ce ne sont que rochers escarpés, qui forment une espece de prison, que l'on ne sçauroit envisager sans horreur. Là Bonose tranquille, intrepide, & revêtu de ces armes spirituelles dont parle l'Apôtre saint *Ephes. 6. 16.* Paul, tantôt écoute Dieu dans de saintes lectures, & tantôt il lui parle dans de ferventes prieres : peut-être même qu'enfermé dans son *Apoc. 1. 9.* île, il voit une partie de ce que saint Jean vit dans celle de Patmos. De combien d'artifices pensez-vous que le Demon se sert pour le seduire ? combien de pieges ne lui tent-il pas pour le surprendre ? Peut-être qu'emploïant contre lui les mêmes ruses dont il se servit autrefois contre le Fils de Dieu, il tâchera de lui persuader de rompre son jeûne : mais on lui a déja *Matth. 4. 4.* répondu que *l'homme ne vit pas seulement de pain.* Peut-être étalera-t-il à ses yeux les richesses & *1 Tim. 6. 9.* la gloire du siécle, mais on lui dira: *Ceux qui veulent devenir riches, tombent dans les pieges &* *Phil. 3. 3.* *dans les tentations.* Et avec saint Paul : *Je mets toute ma gloire en* JESUS-CHRIST. Il accablera par les maladies un corps déja épuisé & abbatu par le jeûne ; mais on le repoussera avec ces pa- *2. Cor. 12. 10.* roles de l'Apôtre : *Lors que je suis foible, c'est*

alors que je suis plus fort. Et derechef : *La vertu*   *Ibid.* ℣. 9.
se perfectionne dans les foiblesses. Il le menacera
de le faire mourir ; mais on lui répondra : *Je sou-* *Phil.* 1. 23.
haite de me voir dégagé des liens du corps, & d'ê-
tre avec Jesus-Christ. Il lancera contre lui
des dards enflammés ; mais on les recevra avec
le bouclier de la Foi. Enfin le Démon fera tous
ses efforts pour le vaincre ; mais Jesus-
Christ le prendra sous sa protection.

  Je vous remercie, mon Divin Jesus, de m'a-
voir donné un homme qui puisse prier pour moi
lors que vous viendrez juger le monde. Vous
sçavez, Seigneur (car vous penetrez les replis
les plus secrets de nos cœurs, & avec ces yeux
qui virent autrefois un Prophete enfermé dans *Jon.* 2. 1.
le ventre d'une baleine, vous découvrez tout ce
qui s'y passe) vous sçavez, dis je, que nous
avons été lui & moi nourris du même lait, &
élevés ensemble depuis nos plus tendres années,
jusqu'à une florissante jeunesse ; que les mêmes
personnes nous ont portés entre leurs bras ; qu'a-
près avoir fini nos études à Rome, & voïageant
sur les bords du Rhin, parmi des peuples à demi
barbares, nous n'avions qu'une même table &
un même logis, & que ce fut moi qui le premier formai le dessein de m'attacher à vôtre service. Souvenez-vous, je vous prie, que ce
guerrier qui combat aujourd'hui avec tant de
courage pour les interêts de vôtre gloire, a commencé avec moi à porter les armes. Vous nous
avez promis, Seigneur, & je compte sur vôtre
parole ; *Que celui qui enseignera les autres, & qui* *Matth.* 5.
ne fera pas lui-même ce qu'il aura enseigné, sera le
dernier dans le Roïaume du Ciel : mais que celui
qui enseignera, & qui fera ce qu'il enseigne, sera

tres-grand dans le Roïaume du Ciel. Que Bonose joüisse de la recompense dûë à sa vertu ; que revêtu de cette robbe precieuse qu'il a meritée par un continuel martyre, il marche à la suite de l'Agneau (car il y a plusieurs demeures dans la maison du Pere Celeste, & entre les étoiles l'une est plus éclatante que l'autre) Quant à moi, Seigneur, je vous demande pour toute grace, de pouvoir être aux piés de vos Saints. S'il a accompli ce que j'ai seulement souhaité de faire, accordez moi le pardon que merite ma foiblesse, & à lui la recompense qui est dûë à son zele.

<small>*Joh.* 14. 2.
1. *Cor.* 15. 41.</small>

Peut-être ai-je passé ici les bornes d'une lettre ; mais c'est ma coûtume de ne tarir jamais, quand une fois je suis sur les loüanges de nôtre cher ami Bonose. Pour revenir donc à ce que je vous ai dit d'abord, je vous prie, mon cher Rufin, de ne point perde le souvenir d'un ami absent, puisqu'il faut tant de tems pour chercher un veritable ami, qu'il en coûte tant de peines pour le trouver, & qu'il est si difficile de le conserver. Prenne plaisir qui voudra à se laisser éblouïr par l'éclat de l'or, & à voir dans de pompeuses ceremonies briller ce precieux metail sur de magnifiques équipages : La charité ne s'achete point, & l'amour n'a point de prix. Un ami qui peut cesser d'aimer, ne fut jamais un veritable ami. Adieu ; je prie nôtre Seigneur JESUS-CHRIST de vous conserver toûjours.

XIII. LETTRE.
à Florent.

Saint Jerôme touché du merite de Florent, originaire d'Aquilée, & qui alors étoit à Jerusalem, lui donne par cette lettre des assûrances de son amitié & de son estime. Aprés avoir loüé sa charité envers les pauvres, il le remercie en particulier des bons offices qu'il avoit rendus à Heliodore. Il y parle de Rufin avec beaucoup d'éloges, & de soi-même avec des sentimens d'une profonde humilité.

Ecrite vers l'an 373.

VOus pouvez juger de la reputation que vous avez dans le monde, par l'amitié que j'ai conçûë pour vous, avant même que de vous connoître. Comme il y a des personnes, selon l'Apôtre saint Paul, dont les pechés sont connus avant le jugement & l'examen que l'on en peut faire ; vôtre merite au contraire est si universellement reconnu, que l'on se rendroit plus criminel en refusant de vous aimer, que digne de loüanges en vous aimant. Je ne dis rien de cette charité si étenduë qui vous a fait soulager, nourrir, visiter & revêtir JESUS-CHRIST en la personne d'une infinité de pauvres. Les secours que nôtre Frere Heliodore a reçûs de vous dans les besoins, seroient seuls capables de dénoüer la langue même des muets. Avec quels éloges, & avec quels sentimens de reconnoissance ne m'a-t-il pas fait le recit des bons offices que vous lui avez rendus durant son voïage ? C'est pour cela que malgré les cruelles douleurs que je souf-

1. Tim. 5. 24.

fre, & qui me rendent tout pesant, je me suis empressé de vous saluër, & de vous embrasser, du moins de cœur & d'affection. Je vous remercie donc de toutes vos bontez, & je prie le Seigneur de vouloir serrer les nœuds d'une amitié qui ne fait que de naître.

Aïant aussi apris que nôtre Frere Rufin, avec qui je suis uni par les liens les plus étroits que forme la charité, est arrivé avec la vertueuse Melanie, d'Egypte à Jerusalem, je vous prie d'avoir la bonté de lui rendre la lettre que j'ai jointe à celle que je vous écris. Ne jugez pas, mon cher Florent, de mon merite par le sien. Vous verrez reluire en sa personne des caracteres de sainteté : mais pour moi je ne suis que poussiere, & qu'une tres-vile portion de bouë, & même pour peu que je brûle, je deviens cendre aussi-tôt. C'est assez pour moi de pouvoir soûtenir avec mes foibles yeux l'éclat de ses vertus. Il vient de se laver & de se purifier, & il est maintenant plus blanc que la neige : tandis que soüillé de toutes sortes de pechés, je tremble jour & nuit dans l'attente du moment fatal où l'on doit me faire païer jusqu'à la derniere obole. Cependant puis que le Seigneur brise les chaînes des ames captives, & qu'il se repose sur les humbles, & sur ceux qui écoutent sa parole avec une sainte fraïeur, j'espere qu'il pourra venir sur le tombeau où mes crimes me tiennent enseveli, & me dire : *Jerôme, sortez dehors*. Le saint Prêtre Evagre vous saluë de tout son cœur ; & nous saluüons conjointement lui & moi nôtre Frere Martinien. Je souhaite avec passion de le voir, mais l'accablement où je suis s'oppose à mes desirs.

Matth. 5. 46.

XIV. LETTRE
au même.

Florent aïant fait réponse à saint Jerôme, ce Saint lui témoigne par celle-ci, que sa lettre lui avoit fait naître un violent desir d'aller à Jerusalem. Il le prie de demander à Rufin le Commentaire de Rhetice Evêque d'Autun sur le Cantique des Cantiques, celui de saint Hilaire sur les Pseaumes, avec son Traité des Synodes. Il le supplie aussi de lui faire transcrire quelques autres ouvrages qui lui manquoient, lui offrant en recompense de lui communiquer les livres de sa Bibliotéque.

Ecrite la même année que la precedente.

J'Ai reçû vos cheres lettres dans cette partie du desert qui tient au païs des Sarrazins du côté de la Syrie. Je n'ai pû les lire, sans sentir de nouveau un desir si violent d'aller à Jerusalem, que peu s'en est fallu que ce qui avoit servi à enflammer la charité, n'ait refroidi la resolution que j'ai prise de demeurer dans la solitude. Je vous envoïe donc aujourd'hui, autant que ma santé le peut permettre, des lettres qui tiendront auprès de vous la place que je souhaiterois y avoir. Je ne laisse pas, quoi qu'absent, de vous aller trouver par pensées & par affection. Ne permettez pas, je vous en conjure, que le tems & la distance des lieux donnent aucune atteinte à l'amitié que Jesus-Christ vient de former entre nous, & dont il est lui-même le lien : tâchons au contraire d'en serrer les nœuds par un commerce de lettres; faisons en sorte qu'elles soient toûjours en chemin, qu'elles aillent au devant les unes des autres, & qu'elles nous entretiennent de tout ce qui nous regarde : pourvû que nous nous entretenions de la sorte, la charité n'y perdra pas beaucoup.

Vous me mandez que nôtre Frere Rufin n'est pas encore arrivé à Jerusalem : quand même il y seroit, je ne pourrois pas à present profiter de son arrivée ; & je ne suis plus en état de contenter la passion que j'ai de le voir. Il est trop éloigné pour pouvoir venir jusques ici : & la profession que j'ai faite de vivre dans une étroite solitude, ne me laisse plus la liberté de faire ce que je souhaite. C'est pour quoi je vous prie de lui demander de ma part les [a] Commentaires que le bien-heureux Rhetice Evêque d'Autun a faits sur le Cantique des Cantiques, qu'il a expliqués dans un sens spirituel & anagogique ; J'ai dessein de les faire transcrire. [b] Un certain vieillard, nommé Paul, me mande aussi que nôtre Frere Rufin, qui est de son païs, avoit son Tertullien : il le supplie tres-instamment de le lui renvoïer. Faites-moi encore le plaisir de me faire copier les livres qui me manquent, & dont je vous envoïe un memoire au bas de cette lettre. Je vous prie aussi de m'envoïer les Commentaires de saint Hilaire sur les Pseaumes de David, avec son

[a] Saint Jerôme écrivant à Marcelle, qui l'avoit prié de lui faire part de ces Commentaires de Rhetice, lui témoigne qu'il avoit trouvé dans cet ouvrage une infinité de choses qui lui avoient déplû ; & que c'est ce qui l'avoit empêché de les lui envoïer : *Innumerabilia sunt quæ in illius mihi Commentariis sordere visa sunt.... Frustra igitur à me ejusdem viri Commentarios postulas, quum mihi in illis displiceant multa plura quam placeant.* Cet Evêque vivoit en 314. Il fut envoïé à Rome cette année-là par l'Empereur Constantin, pour l'affaire des Donatistes, comme saint Jerôme nous l'apprend dans cette même lettre à Marcelle.

[b] C'est Paul de Concorde à qui S. Jerôme écrit la lettre huitiéme

grand Traité des Synodes, que je copiai pour nôtre Frere Rufin, dans le tems que j'étois à Tréve. Car vous sçavez que la meditation continuelle de la Loi de Dieu, est la veritable nourriture d'une ame Chrêtienne. Vous avez coûtume d'exercer l'hospitalité envers les autres, de les consoler dans leurs disgraces, de les secourir dans leurs necessités : mais si vous m'accordez la grace que je vous demande, je croirai que vous aurez fait tout cela pour moi. Et comme, graces au Seigneur, je suis riche en livres de l'Ecriture Sainte ; je vous prie de me faire sçavoir à vôtre tour ceux que vous desirez que je vous envoïe. N'apprehendez point de m'incommoder en cela, car j'ai ici des éleves qui me servent à transcrire les livres. Au reste je ne vous demande rien pour les services que je m'offre de vous rendre. J'ai appris de nôtre Frere Heliodore que vous avez besoin de plusieurs ouvrages sur la sainte Ecriture, & que vous avez de la peine à les trouver. Mais quand vous les auriez tous, la charité est toûjours en droit de demander davantage.

Lors que j'étois encore à Antioche, le Prêtre Evagre fit souvent en ma presence de rudes reprimandes au maître de vôtre domestique, dont vous me parlez dans vôtre lettre. Je ne doute point qu'il ne vous l'ait enlevé. Mais il répondit toûjours qu'il ne craignoit rien, & que vous lui aviez donné son congé. Il est ici, nous disoit-il, & vous pouvez, si vous voulez, le faire conduire où il vous plaira. Je ne croi pas que ce soit un crime que d'arrêter un vagabond. Comme la vie solitaire que je mene ici, ne me permet pas d'executer vos ordres ; j'ai prié mon cher ami

Evagre de se charger de cette affaire, tant à vôtre consideration qu'à la mienne, & de n'épargner aucun soin pour la faire réussir.

XV. LETTRE.

à Nepotien.

Ecrite vers l'an 394.

Nepotien, Neveu d'Heliodore, avoit prié plusieurs fois saint Jerôme de lui donner quelques regles pour bien vivre dans l'état Ecclesiastique. Saint Jerôme se rendant à ses prieres, lui écrivit cette lettre, dans laquelle il commence par lui faire l'éloge de la vieillesse, qui semble avoir la sagesse en partage. Il passe ensuite aux devoirs Ecclesiastiques, qu'il fait consister à se détacher du monde, à fuir la compagnie des Clercs dereglés, à n'avoir aucune liaison avec les personnes du sexe, ni les grands du monde, à étudier l'Ecriture Sainte, à prêcher la parole de Dieu, à mépriser les applaudissemens des hommes, à preferer le soulagement des pauvres aux vains ornemens des Eglises ; à jeûner, mais avec discretion ; à servir le prochain, mais sans interêt.

Dans toutes les lettres que vous m'écrivez si souvent de delà la mer, vous me priez, mon tres-cher Nepotien, de vous donner quelques regles pour bien vivre, & de vous apprendre comment un homme qui a quitté le monde pour embrasser la vie solitaire ou Ecclesiastique, doit marcher dans les droits sentiers de JESUS-CHRIST, pour ne pas se laisser entrainer dans mille routes differentes & écartées qui conduisent au vice. Lors que j'étois encore jeune, ou plûtôt presque enfant, & que je travaillois à reprimer par les austerités de la solitude, les premieres saillies d'une boüillante jeunesse ; j'écrivis à vôtre saint Oncle Heliodore une lettre, où par mes gemissemens & mes larmes, je faisois voir toute la tendresse d'un ami qui se plaint d'avoir été abandonné. Mais cette lettre n'étoit qu'un jeu d'esprit, & l'ouvrage d'un jeune homme, où j'avois pris plaisir d'emploïer les plus beaux traits de l'éloquence, plein que j'étois encore de l'étude de la Rhetorique, d'où je ne faisois que de sortir. Aujourd'hui que j'ai la tête blanche, le front tout ridé, & la peau du menton pendante comme les bœufs.

Le sang que dans mon cœur les ans ont refraidi, Ne sent plus ce beau feu.   Virg. Georg. 4.

Ce qui fait dire au même Poëte dans un autre endroit :

Le tems emporte tout, il ôte l'esprit-même.   Idem Eccl. 9.

Et un peu aprés :

De toutes ces chansons j'ai perdu la memoire ; Ma voix même me quitte.   Ibid.

Et pour vous faire voir par l'autorité des Saintes Ecritures aussi bien que par celle des Auteurs profanes, combien d'infirmités la vieillesse traine aprés soi; Souvenez-vous que David, qui avoit été un si grand homme de guerre, avoit si peu de chaleur à l'âge de soixante & dix ans, que l'on fut obligé de lui donner une fille de la ville de Sunam, nommée Abisac, que l'on avoit choisie parmi toutes les filles d'Israël, pour lui te-   3. Reg. 1. 3.

nir compagnie, & pour l'échauffer dans sa vieillesse. A prendre cette histoire à la lettre, ne diriez-vous pas que c'est un conte de bateleur, ou une comedie des ᵃ Atellans ? L'on a beau couvrir ce vieillard & le charger d'habits, ce n'est qu'avec une jeune fille qu'il peut entretenir sa chaleur. Il avoit encore Bersabée, Abigaïl, & ses autres femmes & concubines dont parle l'Ecriture : mais il les trouvoit trop froides à son gré, & il lui falloit une jeune personne pour l'échauffer. Abraham étoit beaucoup plus vieux que David, neanmoins du vivant de sa femme Sara, il n'en chercha jamais d'autre. Isaac étoit une fois plus âgé que ce Prince, cependant il n'eut jamais froid avec Rebecca, qui étoit déja fort avancée en âge. Je ne parle point de ceux qui avant le deluge vivoient des neuf cens ans, & qui tout cassés qu'ils étoient de vieillesse, ne rechercherent jamais la compagnie d'une jeune femme. Il est constant que Moïse, ce conducteur du peuple d'Israël, étant âgé de six-vingts ans, ne voulut point avoir d'autre femme que Sephora.

Quelle est donc cette Sunamite, femme & vierge tout à la fois ? quelle est cette fille assez échauffée pour communiquer sa chaleur à un vieillard tout de glace ; mais d'ailleurs assez sainte pour ne point allumer dans son cœur de flammes impures ? Apprenons du tres-sage Salomon les plaisirs de son Pere : apprenons d'un Prince nourri dans les douceurs de la paix, quels

---

ᵃ Les Atellans étoient des comediens qui prirent leur nom d'Atelle ville de la Campanie en Italie, aujourd'hui appellée *Averfa*, où l'on jouoit des comedies qu'on appelloit *Atellanes* dont les sujets étoient ridicules & fabuleux, & qui dégenererent en suite en des recits impurs & des contes lascifs.

les étoient les delices d'un Roi accoûtumé aux horreurs de la guerre. *Mon fils*, dit-il, *tâchez* Prov. 4. *d'acquerir la sagesse & la prudence. Souvenez-vous des avis que je vous donne, & suivez-les toûjours. N'abandonnez jamais la sagesse, & elle ne vous abandonnera point ; aimez-là, & elle vous conservera. Acquerez cette sagesse par où l'on commence à devenir sage. Regardez la possession de la science comme la plus belle & la plus riche de toutes les possessions. Ne vous en détachez jamais ; & elle vous élevera ; respectez la toûjours, & elle vous embrassera ; elle vous comblera de ses faveurs, & vous fera goûter de veritables plaisirs.* Presque toutes les bonnes œuvres où le corps a part, changent dans les vieillards ; & l'âge qui fortifie la sagesse, affoiblit leurs autres vertus. Il les rend incapables de jeûner, de veiller, de coucher sur la dure, de se donner de grands mouvemens, d'exercer l'hospitalité, de pouvoir défendre le pauvre, de s'appliquer avec perseverance aux exercices de l'oraison, de visiter les malades, de travailler des mains pour faire l'aumône : en un mot, toutes les vertus exterieures perdent toûjours quelque chose de leur éclat, dans un corps usé & cassé de vieillesse. Par là je ne pretens pas que la sagesse, qui souvent diminuë dans la plûpart des vieillards, soit toûjours foible & languissante dans les jeunes gens, ou dans les personnes d'un âge mur & parfait ; sur tout lors que par un travail infatigable, par une vie sainte & reguliere, & par la pratique continuelle de l'oraison, ils ont acquis les connoissances qui leur sont necessaires. Je veux dire seulement que le corps livrant à la jeunesse de rudes & de continuels combats, il arrive souvent que les attraits du vice & les charmes de la volupté étouffent toute leur sagesse, de même qu'un bois verd éteint le feu. Mais je le repete encore, quand on a passé la jeunesse dans la pratique de la vertu, & dans la meditation continuelle de la Loi de Dieu, l'on joüit sur la fin de ses jours d'une heureuse vieillesse, que l'âge rend plus éclairée, le tems plus sage, & l'experience plus habile; & l'on goûte alors avec plaisir le fruit de ses travaux passés.

De là vient que Themistocle, ce Sage de la Grece, se voïant mourir à l'âge de cent sept ans disoit qu'il ne pouvoit sans regret quitter la vie, dans un tems où il ne faisoit que de commencer à devenir sage. Platon mourut âgé de quatre-vingts & un an, & à cet âge-là il composoit encore des ouvrages. Isocrate passa quatre-vingts-dix-neuf ans à enseigner & à écrire. Je ne dis rien de Pythagore, de Democrite, de Xenocrate, de Zenon, de Cleante, & des autres Philosophes, qui ont rendu leur vieillesse illustre par l'étude de la sagesse. Je veux vous parler maintenant d'Homere, d'Hesiode, de Simonide, de Stelichore, & des autres Poëtes, qui étant fort âgés, ont répandu dans leurs derniers ouvrages de nouvelles beautés; semblables en quelque façon aux cignes, qui ne chantent jamais mieux qu'aux approches de la mort. Sophocle aïant été accusé par ses propres enfans d'avoir perdu l'esprit, tant à cause de son grand âge, que du peu de soin qu'il prenoit de ses affaires domestiques, ce grand homme recita en presence de ses Juges une nouvelle piece qu'il avoit faite, intitulée *Oedipe*; & il fit paroître dans cet ouvrage une sagesse si consommée, jointe à une extrême vieillesse, que le Tribunal où l'on devoit prononcer la sentence de sa condamnation, devint pour lui un theatre où il ne reçût que des loüanges & des applaudissemens. Il ne faut point s'en étonner, puis que Caton le Censeur, l'un des plus éloquens hommes qu'il y ait eu parmi les Romains, n'ût point de honte d'étudier, & ne desespera pas d'apprendre la Langue Greque, dans un âge fort avancé. Homere nous apprend aussi que Nestor étant tout cassé de vieillesse, charmoit encore tout le monde par la beauté de ses discours, & par la douceur de son éloquence.

Mais pour revenir à la Sunamite de David, le nom même d'Abisag marque que les vieillards ont un fond de sagesse qui ne se rencontre guére dans les jeunes gens. Car ce nom dans la Langue Hebraïque, signifie *mon pere superflu*, ou, *le rugissement de mon pere*. Ce mot, *superflu*, peut avoir plusieurs sens; mais on doit le prendre ici pour une perfection, parce qu'il marque dans les vieillards une sagesse pleine, étenduë, consommée. Il signifie ailleurs ce qui est excessif & au delà du necessaire. Par le mot de *rugissement* qu'*Abisag* signifie, il faut concevoir quelque chose de semblable à ce bruit & à cette espece de mugissement, qui sort du fond de la mer, quand elle est agitée. Ce qui marque encore dans les personnes âgées une profondeur de sagesse, qui se change dans leur bouche en des éclats de tonnerre, lors qu'ils annoncent la parole de Dieu. Pour le mot de *Sunamite*, il veut dire en nôtre Langue, *qui est de couleur d'écarlate*; ce qui marque que l'homme sage trouve dans la lecture des Livres Divins, un feu qui l'échauffe & qui l'embrase. Car quoique l'écarlate nous repreſente par ſa couleur la Paſſion du Fils de Dieu, elle ne laiſſe pas d'être en même tems un ſymbole de l'ardeur que la ſageſſe a coûtume d'inſpirer. *Gen.* 38. 27. De là vient que Thamar étant prête d'accoucher, la ſage femme qui la ſervoit, mît une bande d'écarlate à la main de l'enfant qui parut le premier; & elle le nomma *Pharés*, c'eſt à dire, *Auteur de diviſion*; à cauſe qu'il avoit diviſé & rompu la muraille qui juſques alors avoit ſeparé ᵃ les deux peuples. Et Rahab, cette femme débauchée qui eſt encore une figure de l'Egliſe, *Joſ.* 2. 21. craignant que ſa maiſon ne fut envelopée dans les ruines de la ville de Jericho, attacha à ſa fenêtre un morceau d'écarlate, qui étoit une repreſentation de la mort ſanglante du Sauveur. C'eſt auſſi pour cela que l'Ecriture parlant de quelques perſonnes diſtinguées par la ſainteté de leur vie, *1. Paral.* 2. 55. dit ces mots: *Ceux-ci ſont décendus de Calor chef de la maiſon de Rechab.* Et Jesus-Christ dit *Luc.* 12. 49. auſſi dans l'Evangile: *Je ſuis venu répandre le feu ſur la face de la terre, & je veux qu'il brûle toûjours.* C'étoit de ce feu qu'étoient embraſés *Ibid.* 24. 32. ces deux diſciples qui diſoient: *N'eſt-il pas vrai que nôtre cœur étoit tout brûlant au dedans de nous-mêmes, lors qu'il nous parloit durant le chemin, & qu'il nous expliquoit les Ecritures?*

Mais, me direz-vous, à quel deſſein cet longue preface? c'eſt afin que vous n'attendiez pas

---

ᵃ Ces deux peuples ſont les Juifs & les Gentils. C'eſt ainſi que ſaint Jerôme lui même l'explique dans ſes Commentaires ſur le 2. chap. de Michée, ſur le chap. 2. de l'Epître aux Epheſiens, & le chap. 3. de l'Epître aux Galates: *Oſtendit Iſraël*, dit ce Pete, *in legis opere manum; & eam Salvatoris p lutam cruore contraxit. Poſtea vero prorupit populus Gentium, propter quem decurſus ſepis eſſe deſtructa, & medius paries, qui inter Judæos & Gentiles fuerat, diſſipatus, ut fieret unus grex & unus Paſtor.*

de moi dans cet Ouvrage ces déclamations pueriles, ces discours fleuris, ces tours fins & delicats, & ces periodes qui finissent par des expressions courtes, vives & pressantes, qui charment & qui enlevent l'auditeur. Car enfin il est tems que je m'attache à la sagesse, & que je fasse reposer dans mon sein cet *Abisag* qui ne vieillit jamais. Elle est toûjours pure, & toûjours vierge; & quoi qu'elle conçoive & qu'elle enfante tous les jours, neanmoins elle conserve toûjours, à l'exemple de Marie, une pureté sans tâche & sans soüillure. Il me semble que c'est dans la vûë de cette sagesse que saint Paul a dit: *Conservez-vous toûjours dans la ferveur de l'esprit*: Et que JESUS-CHRIST nous enseigne dans l'Evangile, qu'à la fin du monde, c'est à dire, lors que ce Pasteur dont parle le Prophete Zacharie commencera à devenir insensé, l'on verra la sagesse de plusieurs s'éclipser peu à peu, & leur charité se refroidir. *Rom. 12. 11. Zach. 11. 15. Matth. 24. 12.*

Ecoutez donc, comme dit saint Cyprien, non pas un discours éloquent & poli, mais vif & patetique. Ecoutez-moi comme un homme qui est vôtre frere par la participation d'un même Sacerdoce, & vôtre pere par le nombre des années. Je vais vous conduire comme par degrez depuis le berceau d'une foi naissante, jusqu'à un âge parfait: & en vous prescrivant la maniere de bien vivre, j'instruirai en même tems les autres des maximes de la vertu. Je sçai bien que vôtre saint Oncle Heliodore, qui est maintenant ᵃ Evêque, vous a appris & vous apprend *Cypr. Epist. ad Donat.*

---

a Heliodore fut fait Evêque d'Altino en Italie, qui étoit un Evêché suffragant d'Aquilée. Il se trouva en cette qualité au Concile d'Aquilée celebré l'an 381. sous le Pontificat du Pape Damase.

encore tous les jours à marcher dans les voïes de la sainteté ; & que vous trouvez dans la vie de ce grand homme un modéle accompli de toutes les vertus. Mais je vous prie de vouloir bien aussi recevoir ce petit ouvrage tel qu'il est, & de le joindre à celui que je lui ai déja envoïé ; afin que vous puissiez apprendre dans l'un les devoirs d'un veritable Solitaire, & vous instruire dans l'autre des obligations d'un parfait Eccclesiastique.

Il faut donc qu'un Clerc qui est consacré au service des Autels, commence par sçavoir l'étymologie du nom qu'il porte, afin qu'il tâche d'en remplir la signification. Le mot Grec, *cleros*, signifie *heritage* ou *partage*, & l'on donne aux Ecclesiastiques le nom de *Clerc*, ou à cause qu'ils sont l'heritage du Seigneur, ou parce que le Seigneur est lui-même leur heritage. Or celui dont Dieu est l'heritage, & qui est l'heritage de Dieu, doit vivre de sorte qu'il possede Dieu, & que Dieu le possede. Quand on possede Dieu, & que l'on dit avec le Prophete Roi : *Le Seigneur est mon partage* ; l'on ne doit point avoir d'autre possession que Dieu ; & si l'on possede quelque chose avec lui, l'on cesse de l'avoir pour partage. Car comment voudroit-il être le partage d'un homme, qui est riche en or, en argent, en terres, & en meubles precieux ? Si je suis la portion & l'heritage du Seigneur ; si à l'exemple des Prêtres & des Levites, je n'entre point en partage avec les autres Tribus ; si je sers à l'autel, & si je n'ai point d'autre fond pour subsister, que les oblations des fidelles, & les dixmes qu'ils offrent à l'autel : il est juste que je me contente d'avoir ce qui m'est necessaire pour me vêtir & me nourrir, & que je me dépoüille de tout, pour embrasser la Croix toute nuë.

Je vous prie donc, & je ne sçaurois assez vous le repeter, je vous prie de ne pas juger de la condition d'un Ecclesiastique par celle d'un homme du monde, tel que vous étiez autrefois: c'est à dire de ne vous pas imaginer qu'il vous soit permis desormais de n'avoir en vûë dans le service de JESUS-CHRIST que quelque interêt temporel ou quelque projet de fortune; & de chercher à devenir plus riche que vous n'étiez, lors que vous vous êtes consacré aux autels; de peur que l'on ne vous applique ce que dit un Prophete: *Ils ne tireront aucun fruit de leurs heritages.* ᵃ

Jerem. 17. 13. *selon les LXX.*

Quelque modique que soit vôtre table, ne la refusez jamais aux pauvres, ni aux étrangers, & soïez persuadé que vous y recevez JESUS-CHRIST en leur personne. Fuïez comme la peste les Ecclesiastiques qui s'intriguent dans les affaires & dans le commerce du monde, & qui de méprisables qu'ils étoient par leur pauvreté & par la bassesse de leur naissance, sont devenus fiers & insolens par leurs grandes richesses; car *les mauvais entretiens corrompent les bonnes mœurs.* Si vous regardez les biens de la terre avec une œil d'indifference & de mépris; un autre les ai-

1. Cor. 15. 33.

---

a L'Edition d'Erasme ajoute ici ces mots: *Car l'on voit quelquefois des Solitaires plus riches dans le desert, qu'ils ne l'étoient dans le siecle. L'on voit des Ecclesiastiques qui faisant profession de suivre Jesus-Christ pauvre, amassent plus de bien qu'il n'en avoient gagné au service du Demon, qui est le dispensateur de ces trompeuses richesses, de maniere que l'Eglise gemit de voir dans l'a-* *bondance, des gens que le monde avoit vûs reduits à la mendicité.* L'on a retranché ici toute cette periode, parce qu'elle ne se trouve dans aucun manuscrit. Elle est toute entiere & de mot à mot dans l'éloge funebre de Nepotien, d'où apparamment les Copistes l'on détachée, pour l'inserer ici.

mera & les recherchera avec empreſſement. Si vous êtes bien-aiſe de goûter dans la retraite & dans le ſilence, les douceurs d'une vie tranquille & cachée aux yeux des hommes ; vous en verrez d'autres qui aimeront à parler beaucoup, & à ſe produire effrontément, étans inceſſamment dans les ruës, dans les marchés & les places publiques, & paſſant le reſte de leur tems dans les boutiques des Apoticaires. Comment pouvoir allier des humeurs ſi oppoſées, & des inclinations ſi différentes ?

Ne ſouffrez pas que les perſonnes du ſexe mettent jamais le pié chez vous : du moins faites en ſorte qu'elles n'y viennent que tres-rarement. Les filles & les vierges conſacrées à Dieu doivent vous être toutes ou également inconnuës, ou également cheres. Ne demeurez jamais avec elles dans une même maiſon ; & ne comptez point ſur une innocence que vous avez toûjours conſervée : car enfin vous n'êtes ni plus ſaint que David, ni plus ſage que Salomon ; & vous ne devez jamais oublier qu'une femme fut cauſe que Dieu chaſſa le premier homme du Paradis terreſtre. Si vous tombez malade, faites-vous gouverner par quelqu'un de vos freres, par vôtre ſœur, par vôtre mere, ou par quelque femme d'une vertu univerſellement reconnuë. Que ſi vous n'avez point de parens aſſez proches, ou que vous puiſſiez trouver une femme dont la vertu ſoit bien éprouvée & hors de toute ſuſpicion : Faites-vous ſervir par ces femmes âgées que l'Egliſe nourrit ; afin qu'en les païant des ſervices qu'elles vous rendront, vous puiſſiez vous ménager juſques dans vôtre maladie, le merite de l'aumône. J'en connois qui ont perdu la santé de l'ame, en recouvrant celle du corps ; & il est toûjours dangereux de se faire gouverner par une femme que l'on voit souvent, & que l'on envisage quelque fois avec trop de reflexion.

Si vôtre ministere vous oblige de rendre visite à une veuve, ou à une vierge ; n'entrez jamais seul chez elles ; mais aïez toûjours en vôtre compagnie des personnes dont la reputation ne puisse donner aucune atteinte à la vôtre. Lors que vous y menerez quelqu'un avec vous, soit lecteur, soit acolithe, soit chantre ; choisissez des gens qui ne s'amusent point à se friser ; qui se distinguent plus par la regularité de leur vie, que par la propreté des habits ; & qui dans un exterieur grave & modeste, fassent reluire les caracteres d'une ame pure & innocente. Ne vous trouvez jamais dans un tête-à-tête avec une femme, & ne lui parlez point à l'écart & sans témoins. Si vous avez quelque chose de particulier à lui dire, qu'elle prenne avec elle sa gouvernante, sa femme de chambre, quelque fille, quelque veuve, ou quelque femme mariée : il faudroit qu'elle fut bien reservée & bien farouche, si elle ne pouvoit s'ouvrir à d'autres qu'à vous. Enfin vous devez avoir soin d'éviter tout ce qui peut rendre vôtre conduite suspecte, & de retrancher jusques aux plus legeres apparences dont la calomnie pourroit se prevaloir contre vous. Un amour chaste & honnête ne sçait ce que c'est que de faire ou de recevoir de petits presens, de donner des rubans & des mouchoirs, d'écrire des billets doux, de baiser les habits de la personne qu'on aime, & de manger les viandes qu'elle a touchées. Si l'on ne sçauroit souffrir dans la bouche d'un seculier ou d'un comedien, toutes ces fleurettes, ces douceurs & ces galanteries qu'un amour profane fait dire à un amant passionné ; comment pourroit-on les supporter dans la bouche d'un Solitaire & d'un Ecclesiastique dont le Sacerdoce est illustré par la sainteté de sa profession, & la profession relevée par la dignité du Sacerdoce ? Ce n'est pas que j'apprehende que ni vous, ni aucun de ceux qui ménent une vie veritablement sainte, soient capables de se laisser aller à de pareils desordres : mais je parle de la sorte, parce qu'il n'y a point d'état, de sexe, ni de condition où l'on ne trouve des bons & des méchans, & que l'on ne sçauroit condamner ceux-ci, sans faire l'éloge de ceux-là.

C'est un grand sujet de confusion pour nous, & je ne sçaurois y penser sans rougir, de voir que l'on puisse leguer en faveur des Prêtres idolatres, des comediens, ᵃ des cochers, & des femmes perduës : & que les Ecclesiastiques & les Moines soient les seuls que les Ordonnances, je ne dis pas des Empereurs païens, mais des ᵇ Princes Chrétiens, privent de cet avantage. Je ne me plains pas de cette Loi, je me plains seulement de ce que nous avons merité qu'on nous l'imposât. Ce remede est salutaire, je l'avouë ; mais helas ! pourquoi faloit-il que la grandeur de nos maux nous le rendît necessaire ?

ᵃ Ces cochers appellés en Latin *Aurigarii*, *Auriga* & *Aurigatores*, étoient ceux qui dans les jeux publiques du Cirque disputoient avec leurs concurrens à qui remporteroit le prix de la course des chariots.

ᵇ Cette Loi se trouve dans le Code de Theodosien. Elle fut faite par les Empereurs Valentinien, Valens, & Gratien, qui l'adresserent au Pape Damase. Elle fut publiée dans les Eglises de Rome le 29. Juillet sous le troisiéme Consulat de Valentinien & de Valens, c'est à dire l'an 370.

Au reste quelques precautions que prennent les Princes, & quelques severes que soient leurs Ordonnances, elles ne sont point capables de reprimer nôtre couvoitise. Car l'on sçait l'art d'éluder toute la force des Loix par le moïen des fidei-commis ; & comme si les Edits des Empereurs étoient plus sacrés & plus inviolables que les commandemens de Jesus-Christ, on respecte leurs loix, tandis que l'on se moque de l'Evangile. Laissons donc à la mere, je veux dire à l'Eglise, l'heritage des enfans qu'elle a portés & élevés dans son sein, & ne lui ravissons point un droit qui lui est si naturel & si legitime.

Comme rien ne fait plus d'honneur, & n'attire plus de gloire à un Evêque, que le soin qu'il prend de prevenir ou de soulager les necessités des pauvres : aussi rien ne rend-t-il un Prêtre plus méprisable & plus infame, que l'empressement qu'il a d'amasser des richesses. Tel Ecclesiastique qui est né sous un toit champestre, & dans le sein même de l'indigence, & qui autrefois avoit à peine du pain de milet pour rassasier la faim dont il étoit devoré ; trouve aujourd'hui les mets les plus delicieux fades & dégoûtants ; sçait les noms, & connoît toutes les differentes especes de poissons ; dit sur quelles côtes l'on prend les meilleures truittes ; discerne au goût de quel endroit vient le gibier, n'estime les viandes que par leur rareté, & trouve même du plaisir dans les dépenses excessives qui le ruinent. J'ai même appris que quelques uns tâchent de s'insinuer par de honteuses bassesses & d'indignes complaisances, dans l'esprit des personnes âgées qui n'ont point d'enfans. On les voit assieger leur lit quand ils sont malades, leur rendre les services les plus bas, recevoir & essuïer eux-mêmes la pourriture & les flegmes qu'ils jettent du fond de l'estomac, s'allarmer à la vûë du Medecin, s'informer en tremblant de l'état du malade, se croire eux-mêmes perdus dés qu'il commence à reprendre ses forces, faire neanmoins paroître à l'exterieur une fausse joïe, tandis que la passion de l'avarice toûjours dominante au dedans, leur déchire le cœur par un veritable désespoir. Car ils n'apprehendent rien tant que de perdre le fruit de leurs peines, & quand ils voïent un vieillard dans une parfaite santé, ils le comparent à Mathusalem. De quel prix leurs services ne seroient-ils pas devant Dieu, s'ils n'en attendoient point la recompense des hommes ? par combien de travaux n'achetent-ils pas l'esperance trompeuse d'un bien imaginaire ! Ils leur en coûteroit bien moins pour acquerir cette perle precieuse dont JESUS-CHRIST parle dans l'Evangile.

Matth. 13. 45.

Appliquez-vous souvent à la lecture des Saintes Écritures, ou plûtôt aïez toûjours ces Livres Divins entre les mains. Instruisez-vous de ce que vous devez enseigner aux autres. *Attachez-vous fortement aux veritez de la Foi, telles que l'on vous les a enseignées, afin de vous rendre capable d'exhorter selon la saine doctrine, & de convaincre ceux qui s'y opposent. Demeurez ferme dans les choses que vous avez apprises, & soïez toûjours prêt de répondre pour vôtre défense à ceux qui vous demanderont raison de vôtre esperance & de vôtre foi.* Soûtenez par vos œuvres les veritez divines que vous prêchez, de peur que lors que vous parlerez en public, l'on ne vous accuse secrete-

Tit. 1. 9.

2. Tim. 3. 14.

ment de ne pas suivre les maximes que vous enseignez aux autres. Il sied mal à un homme de plaisir & de bonne chere, de faire l'éloge du jeûne; & il n'y a point de voleur qui ne puisse blâmer la cupidité d'un avare. Mais il faut que les sentimens & les actions d'un Prêtre soient toûjours d'accord avec ses paroles.

Soïez soûmis à vôtre Evêque, & regardez-le toûjours comme vôtre pere spirituel. L'amour est le propre des enfans, & la crainte est le caractere des esclaves. *Si je suis vôtre Pere,* dit Dieu par un Prophete, *où est l'honneur qui m'appartient? & si je suis vôtre Seigneur, où est la crainte respectueuse que vous devez avoir pour moi?* Vous pouvez envisager tout à la fois dans la personne du Saint homme Heliodore, & la vertu d'un Solitaire, & la dignité d'un Evêque, & l'autorité d'un Oncle qui vous a déja élevé dans les maximes de la sainteté. Mais les Evêques doivent aussi se souvenir qu'ils sont Prêtres, & qu'ils ne doivent pas usurper sur les autres une autorité qui ne leur appartient pas. S'ils veulent que les Ecclesiastiques aïent pour eux le respect qui est dû à leur dignité, il faut aussi qu'ils rendent aux Ecclesiastiques l'honneur qui est dû à leur caractere. C'est ce que l'Orateur Domitius disoit autrefois à un Empereur: *Pourquoi voulez-vous que je vous traite en Prince, puis que vous ne me traittez pas en Senateur.* L'Evêque tient parmi les Prêtres le même rang qu'Aaron tenoit dans l'ancienne Loi parmi ses enfans. Comme ils adorent le même Dieu, & qu'ils le servent dans le même temple, ils exercent aussi un même ministere. Souvenons-nous toûjours de cet avertissement que l'Apôtre saint Pierre

Malach. 1. 6.

donne aux Evêques ? *Paissez le troupeau dont Dieu vous a confié le soin, & veillez sur lui non pas à regret & avec chagrin, mais avec joie & avec un zele digne de Dieu : non dans la vûë d'un honteux interêt & d'un gain sordide ; mais par une charité pure & desinteressée : non en exerçant vôtre domination & vôtre empire sur l'heritage du Seigneur ; mais en vous rendant les modéles de vôtre troupeau, par une vertu qui soit sans déguisement, & qui vienne du fond du cœur ; afin qu'au jour que le Prince des Pasteurs paroîtra, vous receviez de sa main une couronne de gloire qui ne flétrira jamais.* ᵃ L'on voit regner dans quelques Eglises un abus tres-pernicieux, & que l'on ne sçauroit assez condamner. C'est que les Evêques, soit par jalousie, soit par mépris, ne veulent pas permettre aux Prêtres de prêcher en leur presence ; & qu'ils n'ont en cela aucun égard à ce que dit l'Apôtre saint Paul : *Si Dieu révéle ses veritez à quelqu'un de ceux qui sont assis dans l'assemblée, que le premier qui parloit se taise ; car vous pouvez tous prophetiser l'un aprés l'autre, afin que tous apprennent, & que tous soient consolés ; & l'esprit des Prophetes est soûmis aux Prophetes, car Dieu est un Dieu de paix & non pas de desordre.* Un enfant sage & bien né fait la gloire de son pere ; & un Evêque doit se sçavoir bon gré d'avoir donné à JESUS-CHRIST des sujets d'un merite distingué.

Quand vous parlerez en public, songez plû-

1. Pet. 5. 2.

1. Cor. 14. 30.

---

a Cette coûtume que saint Jerôme condamne ici ; étoit particulierement établie dans les Eglises d'Afrique. Valére Evêque d'Hippone l'abolit en obligeant saint Augustin alors Prêtre de son Eglise, de prêcher en sa presence. Aurele Evêque de Carthage en usa de même dans son Eglise, sur quoi saint Augustin & Alypius lui écrivirent pour l'en feliciter.

tôt à toucher vos auditeurs qu'à leur plaire ; & mettez toute vôtre gloire à voir couler de leurs yeux des larmes de componction. Un Prêtre doit assaisonner tous ses discours de l'Ecriture Sainte. Au lieu de vous amuser à faire avec un air de declamateur de longs & ennuieux discours ; tâchez de vous remplir d'une erudition sacrée, & d'acquerir une parfaite connoissance des Divins Mysteres. Il n'appartient qu'aux ignorans de parler beaucoup, & de s'attirer par là l'estime & l'admiration de la populace. L'on voit tous les jours des gens assez effrontés pour entreprendre d'expliquer des choses qu'ils ignorent, & même pour se piquer d'erudition lors qu'ils ont réussi à persuader les autres. Je me souviens qu'aïant un jour prié mon maître saint Gregoire de Nazianze de me dire ce que saint Luc entendoit par le Sabbat ᵃ appellé *second premier*, il me répondit agréablement : Je vous expliquerai " cette difficulté quand nous serons à l'Eglise ; car " alors forcé par les acclamations & les applaudis- " semens de tout mon auditoire, d'approuver ce " que j'aurai dit, vous vous imaginerez sçavoir " ce que vous ne comprendrez pas : ou si vous refu- " sez de joindre vôtre approbation & vos loüan- " ges à celles du peuple, tout le monde vous re- " gardera comme un homme qui n'a pas seulement " le sens commun. En effet rien n'est plus aisé que " d'imposer par un grand flus de langue, à une multitude d'hommes grossiers & ignorans, qui n'admirent rien davantage, que ce qu'ils con-

Deuteroprōtos.
Luc. 6. 1.

a On l'appelloit ainsi, selon plusieurs Interpretes, parce que c'étoit le premier Sabbat d'après le second jour de Pâque : ou, selon d'autres parce que c'étoit l'Octave du Sabbat, c'est à dire, le dernier jour de la Fête de Pâque ou des pains sans levain, ainsi appellé parce qu'il étoit aussi solemnel que le premier.

çoivent le moins. Ecoutez quel est sur cela le sentiment de Ciceron, ce grand homme à qui l'on a donné cette loüange si belle & si delicate, Que comme Demosthene lui avoit ôté l'avantage de tenir le premier rang parmi les Orateurs ; aussi avoit-il ravi à Demosthene la gloire d'être le seul qui meritât de porter le nom d'Orateur : écoutez, dis-je, ce qu'il pense de ces acclamations populaires & des declamateurs qui les excitent par leurs vains discours : Prenez garde, dit-il, dans son [b] plaidoïer pour Quintus Gallus, prenez garde de vous laisser surprendre par le faux brillant d'une éloquence trompeuse & affectée ; car voici ce que j'ai vû & entendu moi-même il n'y a pas long-tems. Un certain Poëte, homme d'un merite universellement reconnu, & d'une erudition profonde, qui a composé ces beaux dialogues où il fait parler les Poëtes & les Philosophes ; nous represente dans une scene Euripide & Menandre, & dans une autre Epicure & Socrate, qui s'entretiennent ensemble, quoi qu'ils aïent vécu dans des tems & même dans des siecles differens. Mais parce que cet auteur a pour spectateurs & pour juges de ses pieces une foule d'ignorans qui ne sçavent ce que c'est que de belles lettres, & qui n'en ont jamais eu la moindre teinture, quels applaudissemens & quelles acclamations ne s'attire-t-il pas tous les jours ?

Que la couleur de vos habits ne soit ni trop éclatante ni trop sombre ; car une saleté dégoû-

---

[b] Nous n'avons point ce plaidoïer de Ciceron dont parle saint Jerôme. Marianus croit qu'il faut lire pro Q. Gallio. Mais parmi les oraisons de Ciceron, on n'en trouve aucune pour Q. Gallius, non plus que pour Q. Gallus. D'ailleurs tous les manuscrits aussi bien que toutes les editions portent, pro Q. Gallo.

tante n'eſt pas moins blâmable, qu'une propreté affectée : & comme celle-ci eſt le caractere d'une ame mondaine & ſenſuelle ; auſſi celle-là eſt-elle ſouvent la marque d'un cœur orgüeilleux & ſuperbe. La veritable gloire ne conſiſte pas tant à ne point porter d'habits magnifiques qu'à ſe mettre par une pauvreté volontaire dans l'impuiſſance d'en avoir ; & un homme ſe rendroit ridicule & mépriſable au dernier point, qui toûjours occupé du ſoin d'amaſſer du bien, voudroit ſe faire un merite de n'avoir pas ſeulement un mouchoir.

L'on voit des gens qui font quelques petites aumônes, dans la vûë de s'en attirer de plus grandes ; & qui ſous pretexte d'exercer la charité, ne ſongent qu'à s'enrichir aux dépens des pauvres. En uſer de la ſorte, ce n'eſt pas tant faire l'aumône, que courir aprés ſa proïe. C'eſt ainſi que l'on prend les bêtes, les oiſeaux & les poiſſons. C'eſt auſſi ſous de pareils appas que l'on tend des pieges aux Dames, & que l'on trouve le ſecret d'attrapper leur argent. Un Evêque qui eſt obligé par les devoirs de ſa charge, d'être attentif à tous les beſoins de ſon Egliſe, doit ſur tout connoître à fond le caractere de ceux à qui il confie le ſoin des pauvres, & l'adminiſtration du bien qui leur appartient. Il vaut mieux n'avoir rien à leur donner, que de demander hardiment pour eux, ce qu'on a deſſein de garder pour ſoi. Il y a même quelque ſorte de vanité à vouloir paroître plus charitable que ſon Evêque. Tous les hommes ne ſont pas propres à tout. L'un fait dans l'Egliſe la fonction de l'œil, l'autre de la langue ; celui-ci du pié, celui-là de la main, du ventre, de l'oreille, &c. Liſez l'E- *1. Cor. 12. 11.*

pître de saint Paul aux Corinthiens, où cet Apôtre fait voir que quoi qu'il y ait plusieurs membres dans l'Eglise, ils ne font tous neanmoins qu'un même corps. Il ne faut donc pas qu'un homme simple & grossier s'imagine que son ignorance le rend digne d'être mis au rang des Saints; ni qu'un habile homme se persuade que la sainteté consiste dans la beauté du discours & les ornemens de l'éloquence. Neanmoins si l'on avoit à choisir l'une de ces deux imperfections, il faudroit toûjours preferer à une éloquence vicieuse & criminelle, une sainteté rustique & sans politesse.

On se fait un merite de bâtir des Temples magnifiques, d'y élever de superbes colomnes, de les enrichir des marbres les plus rares, de faire éclater l'or dans les lambris, & briller tout au tour de l'autel des compartimens de pierres precieuses ; tandis que l'on n'a aucun soin de choisir de dignes ministres de Jesus-Christ. Et que l'on ne pretende pas autoriser cette magnificence de nos Eglises, par celle du Temple de Jerusalem, dont la table, les lampes, les encensoirs, les bassins, les coupes, les mortiers, & tous les autres vases étoient de pur or. Tout cela étoit bon dans le tems que l'on immoloit au Seigneur la chair des animaux, & que les Prêtres expioient les pechés du peuple dans le sang d'une bête égorgée (quoi qu'au fond toutes ces *1. Cor. 10. 11.* choses, comme dit l'Apôtre saint Paul, n'aient été que des figures dont l'on a conservé la memoire pour nous servir d'instruction, à nous autres qui nous sommes rencontrés dans la fin des tems.) Mais aujourd'hui que Jesus-Christ a consacré par sa pauvreté celle de son Eglife, nôtre emploi doit être de porter la croix, & de méprifer toutes les richeffes de la terre. Pourquoi regarder comme quelque chofe de grand, ce que le Fils de Dieu appelle des trefors d'iniquité ? Pourquoi donner nôtre eftime & nôtre amour à des biens que faint Pierre fait gloire de ne point poffeder ? Au refte fi nous voulons nous attacher uniquement à la lettre, & fi ces richeffes du Temple des Juifs dont l'Ecriture Sainte nous fait le détail, a pour nous tant d'attrait ; il faut donc nous refoudre à les imiter dans leurs autres ceremonies, auffi bien que dans leur magnificence. Il faut que nos Evêques époufent des filles vierges ; que l'on prive de la dignité du Sacerdoce ceux qu'une cicatrice ou quelqu'autre défaut exterieur aura rendus difformes : que l'on ait plus d'égard à la lépre du corps, qu'à la corruption du cœur : que nous nous engagions tous dans le mariage, afin d'avoir une nombreufe famille & de peupler la terre : que nous ceffions de celebrer la Pâque, & d'immoler l'Agneau myftique, puis que la Loi défend de le facrifier ailleurs que dans le Temple : que nous celebrions au feptiéme mois la Fête des Tabernacles, & que nous publions au fon de la trompette le jeûne folemnel que prefcrit la Loi. Mais fi nous voulons traitter fpirituellement les chofes fpirituelles ; fi nous fommes perfuadés, comme dit l'Apôtre faint Paul, que l'efprit de la Loi eft caché fous l'écorce de la lettre ; fi nous difons avec le Prophete Roi : *Eclairez mes yeux, Seigneur, & je confidererai les merveilles de vôtre fainte Loi* ; fi nous fçavons l'expliquer cette Loi de la même maniere que JESUS-CHRIST a entendu & interpreté l'obli-

Luc. 16.
Act. 3.
Levit. 21. 13.
Ibid. ⅴ. 17.
Ibid. c. 23.
Ibid.
Pfal. 118.

Matth. 12. gation du Sabbat : alors nous serons obligés de rejetter avec toutes les autres superstitions des Juifs, l'or qui brille dans leur Temple : ou si nous en aimons le vain éclat, il faut aussi que nous aimions les Juifs, puis que nous ne sçaurions ni approuver ni condamner leurs richesses, sans qu'ils aïent part eux-mêmes ou à l'estime ou au mépris que nous en faisons.

Ne vous engagez point à faire des festins aux gens du monde, & particulierement aux Grands; car rien n'est plus scandaleux que de voir les huissiers & les soldats d'un Consul, faire la garde devant la maison d'un ministre de JESUS-CHRIST, de ce Dieu pauvre & crucifié, qui durant sa vie ne subsista que d'aumônes : rien de plus indigne que de voir un Gouverneur de Province faire meilleure chere chez vous que chez lui. Et ne dites pas, pour justifier vôtre procedé, que vous n'en usez de la sorte, que dans la vûë de ménager les interrêts des pauvres, & de ceux qui vivent sous vôtre conduite : car vous devez être persuadé qu'un Ecclesiastique se rend plus recommandable par sa vertu que par ses richesses ; & que la sainteté de sa vie lui donne plus de credit auprés d'un Magistrat, que ses grands revenus. Au reste si ce Magistrat est d'humeur à ne vouloir écouter que parmi les pots & les verres, les prieres qu'un Prêtre lui fait en faveur des pauvres ; je me passerai fort aisément de ces sortes de graces ; & laissant là cet homme injuste, je prierai au lieu de lui JESUS-CHRIST même, en qui je trouverai toûjours dans mes besoins, une resource & plus prompte &
Psal. 117. plus assûrée. Car *il vaut mieux s'appuïer sur Dieu que sur l'homme, & mettre sa confiance dans le Seigneur,*

Seigneur, que dans les Princes de la terre.

Faites en sorte que l'on ne s'apperçoive jamais à vôtre haleine que vous aïez bu du vin, de peur que ceux que vous salüerez, ne se plaignent, comme faisoit autrefois un certain Philosophe, qu'au lieu d'un baiser, vous leur presentez du vin. L'Apôtre saint Paul condamne les Ecclesiastiques qui sont adonnés au vin ; & il étoit défendu dans l'ancienne Loi à tous ceux qui étoient consacrés aux fonctions de l'autel, de boire du vin, ni aucune autre liqueur capable d'enivrer. C'est ce que l'Ecriture appelle *Sicera* ; car dans la Langue Hebraïque l'on donne communément ce nom à toute sorte de breuvage qui peut enivrer, soit qu'il soit fait de froment, ou de pommes, ou de raïons de miel, dont quelques peuples barbares font une boisson assez agreable, ou de fruit de palmier, ou de quelques autres grains que l'on fait boüillir dans une eau épaisse qui en prend la teinture. En un mot, n'aïez pas moins d'horreur de tout ce qui peut enivrer & troubler la raison, que du vin même.

Au reste je ne pretens point ici condamner le vin, comme une chose dont l'usage soit absolument mauvais, puis qu'on sçait que JESUS-CHRIST en usoit, & que les Juifs vouloient lui faire un crime d'aimer le vin. On sçait aussi que l'Apôtre saint Paul permet à Timothée d'en boire un peu pour fortifier son estomac. Mais je veux que dans l'usage que l'on en fait, l'on ait égard à l'âge, au temperament, & aux infirmités du corps. Car si je suis d'une complexion forte & robuste ; & si même en me privant de vin, je ne laisse point d'être en proïe aux flammes qu'une ardente jeunesse, & un sang encore

1. Tim. 3. 3.

Levit. 10. 9.

Matth. 11. 19.

1. Tim. 5. 23.

tout boüillant allume dans mes veines ; pourquoi balancerai-je à m'abstenir d'un breuvage qui est capable de m'empoisonner ? Un Poëte Grec a fort bien dit sur cela (quoi que peut-être sa pensée ne puisse pas conserver en nôtre Langue la beauté qu'elle a dans l'original) Que le trop d'embonpoint nuit à l'esprit.

Reglez sur vos forces la mesure de vos jeûnes, & faites en sorte que la superstition n'y ait point de part ; mais que la pureté, l'innocence, la simplicité & la moderation les assaisonne toûjours. Quelle folie, je vous prie, de ne vouloir pas manger d'huile, tandis que l'on se tourmente pour trouver des figues séches, du poivre, des noix, des dattes, de la fleur de froment, du miel, des pistages ? On prend des soins & des peines incroïables à cultiver un jardin & à remuer la terre, pour ne point manger de pain ; & l'on perd le ciel, tandis que l'on ne s'occupe qu'à chercher ce qui flate les sens. J'ai même oüi dire que quelques uns par une abstinence bizarre & contraire à toutes les loix de la nature, s'interdisent entierement l'usage de l'eau & du pain, & que composant avec du jus de bêtes & d'autres herbes semblables un breuvage delicieux, ils le prennent dans une coquille au lieu de tasse ou de verre. O Dieu ! pouvons-nous bien sans rougir donner ainsi dans la bagatelle, & nous attacher à des pratiques pleines de superstition ; tandis que nous accordons à la nature tout ce qui peut contenter sa delicatesse, osons-nous bien encore nous faire un merite & une gloire de nôtre abstinence ? C'est jeûner d'une maniere bien rigoureuse & bien austere, que de se reduire à ne boire que de l'eau, & à ne manger que du pain : mais parce que cette nourriture est commune & ordinaire à tous les hommes ; & que nous ne trouvons pas dans cette pratique je ne sçai quel éclat qui flate nôtre vanité ; nous nous imaginons que cette espece d'abstinence ne merite pas le nom de jeûne.

Ne cherchez point à vous faire de la reputation dans le monde, de crainte qu'en voulant gagner l'estime des hommes, vous ne vous attiriez l'indignation de Dieu. *Si je voulois encore plaire aux hommes*, disoit saint Paul, *je ne serois pas serviteur de* JESUS-CHRIST. Cet Apôtre ne merita cette auguste qualité, qu'en cessant d'avoir pour les hommes d'indignes complaisances. Car un veritable soldat de JESUS-CHRIST marche à droit & à gauche, parmi la bonne & la mauvaise reputation, sans se laisser ni seduire par les loüanges, ni ébranler par les mépris, ni enfler par les richesses, ni abattre par la pauvreté ; il méprise également & les douceurs & les rigueurs de la fortune ; & *le soleil ne le brûle point durant le jour ; ni la lune durant la nuit*.

Galat. 1. 10.

1. *Cor.* 6. 8.

Psal. 110. 6.

N'affectez point de prier en public & aux coins des ruës, de peur que les applaudissemens des hommes n'empêchent vos prieres de s'élever jusqu'à Dieu. N'imitez point l'orgüeil & la vaine ostentation des Pharisiens, qui malgré le témoignage de leur propre conscience qui les condamnoit interieurement affectoient d'avoir de longues franges à leurs manteaux, & de porter les paroles de la Loi écrites sur des bandes de parchemin plus larges que celles du commun. ᵃ Est-ce dans ces sortes de pratiques que consiste

---

a Le texte de saint Jerôme est ici entierement renversé & confondu dans les Editions. On les | a donc abandonnées pour s'attacher uniquement aux manuscrits.

l'Evangile ? sont-ce là les maximes que la Loi & les Prophetes vous enseignent ? Vous concevez bien, mon cher Nepotien ce que je passe ici sous silence ; & par ce silence là même je vous en dis davantage, & je m'explique mieux que par mes paroles. Chaque espece de vanité a ses regles & ses maximes particulieres. Ah ! qu'ils auroient bien mieux fait de porter la Loi du Seigneur gravée au fond de leurs cœurs, que d'en étaler les œuvres aux yeux du monde ; & de chercher l'approbation de Dieu, que de mandier celle des hommes ! voulez-vous sçavoir quels sont les ornemens qui plaisent à Dieu, & qui peuvent vous rendre agréable à ses yeux ? c'est la Justice, la Prudence, la Temperance & la Force. Renfermez-vous dans la pratique de ces quatre vertus, comme dans les quatre parties du Ciel qui nous environne : servez-vous-en comme d'un char magnifique pour aller à Jesus-Christ, & pour fournir promptement vôtre carriere. Ces vertus sont comme des joïaux d'un prix inestimable, & comme autant de pierres precieuses dont on ne sçauroit assez admirer les differentes beautés. Elles vous ornent, vous environnent, & vous couvrent de toutes parts ; & ces riches diamans se changeant pour vous en des boucliers impenetrables, vous servent tout à la fois & d'ornement & de défense.

Ne vous abandonnez point à l'intemperance de la langue ni des oreilles, c'est à dire ne parlez jamais mal des autres, & n'écoutez point ceux qui en parlent mal. *Etant assis*, dit le Prophete Roi, *vous parliez contre vôtre frere, & vous tendiez des pieges au fils de vôtre mere : vous avez fait toutes ces choses, & je me suis tû ; vous*

Psal. 49. 21.

avez cru injustement que je vous ressemblerai: mais je vous reprendrai severement, & je vous remettrai tout cela devant les yeux. Epargnez donc la reputation de vos freres ; n'en parlez jamais qu'avec beaucoup de circonspection & de retenuë, & soïez persuadé qu'en parlant mal de vôtre prochain, vous vous condamnez vous-même, & qu'un jour vous paroîtrez coupable des mêmes choses dont vous aurez voulu faire des crimes aux autres. Et ne dites point pour vôtre justification, qu'en prêtant l'oreille aux rapports que l'on vous fait, vous ne donnez aucune atteinte à la reputation de vôtre prochain. Rien n'est plus frivole ni plus mal fondé que cette excuse ; car un médisant n'a garde d'aller debiter ses impostures à ceux qui ne prennent pas plaisir à les écouter. Il est impossible de faire entrer une fléche dans une pierre, & souvent même la pierre la repousse & la renvoïe avec violence contre celui qui l'a décochée. Usez-en de la sorte à l'endroit du médisant, & apprenez-lui par un air chagrin & rebutant, à ménager davantage la reputation de ses freres. *N'aïez aucune liaison,* Prov. 24. *dit le Sage, avec ceux qui font profession de par-* 21. *ler mal des autres, car ils se verront enveloppés tout à coup dans quelque disgrace imprevûë ; & qui peut sçavoir quelle sera la destinée de l'un & de l'autre ;* c'est à dire, tant de celui qui médit, que de celui qui l'écoute avec trop de complaisance.

Comme vous êtes obligé par vôtre ministere, de visiter les malades, de sçavoir où demeurent les Dames qui font profession de pieté, de connoître leurs enfans, d'entrer dans la confidence des personnes de qualité : il est aussi de vôtre devoir de ne laisser échapper, non seulement aucun regard, mais même aucune parole trop libre; de ne disputer jamais de la beauté des femmes; & de ne point rapporter dans une maison, ce qui se passe dans une autre. Hipocrate avant que de donner des leçons à ses disciples, avoit coûtume de les faire jurer, & de les engager par serment à suivre aveuglement sa doctrine, & à n'en découvrir jamais le secret à personne: prenant soin en même tems de les former dans leurs discours, dans leur air, dans leur marcher, & dans leurs mœurs. Avec combien plus de justice sommes-nous obligés, nous autres à qui Dieu a confié le salut des ames, d'aimer toutes les familles Chrétiennes comme nos propres familles ? mais nous devons plûtôt chercher à les consoler dans leur affliction, qu'à manger chez eux dans les jours de leur prosperité; l'on conçoit aisément du mépris pour un Ecclesiastique qui ne refuse jamais un dîner. Ne demandons jamais rien, & soïons mêmes tres-reservés à prendre ce que l'on nous prie d'accepter, parce qu'*il y a plus de bonheur à donner qu'à recevoir.* Il arrive même assez souvent par je ne sçai quelle conduite qui n'est que trop ordinaire aux hommes, que la facilité avec laquelle nous recevons les presens qu'ils nous forcent en quelque façon de recevoir, leur fait perdre une partie de l'estime qu'ils avoient pour nous; & qu'au contraire le genereux mépris que nous faisons & de leurs prieres & de leurs presens, augmente l'idée qu'ils avoient de nôtre merite.

Un Prêtre qui doit faire par tout l'éloge de la continence, ne doit jamais se mêler de faire des mariages. Car pourquoi veut-il obliger une

Act. 20. 35.

vierge à se marier, lui qui a lu dans l'Apôtre
saint Paul: *Que ceux qui ont des femmes, vivent* 1. Cor. 7.
comme s'ils n'en avoient point? Pourquoi con- 29.
seille-t-il à une veuve de s'engager encore dans
les liens du mariage, lui qui n'est entré dans la
Clericature qu'apés avoir renoncé aux secondes
nôces? Comment un Ecclésiastique, qui doit
méprifer les richesses, & renoncer à ses propres
heritages, peut-il se resoudre à faire valoir le
bien d'autrui, & à se charger du soin d'une famille étrangere? c'est commettre un larcin que
d'usurper le bien d'un ami; mais c'est commettre un sacrilege que de voler les biens dont l'E-
glise nous a confié l'administration. Il n'est rien
de plus cruel ni de plus inhumain, que de ménager par une timide prevoïance, l'argent que
l'on a reçû pour le distribuer aux pauvres; ou
même (ce qui est visiblement criminel) d'en
détourner quelque partie; tandis qu'on laisse
perir de faim une infinité de malheureux pour
qui il étoit destiné. Quoi dans le tems que je
souffre une faim cruelle, vous pretendez mesurer mes besoins & peser mes morceaux? Ou
donnez-moi sans aucun retardement, ma part
de l'argent que vous avez reçû pour le soulagement des pauvres, ou si vous voulez le ménager a-
vec tant de precaution, laissez à celui qui me fait
cette aumône, le soin de la distribuer lui-même.
Je ne pretens pas que vous vous enrichissiez de
ce que l'on vous donne pour subvenir à mes besoins. Personne ne sçauroit mieux que moi conferver un bien qui m'appartient. L'on ne sçauroit faire un meilleur usage des biens de l'Eglise,
que de les repandre sur tous les pauvres, sans en
rien reserver pour soi-même.

Aprés que toute la terre s'est déchaînée contre le Livre de la Virginité que j'ai composé à Rome & dedié à la vertueuse Eustoquie ; vous m'avez engagé malgré moi, mon cher Nepotien, à rompre le silence que je gardois depuis dix ans dans ma retraite de Bethléem, & à m'exposer encore une fois aux calomnies de tous les hommes. Car pour me mettre à couvert de leurs censures, il faloit me résoudre à ne plus écrire, ce que vous n'avez pas voulu me permettre ; ou si je voulois donner encore quelque ouvrage au Public, je devois m'attendre à me voir en butte à tous les traits de la médisance. Mais enfin je les supplie de demeurer en paix, & de ne me plus déchirer par leurs impostures ; car je les ai traittés dans mes écrits, non pas avec la haine & l'aigreur d'un ennemi, mais avec la douceur & la tendresse d'un veritable ami ; & au lieu de m'élever ouvertement contre les pecheurs, je me suis contenté de les avertir de ne plus pecher. Au reste je ne me suis pas épargné moi-même ; j'ai eu part comme les autres à ma propre censure, & avant que de tirer la paille que j'apperçevois dans l'œil de mon frere, j'ai eu soin premierement d'ôter la poûtre que je sentois dans le mien. Je n'ai donné aucune atteinte à la reputation des autres, & on ne peut m'accuser d'avoir nommé quelqu'un dans mes ouvrages ; je me suis toûjours contenté de declamer contre les vices en general, sans jamais attaquer personne en particulier. Ceux donc qui s'emportent contre moi avec tant de chaleur, font assez voir qu'ils se sentent coupables des desordres que j'ai condamnés.

XVI. LETTRE.

à saint Paulin.

Saint Jerôme après avoir remercié saint Paulin des presens qu'il lui avoit envoïés, l'exhorte à se donner tout entier à l'étude de l'Ecriture Sainte. Il lui propose l'exemple de plusieurs grands hommes qui n'ont rien épargné pour devenir sçavans. Il l'avertit de ne point s'engager à cette étude sans le secours d'un maître. Il se plaint de ce que tous les arts n'étant exercés que par ceux qui en font une profession particuliere, il n'y a que la science de l'Ecriture Sainte dont tout le monde veut se mêler. Pour lui faciliter cette étude, il fait une espece d'analyse de chaque livre de l'Ecriture, & des remarques courtes, mais très curieuses sur le caractere des Ecrivains Sacrés. Enfin il le presse de rompre entierement avec le monde, pour se conserver à Dieu sans reserve.

Ecrite vers l'an 394.

J'Ai reçû de nôtre Frere Ambroise avec les presens que vous m'avez fait la grace de m'envoïer, une de vos lettres qui m'a fait un vrai plaisir; car vous y faites paroître dés les commencemens d'une amitié naissante, toute la droiture & toute la fidelité d'un ancien ami. En effet l'amitié n'est jamais plus sincere & plus solide, que lors qu'elle est fondée, non pas sur aucun interêt temporel, sur la seule presence des amis, sur d'indignes flatteries, sur des complaisances affectées; mais sur la crainte du Seigneur & sur l'amour des Saintes Ecritures.

L'Histoire ancienne nous apprend qu'il y a eû des hommes qui ont parcouru les Provinces, voïagé parmi les nations étrangeres, & passé les mers, afin de voir de leurs propres yeux de grands hommes qu'ils ne connoissoient que par leurs ouvrages. C'est ainsi que Pythagore quitta son païs, pour aller consulter les Sages de Memphis ; & que Platon vint à Tarente écouter Architas, aprés avoir parcouru avec beaucoup de peines l'Egypte & toute cette côte d'Italie que l'on appelloit autrefois la Grande-Grece. Quoiqu'universellement estimé dans Athenes où il enseignoit la Philosophie avec une haute reputation, & où sa doctrine étoit reçûë avec respect dans toutes les écoles de l'Academie, ce grand homme voulut bien se rendre étranger sur la terre, & devenir disciple de maître qu'il étoit, aimant mieux écouter les autres avec modestie, que de debiter avec faste ses propres sentimens. Enfin tandis qu'il cherchoit avec empressement des connoissances qui sembloient se cacher par toute la terre pour se dérober à son zele & à ses poursuites, il fut pris & vendu par des pirates : mais quoiqu'esclave d'un homme inhumain & barbare, qui le chargea de chaînes, & qui lui fit sentir toutes les rigueurs d'une dure & cruelle captivité, neanmoins la vertu & la sagesse dont il faisoit profession, le rendirent superieur à celui qui l'avoit acheté.

Nous lisons aussi que des personnes de qualité vinrent à Rome des extremités de l'Espagne & des Gaules, attirés non point par la pompe & la magnificence de cette grande ville, mais par la grande reputation de Tite-Live, dont les écrits également purs & éloquens faisoient les delices des beaux esprits. Ce fut alors un spectacle nouveau & bien digne d'admiration, de voir dans Rome, cette ville si grande & si fameuse, des gens qui venoient y chercher quelque chose de plus grand que Rome même.

Apollonius soit qu'il fût magicien, comme on le croit communément, soit qu'il fût Philosophe, comme les disciples de Pythagore le pretendent; parcourut la Perse, le Mont Caucase, l'Albanie, la Scythie, le Païs des Messagetes, & les riches Roïaumes des Indes; & après avoir passé le Gange, il alla chez les ᵃ Brachmanes pour entendre Hiarchas, qui étant assis sur un throne d'or, & beuvant de l'eau ᵇ de la fontaine de Tantale, enseignoit à un petit nombre d'écoliers les secrets de la nature, le mouvement des astres, & le cours journalier du soleil. De là il passa chez les Elamites, les Babyloniens, les Caldéens, les Medes, les Assyriens & les Parthes; parcourut la Syrie, la Phenicie, l'Arabie, la Palestine; & étant de retour à Alexandrie, il alla en Ethiopie voir les ᶜ Gimnosophistes, & ᵈ cette fameuse Table du soleil qui est au milieu des sablons; trouvant par tout quelque

---

a C'est le nom que les Indiens donnoient à leurs Sages & à leurs Philosophes.

b Philostrate lib. 3. cap. 7. dit qu'il y avoit dans l'école d'Hiarchas une statuë qui representoit Tantale, tenant à sa main une couppe pleine d'eau, dont ces Philosophes beuvoient avant que de se coucher. Saint Jerôme l'appelle *une fontaine*, parce que selon le même Auteur ibid. cap. 10. Cette couppe se remplissoit à mesure qu'on la vuidoit.

c C'est ainsi que les Egyptiens appelloient leurs Philosophes &

leurs Sages.

d Voici ce que Herodote lib. 3. nous apprend de cette fameuse table du soleil: *On dit que la table du soleil est une prairie hors d'une ville, où l'on trouve tous les matins de la chair rôtie de toutes sortes d'animaux à quatre pieds, que les Magistrats de la même ville y font porter durant la nuit, & que quand il est jour, il est permis à un chacun d'y venir faire bonne chere. Les habitans du païs soûtiennent que la terre produit ces viandes toutes les nuits, & c'est ce qu'on appelle la table du soleil.*

chose de nouveau à apprendre, & ne cherchant qu'à faire de nouveaux progrés dans les sciences & dans la vertu. C'est ce que nous apprenons de l'histoire de sa vie, que Philostrate a écrite fort au long en huit livres.

Mais pour quoi m'arrêter ici à rapporter les exemples des auteurs profanes, puis que saint Paul, ce vaisseau d'élection, ce Docteur des Nations, qui fortifié par la presence de celui qu'il portoit au dedans de lui-même, disoit avec confiance : *Est-ce que vous voulez éprouver la puissance de* JESUS-CHRIST *qui parle par ma bouche*; puis, dis-je, que cet Apôtre aprés avoir demeuré long-tems à Damas, & parcouru toute l'Arabie, alla à Jerusalem pour conferer avec saint Pierre, chez qui il demeura quinze jours, afin de s'instruire durant ce tems-là, de l'Evangile qu'il devoit prêcher aux Gentils ; Quatorze ans aprés, aïant pris Tite & Barnabé, il alla encore à Jerusalem pour rendre compte aux Apôtres de l'Evangile qu'il prêchoit, afin de ne pas perdre le fruit de ce qu'il avoit déja fait, ou de ce qui lui restoit à faire dans le cours de son ministere. En effet les instructions que l'on donne de vive voix ont je ne sçai quelle force secrete qui touche & qui persuade tout à la fois ; & lors qu'elles sortent de la bouche même d'un maître habile, elle font sur l'esprit & sur le cœur de ceux qui l'entendent, de plus vives impressions. De là vient qu'Esquinés étant banni à Rhodes, & entendant lire la harangue que Demosthene avoit faite contre lui, dit en soûpirant à ceux qui loüoient & admiroient cette piece : Que seroit-ce, helas ! si vous aviez entendu cet Orateur prononcer lui-même son plaidoïer ;

2. Cor. 13. 3.

Quand je parle de la sorte, ce n'est pas que je me flate de sçavoir quelque chose qui soit digne de vos recherches ou de vôtre application ; mais c'est qu'independemment de ce que vous pouvez esperer de moi, je croi devoir loüer ce zele ardent que vous faites paroître pour l'étude ; car un esprit docile est toûjours digne de loüanges, quoi qu'il n'ait point de maître pour le former. Je n'envisage pas tant ce que je puis faire pour vous, que ce que vous attendez de moi. Une cire molle & maniable, quoi qu'encore brute & informe, ne laisse pas de renfermer en elle-même toutes les figures qu'un habile ouvrier peut lui donner. L'Apôtre saint Paul fait gloire d'avoir appris la Loi de Moïse & les Prophetes aux piés de Gamaliel, afin qu'étant muni de ces armes spirituelles, il pût ensuite dire avec confiance : *Les armes de nôtre milice ne sont point charnelles, mais puissantes en Dieu pour renverser les remparts qu'on leur oppose ; & c'est par ces armes que nous détruisons les raisonnemens humains, & tout ce qui s'éleve avec hauteur contre la science de Dieu ; & que nous reduisons en servitude tous les esprits pour les soumettre à l'obeïssance de* JESUS-CHRIST, *aïant en main le pouvoir de domter tous les desobeïssans.* Le même Apôtre écrivant à Timothée, qui dés ses plus tendres années avoit été élevé dans l'étude des saintes Ecritures, l'exhorte à s'appliquer sans cesse à cette divine lecture, depeur qu'il ne vienne à negliger la grace qu'il avoit reçuë par l'imposition des mains. Aprés avoir fait à Tite le portrait d'un veritable Evêque & des vertus qu'il doit posseder ; il lui ordonne de n'élever à cette haute dignité, que ceux qui joindront à toutes ces

2. Cor. 10. 4.

vertus la science de l'Ecriture Sainte : *Il faut,* *Tit. 1. 9.* *dit-il, qu'un Evêque soit fortement attaché à la parole de verité, telle qu'on la lui a enseignée, afin qu'il soit capable d'exhorter selon la saine doctrine, & de convaincre ceux qui s'y opposent.*

En effet un ignorant, quelque vertueux qu'il puisse être d'ailleurs, n'est bon que pour lui-même ; & s'il ne s'oppose pas à ceux qui attaquent l'Eglise de Dieu, il lui fait autant de tort par son ignorance, qu'il l'édifie par sa vertu. *Allez demander au Prêtre l'explication de la Loi,* *Agg. 2. 12.* dit Aggée, ou plûtôt le Seigneur par la bouche de ce Prophete ; tant il est vrai qu'un Prêtre est obligé par son ministere de répondre à toutes les questions qu'on lui fait sur la Loi de Dieu. Nous lisons aussi dans le Deuteronome : *Interrogez* *Deut. 32. 7.* *vôtre Pere, & il vous enseignera ; interrogez vos Anciens, & ils vous instruiront.* Et dans le Pseaume cent dix-huitiéme : *Je chante vôtre sainte Loi dans le lieu de mon pelerinage.* David faisant le portrait de l'homme juste, & l'éloge de ses vertus, après l'avoir comparé à l'arbre de vie qui est dans le Paradis, il ajoûte : *Il met toute son affection & tout son plaisir dans la Loi du Seigneur,* *Psal. 1. 2.* *& il la medite jour & nuit.* Daniel dit sur la fin de sa prophetie, *Que les Justes brillent comme* *Dan. 12. 3.* *les étoiles, & que les sçavans sont semblables au firmament.* Vous voïez par là quelle difference il y a entre un homme vertueux destitué de science & de lumieres, & un homme qui sçait allier la vertu avec la science ; puis que le Prophete compare celui-là aux étoiles, & celui ci au firmament. On peut neanmoins, en suivant le texte Hebreu, entendre l'un & l'autre de ceux qui se distinguent par leur science, car voici ce qu'il porte : *Les sçavans auront un éclat pareil à celui du firmament ; & ceux qui apprennent aux autres les voïes de la justice, brilleront comme des astres durant toute l'éternité.*

Pourquoi pensez-vous que saint Paul a été appellé *Vaisseau d'élection* ? c'est parce qu'il étoit tout rempli de la Loi de Dieu & de la science des Saintes Ecritures. Les Pharisiens étoient tout surpris d'entendre JESUS-CHRIST parler des choses de Dieu avec tant de lumiere & de sagesse ; & ils ne pouvoient comprendre comment saint Pierre & saint Jean, qui n'avoint jamais étudié, pouvoient être si sçavans dans la Loi. C'est que le Seigneur, comme parle l'Ecriture, les instruisoit lui-même, & que le Saint Esprit leur inspiroit ce que les autres n'apprennent que par de longues meditations & par un travail continuel. Le Fils de Dieu aïant atteint l'âge de douze ans, alla au Temple, & proposa aux Anciens quelques difficultés sur la Loi, mais avec tant de sagesse, que les questions qu'il leur fit, furent autant d'instructions pour eux. Dirons-nous que saint Pierre & saint Jean étoient des gens grossiers & ignorans, eux qui pouvoient dire l'un & l'autre : *Si je suis grossier & peu instruit pour la parole, il n'en est pas de même pour la science.* Saint Jean n'étoit-il qu'un homme rustique, & un pauvre pêcheur, un ignorant ? hé d'où partoient donc, je vous prie, ces belles paroles : *Au commencement étoit le Verbe, & le Verbe étoit avec Dieu, & le Verbe étoit Dieu ?* Car ce mot (Verbe) signifie en Grec plusieurs sortes de choses ; on le prend tantôt pour la *parole*, tantôt pour la *raison* ; quelquefois il veut dire *supputation*, ou *la cause*

2. Cor. 11 6.

Johan. 1. 1.

universelle de tous les Etres; Et tout cela convient parfaitement à JESUS-CHRIST.

Ces grandes veritès ont été inconnuës aux Platons & aux Demosthenes. *Je détruirai, dit Dieu, la sagesse des Sages, & j'abolirai la science des Sçavans.* La veritable sagesse confondra & détruira la fausse prudence des hommes. Quoique la predication de la Croix paroisse une folie aux yeux du monde, neanmoins saint Paul ne laisse pas de prêcher la sagesse aux parfaits, *non la sagesse de ce monde, ni des Princes de ce monde qui se détruisent: mais la sagesse de Dieu, cette sagesse cachée dans le mystere & predestinée avant tous les siecles.* C'est de JESUS-CHRIST qu'on doit entendre ce que saint Paul dit ici de la sagesse de Dieu, car il est la vertu & la sagesse de Dieu. Or cette sagesse est cachée dans le mystere; de là vient que David a intitulé le neuviéme Pseaume: *Pour les secrets du Fils*, c'est à dire que ce Fils en qui tous les tresors de la science & de la sagesse sont renfermés, & qui étant cachée dans le mystere, a été predestiné avant tous les siecles, & representé sous des figures dans la Loi & les Prophetes. C'est pour cela qu'on appelloit ceux-ci *Voïans*, parce qu'ils voïoient celui qui étoit caché & inconnu à tous les autres. Abraham vid le jour de ce Divin Sauveur, & il s'en réjoüit. Le Ciel fut ouvert à Ezechiel, tandis qu'il étoit fermé à un peuple pecheur. *Otez le voile de dessus mes yeux*, disoit David, *afin que je puisse contempler les merveilles de vôtre Loi*. Comme la Loi de Dieu est spirituelle, nous avons besoin qu'il écarte le voile qui nous empêche d'en découvrir les mysteres, & de contempler à découvert la gloire du Seigneur.

1. Cor. 1. 19.

Ibid. 2. 6.

Psal. 118.

Saint

Saint Jean parle dans son Apocalypse d'un livre fermé avec sept sceaux : *Donnez ce livre à* Isaï. 29. 11. *un homme qui sçaura lire, il vous répondra : Je ne sçaurois le lire, parce qu'il est fermé.* Combien en voïons-nous aujourd'hui qui se flatent d'être sçavans, & qui ne sçauroient ouvrir ce livre seelé, à moins qu'il ne leur soit ouvert par celui qui a la clef de David, qui ouvre ce que personne Apoc. 3. 7. *ne peut fermer, & qui ferme ce que personne ne peut ouvrir ?* Nous lisons dans les Actes des Apôtres que saint Philippe aïant demandé à l'Eunuque de la Reine d'Ethiopie, qui lisoit le Prophete Isaïe, s'il entendoit bien ce qu'il lisoit, cet homme (car c'est le nom que l'Ecriture donne à cet Eunuque) répondit : *Comment puis-* Act. 8. 30. *je l'entendre, si quelqu'un ne m'en donne l'intelligence ?* Pour moi, (car enfin il est tems d'en parler) je n'ose me flatter d'être ni plus saint, ni plus affectionné à l'étude de l'Ecriture, que cet Eunuque qui quitta la Cour, & vint du fond de l'Ethiopie, c'est à dire des extremités du monde, visiter le Temple de Jerusalem, & qui étoit si passionné pour la science de la Loi de Dieu & des Saintes Ecritures, qu'il les lisoit même en carrosse. Mais quoi qu'il eût le livre entre les mains, qu'il entendît bien les paroles du Prophete, & qu'il les repetât souvent, neanmoins il ne sçavoit qui étoit celui qu'il adoroit dans ce livre sans le connoître. Saint Philippe l'aïant abordé, lui fit connoître JESUS-CHRIST qui étoit caché sous les paroles qu'il lisoit. Admirez ici combien d'avantages on peut tirer des instructions d'un habile maître. Cet Officier dans un même moment croit en JESUS-CHRIST, reçoit le batême, entre en la compagnie des Fidelles &

Tome I. G

des Sains, devient maître de difciple qu'il étoit; & trouve dans les eaux facrées de l'Eglife, quoi que peu frequentées alors, ce qu'il avoit inutilement cherché dans le magnifique Temple de la Synagogue.

Comme les bornes d'une lettre ne me permettent pas de m'étendre davantage fur ce fujet, je me contente de vous avoir dit ceci en paffant, pour vous faire comprendre que vous avez befoin d'un maître dans l'étude des Saintes Ecritures, & que vous ne devez point vous engager fans guide dans des routes fi difficiles. Je ne dis rien ici des Grammairiens, des Orateurs, des Philofophes, des Géometres, des Aftronomes, ni des Medecins dont la fcience eft fi utile aux hommes, & fe divife en regles, en methode & en pratique : je ne parle que des arts mechaniques, où l'on fe fert plus de la main que de la langue. Tous ceux qui font profeffion de quelque métier, comme laboureurs, maffons, forgerons, charpentiers, foulons, drapiers ; tous ces gens-là ne fçauroient jamais fe rendre habiles dans leur art fans le fecours d'un maître.

Horat. ep.
l. 2. epift. 1.
Le fage Medecin fe mêle de fon art,
Le Forgeron du fien, laiffant le refte à part.

Il n'y a que l'Ecriture Sainte où tout le monde veut être maître.

Ignorans & fçavans tous fe mêlent d'écrire.

Id. ibid.
Une vieille femme qui babille fans ceffe, un vieillard qui radote, un Sophifte qui ne fçauroit fe taire, tous fe piquent d'entendre la Sainte Ecriture ; un chacun la tire de fon côté, & pretend l'enfeigner avant que de l'avoir apprife. Les uns prenant un air de pedant & un ton de

maître, agitent dans un cercle de femmes les questions les plus difficiles de l'Ecriture. Les autres n'ont point de honte d'apprendre des femmes mêmes, ce qu'ils doivent enseigner aux autres. Ils portent même leur impudence plus loin ; car entêtés de je ne sçai quelle facilité qu'ils ont à s'exprimer, ils viennent effrontément debiter aux autres ce qu'ils n'entendent pas eux-mêmes. je ne parle point de ceux qui comme moi s'appliquent à l'étude de l'Ecriture sainte, aprés avoir étudié aux lettres humaines : s'ils peuvent réüssir à plaire à leurs auditeurs par des discours polis & un stile affecté, ils pretendent qu'on doit recevoir tout ce qu'ils disent, comme s'il sortoit de la bouche de Dieu même ; & sans se mettre en peine d'expliquer le véritable sens des Prophetes & des Apôtres, ils font violence aux passages de l'Ecriture pour l'ajuster à leurs propres idées ; comme si c'étoit quelque chose de grand, ou plûtôt comme si ce n'étoit pas la chose du monde la plus ridicule & la plus impertinente, de corrompre l'Ecriture & de lui donner un sens forcé & une explication violente. C'est ainsi que certains auteurs accommodant à leurs desseins les vers d'Homere & de Virgile, en ont composé des ouvrages que l'on appelle Centons. On pourroit sur ce pié-là ériger Virgile en Chrétien, tout païen qu'il étoit, parce qu'il a dit :

^a *La Vierge est de retour, l'âge d'or va paroître ;* Eclog: 4.

^a Ces vers sont de la Sibille Cumée qui predisoit par là la naissance du Sauveur. Virgile s'en est servi pour célebrer la naissance de Pollio qui vint au monde dans le tems qu'Asinius Pollio son pere venoit de faire la paix entre Auguste & Marc-Antoine. Par le nom de *Vierge* le Poëte entend la justice ou Astrée fille de

XVI. LETTRE

Le Ciel nous a donné l'Enfant qui vient de naître.

On pourroit mettre ces paroles dans la bouche du Pere Eternel :

b *Mon fils en qui je mets toute mon esperance, Vous qui seul aujourd'hui soûtenez ma puissance.*

On pourroit dire du Sauveur parlant du haut de la Croix où il étoit attaché :

c *Il parle de la sorte & demeure immobile.*

Que toutes ces applications sont badines & pueriles ! Ne faut-il pas être un vrai charlatan pour entreprendre d'enseigner aux autres ce qu'on ignore ; ou plûtôt (car je ne puis m'empêcher de traitter ici des hommes de ce caractere avec toute l'indignation qu'ils meritent) pour ne se pas convaincre soi-même de sa propre ignorance ?

Quoi donc ? est-ce qu'il n'y a aucune difficulté dans le livre de la Genese, qui comprend l'Histoire de la création du monde, de la formation de l'homme, de la division de la terre, de la confusion des langues, & de l'entrée des Hebreux en Egypte ? N'en trouve-t-on point dans l'Exode où il est parlé des dix plaïes dont le Seigneur frappa Pharaon, du Decalogue, & des commandemens de Dieu qui renferment tant de mysteres ? Le Levitique est-il si aisé à comprendre ? le nombre des sacrifices, les habits du grand Prêtre, les differens emplois des Lévites, les

---

Jupiter & de Thémis. Mais ceux dont parle ici saint Jerôme en faisoient l'application à la sainte Vierge mere de Jesus-Christ.
b C'est ainsi que Virgile fait parler Venus à son fils Cupidon.
c Le Poëte parle d'Anchise qui refusoit de suivre son fils Enée, & de se dérober aux malheurs de sa patrie.

syllabes mêmes de ce Livre Divin, tout y est mystere. Le Livre des Nombres n'est-il pas tout mysterieux, soit dans le dénombrement du peuple, soit dans la prophétie de Balaam, soit dans les quarante-deux campemens que les Israëlites firent dans le desert? Le Deuteronome qui est une seconde Loi & la figure de l'Evangile, ne renferme-t-il pas de telle sorte ce qui a été dit dans les autres livres, qu'il semble être un livre tout nouveau? Ce sont là les cinq Livres de Moïse qu'on appelle le Pentateuque, & qui sont comme les cinq paroles que l'Apôtre saint Paul faisoit gloire de prononcer dans l'assemblée des fidelles. *1. Cor. 14. 19.*

Combien de mysteres Job, ce beau modéle de patience, n'a-t-il pas renfermé dans le livre qui porte son nom? ᵃ Le commencement & la fin de ce livre sont en prose, & le reste en vers. L'Auteur y observe exactement toutes les regles de la Dialectique, proposant d'abord le sujet de son discours, le prouvant ensuite par des raisonnemens, le fortifiant par des autorités & des exemples, & tirant enfin ses conclusions. Toutes ses expressions sont vives & patétiques : sur tout il parle de la résurrection des morts d'une maniere si claire & si bien marquée, que jamais personne ne s'en est mieux expliqué. *Je sçai*, dit-il, *que mon Redempteur est vivant, & que je ré-* *Job. 19. 25.* *susciterai de la terre au dernier jour; que je verrai mon Dieu dans ma chair, que je le verrai, dis-je,*

ᵃ Saint Jerôme explique lui-même cet endroit dans sa preface sur le livre de Job; car il dit que les deux premiers chapitres de ce livre sont en prose, que depuis le troisiéme Verset du troisiéme chapitre, jusqu'au sep- | tiéme Verset du chap. quarante-deuxiéme ce sont des vers composés de dactiles & de spondées; & que le reste du quarante-deuxiéme chap. par où le livre finit, est en prose.

moi-même, & non un autre, & que je le contemplerai de mes propres yeux ; c'est là l'esperance que j'ai, & qui repose toûjours dans mon cœur.

Venons à Josué fils de Navé, qui a été la figure de Jesus-Christ, non seulement par ses actions, mais encore par son nom. Il passe le Jourdain, il se rend maître du païs ennemi, il le distribuë aux Israëlites victorieux, & par le partage qu'il fait des villes, des bourgs, des montagnes, des fleuves, des torrens, & des frontieres de la Palestine, il nous represente une image du Roïaume spirituel de l'Eglise, & de la Jerusalem celeste.

Tous les Gouverneurs du peuple d'Israël, dont il est parlé dans les Livres des Juges, sont autant de figures des choses à venir. Nous voïons dans Ruth, qui étoit Moabite, l'accomplissement de cette prophétie d'Isaïe : *Seigneur, envoïez l'Agneau dominateur de la terre, de la pierre du desert à la montagne de la fille de Sion.*

Isai. 16. 1.

b Les Livres de Samüel nous font voir dans la mort d'Héli & de Saül, une figure de l'abolition de l'ancienne Loi ; & nous representent en la personne du Grand-Prêtre Sadoch & du Roi David, l'établissement d'un nouveau Sacerdoce & d'un nouvel Empire. Le troisiéme & le quatriéme Livre des Rois, que les Hebreux appellent *Malachim*, contiennent l'Histoire des Rois de Juda depuis Salomon jusqu'à Jéchonias ; & des Rois d'Israël depuis Jéroboam fils de Nabat, jusqu'à Osée qui fut mené captif en Babylone. Toute cette Histoire est écrite d'une maniere fort simple, mais si on pénetre bien le sens qui est caché sous la lettre, on y verra une image du petit

b C'est ce que nous appellons les deux premiers livres des Rois.

nombre des fidelles, & des guerres que les Hérétiques ont fait à l'Eglise.

Les douze Prophetes qui ne font qu'un seul Livre cachent une infinité de figures sous l'écorce de la lettre, & renferment un sens tout different de celui qui se presente d'abord à l'esprit.

Osée parle souvent d'Ephaïm, de Samarie, de Joseph & Jezraël ; d'une femme de mauvaise vie, & des enfans de cette prostituée ; d'une épouse adultere renfermée dans la chambre de son mari, habillée de duëil, & qui demeure long-tems veuve en attendant le retour de son Epoux.

Joël fils de Phanuël nous décrit les ravages que les chenilles, les sauterelles, les vers & la niele firent dans les terres des douze Tribus. Il prédit ensuite que Dieu aprés la destruction de l'ancien Peuple, répandra son Esprit sur ses serviteurs & ses servantes ; ce qui s'accomplit lors que le Saint Esprit décendit sur six-vingts personnes assemblées dans le Cénacle de Sion : ce nombre même de six-vingts a quelque chose de mysterieux, car si l'on compte en multipliant depuis un jusqu'à quinze, on trouvera le nombre de quinze degrés, figurés par les quinze Pseaumes graduels du Psautier.

On ne sçauroit expliquer en peu de paroles le Prophete Amos, quoi qu'il ne fut qu'un berger & un païsan, qui *cueïlloit des meures sauvages sur* les buissons. En effet qui pourroit dire ce que ce Prophete entend par les trois ou quatre crimes de Damas, de Gaze, de Tyr, des Iduméens, des Ammonites, des Moabites & du peuple de Juda & d'Israël qu'il nomme les derniers ? Il adresse aux * *Vaches grasses de*

* C'est à dire, comme l'explique lsaint Jerôme comm. in cap. 4.

la montagne de Samarie, & prédit la ruine de la [b] Grande & de la Petite-Maison. Il void tantôt celui qui produit les sauterelles ; tantôt le Seigneur assis sur une muraille crépie, ou *de diamant ; ici un crochet qui fait tomber le fruit des arbres, figure des châtimens que les pecheurs s'attirent par leurs crimes ; là le Seigneur qui envoïe la famine sur la terre, non la famine du pain, ni la soif de l'eau ; mais la famine & la soif de la parole de Dieu.

*Selon les LXX.

Abdias, dont le nom signifie *serviteur du Seigneur*, fulmine & lance ses traits contre [c] Edom, cet homme de sang & de terre, qui fut toûjours ennemi declaré de son frere Jacob.

Jonas, qui veut dire *Colombe*, & dont le naufrage fut une image de la passion du Sauveur, exhorte tous les hommes, sous le nom de Ninive, à faire penitence, & à rentrer dans les voïes du salut.

Michée natif de Morasthi & [d] *cohéritier de* Jesus-Christ, prédit à la ville de Jerusalem, qu'il appelle *fille de voleur*, qu'elle sera assiegée & pillée par ses ennemis, pour avoir frappé à la joüe le Prince d'Israël.

Nahum, *consolateur de l'univers*, s'éleve contre [e] une ville de sang, & aprés avoir prédit sa ruine, il ajoûte : *Je vois paroître sur les montagnes*

---

[a] Amos, aux principaux habitans de la ville de Samarie, qui vivoient dans les délices.

[b] Par la *Grande-Maison*, on doit entendre, selon saint Jerôme, le Roïaume de Juda : & par la *Petite-Maison*, le Roïaume d'Israël.

[c] C'est à dire contre les Iduméens qui étoient les décendans d'Esaü, qu'on appelloit aussi Edom, qui veut dire sanguinaire & terrestre comme l'explique saint Jerôme dans son comment. sur le 1. chap. d'Amos.

[d] Saint Jerôme appelle Michée, *cohéritier de Jesus-Christ*, parce que *Morasthi*, lieu de sa naissance signifie en Hebreu *mon heritier*.

[e] Contre la ville de Ninive, que ce Prophete appelle *ville de sang*.

les piés de celui qui apporte de bonnes nouvelles, & qui annonce la paix.

Abacuc *Lutteur* fort & robuste, se tient en sentinelle & demeure ferme sur les ramparts, afin de dire en voïant JESUS-CHRIST attaché à la Croix : *Sa gloire a couvert les cieux, & la terre est pleine de ses loüanges ; il jette un éclat semblable à une vive lumiere ; sa force est dans ses mains, & c'est là que sa puissance est cachée.*   *Abac. 3. 3.*

Sophonie, cette homme *qui considere & qui connoît les mysteres du Seigneur*, entend de grands cris à la porte aux poissons ; *& des gemissemens à*   *Soph: I. 10.* *la seconde porte, & le bruit d'un grand carnage du haut des colines.* Il exhorte ensuite les habitans de Jerusalem, qui devoient être pilés dans leur ville comme dans un mortier, à jetter des hurlemens, *parce*, dit-il, *que toute cette race de Chanaan sera reduite au silence, & que ceux qui sont couverts d'argent, seront tous exterminés.*

Aggée, qui veut dire *solemnel & joïeux*, seme avec larmes pour recüeillir avec joïe, rétablit les ruines du Temple, & met ces paroles dans la bouche du Pere Eternel : *Encore un peu de*   *Agg. 2. 7.* *tems, & j'ébranlerai le ciel & la terre ; la mer & tout l'univers ; j'ébranlerai tous les peuples, & le Desiré de toutes les nations viendra.*

Il y a dans Zacharie, dont le nom signifie *souvenir de Dieu*, plusieurs sortes de predictions. Ce Prophete voit [a] JESUS revêtu d'habits sales ; une pierre qui a sept yeux ; un chandelier d'or & garni de sept lampes ; deux oliviers, dont l'un est à la droite du chandelier, & l'autre à la gauche ; des chevaux roux, noirs, blancs, & mouchetés ; les chariots d'Ephraïm, qu'on brise, &

[a] C'est à dire le Grand-Prêtre l Jesus ou Josué fils de Josedech.

des chevaux qu'on chaſſe de Jeruſalem : après quoi il prédit la venuë d'un Roi pauvre qui doit venir monté ſur le poulain d'une âneſſe qui eſt ſous le joug.

Malachie, qui eſt le dernier des Prophetes, prédit d'une maniere tres-ſenſible & tres-bien marquée, la réprobation des Juifs & la vocation des Gentils ; voici ſes paroles : *Mon affection n'eſt point en vous, dit le Seigneur des armées, & je ne recevrai point de préſens de vôtre main ; car depuis l'Orient juſqu'à l'Occident mon nom eſt grand parmi les Nations, & l'on m'offre en tout lieu des ſacrifices & une oblation toute pure.*

Mal. I. 10.

Qui pourroit entendre ou expliquer Iſaïe, Jéremie, Ezechiel, & Daniel ? Il ſemble qu'Iſaïe eſt un Evangéliſte plûtôt qu'un Prophete. Jéremie voit une [b] baguette de coudre, une chaudiere boüillante qui vient du côté de l'Aquilon, & un léopard dont la peau n'eſt plus mouchetée : [c] il fait auſſi pluſieurs ſortes de vers en parcourant quatre fois l'alphabeth. Le commencement & la fin de la Prophetie d'Ezechiel ſont ſi obſcurs, qu'il n'eſt pas permis aux Hebreux de les lire, non plus que le commencement de la Geneſe, avant l'âge de trente ans. Daniel qui eſt le dernier des quatre grands Prophetes, poſſede parfaitement la ſcience des tems & de l'hiſtoire univerſelle. Il prédit d'une maniere tres-claire, qu'une pierre ſe détachant d'elle-même d'une montagne, doit détruire tous les Roïaumes de la terre.

David que nous pouvons regarder comme

---

b S. Jerôme parle ici ſelon les LXX. & la verſion de Théodotion ; nôtre Vulgate & les verſions d'Aquila & de Simmaque portent, *une baguette qui veille.*

c Ce ſont les lamentations de Jeremie.

nôtre Simonides, nôtre Pindare, nôtre Alcée, nôtre Horace, nôtre Catulle & nôtre Serénus, chante sur la Lyre les loüanges de Jesus-Christ, & celebre avec un instrument à dix cordes la gloire de sa résurrection.

Salomon ce Roi Pacifique, ce bien-aimé du Seigneur, [d] nous donne des regles pour bien vivre, nous instruit de la nature des choses, unit l'Eglise à Jesus-Christ par les liens d'un mariage tout divin, & chante l'Epithalame de ces nôces sacrées.

Le Livre des Paralipoménes, qui est une abregé de l'ancien Testament, est d'une si grande consequence, que ce seroit se tromper soi-même que de prétendre sçavoir l'Ecriture Sainte, sans l'intelligence de ce livre; car il n'y a pas jusqu'aux noms & aux liaisons mêmes des mots, qui ne servent ou à éclaircir quelque point d'histoire qui a été omis dans le Livre des Rois; ou à expliquer plusieurs endroits de l'Evangile.

Esdras & Nehemias, envoïés du Seigneur pour secourir & pour consoler son Peuple, ne font qu'un seul livre, où l'on voit le rétablissement des murailles & du Temple de Jerusalem. Le dénombrement qu'on y fait du peuple qui revient en foule dans son païs, celui des Prêtres, des Levites, des Proselites, & des ouvrages que l'on distribuë à chaque famille : tout cela cache de grands mysteres sous l'écorce de la lettre.

Vous voïez que la passion que j'ai pour l'Ecriture Sainte m'a déja emporté au delà des bornes qu'on doit se prescrire dans une lettre; cependant je ne suis pas encore au bout & il me

d. Dans les Proverbes, dans | des Cantiques.
l'Ecclésiaste, & dans le Cantique

XVI. LETTRE

reste bien des choses à vous dire. Je vous ai seulement fait voir quel doit être l'objet de nôtre étude & de nos desirs, afin de pouvoir dire avec le Prophete Roi : *Mon ame brûle sans cesse du desir de connoître vôtre sainte Loi.* Aprés tout nous pouvons bien nous appliquer ce que disoit Socrate : Tout ce que je sçai est que je ne sçai rien. Mais touchons aussi en passant quelque chose du nouveau Testament.

Psal. 18.

On peut regarder les quatre Evangelistes comme le chariot du Seigneur. Ce sont de veritables Cherubins qui ont la plenitude de la science. *Tout leur corps est plein d'yeux, ils jettent des étincelles de feu, ils vont & viennent comme des éclairs qui brillent en l'air ; leurs piés sont droits, & s'élevent en haut ; ils ont des aîles par derriere & volent par tout ; ils se tiennent l'un à l'autre, semblables à une rouë emboîtée dans une autre rouë, & ils vont par tout où les emporte l'impetuosité du Saint Esprit.*

Ezech. 1.

Saint Paul écrit à sept Eglises (car plusieurs auteurs croient que la lettre aux Hebreux n'est point de lui.) Il instruit Tite & Timothée de leurs devoir, & demande à Philémon la grace ᵃ d'un esclave fugitif. Mais je croi qu'il est plus à propos de ne rien dire de ce grand Homme, que de n'en dire pas assez.

Il semble que les Actes des Apôtres ne sont qu'une simple histoire de l'Eglise naissante ; mais si nous faisons reflexion que saint Luc, medecin de profession, *qui est devenu celebre par l'Evangile dans toutes les Eglises,* en est l'auteur, nous y trouverons dans chaque parole un remede

a C'est à dire d'Onesime, qui aïant volé son maître, s'enfuit à Rome, où saint Paul le convertit à la Foi.

propre à guerir les maladies & les langueurs de nos ames.

Les Apôtres saint Jacques, saint Pierre, saint Jean & saint Jude ont écrit sept lettres qui renferment en peu de paroles de profonds mysteres. On peut dire qu'elles sont & fort courtes & fort longues tout à la fois; fort courtes pour les paroles, fort longues pour le sens; de maniere qu'il y a tres-peu de personnes qui soient capables de les entendre. L'Apocalypse de saint Jean renferme autant de mysteres que de paroles. Je n'en dis pas même encore assez de cet excellent ouvrage qui est au dessus de toutes sortes de loüanges; il n'y a point de mot qui ne renferme plusieurs sens differens.

Dites-moi, je vous prie, mon tres-cher frere, ne vous semble-t-il pas que de passer toute sa vie dans l'étude & dans la meditation de ces grandes verités; c'est goûter par avance sur la terre les delices du Ciel ? Prenez garde que la simplicité du stile, & la bassesse apparente des expressions de ces Livres Divins ne revoltent vôtre delicatesse; attribuez-en la cause à l'ignorance des Interpretes, ou plûtôt au dessein qu'ils ont eu de s'accommoder à la portée des esprits les plus simples & les plus grossiers, afin que les sçavans pussent entendre un même passage d'une maniere, & les ignorans d'une autre. Pour moi je ne suis pas assez plein de moi-même, ni assez entêté de mon merite pour me flater de sçavoir à fond des choses si sublimes, & de cuëillir ici-bas les fruits d'un arbre qui a sa racine dans le Ciel; mais je vous avouë que cette étude fait toute ma passion, & je croi pouvoir sans vanité me préferer en cela à ceux qui ennemis du travail, passent toute leur vie dans une honteuse oisiveté. Je ne pretens pas m'ériger ici en maître, je m'offre seulement d'être vôtre compagnon d'étude. *On donne à celui qui demande ; on ouvre à celui qui frappe à la porte ; & celui qui cherche, trouve.* Apprenons donc sur la terre, ce que nous n'oublierons jamais dans le Ciel. Je vous recevrai à bras ouverts, & je tâcherai (peut-être me flattai-je un peu trop prévenu & séduit comme [a] Hermagoras par ma propre vanité) je tâcherai, dis-je, d'apprendre avec vous tout ce que vous voudrez sçavoir.

Matth. 7. v. 2.

Nôtre Frere [b] Eusebe qui est ici, & qui vous aime tendrement, a de beaucoup augmenté la joïe que m'a donné vôtre lettre, par le recit qu'il m'a fait de vos manieres douces & honnêtes, du mépris que vous faites des choses du monde, de l'attachement sincere que vous avez pour vos amis, & de vôtre amour pour JESUS-CHRIST. Pour ce qui est du caractere de vôtre esprit & de la delicatesse de vôtre stile, il n'étoit pas necessaire qu'il m'en parlât ; vôtre lettre m'en donnoit une assez grande idée. Hâtez-vous donc, je vous prie, & au lieu de perdre le tems à lever l'ancre, coupez tout d'un coup le cable qui retient vôtre vaisseau. Quand une fois on a pris le parti de renoncer au monde, & de vendre des biens que l'on méprise, on ne doit

---

a S. Jerôme parle ainsi d'Hermagoras, parce que ce Philosophe avoit beaucoup de vanité, & promettoit plus qu'il ne pouvoit faire. C'est l'idée que nous en donne Ciceron lib. 1. de Invent. *Hermagoras*, dit-il, *nec quid dicat attenderé, nec quid pollicetatur intelligere videtur.* Et un peu après : *Hermagoras suâ fretus scientiâ, non quid ars, sed quid ipse possel, expo-* *suisse videtur.*

b Il y a quelque apparence que Saint Jerôme veut parler ici d'Eusebe de Cremone, en faveur duquel il traduisit de Grec en Latin la lettre de saint Epiphane à Jean de Jerusalem, comme il le témoigne dans une de ses lettres à Pammaque. C'est lui aussi que Rufin accusa de lui avoir pris ses écrits sur Origène.

point s'amuser à les bien vendre. Si vous y perdez quelque chose, ce sera un gain pour vous. Un avare manque également & de ce qu'il a, & de ce qu'il n'a point. *Le monde entier est le tresor de l'homme fidelle, mais tout manque à celui qui n'a point de foi.* Vivons comme n'aïant rien & possedant tout. avoir de quoi vivre & se vêtir, c'est être riche en Chrétien. Si vous êtes maître de vôtre bien, vendez-le; si vous ne pouvez pas en disposer, renoncez-y sans reserve. JESUS-CHRIST nous ordonne d'abandonner nôtre manteau à celui qui veut prendre nôtre robbe. Pourquoi differer de jour en jour l'execution de vos bons desseins ? Apprehendez-vous que JESUS-CHRIST n'ait pas de quoi nourrir ses pauvres, si vous n'avez soin de vendre peu à peu tout ce que vous possedez ? On donne tout à Dieu quand on se donne soi même. Les Apôtres n'abandonnerent que leur barque & leurs filets. Les deux petites pieces de monnoye que la Veuve de l'Evangile mit dans le tronc furent plus agréables aux yeux de Dieu que les tresors immenses d'un Cresus. Quand on pense sans cesse qu'on doit mourir un jour, on n'a point de peine à méprifer tous les biens de la terre.

proverb. 17. 6. sec. LXX.

XVII. LETTRE

au même.

Ecrite vers l'an 395. ou 396.

Saint Paulin aïant distribué ses grands biens aux pauvres, & embrassé une pauvreté volontaire, demanda à saint Jerôme des regles pour bien vivre dans son état, & pour s'avancer dans les voïes de la perfection; lui témoignant en même tems le desir qu'il avoit d'aller demeurer à Jerusalem. Saint Jerôme lui répond par cette lettre, Que le merite ne consiste pas à demeurer à Jerusalem, mais à y bien vivre; Que la sainteté n'est point attachée aux lieux; Qu'il n'y a aucun endroit sur la terre d'où l'on ne puisse aller au Ciel; Que la ville de Jerusalem, quoique consacrée par les mysteres de la vie du Sauveur, n'est pas moins corrompuë que les autres, & qu'on y trouve aussi bien qu'ailleurs des objets capables d'infecter les ames les plus pures. Que s'il veut vivre en veritable Solitaire, il doit s'éloigner du commerce des hommes, & du tumulte des villes; Que la lecture, la priere, les jeûnes & les veilles doivent faire toute son occupation. Il le remercie ensuite du panegirique de l'Empereur Theodose qu'il lui avoit envoié; & après avoir fait l'éloge de cet ouvrage, il exhorte l'auteur à s'appliquer serieusement à l'étude de l'Ecriture Sainte.

Matth. 12. 35
L'Homme de bien tire de bonnes choses du bon trésor de son cœur, & on connoît l'arbre par les fruits. Vous mesurez ma vertu par la vôtre; élevé que vous êtes au dessus des autres, vous voulez élever les petits jusqu'à vous; & vous prenez

prenez la derniere place parmi les conviés, afin que le Pere de famille vous fasse monter plus haut. Par quel endroit ai-je pû meriter des éloges de cette bouche éloquente, [a] qui a si bien défendu les interêts & la gloire d'un tres-religieux Prince, moi qui n'ai rien de distingué, & en qui tout est mediocre ? Ne jugez donc point de mon merite, mon tres-cher frere, par le nombre de mes années; ne pensez pas qu'on soit sage dés qu'on a les cheveux blancs; croïez au contraire qu'on a les cheveux blancs dés qu'on est sage, selon ce que dit Salomon : *La prudence de l'homme lui tient lieu de cheveux blancs.* Aussi Dieu commanda-t-il à Moïse de choisir soixante & dix vieillards, qu'il connût pour être de véritables vieillards, c'est à dire, pour des hommes plus recommandables par leur sagesse que par leur âge. Daniel tout jeune qu'il étoit, fut le juge des vieillards, & dans un âge qui n'a du panchant & de l'attrait que pour le plaisir, il condamna les déreglemens d'une vieillesse impudique. Je le repete encore, ne jugez point de ma foi par les années, & ne pensez pas que pour m'être engagé plûtôt que vous au service de JESUS CHRIST, je sois meilleur & plus vertueux que vous. Saint Paul, ce vaisseau d'élection, cet homme qui de persecuteur est devenu

Sap. 4.
Num. 11. 16.

Dan. 13. 45.

---

[a] Saint Jerôme veut parler d'un ouvrage que saint Paulin avoit composé pour l'Empereur Théodose le Grand. Nous n'avons plus aujourd'hui cet ouvrage. Il semble parce qu'en dit ici saint Jerôme, que c'étoit une espece d'apologie de Theodose : peut-être parce que l'auteur y justifioit la conduite de ce grand Prince, contre les impostures de Zozime qui n'a rien épargné pour noircir sa réputation. Cependant Gennade dans son catalogue des hommes illustres, dit que c'étoit un panegirique de ce Prince : Et saint Paulin écrivant à Severe Sulpice, dit aussi qu'il lui envoïe par Victor, le panegirique de l'Empereur Theodose qu'il avoit composé.

Apôtre de JESUS-CHRIST, quoiqu'appellé le dernier à l'Apostolat, est neanmoins superieur en merite aux autres Apôtres, parce qu'il a plus travaillé qu'eux tous. Judas de qui il avoit été dit : *Vous qui trouviez tant de douceur à vous nourrir des mêmes viandes que moi ; qui êtiez mon conseil & mon confident, avec qui je marchois avec tant d'union dans la maison de Dieu.* Judas, dis-je, trahit son ami & son maître, & convaincu de cette perfidie par les justes reproches que lui fait le Sauveur.

Psal. 54. 15.

Enfin d'un nœud fatal, il s'étrangle lui-même.

Eneid. 12.

Au contraire le Larron passe du gibet au Paradis, & trouve le merite & la couronne du martyre dans le supplice qu'il souffre pour ses crimes. Combien en voit-on aujourd'hui, dont la longue vie n'est qu'une longue mort, & qui semblables à des sepulcres blanchis, ne sont pleins au dedans que d'ossemens de morts ? Une ferveur qui ne fait que de naître surmonte quelquefois une longue tiedeur ; aussi vous a-t-on vû vous-même, touché de ces paroles du Sauveur : *Si vous voulez être parfait, allez, vendez tout ce que vous avez, & donnez-le aux pauvres, puis venez, & me suivez ;* on vous a vû, dis-je, mettre ce conseil en pratique, vous dépoüillant de tout, pour suivre la Croix toute nuë ; & vous déchargeant du poids accablant des richesses, pour monter plus aisément au Ciel par l'échelle mysterieuse de Jacob. Vous avez changé tout à la fois & de cœur & d'habit. On ne vous voit point conserver vôtre argent par une sordide avarice, & porter en même tems par une vanité secrete des habits sales & malpropres, mais pre-

Matth. 19. 21.

sant soin d'avoir toûjours les mains pures, & le cœur exemt de soüillures, vous faites gloire d'être pauvre & d'esprit & d'effet. Il est fort aisé de cacher sous un visage pâle & abbattu, une abstinence ou feinte ou affectée, & de porter par orgüeil un méchant manteau, tandis qu'on vit dans l'opulence, & qu'on a des revenus considerables. Cratés de Thebes, qui étoit tres-riche, allant à Athenes pour se donner tout entier à l'étude de la Philosophie, jetta une grande somme d'or qu'il portoit, persuadé qu'il ne pouvoit être riche & vertüeux tout ensemble. Cependant nous marchons à la suite de JESUS-CHRIST pauvre, chargés d'or & d'argent ; & sous un pretexte specieux de charité, nous donnons tous nos soins & toute nôtre application à augmenter, & à conserver nos richesses. Comment pouvons-nous distribuer fidellement aux pauvres le bien d'autrui, nous qui prenons tant de soin de ménager le nôtre ? Quand on a bien mangé, il est fort aisé de faire l'éloge du jeûne.

On ne merite pas de loüanges pour avoir été à Jerusalem, mais pour y avoir bien vêcu. La Jerusalem où l'on doit souhaiter de demeurer, n'est pas celle qui a tüé les Prophetes & répandu le Sang de JESUS-CHRIST, mais celle qu'*un fleuve réjoüit par l'abondance de ses eaux* ; qui étant située sur la montagne, ne peut être cachée ; que saint Paul appelle la mere des Saints, & où cet Apôtre se réjoüit d'avoir [a] droit de cité avec

Psal. 45. 5.
Matth. 5. 15.
Gal. 4. 26.
Phil. 3. 20.

---

[a] Le texte porte : *In qua se municipatum cum justis lætatur habere*. Saint Jerôme fait ici allusion, non pas comme l'a prétendu Erasme, à ce que dit saint Paul dans les Actes des Apôtres : *Ego homo sum, non ignota civitatis munieps* ; mais à ce qu'il dit dans l'Epitre aux Philippiens 3. 20. selon nôtre Vulgate : *Nostra autem conversatio in cælis est*, & selon le Grec : ἡμῶν γὰρ πολίτευμα ἐν οὐρανοῖς ὑπάρχει. *Noster enim municipatus in cælis est*. Saint Jerôme

les Justes. Quand je parle de la sorte, ce n'est pas que je pretende m'accuser moi-même de legereté & d'inconstance, ni condamner la démarche que j'ai faite en abandonnant, à l'exemple d'Abraham, mes parens & ma patrie : mais c'est que je n'ose donner des bornes si étroites à la toute-puissance de Dieu, ni renfermer dans un petit coin de la terre, celui que le Ciel ne sçauroit contenir. On doit juger de chaque fidelle en particulier, non point par le lieu où il fait sa residence, mais par le merite de sa foi. Ce n'est ni dans Jérusalem, ni sur la montagne de Garizim, que les véritables adorateurs adorent le Pere Celeste :

Johan. 4. 24. *Dieu est esprit, il faut que ceux qui l'adorent, l'adorent en esprit & en verité. L'Esprit souffle où il veut.*
Ibid. 3. 8.
Psal. 23. 1. *La terre & tout ce qu'elle renferme est au Seigneur.* Depuis que la Judée, semblable à la toison de Gédeon, est demeurée dans la sécheresse, & que la rosée du ciel s'est répanduë par toute la terre ; depuis que plusieurs sont venus d'Orient & d'Occident se reposer dans le sein d'Abraham : Dieu n'a pas seulement été connu dans la Judée, & son grand nom n'a pas été renfermé dans Israël; mais la voix des Apôtres a retenti par toute la terre, & leurs paroles se son fait entendre jusqu'aux extrémités du monde. Le Sauveur parlant à ses disciples dans le Temple. *Levez-vous,* leur dit-il, *sortons d'ici.* Et aux Juifs :

Joh. 14. 31.
Luc. 13. 35. *Vos maisons demeureront desertes.* Si le ciel & la terre doivent passer, toutes les choses de la terre passeront aussi.

les anciens Peres suivent ordinairement cette leçon. C'est ainsi que Tertull. a dit lib. 3. cont. Marc. c. 24. *Apostolus πολίτευμα nostrum, id est, municipatum in cœlis esse pronuncians.* Et lib. de res. car. c. 47. *suscitans de terrâ in cælum, ubi nostrum municipatum Philippenses quoque ab Apostolo discunt.*

S'il y a donc quelque avantage à demeurer dans les lieux où le Sauveur du monde a accompli les mystéres de sa croix, & de sa résurrection ; c'est pour ceux qui portant leur croix, & qui résuscitant tous les jours avec JESUS-CHRIST, se rendent dignes d'une demeure si sainte. Mais que ceux qui disent : *Ce temple est* *Jerem. 7. 4.* *au Seigneur ; ce temple est au Seigneur*, écoutent ce que leur dit l'Apôtre saint Paul : *Vous êtes le* *1. Cor. 3.* *temple du Seigneur, & le Saint Esprit habite en* *16.* *vous.* Le ciel est également ouvert & aux citoïens de Jérusalem, & aux habitans de la Grande-Bretagne, parce que *le Roïaume de Dieu*, *Luc. 17. 21.* dit JESUS-CHRIST, *est au dedans de vous.* Saint Antoine & une infinité de Solitaires de l'Egypte, de la Mesopotamie, de Pont, de la Cappadoce, de l'Armenie, n'ont pas laissé d'aller au ciel, quoi qu'il n'aïent jamais vû Jérusalem. Saint Hilarion qui avoit pris naissance, & qui vivoit dans la Palestine, n'alla qu'une seule fois à Jérusalem, & n'y demeura qu'un seul jour, pour faire voir qu'il ne méprisoit pas les lieux saints dont il étoit si proche, mais que d'ailleurs il ne croïoit pas que Dieu fût renfermé dans cette seule ville. Depuis l'Empereur Adrien jusqu'à Constantin, c'est à dire, durant prés de cent quare-vingts ans, les païens ont adoré l'idole de Jupiter, au lieu même où JESUS-CHRIST est résuscité : ils ont rendu le même culte à une statuë de marbre qu'ils avoient consacrée à Venus sur la montagne où le Fils de Dieu fut crucifié ; ces ennemis déclarés du nom Chrétien s'imaginant qu'en profanant les lieux saints par un culte idolatre, ils pourroient abolir la foi de la mort & de la résurrection du Sauveur. Il y avoit aussi un bois consacré à ª Thamnus, c'est à dire, à Adonis, proche nôtre ville de Bethléem, ce lieu le plus auguste de l'univers, dont le Prophéte Roi a dit : *La verité est sortie de la terre*; & l'on pleuroit le favori de Venus dans la créche où l'on avoit entendu les prémiers cris de JESUS-CHRIST enfant.

Psal. 84. 12.

Mais à quoi bon, me direz-vous, un si long préambule ? c'est pour vous apprendre que vous pouvez sans préjudice de vôtre foi, vous passer de voir la ville de Jérusalem ; que quoi que je demeure dans un lieu si saint, je n'en suis pas meilleur pour cela ; & que soit ici, soit ailleurs, vos bonnes œuvres sont toûjours d'un égal merite aux yeux de Dieu. Au reste pour ne point vous déguiser ici mes sentimens, quand je pense & au parti que vous avez embrassé, & à la ferveur avec laquelle vous avez renoncé au monde ; il me semble que vous ne devez plus être indifferent aux lieux de vôtre demeure. Aprés vous être éloigné de la foule & du tumulte des villes, vôtre emploi doit être de vivre à la campagne, de chercher JESUS-CHRIST dans la retraite, de prier seul avec lui sur la montagne, & de ne chercher point d'autre voisinage que celui des lieux saints, afin de renoncer entiérement aux villes, & de demeurer constamment attaché à vôtre état. Je ne parle point ici ni aux Evêques, ni aux Prêtres, ni aux

---

a Thamnus est un mot Hébreu & Syriaque qui se trouve dans Ezechiel, 8. 14. & que les LXX. ont conservé dans leur version. *Et ecce ibi mulieres sedebant plangentes Thamnus.* Nôtre Vulgate porte : *plangentes Adonidem.* Saint Jerôme expliquant cet endroit d'Ezechiel, dit que les femmes celebroient tous les ans au mois de Juin une fête solennelle, & pleuroient la mort d'Adonis, qui avoit été tué dans ce mois-là, & que c'est pour cela que les Hébreux donnoient le nom de *Thamnus* à leur quatriéme mois, qui répond à nôtre mois de Juin.

Ecclésiastiques ; leur condition est differente de la vôtre : je parle à un Solitaire, mais un Solitaire autrefois distingué dans le monde par son illustre naissance, qui pour mener une vie humble & cachée, & pour méprifer toûjours ce qu'il a une fois méprisé, a mis aux piés des Apôtres tout ce qu'il possedoit, faisant voir par là que toutes les richesses de la terre ne sont dignes que d'être foulées aux piés. Si les lieux que Jesus-Christ a sanctifiés par sa mort & par sa résurrection, n'étoient pas dans une ville très-celebre, où il y a & barreau, & garnison, & femmes débauchées, & comédiens, & farceurs, & tout ce qu'on a coûtume de voir dans les autres villes ; ou si cette ville n'étoit frequentée que par les Solitaires ; tous les Solitaires devroient souhaiter d'y établir leur démeure. Mais quelle folie seroit-ce de renoncer au siécle, d'abandonner son païs, de s'éloigner des villes, de faire profession de la vie monastique, si l'on venoit à s'engager dans le commerce du grand monde, avec moins de ménagement, & beaucoup plus de peril, que dans le lieu même de sa naissance ? On vient à Jerusalem de toutes les parties du monde; cette ville est remplie de toute sorte de gens, & l'on y voit une si grande foule d'hommes & de femmes, qu'on est contraint d'y souffrir tout à la fois la vûë de mille objets qu'on avoit eu soin d'éviter, & qu'on ne rencontre ailleurs qu'en partie ; mais puis que vous me priez avec l'amitié & la confiance d'un frere, de vous marquer la route que vous devez tenir, je vous parlerai sans déguisement & à cœur ouvert. Si vous avez dessein de vous engager dans les fonctions du Sacerdoce ; ou si le ministére, & peut-être même la dignité de l'Episcopat a de l'attrait pour vous ; demeurez dans les bourgs & dans les villes, & tâchez de vous sauver en travaillant au salut des autres. Mais si vous voulez méner une vie qui réponde au nom de Solitaire que vous portez, c'est à dire, d'un homme qui est séparé du reste des hommes ; que faites-vous dans les villes qui sont la démeure de plusieurs personnes unies par les liens de la société, & non point de ceux qui font profession de vivre seuls & à l'écart ? Il n'y a point de condition dans la vie humaine qui n'ait ses héros & ses maîtres. Que les Généraux de l'armée Romaine imitent les Camilles, les Fabrices, les Régules, les Scipions. Que les Philosophes suivent Pythagore, Socrate, Platon, Aristote. Que les Poëtes étudient Ménandre, Homére, Virgile, Terence. Que les Historiens prennent pour modéles Thucidide, Salluste, Hérodote, Tite-Live. Que les Orateurs forment leur éloquence sur celle des Gracques, de Lysias, de Ciceron, de Demosthéne. Et pour venir à nôtre réligion, que les Evêques & les Prêtres imitent les Apôtres & les hommes Apostoliques : héritiers de leurs charges & de leurs dignités, qu'ils tâchent de l'être encore de leur merite & de leurs vertus. Mais pour nous, imitons les maîtres de la vie solitaire que nous professons, c'est à dire, les Pauls, les Antoines, les Juliens, les Macaires, & les Hilarions. Et pour révenir à l'autorité des Saintes Ecritures, réconnoissons pour nos maîtres Elie, Elizée, & les enfans des Prophétes, qui toûjours retirés à la campagne, & vivans dans la solitude, se bâtissoient des cabanes sur les bords du Jourdain. On doit mettre aussi au nombre de ces illustres Solitaires, les enfans de Rechab, dont Dieu-même a fait l'éloge par la bouche de Jeremie, qui ne beuvoient ni vin ni aucune autre liqueur capable d'enïvrer, qui logeoient sous des tentes, & à qui le Seigneur promit que leur race ne cesseroit point de produire des hommes qui se tiendroient toûjours en sa présence. Je croi que c'est en ce sens qu'on doit entendre le titre du Pseaume soixante & dixiéme qui porte: ª *Des enfans de Jonadab, & de ceux qui ont été les prémiers ménés en captivité.* C'est de ce Jonadab fils de Rechab qu'il est dit dans le livre des Rois, que Jéhu le fit monter avec lui dans son chariot : & c'étoient ses enfans qui demeuroient toûjours sous des tentes, & qui furent contraints de se réfugier dans la ville de Jérusalem, pour se mettre à couvert des irruptions de l'armée des Caldéens. C'est pour cela qu'on dit qu'ils souffrirent les prémiers les malheurs de la captivité, parce qu'aïant toûjours joüi dans la solitude d'une heureuse liberté, ils se virent alors renfermés dans la ville de Jérusalem, comme dans une espece de prison.

Jerem. 35. 19.

4. *Reg.* 10. 15.

Puis donc que vous êtes encore attaché à une ᵇ femme vertueuse qui est vôtre sœur en JESUS-CHRIST; & que vos engagemens ne vous permettent pas de marcher avec liberté dans les voïes de la perfection ; je vous conjure de fuir les compagnies, les festins, les vains complimens, & les complaisances affectées des hommes du monde comme autant de chaînes qui ne sont propres

---

a Ce titre ne se trouve point dans le texte Hébreu ; & il a été ajoûté depuis pour nous marquer que David étoit l'auteur de ce Pseaume, & que les enfans de Jonadab s'en servirent durant la prémiere captivité de Babylone, qui arriva sous le regne de Joachim.

b Elle s'appelloit Thérasie.

qu'à vous rendre esclave de la volupté. Mangez sur le soir un peu d'herbes & de legumes ; que ce soit pour vous des délices exquises que de manger quelquefois quelques petits poissons. Quand on se nourrit de Jesus-Christ, & qu'on tourne vers lui tous les desirs de son cœur, on se met fort peu en peine de la qualité des viandes dont on repaît le corps. Estimez autant le pain & les legumes que les viandes les plus délicates qui ne flatttent le goût qu'en passant, & dont on ne se sent plus quand une fois on en est rassasié. J'ai traité de cette matiére plus à fond & avec plus d'étenduë, dans les livres que j'ai composés contre Jovinien : vous pouvez les consulter. Soïez toûjours appliqué à la lecture de l'Ecriture Sainte, vaquez souvent à la priére ; prosterné devant Dieu, élevez vers lui toutes vos pensées, veillez souvent, & mettez-vous quelquefois au lit sans avoir mangé. Fuïez les vains applaudissemens des hommes, & regardez comme de véritables ennemis ceux qui vous donnent des loüanges flateuses & affectées. Distribuez vous-même vôtre argent à vos freres & aux pauvres ; car il est rare de trouver de la bonne foi parmi les hommes. Si vous ne voulez pas m'en croire, souvenez-vous de l'avarice & de la perfidie de Judas. Ne faites point vanité d'être vêtu pauvrement. Naïez aucun commerce avec les gens du siécle, & particuliérement avec les grands. Qu'est-il necessaire que vous voïez souvent ce que vous avez méprisé pour embrasser la vie Monastique ? Que vôtre épouse sur tout ait soin d'éviter la compagnie des femmes du monde ; & si quelquefois elle est obligée de se trouver avec elles, qu'elle ne rougisse point de se voir avec un habit pauvre & negligé, parmi des personnes couvertes de soye & de pierreries ; puis qu'un habit simple & modeste est en elle la marque de la vie pénitente dont elle fait profession, & qu'au contraire la richesse & la magnificence des habits est dans les autres une source d'orgüeil & de vanité.

Aprés avoir distribué vôtre bien aux pauvres avec une fidélité & un desinteressement qui a fait tant d'éclat dans le monde, & qui a été si universellement applaudi, prenez garde de vous charger du soin de distribuer celui des autres. Vous comprenez bien ce que je veux dire, car le Seigneur vous a donné l'intelligence en toutes choses. Aïez la simplicité de la colombe, pour ne tendre des piéges à personne ; & la prudence du serpent pour éviter ceux qu'on pourroit vous tendre. Un Chrétien qui se laisse tromper, est presque aussi blâmable que s'il trompoit les autres. Quand un Solitaire ne vous entretiendra que d'argent (excepté lors qu'il s'agira de faire l'aumône, car il est permis à tout le monde de la faire) regardez-le plûtôt comme un marchand, que comme un véritable Solitaire. Ne donnez rien à qui que ce soit, sinon à ceux qui sont dans de véritables nécessités, & qui n'ont pas de quoi se nourrir & se vêtir ; de peur que les chiens ne mangent le pain des enfans. Une ame Chrétienne est le véritable temple de JESUS-CHRIST ; c'est elle que vous devez orner & révêtir ; c'est à elle que vous devez faire des présens ; c'est en elle que vous devez recevoir JESUS CHRIST. A quoi sert de faire briller les pierreries sur les murailles, tandis que JESUS-CHRIST meurt de faim en la personne du pauvre ? Vous n'êtes plus

2. Tim. 2. 7.

le maître de vos biens; vous n'en êtes que le dispensateur. Souvenez-vous d'Ananie & de Saphire. Ils se reserverent par une timide précaution, une partie de leur héritage ; mais pour vous, prenez garde de dissiper par une profusion indiscréte le bien qui appartient à JESUS-CHRIST ; c'est à dire, de donner par une charité mal réglée, le bien des pauvres à ceux qui ne sont point véritablement pauvres ; & de perdre ainsi selon la pensée d'un homme tres-sage le fruit de vos liberalités, par une liberalité mal-entenduë. Prenez garde de vous laisser surprendre par ces gens qui sous les apparences trompeuses d'une fausse sagesse veulent passer pour des Catons, & à qui on peut appliquer ce que dit un Poëte :

Act. 5. 1.

Cic. off. l. 2.

Pers. sat. 3.

Malgré les beaux dehors d'un visage imposteur
Je te connois à fond, je découvre ton cœur.

C'est quelque chose de grand, non pas de paroître Chrétien, mais de l'être véritablement. Il arrive même par je ne sçai quel renversement de raison, que le monde donne ordinairement son approbation à ceux qui n'ont point celle de Dieu.

Ne m'appliquez pas ici ce qu'on dit communément, Que la truïe veut se mêler d'instruire Minerve. Comme vous êtes prêt à vous embarquer sur une mer dangereuse, j'ai crû devoir vous donner en ami ces salutaires conseils, afin que vous puissiez éviter les écuëils où j'ai fait moi-même naufrage. J'aime mieux que vous aïez à me réprocher mon peu de suffisance, que mon peu d'amitié.

J'ai lû avec bien du plaisir le livre que vous avez composé pour la défense de l'Empereur Théodose, & que vous m'avez fait la grace de m'envoïer. Il y a dans cet ouvrage beaucoup d'éloquence & de justesse : le dessein sur tout m'en plaît extrêmement. Comme vous surpassez les autres dans la prémiere partie de vôtre ouvrage, aussi vous surpassez-vous vous-même dans la derniére. Le stile en est serré, & les expressions nettes : on y trouve une pureté égale à celle de Ciceron, jointe à des pensées solides & sententieuses. Car comme dit un certain Auteur, un discours dont toute la beauté consiste dans les mots, est toûjours plat & rampant. Il y a d'ailleurs beaucoup d'ordre dans vôtre livre ; tout y est soûtenu, tout y est lié naturellement ou avec ce qui précede, ou avec ce qui suit. Heureux l'Empereur Théodose d'avoir eu pour Avocat, un Orateur Chrétien si éloquent & si habile. Vous avez rélevé par cet ouvrage l'éclat de la pourpre de ce Prince, vous avez consacré aux siécles futurs l'utilité de ses loix. Courage donc ; après un si beau coup d'essai, que ne doit-on pas attendre de vous ? O si je pouvois conduire un esprit de ce caractére, non point, comme disent les Poëtes, sur les monts Aoniens, & le haut de l'Hélicon ; mais sur les montagnes de Sion, de [a] Thabor, & de Sina ! Si je pouvois l'instruire de ce que j'ai appris, & lui donner comme de main à main l'intelligence des mystéres qui sont renfermés dans les livres des Prophétes !

---

[a] Le texte porte *Itabyrium*, conformément aux Septante, qui ont coûtume, comme saint Jerôme le remarque dans son commentaire sur le 5. chap. d'Osée, de donner aux noms Hébreux une terminaison Grecque. C'est ainsi que d'*Edom*, ils ont fait *Idumaa* ; & de *Thabor*, *Itabyrium*.

nous verrions naître parmi nous quelque chose de plus beau & de plus grand, que tout ce que la sçavante Gréce a jamais produit.

Ecoutez donc, mon cher ami, mon cher frere, vous qui servez avec moi le même maître, écoutez & apprenez par quelle route vous devez marcher pour arriver à l'intelligence des Ecritures Saintes. Il n'y a aucun endroit dans les livres divins qui n'ait de grandes beautés & jusques dans le sens litteral, tout y brille ; mais ce qu'ils ont de plus agréable & de plus doux, est caché sous la lettre. Si on veut manger l'amande, il faut casser le noïau. *Otez le voile qui est sur mes yeux*, disoit David, *& je considererai les merveilles qui sont renfermées dans vôtre Loi*. Si ce grand Prophéte avouë qu'il est dans les tenebres de l'ignorance, de quelle profonde nuit devons-nous être environnés, nous qui ne sommes que des enfans presqu'encore à la mamelle ? Dieu a mis ce voile, non seulement sur les yeux de Moïse, mais encore sur les livres des Evangelistes & des Apôtres. Le Sauveur ne parloit au peuple qu'en paraboles ; & pour leur faire voir que ce qu'il leur enseignoit étoit mystérieux, il disoit : *Que celui-là entende, qui a des oreilles pour entendre*. Il faut que tout ce qui est écrit nous soit ouvert par celui *qui a la clef de David, qui ouvre, & personne ne ferme ; qui ferme, & personne n'ouvre* : tout autre que lui ne sçauroit nous ouvrir ces livres sacrés. Si vous bâtissiez sur ce solide fondement, ou plûtôt si vous mettiez par là la derniére main à vos ouvrages ; nous n'aurions rien de plus beau, de plus sçavant, de plus délicat, ni de mieux écrit en nôtre Langue. Tertullien est fort senten-

Psal. 118. 18.

Matth. 11. 15.

Apoc. 3. 7.

tieux, mais son stile est dur & embarassé. Celui de saint Cyprien, semblable à une source tres-pure, est doux & coulant, & toûjours égal; mais ce Pere n'a fait aucun traité sur les Saintes Ecritures, parce qu'il s'est uniquement appliqué à inspirer l'amour & la pratique des vertus Chétiennes, & que d'ailleurs il s'est vû continuellement exposé à une cruelle persecution qui ne lui donnoit ni le tems ni la liberté d'écrire. Victorin qui a reçû la couronne d'un illustre martyre, ne sçauroit exprimer ses pensées. On trouve dans Lactance un fond d'éloquence, qui égale presque celle de Ciceron; mais plût à Dieu qu'il ût établi aussi solidement la vérité de nôtre foi, qu'il a facilement ruiné les fondemens des religions étrangeres : Arnobe est inégal & confus, & il n'y a ni ordre ni justesse dans ses ouvrages. Le stile de saint Hilaire se ressent de cette élévation & de cette majesté qui fait le caractére de la Langue Françoise. Mais comme ce Pere y joint aussi les beautés & les ornemens de la Langue Greque, il s'embarrasse quelquefois dans des périodes si longues, que les simples n'y sçauroient rien comprendre. Je ne dis rien de nos autres Ecrivains, soit morts, soit vivans, & je laisse à d'autres à faire aprés moi la critique de leurs ouvrages.

Je reviens à vous, mon cher confrere, mon compagnon, mon ami; mais un ami que j'ai aimé avant que de le connoître. Je vous prie d'être persuadé que l'adulation n'a aucune part aux sentimens d'estime & d'amitié que j'ai pour vous, & que je suis plus capable de me laisser ou aveugler par l'erreur, ou prévenir par l'amour, que de séduire un ami par d'indignes flatteries. Vous faites paroître dans vos ouvrages beaucoup d'esprit & beaucoup d'éloquence ; vôtre stile est pur & aisé ; cette facilité & cette pureté avec laquelle vous vous exprimez, est accompagnée de beaucoup de justesse ; car quand la tête est saine & bien disposée, tous les sens sont vifs & animés. Si à cette justesse & à cette éloquence qui paroît dans vos écrits, vous joignez ou l'étude ou l'intelligence des Saintes Ecritures, je vous verrois bien-tôt tenir le prémier rang parmi nos Ecrivains ; monter avec [a] Joab sur les toits de Sion, & prêcher sur le haut des maisons ce que vous auriez appris en secret. Hâtez-vous donc, je vous prie, de vous appliquer serieusement à cette étude.

Horat. serm. l. 1. sat. 9.

On n'a rien ici bas sans peine & sans travail.

Distinguez-vous dans l'Eglise, comme vous vous êtes distingué dans le Senat. Tandis que vous êtes jeune & à la fleur de vôtre âge ;

Virg. georg. 3.

Avant que les langueurs de la triste vieillesse
Empoisonnent vos jours,
Et qu'une prompte mort fatale à la jeunesse
En arrête le cours ;

amassez des richesses que vous puissiez répandre tous les jours, sans que la source en tarisse jamais. Je ne sçaurois rien souffrir en vous de médiocre, je desire que tout y soit dans un souverain dégré de perfection.

Je ne vous dis point avec quelle affection &

---

[a] Les éditions d'Erasme & de Marianus portent : *ascendentem cum Jacob* nous avons suivi les manuscrits qui portent *cum Joab* ; car saint Jerôme fait ici allusion à ce qui est écrit au livre 1. des paral. c. 11. v. 6. que Joab monta le prémier à l'assaut, lors que David assiegea la citadelle de Sion.

quel

quel empreſſement j'ai reçû ici * le ſaint Prêtre *V. les
Vigilance, j'aime mieux que vous l'appreniez remarques.
de lui-même- Il eſt parti bien vîte & il n'a pas
fait ici un long ſejour; Je ne vous dirai point
quelle a été la cauſe d'un départ ſi precipité,
car je ne veux offenſer perſonne. Cependant je
l'ai retenu quelque tems comme un homme qui
ne faiſoit que paſſer, & qui avoit grand hâte de
partir. Je n'ai pas laiſſé de lui marquer en paſſant les ſentimens d'eſtime & d'amitié que j'ai
pour vous ; vous jugerez par ce qu'il vous en
dira, ſi je ſuis tel que vous ſouhaitez pour être
de vos amis. Je vous prie de faire mes complimens à vôtre ſainte Epouſe, qui ſert avec vous
le Seigneur.

XVIII. LETTRE

au Moine Rustique.

Ecrite vers l'an 396.

Saint Jerôme instruit Rustique, Moine Gaulois, originaire de Marseille, des obligations d'un véritable Solitaire. Il commence par le feliciter de la bonne éducation que sa mere lui a donnée; & il l'exhorte à avoir toûjours pour elle un grand respect; mais il l'avertit en même tems d'éviter la compagnie des personnes du sexe. Il lui fait voir ensuite les avantages de la vie Cenobitique, & les perils de la vie solitaire: d'où il prend occasion de condamner la vanité & l'avarice de quelques Moines, qui ne l'étoient que de nom. Il lui conseille de s'appliquer au travail des mains, afin d'écarter les mauvaises pensées qui pourroient troubler la paix de son cœur. Aprés avoir fait un portrait de la médisance capable de lui en inspirer de l'horreur, il finit par l'éloge de saint Exupére Evêque de Toulouse, & l'exhorte à imiter les vertus de ce grand homme.

IL n'est point de condition plus heureuse que celle d'un Chrétien, puis qu'on lui promet le Roïaume des Cieux; mais aussi il n'en est point de plus rude ni de plus pénible, puis qu'il est exposé à tout moment au danger de perdre la vie: rien n'est égal à sa force, puis qu'il triomphe du Demon; mais en même tems rien n'est comparable à sa foiblesse, puis qu'il se laisse vaincre par la chair. Il est aisé de justifier toutes ces véritès par une infinité d'exemples. Le Larron attaché à la Croix, croit en JESUS-CHRIST; &

JESUS-CHRIST lui dit en même tems : *Je* Luc. 23. 43.
*vous dis en vérité qu'aujourd'hui vous serez dans
le Paradis avec moi.* Judas tombe du haut de l'Apostolat dans un abîme de perdition : ce traître ne se laisse toucher ni par la bonté avec laquelle JESUS-CHRIST l'admet à sa table ; ni par les reproches qu'il lui fait en lui présentant un morceau de pain trempé dans le plat ; ni par la douceur avec laquelle il lui donne un baiser de sa bouche : rien de tout cela ne peut l'empêcher de vendre comme un simple homme, celui qu'il connoissoit pour le véritable Fils de Dieu. Qu'y avoit-il de plus méprisable que la Samaritaine ? neanmoins elle ne se contenta point de *Joh.* 4. 9. croire en JESUS-CHRIST, de trouver le Seigneur après avoir eu six maris, & de reconnoître proche une fontaine le Messie que les Juifs n'avoient pas reconnu dans leur Temple ; elle voulut encore faire entrer les autres dans les voïes du salut ; & tandis que les Apôtres étoient allé acheter de quoi manger, elle servit elle-même par sa conversion, de nourriture & de rafraîchissement au Sauveur. Salomon le plus sage 3. *Reg.* 11. de tous les hommes, ne se laissa-t-il pas séduire 1. & fasciner par l'amour des femmes ? Le sel est bon, & il entroit dans tous les Sacrifices que l'on offroit à Dieu dans l'ancienne Loi : & c'est *Levit.* 2. 13. pour cela que l'Apôtre saint Paul nous ordonne d'accompagner tous nos discours d'une douceur *Coloss.* 4. 6. édifiante, & de les assaisonner du sel de la discretion : mais si le sel devient fade, on le jette dehors, & perdant jusqu'à la dignité de son nom, *Matth.* 5. il devient si méprisable, qu'on ne le juge pas 13. même propre pour le fumier, dont l'on a coûtume de se servir pour engraisser le champ des

fidelles, & pour rendre les ames fécondes en vertus.

Je vous dis ceci, mon cher fils Rustique, pour vous faire comprendre d'abord la grandeur & la difficulté de vôtre entreprise. Il est vrai qu'en méprisant tous les plaisirs de la jeunesse, ou plûtôt de l'âge de puberté, vous vous élevez jusqu'à un âge parfait : mais aussi vous marchez par un chemin bien glissant, & vous ne vous attirerez jamais tant de gloire en triomphant de vos passions, que de honte en y succombant. Il n'est pas necessaire que j'entre ici dans le détail de toutes les vertus, & que vous conduisant comme dans une belle prairie, je vous montre les differentes beautés des fleurs qu'elle étale à nos yeux ; que je vous fasse remarquer dans la blancheur du lis, un symbole de la pureté ; dans l'incarnat de la rose, une figure de la pudeur Chrêtienne ; dans la pourpre de la violette, un gage du Roïaume du Ciel qui nous est promis ; dans l'éclat & l'agréable mélange de toutes sortes de fleurs, une image de tous les biens que nous esperons posseder un jour. Car graces au Seigneur, vous avez déja la main à la charuë :

Act. 6. 9. vous êtes monté avec saint Pierre au haut de la maison, où cet Apôtre, qui avoit inutilement travaillé dans Israël, goûta dans la foi du Centenier Corneille le fruit de ses travaux, & rassasia par la conversion des Gentils, la faim que lui avoit causée l'incredulité des Juifs. Ce fut là qu'aïant vû décendre du Ciel en terre, un vase à quatre angles, qui en cela étoit une figure des quatre Evangiles, il comprit par là que la grace du salut pouvoit se répandre sur tous les hommes ; & aïant remarqué que l'on retiroit en hau ce même vase, qui étoit semblable à un linge tres-blanc, il connut que l'Eglise des fidelles devoit être élevée de la terre au Ciel, selon cette promesse du Sauveur : *Bienheureux ceux qui ont le cœur pur, parce qu'ils verront Dieu.* *Matth. 5. 8.*

Tout ce que j'ai à vous dire en ami pour vous apprendre quelle route vous devez tenir sur une mer qui vous est inconnuë, & où je me suis rendu habile par une longue experience ; c'est de sçavoir vers quelles côtes ont coûtume de faire des courses, ces Pirates qui ne cherchent qu'à vous enlever le précieux trésor de l'innocence : dans quel endroit l'on trouve l'avarice, qui est la source de tous les maux, & un écuëil aussi dangereux que celui de Caribde, sur quelle route l'on rencontre la médisance qui comme le rocher de Scille est toûjours environné de ces ^a chiens dont l'Apôtre saint Paul a dit : *Prenez garde qu'en vous mordant les uns les autres, vous ne vous consumiez aussi les uns les autres :* Comment il arrive que nous nous trouvons quelquefois abîmés tout à coup dans le vice, comme dans les sables de la Lybie, lors même que nous croïons joüir d'un doux calme, & d'une heureuse tranquillité : quels sont les animaux venimeux dont le desert du siécle est toûjours infecté. Ceux qui naviguent sur la mer Rouge, où nous devons souhaiter de voir le véritable Pharaon submergé avec toute son armée, n'arrivent à la * tres-grande ville, qu'aprés avoir essuïé bien des perils, & surmonté bien des difficultés : car des peuples qui n'ont aucune demeure fixe, ou *Gal. 5. 15.*

* *V. les remarques.*

a Les Poëtes ont feint que Scylla étoit une femme qui avoit été changée moitié en rocher, & moitié en chiens ; à cause que les eaux qui s'engloutissent dans les cavernes de ce rocher, font un bruit si épouvantable, que l'on diroit de chiens qui aboïent.

plûtôt qui vivent comme des bêtes farouches, habitent le long de l'un & l'autre rivage ; de maniére que les voïageurs, qui portent avec eux des provisions pour toute l'année, sont obligés d'être sans cesse en garde contre leurs surprises, & de marcher toûjours armés. D'ailleurs l'on rencontre dans cette mer un si grand nombre de bancs & de rochers, que l'on est contraint de faire monter un gabier à la grande hune, pour marquer la route que l'on doit tenir, & pour montrer comment il faut révirer. C'est faire un heureux voïage, quand aprés six mois de navigation, l'on peut arriver au port de cette ville dont je viens de vous parler. C'est de là que l'on commence à découvrir l'Ocean. Ceux qui s'y embarquent ont bien de la peine à faire en un an le voïage des Indes, & à gagner le fleuve du Gange, que l'Ecriture Sainte appelle *Phison*, qui baigne tout le païs d'Evila, & qui à ce que l'on dit, entraîne avec soi du fond du Paradis terrestre, d'où il prend sa source, plusieurs matiéres qui servent à faire diverses sortes de couleurs & de teintures. C'est de là que viennent l'escarboucle & l'émeraude, avec ces grosses perles qui ont une si belle eau, & celles que l'on apparie ensemble, & qui font la passion des Dames de qualité. L'on y trouve aussi des montagnes d'or dont il est impossible d'approcher, parce qu'elles sont gardées par des griffons, des dragons, & d'autres monstres horribles ; pour nous faire voir par qui l'avarice a coûtume de faire garder ses trésors.

Il vous est aisé, mon cher Rustique, de juger à quel dessein je vous dis ceci. Si ceux qui sont engagés dans le commerce du siécle, se donnent

Gen. 2. 11.

tant de peines pour amasser des biens trompeurs & perissables ; & s'ils ne craignent pas même d'exposer leur vie pour conserver des richesses qu'ils ont été chercher à travers une infinité de perils : que ne doit pas faire un Chrétien qui trafique pour le Ciel, qui se dépoüille de tout pour posseder la perle précieuse dont parle l'Evangile, & qui vend tout son bien pour acheter le champ où il espere trouver un trésor que les larrons ne sçauroient déterrer, ni les voleurs enlever ? *Matth.* 13 45.

Je prévois bien que ce que je vais dire ici ne manquera pas de révolter une infinité de personnes, qui ont coûtume de s'appliquer en particulier, tout ce que l'on dit contre les vices en général. Mais ils ne sçauroient s'emporter contre moi, sans donner à connoître qu'ils se sentent coupables, & qu'ils jugent plus desavantageusement d'eux mêmes que de moi. Car je ne prétens nommer personne, & je ne prendrai point ici la liberté que se donnoient autrefois les anciens Poëtes comiques, de faire tomber leur critique sur les particuliers, & de censurer ouvertement leurs actions. Il est d'un homme prudent & d'une femme sage, de dissimuler dans ces sortes d'occasions, ou plûtôt de se corriger des vices dont ils se trouvent coupables, tournant contre eux-mêmes leur indignation & leur colére, au lieu de s'emporter contre moi avec chaleur, & de déchirer par de continuelles impostures la réputation d'un homme qui les avertit de leur devoir. Car quoique je ne sois pas exemt des vices que je condamne dans les autres, j'ai du moins cet avantage sur eux, que je ne me plais pas dans mes désordres.

J'ai appris que vôtre mere est une femme de pieté, qu'elle est veuve depuis plusieurs années, qu'elle vous a nourri elle-même durant vôtre enfance, qu'elle a eu soin de vous bien élever, & qu'après vous avoir fait étudier en France, où les études fleurissent, elle vous a envoïé à Rome, afin de joindre à la fécondité, & à la politesse de la Langue Françoise, la solidité & la majesté de l'éloquence Romaine, n'épargnant rien pour vous rendre habile homme, & se consolant de vôtre absence, par l'esperance de vous voir répondre un jour à ses desirs & à ses soins. Car elle n'avoit pas besoin de vous pousser malgré vous à l'étude des belles lettres, toute sa peine au contraire étoit de moderer la trop grande ardeur qui vous y portoit. C'est ainsi qu'en usoient autrefois les plus grands Orateurs de la Grece : ils avoient soin de défécher, pour ainsi dire, avec le sel attique, l'enflure du stile Asiatique, & d'en retrancher comme d'une vigne qui pousse trop de bois, ce qu'il avoit de trop diffus, afin de lui faire porter plus de grapes que de branches, c'est à dire, de faire entrer dans leurs discours plus de sens que de paroles.

Vous devez donc respecter cette femme vertueuse comme vôtre mere, l'aimer comme vôtre nourrice, l'honorer comme une Sainte. Ne suivez pas l'exemple de ceux, qui par une conduite infame & scandaleuse, quittent leurs propres meres, pour s'attacher à des femmes étrangeres, avec qui ils entretiennent des liaisons suspectes, sous un prétexte specieux de pieté. Je connois quelques femmes déja assez avancées en âge, qui se plaisent à avoir chez elles les enfans de quelque affranchi, qu'elles appellent leurs fils spirituels ; & qui se dépoüillant peu à peu d'une certaine honte qui s'opposoit à leurs desirs, quittent enfin le titre prétendu de meres, pour vivre avec eux comme avec leurs propres maris. D'autres se separent d'avec leurs sœurs qui sont vierges, pour faire liaison avec des veuves étrangéres. Il y en a qui ont pour leurs parens une aversion que toutes les marques d'amitié & de tendresse qu'ils leurs donnent, ne sçauroient adoucir. Mais l'on démêle aisément à travers leur colére le motif qui les fait agir ; elles ne sçauroient quelle couleur donner à leurs emportemens, & l'on voit bien que cette haine affectée n'est qu'une toile d'aragnée dont elles se servent comme d'un voile pour couvrir leur passion. L'on en voit aussi qui avec une ceinture autour des reins, un habit tanné, & une longue barbe, sont éternellement en la compagnie des femmes, demeurant avec elles dans la même maison ; mangeant à la même table, aïant à leur service de jeunes servantes, & entretenant avec elles une liaison à qui il ne manque que le nom pour être un véritable mariage. Au reste l'on ne doit point attribuer à la Religion Chrétienne, les déreglemens d'un hypocrite qui n'en a que le dehors : au contraire les païens doivent rougir en voïant que l'Eglise desaprouve tout ce que les gens de bien condamnent.

Si vous voulez donc être un véritable Solitaire, & ne vous pas contenter d'en avoir seulement les apparences, vous devez vous occuper uniquement de l'affaire de vôtre salut, & ne vous plus embarrasser des interêts de vôtre famille, puis que c'est en y renonçant, que vous avez commencé d'être ce que vous êtes aujourd'hui. Faites paroître dans un exterieur malpropre & negligé, la beauté d'un cœur pur & innocent, & donnez à connnoître par la pauvreté de vos vêtemens, combien vous méprisez tout ce que le monde estime : pourvû neanmoins que la vanité n'y ait point de part, & que vos paroles s'accordent toûjours avec vôtre habit. Si vous desirez d'amortir & d'éteindre par la pratique du jeûne, le feu que la concupiscence allume dans vôtre corps, ne cherchez point à l'entretenir par l'usage des bains. Moderez-vous neanmoins dans vos jeûnes, & usez-en avec discretion, de peur qu'une abstinence excessive & démesurée ne vous affoiblisse trop l'estomac, & ne vous oblige à manger plus qu'à l'ordinaire ; ce qui vous causeroit des indigestions & des crudités, qui sont la source & le principe du déreglement des passions. Un peu de nourriture prise avec moderation, est profitable & à l'ame & au corps.

Voïez vôtre mere avec tant de précaution & de reserve, que vous ne soïez point obligé de voir en sa compagnie d'autres femmes dont la vûë pourroit faire sur vôtre cœur de dangereuses impressions, & entretenir au fond de vôtre ame de secretes & mortelles blessures. Soïez persuadé que les servantes qu'elle a à son service, sont comme autant de piéges tendus à vôtre innocence ; & que la bassesse de leur condition, n'est propre qu'à vous faire succomber plus aisément. Quoique Jean-Baptiste fût fils d'un Grand-Prêtre & d'une femme tres-vertueuse, neanmoins ni la tendresse de la mere, ni les richesses du pere, ne purent jamais l'engager à demeurer dans la maison paternelle, où il ne croïoit pas que sa chasteté pût être en assurance. Il vivoit donc dans le desert, & là il tournoit toutes ses vûës du côté de Jesus-Christ, ne trouvant rien sur la terre qui fût digne de ses regards. Il n'avoit pour habit qu'un rude cilice, pour ceinture qu'une bande de cuir, pour nourriture que des sauterelles & du miel sauvage, toutes choses propres à nourrir sa vertu & à conserver son innocence. Les enfans des Prophétes, qui étoient les Solitaires de l'ancien Testament, s'éloignant de la foule du monde & du tumulte des villes, se faisoient de petites cabanes sur les bords du Jourdain, où il ne vivoient que de farine d'orge & d'herbes sauvages. Tandis que vous demeurerez dans vôtre païs, regardez vôtre cellule comme un Paradis terrestre: allez cuëillir dans l'Ecriture Sainte les differens fruits qu'elle produit, faites-en vos délices, & soïez toûjours attaché à la lecture de ces livres divins.

Si vôtre œil, vôtre pié, vôtre main vous sont un sujet de scandale, jettez-les loin de vous. Occupez-vous uniquement du salut de vôtre ame, & sacrifiez-lui tout le reste. *Quiconque*, dit Jesus-Christ, *regardera une femme avec un mauvais desir pour elle, a déja commis l'adultére dans son cœur.* Qui osera donc se flatter d'avoir un cœur pur & exemt de soüillures? si le Seigneur découvre des tâches dans les astres mêmes, combien les hommes, dont toute la vie n'est qu'une continuelle tentation, doivent-ils paroître impurs à ses yeux? Malheur à nous qui commettons autant de crimes, que nous formons de desirs déreglés. *Mon épée,*

Matth. 5. 29.

Ibid. ⅴ. 28.

Job. 15. 15.

Isaï. 34. 5. dit Dieu, *s'est enivrée de sang dans le Ciel.* mais encore plus sur la terre, qui ne produit que des épines & des ronces. Malgré tous les soins que prend l'Apôtre saint Paul, ce vaisseau d'élection & l'organe de JESUS-CHRIST même, de mortifier son corps & de le reduire en servitude ; il ne laisse pas neanmoins de sentir les ardeurs d'une chair rebelle qui s'oppose à l'esprit, & qui le contraint de faire ce qu'il ne veut pas ; de maniére que transporté en quelque façon par la violence du mal qu'il souffre, il ne

Rom. 7. peut s'empêcher de crier : *Malheureux homme* 24. *que je suis, qui me délivrera de ce corps de mort ?* Et vous croirez aprés cela pouvoir vivre sans faire de chute & sans recevoir de blessure ? Non, non, en vain vous en flattez-vous, à moins que vous ne vous appliquiez avec tout le soin possible à la garde de vôtre cœur, & que vous ne di-

Matth. 12. fiez avec JESUS-CHRIST : *Ceux-là sont* 50. *ma mere & mes freres qui font la volonté de mon Pere qui est dans le Ciel.* En user avec cette cruauté à l'endroit des parens, c'est leur rendre tous les devoirs qu'exige la pieté. Mais que dis-je ? Est-il rien de plus digne de cette pieté qu'on leur doit, que de conserver dans la sainteté le fils d'une sainte mere ? La vôtre souhaite que vous viviez, & elle est bien-aise d'être privée pour un tems de vôtre présence, afin de vous voir éternellement avec JESUS-CHRIST. Anne mit

1. Reg. 1. Samüel au monde, non pas pour avoir un fils, 11. mais pour le consacrer aux fonctions du taber-

Jerem. 35. nacle. Les enfans de Jonadab faisoient profes-6. sion de ne boire jamais de vin, ni aucun autre breuvage capable d'enïvrer : ils logeoient sous des tentes, & demeuroient là où la nuit les prenoit. Il est marqué dans les *Pseaumes qu'ils se ressentirent les prémiers des malheurs de la captivité; parce que dans le tems que les Chaldéens ravageoient toute la Judée, ils furent contraints de se réfugier dans les villes. Que les autres en pensent tout ce qu'il leur plaira (Car un chacun ne veut suivre que son sentiment particulier & ses propres lumiéres) mais pour moi je regarde les villes comme une prison, & la solitude comme un Paradis. Pourquoi avons-nous tant d'empressement de voir le monde, nous qui faisons profession d'être seuls & de vivre dans la retraite? Moïse passa quarante ans dans le desert, pour apprendre à gouverner le peuple Juif, & il ne conduisit les hommes qu'aprés avoir conduit les brebis. Les Apôtres s'exercerent à pêcher des poissons dans le lac de Génézareth, avant que de devenir pêcheurs d'hommes: & ce fut alors qu'ils abandonnerent leur pere, leurs filets, leur naselle, & tout ce qu'ils possedoient, pour suivre le Sauveur, portant tous les jours leur croix, & n'aïant pas même un bâton à la main.

Je vous dis ceci, mon cher Rustique, afin que s'il vous prend envie de vous engager dans la Clericature, vous vous rendiez capable d'instruire les autres, que vous consacriez à JESUS-CHRIST des victimes raisonnables & spirituel-

Psal. 70.
Jerem. 35.

Exode 3.

Luc. 5. 10.

---

a Saint Jerôme veut parler du titre du Pseaume 70. qui porte: *Psalmus David, filiorum Jonadab, & priorum captivorum.* Il explique plus clairement dans sa lettre à Paulin en quel sens les enfans de Jonadab furent captifs. *Ils demeuroient,* dit-il, *sous des tentes; mais enfin les ravages que l'armée des Chaldéens fit dans la Judée, les contraignirent de se retirer dans la ville de Jérusalem; & l'Ecriture dit qu'ils souffrirent les prémiers les malheurs de la captivité, parce qu'aprés avoir joüi de leur liberté dans la solitude, ils se virent enfermés dans la ville de Jérusalem, comme dans une prison.*

les, que vous ne combattiez qu'aprés avoir appris à manier les armes, & que vous ne vous érigiez pas en maître, avant que d'avoir été disciple. Il n'appartient pas à un homme comme moi, qui n'ai ni dignité, ni merite, de blâmer la conduite des Ecclesiastiques, & de parler mal des ministres de l'Eglise. Qu'ils demeurent dans leur poste & dans leur rang : mais si jamais l'on vous y éleve, vous pourrez apprendre dans l'ouvrage que j'ai composé pour Népotien, comment vous devez vous acquiter des devoirs d'un si saint ministére. Il s'agit ici de former & d'instruire un jeune Solitaire, qui aprés avoir été élevé dés sa jeunesse dans l'étude des belles lettres, s'est chargé du joug de JESUS-CHRIST.

Il faut examiner d'abord s'il vous est plus avantageux de vivre en particulier dans la solitude, qu'en commun dans un monastére. Pour moi je vous conseillé de vous mettre en la compagnie des Saints, de ne vous point conduire par vos propres lumiéres, & de ne vous point engager sans guide dans des routes qui vous sont inconnuës ; parce que vous pourriez peut-être vous écarter d'abord & vous égarer tout à fait ; marcher plus ou moins qu'il ne faut ; vous fatiguer par une course précipitée, ou vous arrêter & vous endormir sur le chemin. La vanité se glisse ordinairement dans tout ce que fait un Solitaire. Pour peu qu'il jeûne, & qu'il demeure dans sa retraite, il se repaît de l'idée de son propre merite, il se méconnoît lui-même ; il ne sçait plus ni d'où il est sorti, ni ce qu'il est venu faire dans le desert ; il ne sçauroit ni fixer son imagination, ni retenir sa langue ; condamnant tout le monde, malgré la défense que nous fait l'Apôtre saint Paul de juger des serviteurs d'autrui, ne se refusant rien de tout ce que son intemperance lui suggere, dormant aussi long-tems qu'il lui plaît, vivant sans crainte & au gré de ses desirs, se mettant au dessus de tous les autres; demeurant plus souvent dans les villes, que dans sa cellule; & affectant parmi ses freres une fausse modestie, quoi qu'il soit toûjours dans l'embarras & dans la foule du monde.

Rom. 14. 4.

Mais quoi? prétendai-je par là condamner la vie solitaire? Je n'ai garde de la condamner, moi qui ai loüé si souvent ce genre de vie. Mais je veux que l'on ne voie sortir de l'école des monastéres, que des gens qui soient à l'épreuve de toutes les austerités qu'il faut pratiquer dés que l'on est entré dans le desert: des hommes dont l'on connoisse par une longue experience les mœurs & la conduite; qui ne soient devenus les prémiers de tous, qu'après avoir été les derniers; qui ne se soient jamais laissé ni abbattre par la faim, ni vaincre par l'intemperance; qui se plaisent dans la pauvreté; qui fassent voir dans leur air, dans leurs paroles, dans leur visage & dans leur démarche, une image de toutes les vertus; qui ne s'amusent point, comme font quelques Moines impertinens & ridicules, à vanter les combats imaginaires qu'ils soûtiennent contre des spectres & des Demons, afin de s'attirer par là l'admiration d'une populace ignorante & crédule & d'attrapper en même tems leur argent. Nous avons vû depuis peu avec douleur un Solitaire, qui est mort riche comme un Crésus, & qui destinoit à ses enfans & à ses héritiers, toutes les aumônes qu'il avoit

mandiées dans la ville, sous prétexte de les distribuer aux pauvres. L'on a vû dans cette occasion nager sur l'eau le fer qui étoit caché au fond
du fleuve, & l'on a découvert parmi les pal-
miers l'amertume de la mirrhe. Il ne faut point
s'en étonner, puis qu'il a eu pour compagnon
& pour maître, un homme qui laissoit mourir
les pauvres de faim, pour s'enrichir à leurs dépens, & qui s'est rendu lui-même miserable, en
retenant l'argent qui étoit destiné à soulager la
misére des pauvres. Mais enfin les cris des malheureux se sont élevés jusqu'au Ciel, & ils ont
forcé Dieu, qu'une extrême patience sembloit
avoir rendu sourd à leur voix, d'envoïer un Ange, ministre de sa colére & de sa justice, dire à
ce nouveau Nabal. *Insensé que tu es, on s'en va
cette nuit* [a] *emporter ton ame; & pour qui sera tout
ce que tu as amassé?*

Je vous conseille donc de ne point demeurer
avec vôtre mere, non seulement pour les raisons
que je vous ai dites ci-dessus; mais particuliérement de peur que vous ne soïez dans la necessité, ou de la chagriner, si vous refusez les
viandes delicates qu'elle vous présentera; ou
d'allumer de plus en plus les feux de la concupiscence, si vous en mangez. Vous devez craindre aussi qu'en vivant tous les jours parmi les
femmes qui la servent, vous ne soïez frappé durant le jour de quelque objet dont l'image se
représente à vôtre imagination durant la nuit.
Aïez toûjours quelque livre entre les mains, &
lisez-le sans cesse. Apprenez le Pseautier par
cœur; priez à toute heure, veillez exactement

---

[a] Le texte de saint Luc porte : *repetent à te animam tuam*; mais saint Jerôme écrit toûjours, *auferent à te animam tuam*.

sur vos sens, & ne vous abandonnez point à des pensées vaines & inutiles. Que tous les mouvemens de vôtre corps & de vôtre esprit se portent également à Dieu. Etouffez par vôtre patience tous les mouvemens de la colère. Si vous voulez que les plaisirs charnels n'aient point d'attrait pour vous, aimez l'étude de l'Ecriture Sainte. Bannissez de vôtre esprit toutes les pensées qui ne sont propres qu'à vous jetter dans le trouble & dans l'agitation ; car si une fois elles trouvoient place dans vôtre cœur, vous en seriez bientôt l'esclave, & elles vous conduiroient jusqu'au ª tres grand peché.

Soïez toûjours occupé à quelque ouvrage, & faites en sorte que le Demon ne vous trouve jamais oisif. Si les Apôtres qui pouvoient vivre de l'Evangile, travailloient des mains, de peur d'être à charge aux autres, & s'ils faisoient des aumônes à ceux-mêmes dont ils devoient reüeillir les biens temporels, en échange des biens spirituels qu'ils leur communiquoient, pourquoi ne ferez-vous pas vous-même ce qui doit servir à vos usages ? Travaillez donc à faire des corbeilles de jonc, ou des paniers d'osier, à sarcler la terre, à dresser vôtre jardin en compartimens ; & quand vous y aurez semé des legumes, ou planté des arbres au cordeau, faites des ruisseaux pour conduire l'eau par tout ; afin que vous puissiez joüir de cet agreable spectacle qu'un Poëte nous a si bien representé par ces beaux vers :

1. Cor. 9. 11.

Ici du haut d'un mont il conduit dans la plaine

Georg. l. 1.

ª Saint Jerôme entend par *tres grands pechés*, les actions criminelles qui suivent les mauvaises pensées, comme il s'en expli- | que lui même dans la lettre à Demetriade, & dans son commentaire sur le chap. 10. de l'Ecclesiaste.

XVIII. Lettre

Les gazoüillantes eaux d'une claire fontaine,
Qui passant au travers des caillous colorés,
Va moderer la soif & des champs & des prez.

Greffez des sauvageons ou en écussons, ou en fente, afin que vous ne soïez pas long-tems sans avoir le plaisir de goûter le fruit de vôtre travail. Faites des ruches pour élever des abeilles que Salomon vous propose dans ses Proverbes pour modéle d'une conduite reguliére, & apprenez de ces petits animaux l'ordre que l'on observe dans les monastéres, & la maniére dont on gouverne les Roïaumes. Occupez-vous aussi à faire des filets pour pêcher, ou à transcrire des livres, afin que vous puissiez tout à la fois & nourrir le corps par le travail des mains, & rassasier l'ame par de bonnes lectures. Tout homme qui vit dans l'oisiveté, est ordinairement en proïe à une infinité de desirs. C'est une coûtume établie dans les monastéres de l'Egypte, de ne recevoir que des gens capables de travailler des mains. Leur dessein en cela n'est pas tant de subvenir par là aux necessités du corps, que de pourvoir aux besoins de l'ame, & d'empêcher qu'un Solitaire s'abandonne à des pensées vaines & dangereuses, & ne tombe dans ces honteuses prostitutions qu'un Prophéte reproche à la ville de Jérusalem.

Prov. 6. ⅴ. 8. selon les LXX.

Prov. 13. 4. selon les LXX.

Ezech. 16. 25.

Lorsque j'étois encore jeune, & que je vivois dans le fond du desert & dans une étroite solitude, je ne pouvois supporter les ardeurs de la concupiscence dont je me sentois embrazé. Malgré tous les soins que je prenois d'amortir par des jeûnes presque continuels ces feux que la nature corrompuë allumoit dans mon corps, mille pensées criminelles ne laissoient pas de les entretenir dans mon cœur. Pour écarter donc de mon imagination ces fâcheuses idées, je me mis sous la discipline d'un Solitaire Juif qui avoit embrassé le Christianisme : & après avoir goûté avec tant de plaisir les vives & brillantes expressions de Quintilien, la profonde & rapide éloquence de Ciceron, les tours naturels & delicats de Pline, le stile grave & majestueux de Fronton, je m'assujétis à apprendre l'alphabet de la Langue Hébraïque, & à étudier des mots que l'on ne sçauroit prononcer qu'en parlant de la gorge & comme en sifflant. Je ne sçai que trop, aussi bien que ceux avec qui je vivois alors, combien de travaux cette étude me coûta, combien il me falut vaincre de difficultés, combien de fois j'abandonnai mon dessein, perdant toute esperance d'y pouvoir réussir; & combien de fois je le repris, m'efforçant d'en venir à bout par un travail opiniâtre. Mais enfin, graces au Seigneur, j'ai la joïe de goûter maintenant les doux fruits d'une étude, dont les commencemens m'ont paru si difficiles & si dégoûtans.

Je vais encore vous dire sur cela ce que j'ai vû moi-même en Egypte. Il y avoit dans un monastére un jeune Solitaire, Grec de nation, qui étoit tellement embrazé des feux de la concupiscence, que les jeûnes les plus rigoureux, & les travaux les plus penibles, n'étoient pas capables d'en moderer la violence. Le Superieur du monastére, qui le voïoit en danger de se perdre, se servit de cet innocent artifice pour le sauver. Il ordonna à un des anciens de la mal-traitter sans cesse, & après lui avoir dit bien des injures, d'être encore le prémier à se plaindre de lui. Alors l'on faisoit venir des témoins, qui déposoient toûjours en faveur de celui qui l'avoit outragé. Ce pauvre Frere se plaignoit les larmes aux yeux des calomnies qu'on lui imposoit, ne se trouvant personne qui voulût rendre témoignage à la verité. Il n'y avoit que le Superieur qui prenoit adroitement ses intérêts, de peur qu'il ne se laissât accabler par un excés de tristesse. Enfin après avoir été persécuté de la sorte durant un an entier, on lui demanda s'il étoit encore tourmenté de ces mauvaises pensées qui lui avoient fait tant de peines autrefois. Helas, répondit-il, comment pourrois-je penser au mal, puis que je n'ai pas même le tems de respirer. Si ce jeune homme avoit été seul, qui est-ce qui lui auroit aidé à vaincre ses tentations?

Les Philosophes du siécle ont coûtume de surmonter une passion par une autre, de même que l'on pousse un clou avec un autre clou. C'est *Esth. 2. 3.* ainsi que sept des plus grands Seigneurs de Perse en userent autrefois à l'endroit du Roi Assuerus: ils sçûrent l'art de l'engager dans de nouvelles amours, afin de lui faire oublier la Reine Vasthi & de la banir entièrement de son cœur. Ces hommes mondains ne guérissent un peché que par un autre peché, & ne triomphent d'un vice qu'en s'assujétissant à un autre. Mais pour nous qui sommes Chrétiens, nous devons triompher de nos passions, par le seul amour de *Psal. 33.* la vertu. *Détournez-vous du mal*, dit le Prophete *14.* Roi, *& faites le bien; cherchez la paix, & ne vous lassez point dans cette poursuite.* L'on ne sçauroit aimer le bien, qu'en haïssant le mal ; ou plûtôt l'on n'évite le mal, qu'en faisant le bien ; & l'on ne fuit la guerre, qu'en recherchant la paix. Il ne suffit pas même de la chercher, il faut encore la pourfuivre avec ardeur, quand nous l'avons trouvée, & qu'elle nous fuit ; car cette paix est au dessus de nos pensées & de nos sentimens, & Dieu y fait sa demeure, selon cette parole du Prophéte : *Le Seigneur a établi sa résidence dans la paix.* Le Pfalmiste a fort bien appellé cette recherche de la paix, *une pourfuite*. Ce qui revient à ce que dit l'Apôtre saint Paul : ᵃ *Exercez l'hofpitalité avec empreffement & sans aucun relâche.* C'est à dire, ne vous contentez pas d'inviter les hôtes avec un langage de ceremonie & des complimens superficiels qui ne parlent pour ainsi dire, que du bout des lèvres : mais faites tout vôtre possible pour les obliger à rester : & preffez-les avec autant d'ardeur, que si vous étiez persuadé ᵇ que vous ne pouvez les laisser aller sans faire une perte confiderable.

Pfal. 75. 2.

Rom. 12. 13.

L'on a besoin d'un maître dans quelque art que ce soit. Les animaux mêmes & les troupeaux ont des chefs qui les conduisent : les abeilles ont leurs Rois ; les gruës en ont une à leur tête que toutes les autres fuivent dans un si bel

V. les rem.

ᵃ Nous lifons dans nôtre Vulgate : *hofpitalitatem fectantes.* Mais saint Jerôme lit : *hofpitalitatem perfequentes*, conformément au texte Grec qui porte, τὴν Φιλοξενίαν διώκοντες ce qui signifie à la lettre : *pourfuivant l'hofpitalité avec ardeur.*

ᵇ Quelques manuscrits que l'on suivis ici portent : *quafi au-* *ferentes fecum de lucro noftro atque compendio.* Au lieu que les Editions portent : *quafi offerentes fecum lucro noftro atque compendio.* C'est à dire, *comme si en venant loger chez nous, ils nous procuroient un gain & un avantage confiderable.* Ce sens quoique bon, ne nous a pas paru si naturel que le premier.

ordre, qu'elles forment en l'air la figure d'une lettre. Il n'y a qu'un Empereur dans un Empire, ni qu'un Gouverneur dans chaque Province. Rome dés le tems de sa fondation, ne pût souffrir deux freres sur un même trône, & elle consacra son commencement par un parricide. Esau & Jacob se firent la guerre dans le sein même de leur mere. L'on ne voit dans chaque Eglise qu'un Evêque, qu'un Archiprêtre & qu'un Archidiacre, & tous les ordres du clergé ont chacun leur chef en particulier. Il n'y a qu'un seul pilote dans un vaisseau, qu'un seul maître dans une maison; & quelque nombreuse que soit une armée, elle ne reconnoît qu'un seul General, de qui tous les autres reçoivent les ordres.

Gen. 25.

Je ne veux pas vous ennuier par un plus long détail ; je prétens seulement vous faire voir par là, que vous ne devez point être maître de vos actions, mais vivre dans un monastére sous la conduite d'un Superieur, & en la compagnie de plusieurs ; afin que vous puissiez apprendre de l'un à vivre dans l'humilité, de l'autre à pratiquer la patience, de celui-ci à garder le silence, de celui-là à être doux & pacifique. Vous n'aurez pas alors la liberté de faire tout ce qu'il vous plaira ; mais vous serez obligé de manger ce que l'on voudra, de n'avoir que ce que vous aurez reçû, de porter les habits que l'on vous aura donnés, de faire tous les jours le travail qui vous aura été prescrit, d'obeïr malgré vous à des personnes qui ne vous plairont pas, d'aller toûjours vous coucher accablé de lassitude, de dormir en marchant, & de sortir du lit avant que d'avoir eu assez de tems pour reposer. Vous chanterez aussi des Pseaumes à vôtre ᵃ rang, & alors vous ne chercherez point à flatter l'oreille, mais à vous enflammer le cœur, selon ce que dit saint Paul : *Je chanterai de cœur les loüanges de Dieu ; je les chanterai aussi avec intelligence.* Et ailleurs : *Chantez de cœur les Cantiques du Seigneur.* Car cet Apôtre sçavoit que le Prophéte Roi nous ordonne de chanter avec sagesse. Il vous faudra aussi servir vos freres, laver les piés des hôtes, souffrir en silence toutes les injures que l'on vous dira, craindre le Superieur du monastére comme vôtre maître, l'aimer comme vôtre pere ; croire que tout ce qu'il vous ordonnera vous est avantageux, ne point raisonner sur ses commandemens, puis que c'est à vous d'obeïr & de faire tout ce que l'on vous commande, selon cette parole de Moïse : *Ecoutez Israël, & demeurez dans le silence.* Toutes ces differentes occupations vous mettront à couvert des mauvaises pensées ; & passant d'un exercice à un autre, faisant succeder le travail à un autre travail, vous ne vous occuperez que de ce que vous aurez à faire.

1. Cor. 14. 15.

Coloss. 3. 16.

Psal. 46. 8.

Deuter. 27. 9. sec. LXX.

Je connois quelques Solitaires, qui se contentant d'avoir renoncé exterieurement au monde, & de porter l'habit & le nom de Solitaires, sans en remplir les devoirs, ont toûjours conservé l'esprit du siécle, & mené comme auparavant une vie toute mondaine, augmentant leurs revenus au lieu de les diminuer, se faisant servir par les mêmes officiers, entretenant leur

---

ᵃ *Les Editions portent :* in orde tuo ; *vous chanterez de cœur & d'affection.* Mais l'on a suivi quelques manuscrits qui portent, i ordine tuo. Ce sens paroît plus naturel, parce que c'étoit la coûtume des Moines de l'Egypte, comme le remarque Cassien, de chanter les Pseaumes tour à tour, & chacun à son rang.

table avec la même delicatesse & la même magnificence qu'auparavant ; mangeant dans des plats de verre & de terre, des viandes que l'on achete au poids de l'or, & se flattant d'être Solitaires parmi une foule de valets & une multitude de domestiques, dont ils sont sans cesse environnés. Pour ceux qui ne sont pas si à leur aise, mais qui d'ailleurs se piquent d'érudition, ils ne paroissent en public que pour déchirer la réputation des autres ; & ils marchent dans les ruës à pas comtés, semblables en quelque façon à ces statuës que l'on portoit autrefois dans les pompes & les fêtes publiques. L'on en voit d'autres hausser les épaules, marmoter toûjours je ne sçai quoi entre leurs dents, regarder la terre avec des yeux fixes & immobiles, parler avec emphase, & peser toutes leurs paroles, de manière que si l'on voïoit marcher des huissiers devant eux, on les prendroit à leur air pour des Gouverneurs de Province. Il y en a quelques uns qui infectés du mauvais air de leur cellule, abbattus par l'excez de leurs jeûnes, ennuiés de vivre toûjours dans la solitude, épuisés par de longues & continuelles lectures, fatigués de ne parler jour & nuit qu'à euxmêmes ; deviennent d'une humeur si melancholique & si chagrine, qu'ils ont plus besoin des remedes d'Hipocrate, que de tous les conseils que je pourrois leur donner. La plûpart font dans leur retraite le même trafic qu'ils faisoient dans le siécle, ils ne sçauroient se passer de leur prémier métier ; ce sont des marchands qui sous des noms differens, font toûjours le même commerce ; & au lieu de ne chercher, comme l'ordonne l'Apôtre saint Paul, que ce qui leur

1. Tim. 6.

est neceſſaire pour s'habiller & ſe nourrir, ils portent la paſſion du gain plus loin même que les gens du monde. Autrefois les Ediles, que les Grecs appellent *Agoranomoi*, fixoient le prix des denrées, pour donner des bornes à l'exceſſive cupidité des marchands, puniſſant rigoureuſement ceux qui manquoient de droiture & de bonne foi dans le commerce. Mais aujourd'hui l'on ſçait l'art de faire des gains injuſtes, ſous le prétexte ſpecieux de religion ; & la gloire du nom Chrétien qui devroit nous porter à ſouffrir patiemment les injuſtices que l'on nous fait, ne ſert plus qu'à autoriſer celles que nous faiſons aux autres. Je ne ſçaurois le dire ſans rougir, mais auſſi ne dois-je pas le taire, car enfin il eſt juſte que nous eſſuïons du moins la honte que merite nôtre infame & ſordide avarice. Tandis que nous étendons la main pour demander l'aumône, nous cachons l'or ſous des habits tout déchirés ; & ceux qui nous ont vûs dans la mendicité, & qui nous ont crû véritablement pauvres, ſont ſurpris de nous voir mourir dans l'abondance, & de trouver aprés nôtre mort des ſacs pleins d'argent.

La vie Cenobitique, mon cher Ruſtique, vous mettra à couvert de tous ces deſordres. Les bonnes habitudes que vous prendrez peu à peu, vous ferons faire par inclination, ce que vous ne faiſiez d'abord que par contrainte, vous trouverez du goût & du plaiſir dans le travail même ; vous oublierez le paſſé, pour ne ſonger

---

a C'eſt à dire *Prefets* ou *Intendants des marchés*. Ce mot vient d'ἀγορά, qui ſignifie *marché* & de νέμος, qui veut dire *regle*, ou *loi*, parce que ces magiſtrats regloient le prix des marchandiſes.

qu'à vous avancer de plus en plus dans les voïes de la perfection ; & sans vous arrêter à examiner le mal que font les autres, vous ne penserez qu'au bien que vous êtes obligé de faire. Au reste le grand nombre & la foule de ceux qui vivent dans le dereglement, & qui se perdent, ne doit point vous servir de regle, ni vous faire dire en vous-même : Mais quoi donc ? est-ce qu'il n'y a point de salut pour ceux qui demeurent dans les villes ? on les voit tous les jours joüir paisiblement de leur bien, s'emploïer au ministére des autels, aller au bain, se parfumer comme les autres ; & cependant ils ne laissent pas d'être estimés & loüés de tout le monde. Je vous ai déja dit, & je vous le repete encore, que je ne parle point ici des devoirs des Ecclesiastiques, mais des obligations d'un Solitaire. Tous les Ecclesiastiques sont saints par leur état, & leur vie est sans reproches. Vivez donc aussi dans le monastére avec tant d'exactitude, que vous vous rendiez digne par vôtre conduite d'être élevé au degré de la Clericature ; passez-y vôtre jeunesse sans crime & sans soüillure, afin que vous puissiez approcher de l'autel du Seigneur avec la pureté d'une vierge innocente qui sort de sa couche : tâchez de meriter par vôtre vertu, l'estime & l'approbation des personnes de dehors ; que les femmes vous connoissent de réputation, mais cachez-vous toûjours à leurs yeux ; & quand vous serez dans un âge parfait (pourvû neanmoins que Dieu vous donne des jours) si le peuple ou vôtre Evêque veulent vous engager dans la Clericature, acquittez-vous des devoirs d'un Ecclesiastique, & prenez pour modéle de vôtre conduite, ceux qui se distinguent dans le clergé par la regularité de leur vie; parce qu'il n'y a point d'état ni de condition où les méchans ne soient mêlés & confondus avec les bons.

Ne vous laissez point emporter à la sotte démangeaison d'écrire & de vous ériger en Auteur. Soïez long-tems à apprendre ce que vous devez enseigner aux autres, defiez-vous toûjours de ceux qui vous loüent, ou pour mieux dire, qui se moquent de vous, & ne les écoutez point avec trop de complaisance : car après avoir bien flatté & enïvré en quelque maniére par des discours plein d'adulation, si vous venez à tourner la tête tout d'un coup, & à regarder derriere vous, vous les surprendrez [a] pliant le cou comme des cicognes, ou remuant des oreilles d'âne, ou tirant la langue comme un chien qui a soif.

Ne parlez jamais mal de personne, & ne croïez pas que la vertu consiste à déchirer la réputation d'autrui; Il arrive souvent qu'en condamnant les autres, nous nous condamnons nous-mêmes, & que nous sommes éloquens pour declamer contre nos propres défauts; semblables en quelque façon à un muet, qui voudroit critiquer les discours d'un habile Orateur. Lors que [b] Grunnius parloit en public, il commençoit toûjours avec un certain air languissant & une lenteur affectée, faisant de longues

---

a C'étoient les trois sortes de grimaces que l'on faisoit autrefois, quand on vouloit tourner un homme en ridicule ; comme le témoigne Perse sat. 1. de qui saint Jerôme a emprunté ce qu'il dit ici.

O Jane, à tergo quem nulla ciconia pinsit,
Nec manus auriculas imitata est mobilis albas,
Nec lingua, quantum sitiat canis Apula, tantum.

b C'est de Rufin que saint Jerôme veut parler.

pauses, tirant à peine de sa bouche quelques mots entrecoupés, & parlant plûtôt en homme qui soûpire, qu'en Orateur qui commence un discours. Mais quand une fois il avoit étalé un tas de livres sur sa table, alors fronçant le sourcil, serrant les narines, se ridant le front, & faisant du bruit avec les deux doits, pour rendre ses Auditeurs attentifs, il leur debitoit des bagatelles & des fadaises, & declamoit contre tout le genre humain. A le voir decider en maître du merite des Auteurs, & banir de la compagnie des sçavans tous ceux qui lui plaisoit, vous l'ûssiez pris pour Longin le Critique, ou pour le fameux ^c Censeur de l'éloquence Romaine. Ses grandes richesses lui donnoient dans les festins un nouvel agrément : ainsi il ne faut point s'étonner que cet homme qui tenoit ordinairement table ouverte, parût en public escorté d'une foule de flateurs & de parasites qui s'empressoient à lui faire la cour. Il prenoit à toute heure mille formes differentes, & toute sa vie n'étoit qu'un déguisement perpetuel ; sage & modeste au dehors comme un Caton, il nourrissoit au dedans de lui-même l'orgüeil & la cruauté d'un Neron. A le voir vous l'ûssiez pris pour un monstre composé de differentes natures, & l'on pouvoit bien lui appliquer ce que dit un Poëte :

Lucret. l. 5.

Lion par le devant, Dragon par le derrière ;
Chevre par le milieu ; telle étoit la chimére.

N'aïez donc jamais de liaison avec des gens de ce caractére, n'abandonnez point vôtre cœur à des discours pleins de malignité & d'impo-

c Caton.

ſtures, de peur que l'on ne vous diſe : *Vous*   Pſal. 49.
*vous êtes aſſis pour parler mal de vôtre frere, & * 20.
vous avez tendu des piéges au fils de vôtre mere.
Le Prophéte Roi condamne encore ailleurs ce
malheureux vice de la mediſance : *Les dents des*   Ibid. 56. 8.
enfans des hommes, dit-il, *ſont des armes & des*
flêches. Et dans un autre endroit : *Ses paroles*   Ibid. 54.
paroiſſent plus douces que l'huile, mais elles ſont 24.
plus perçantes qu'un dard. L'Eccleſiaſte s'explique encore d'une maniére plus claire lors
qu'il dit : *Celui qui déchire la réputation de ſon*   Eccl. 10. 11.
frere par des calomnies ſecretes, eſt ſemblable à un
ſerpent qui mord en ſilence. Vous me direz peut-
être que vous ne mediſez de perſonne, mais que
vous ne pouvez pas empêcher les autres de parler. Voilà le pretexte ordinaire dont nous nous
ſervons pour juſtifier nos pechés ; mais en vain
prétendons-nous impoſer à Jesus-Christ, &
le ſurprendre par nos artifices. *Ne vous y trom-*
pez pas (ce n'eſt pas moi, c'eſt l'Apôtre ſaint
Paul qui parle) *ne vous y trompez pas, l'on ne ſe*
moque point de Dieu. Les hommes ne voient   Gal. 6. 7.
que ce qui ſe paſſe au dehors, mais Dieu découvre le fond des cœurs. *De même*, dit le Sa-
ge, *que le vent d'aquilon écarte les nuées, ainſi le*   Prov. 25.
viſage triſte détourne les diſcours du médiſant. 23.
Quand on tire une flêche contre quelque choſe
de dur, elle revient ſouvent ſur celui qui l'a de-
cochée & le bleſſe ; & alors l'on voit l'accom-
pliſſement de ce que dit l'Ecriture : *Ils ſont de-*   Pſal 77.
venus ſemblables à un arc infidelle à celui qui le 63.
tire. Et ailleurs : *La pierre que l'on jette en haut,*   Eccli. 24.
retombera ſur la tête de celui qui l'aura jettée. Il 28.
en eſt de même du mediſant. Faites lui connoître par un air ſerieux & un viſage chagrin,

que vous ne prenez pas plaisir à ses discours ; & bien loin de l'écouter, bouchez-vous les oreilles de peur d'entendre prononcer la condamnation d'un homme innocent : aussi-tôt vous le verrez müet, pâle, interdit, deconcerté. C'est pour cela que le Sage nous dit encore dans un autre endroit : *N'aïez point de commerce avec les médisans, car leur ruine viendra tout à coup, & il n'y a personne qui sçache quelle sera la destinée de l'un & de l'autre*, c'est à dire, tant de celui qui medit, que de celui qui l'écoute. La verité n'aime pas à se cacher, & ce n'est point par des bruits sourds & des confidences mysterieuses qu'elle se fait connoître. L'Apôtre saint Paul défend à Timothée de recevoir trop facilement les accusations que l'on forme contre un Prêtre ; & il lui ordonne au contraire de reprendre publiquement ceux qui sont coupables de quelque crime, afin de retenir les autres dans leurs devoirs par la crainte des châtimens. Il ne faut pas ajoûter aisément foi aux rapports que l'on nous fait des personnes que la maturité de leur âge, l'innocence de leur vie passée, & la dignité de leur caractére, semblent mettre à couvert de la calomnie. Mais parce que nous sommes tous hommes, & que le nombre des années n'empêche pas que nous ne tombions quelquefois dans les foiblesses & les defauts ordinaires à la jeunesse : si vous voulez que je me corrige, reprenez-moi publiquement de mes fautes, & ne me déchirez point par de secretes medisances. *Le juste me reprendra avec bonté, & il me fera de charitables reprimandes ; mais le méchant ne répandra point ses parfums sur ma tête. Le Seigneur châtie celui*

Prov. 24. 21.

1. *Tim.* 5. 19.

Psal. 140. 6.

Hebr. 12. 3.

qu'il aime, & il frappe de verges tous ceux qu'il reçoit au nombre de ses enfans. Mon peuple, dit encore Dieu dans le Prophéte Isaïe, *ceux qui vous appellent bienheureux, sont des imposteurs qui vous seduisent, & qui rompent le chemin par où vous devez marcher.* Que me sert que vous alliez rapporter aux autres tout le mal que j'ai fait ; que vous les blessiez eux-mêmes par le recit malin que vous leur faites des crimes que j'ai commis, ou plûtôt que vous m'imposez ? & que prenant soin de les découvrir à tout le monde, vous affectiez neanmoins d'en faire confidence à un chacun en particulier, comme si vous n'en aviez jamais parlé à d'autres ? Cette conduite fait assez connoître que vous ne songez pas tant à me corriger de mes defauts, qu'à contenter vôtre passion, & le panchant naturel que vous avez à la medisance. JESUS-CHRIST nous ordonne que si quelqu'un de nos freres peche contre nous, nous lui representions sa faute en particulier, ou en présence d'un témoin ; que s'il refuse de nous écouter, nous le denoncions à l'Eglise ; & qu'en cas qu'il ne veüille pas rentrer dans son devoir, nous le regardions alors comme un infidelle & un Publicain.

Isaï. 3. 12.

Matth. 18. 15.

Je me suis un peu étendu sur cette matiére, mon cher Rustique pour vous faire perdre la demangeaison que vous pourriez avoir de medire des autres, & d'écouter ceux qui en parlent mal. Car j'ai dessein de vous conserver dans la beauté & l'innocence que vous avez reçûë au batême, & de vous présenter à JESUS-CHRIST comme une vierge pure, & aussi chaste d'esprit que de corps, de peur que content de porter un si beau nom, & negligeant d'avoir l'huile des bonnes œuvres, vous ne laissiez éteindre vôtre lampe, & que vous ne soïez banni de la compagnie de l'époux. Vous avez chez vous le saint & tres-sçavant Evêque ᵃ Procule qui peut beaucoup mieux vous instruire de vive voix, que je ne pourrois faire moi-même par toutes mes lettres. Ce grand homme vous apprendra tous les jours, comment il faut marcher dans les sentiers de la justice, & il vous empêchera de vous écarter de cette voïe droite & roïalle, par où le peuple d'Israël promettoit de passer en allant à la terre que Dieu leur avoit promise. Dieu veüille écouter cette priére que lui fait l'Eglise. *Donnez-nous la paix, Seigneur, puis que vous nous avez tout donné.* Fasse le Ciel que nous renoncions au siécle présent plûtôt par inclination que par necessité, & qu'au lieu de souffrir les peines que traine aprés soi une pauvreté forcée, nous recevions la gloire que merite une pauvreté volontaire.

Au reste dans ces tems malheureux où nous vivons, exposés aux fureurs d'une guerre allumée de toutes parts; c'est être assez riche que d'avoir du pain; c'est être trop puissant que d'être libre. Le saint Evêque de Thoulouse Exupére, semblable à la veuve de Sarepta, endure la faim, pour soulager celle de ses freres. Quoi qu'abbattu déja par la rigueur de ses jeûnes, il trouve encore son propre supplice dans l'indigence des autres: & pour subvenir à leurs necessités, il a distribué tous son bien aux pauvres,

Matth. 25. 8.

Num. 20. 17.

Isaï. 26. 12. sec. LXX.

ᵃ Ce Procule, dont parle saint Jerôme, étoit Evêque de Marseille, & il assista au Concile d'Aquilée celebré l'an 381. sous le Pape Damase.

qu'il envisage comme les entrailles de JESUS-CHRIST. Il n'est rien qui puisse égaler les richesses de ce saint Evêque, qui porte le corps de JESUS-CHRIST dans une corbeille d'osier, & son sang précieux dans un vase de verre: qui a banni l'avarice du Temple du Seigneur; qui sans emploïer ni les reprimandes ni les foüets, a renversé les chaises de ceux qui vendoient des colombes, c'est à dire les dons du Saint Esprit, & jetté par terre les bureaux & l'argent des banquiers, & fait en sorte que la maison de Dieu fut une maison d'oraison, & non pas une caverne de voleurs. Suivez de prés les traces de ce grand homme; & de tous ceux qui imitent ses vertus, & qui comme lui sont d'autant plus paüvres & plus humbles, qu'ils sont plus élevés par la dignité de leur Sacerdoce. Mais si vous voulez vous rendre parfait, quittez comme Abraham vôtre païs & vos parens, & marchez sans sçavoir où Dieu vous appelle. Si vous avez du bien, vendez-le, & distribuez-en le prix aux pauvres: si vous n'en avez point vous êtes déchargé d'un grand fardeau; suivez dans un dépoüillement parfait JESUS-CHRIST qui s'est dépoüillé de tout. Cette entreprise est rude, grande difficile; mais aussi elle vous meritera une grande recompense.

XIX. LETTRE.

A Léta.

Ecrite vers l'an 400.

Léta fille d'Albin Prêtre des Idoles, fut mariée à Toxotius fils de Sainte Paule. De ce mariage vint une fille nommée Paule, comme sa Grandmere, & consacrée à Dieu dès sa naissance. Saint Jerôme avertit Léta de l'engagement où elle est de conserver à JESUS-CHRIST une vierge qu'elle lui a consacrée. Il lui donne des regles pour la bien élever. Il veut qu'on lui apprenne de bonne heure l'Ecriture Sainte; & qu'on l'exerce dans la pratique du jeûne, de l'oraison, de la Psalmodie, & du travail des mains. Il lui recommande sur tout de ne mettre auprés d'elle que des personnes d'une vie bien reglée, & d'en éloigner tous ceux qui pourroient corrompre son innocence.

L'Apôtre saint Paul écrivant aux Corinthiens, & formant par ses saintes instructions cette Eglise naissante de JESUS-CHRIST, entre autres commandemens qu'il leur fait, voici ce qu'il leur ordonne: *Si une femme a un mari infidelle, qui consente de demeurer avec elle, qu'elle ne se separe point d'avec lui; car le mari infidelle est sanctifié par la femme fidelle; & la femme infidelle est sanctifiée par le mari fidelle: autrement vos enfans seroient impurs, au lieu que maintenant ils sont purs.* Si quelqu'un, ma chere fille Léta, a cru jusques ici que saint Paul, par une indulgence precipitée, s'étoit trop relâché en cette occasion, de la severité de la

1. Cor. 7. 13.

discipline, il n'a qu'à jetter les yeux sur la maison de vôtre Pere, (cet homme d'une naissance si illustre, & d'une érudition si profonde ; mais qui a le malheur d'être encore engagé dans les tenebres de l'idolatrie) & il connoîtra que le conseil de l'Apôtre a été salutaire & avantageux à toute vôtre famille, puis que les fruits agréables que l'on y a vû naître, ont adouci l'amertume de la racine qui les a produits, & que d'une mauvaise tige l'on voit couler un beaume tres-précieux.

Vous avez reçû la naissance d'un Pere & d'une Mere qui étoient de differente religion ; & Paule est née de mon cher Toxotius & de vous. Qui ût jamais crû qu'Albin qui est Prêtre des Idoles, deviendroit un jour Grand-pere d'une fille accordée aux vœux d'une mere Chrétienne ; qu'il prendroit plaisir à entendre chanter *alleluia* à un enfant qui ne fait encore que begueïer ? & que ce vieillard éleveroit dans son sein une vierge consacrée à Dieu ? Les choses ont eu un succés aussi heureux que nous l'avions esperé : car nous voïons qu'un pere infidelle se sanctifie dans une famille de fidelles & de saints. C'est déja toucher de prés à la Religion Chrétienne, que de se voir environné d'une trouppe d'enfans, & de petits fils qui en font profession : & je suis persuadé que si Jupiter même avoit eu une telle famille, il auroit pû croire en JESUS-CHRIST. Qu'Albin se moque de ma lettre tant qu'il voudra ; qu'il la rejette avec le dernier mépris ; qu'il me traitte de fou & d'insensé : son Gendre en faisoit autant avant que d'avoir embrassé la foi de JESUS-CHRIST. On ne naît pas

Chrétien, on le devient. Les lambris dorés du Capitole sont aujourd'hui tout couverts de poussiére: tous les temples de Rome sont remplis d'ordure & de toiles d'araignées; & à voir le Peuple Romain passer auprés des ruines de ses autels, & courir en foule aux tombeaux des Martyrs, l'on diroit que cette grande ville change de place. Si l'on n'embrasse pas la foi de JESUS-CHRIST par raison, on devroit du moins prendre ce parti par respect humain.

Je vous dis ceci, ma tres-chere fille Léta, afin que vous ne desesperiez point du salut de vôtre pere; que vous obteniez de Dieu la grace de sa conversion, par la même foi qui vous a merité la naissance d'une fille, & que vous aïez la consolation de voir toute vôtre famille Chrétienne, persuadée de ce que *Luc.* 18. JESUS-CHRIST dit dans l'Evangile; Que ce 7. qui est impossible aux hommes, est possible à Dieu. Il est toûjours tems de se convertir. Le Larron passe de la Croix dans le Paradis; & *Dan.* 4. 33. Nabuchodonozor Roi de Babylone recouvra la raison aprés avoir vêcu dans les forêts en la compagnie des bêtes, dont il avoit & le cœur & la figure. Mais laissons là ces anciens exemples, que les incrédules pourroient peut-être regarder comme des fables. N'avons-nous pas vû il y a quelques années vôtre pro-*L'an* 383. che parent Gracque, dont le seul nom porte avec soi l'idée de ce qu'il y a de plus noble & de plus illustre dans le Senat, renverser, briser & brûler, dans le tems qu'il étoit Préfet de la * *V. les* ville de Rome, la caverne du Dieu* Mithra, *Rem-* & ces monstrueuses idoles à qui on rendoit un même culte, sous le nom & la figure de *Coran*, de *Nimphus*, du *Soldat*, du *Lion*, de *Persès* & d'*Héliodrome* ? & ne fut-ce pas en donnant ses gages de sa foi, qu'il mérita la grace du batême ? Rome est devenuë aujourd'hui pour la Gentilité comme une espece de desert : & les Dieux que les Nations adoroient autrefois, sont abandonnés maintenant dans les greniers avec les chouettes & les hibous. Les soldats portent la croix dans leurs étendarts, & ce signe salutaire releve la pourpre des Rois & l'éclat de leurs diadéme. ª L'Egypte devenuë Chrétienne a consacré au vrai Dieu les autels de Serapis ; & le Dieu Marnas enfermé dans Gaze, & chagrin de se voir abandonné, est dans une apprehension continuelle de voir renverser son temple. Nous recevons tous les jours une foule de Solitaires, qui viennent des Indes, de Perse, & d'Ethiopie. Les Armeniens ont mis bas leurs carquois : les Huns apprennent le Pseautier, & la foi a échauffé par sa chaleur les glaces de la Scithie. Les soldats Gétes, qui sont habillés de rouge & de jaune, portent dans leurs armées des tentes pour leur servir d'Eglises : & peut-être qu'ils ne nous disputent la victoire dans les combats, que parce qu'ils mettent leur confiance dans le même Dieu que nous adorons.

Mais je suis tombé insensiblement sur une autre matiére que celle dont j'ai à vous entretenir, & pour me servir de l'expession d'un Poëte, tandis que la rouë tourne toûjours, j'ai

---

a *Le temple de Serapis fut demoli l'an 389. par les ordres de l'Empereur Théodose. On y bâtit en sa place un temple au vrai* Dieu, où Théophile d'Alexandrie mit les reliques de saint Jean Baptiste.

Horat. de art. poët.

fait une cruche, en pensant faire une coupe. Mon dessein étoit de vous écrire, comme vous & la vertueuse Marcelle m'en avoit prié, pour vous apprendre comment vous devez élever nôtre jeune Paule ; cette vierge que vous avez consacrée à JESUS-CHRIST avant qu'elle vint au monde ; & que vous avez promise à Dieu, avant même que de l'avoir conçûë. Nous voïons aujourd'hui quelque chose de semblable à ce qui est écrit dans [a] les livres des Prophétes. Anne devint feconde aprés une longue sterilité ; & vous aprés une fécondité qui vous a coûté tant de larmes, vous allez devenir mere de plusieurs enfans qui vous consoleront par une longue vie. Car aprés avoir consacré au Seigneur le prémier de vos enfans, j'ose vous assûrer que vous en aurez encore d'autres. C'est ainsi que dans l'ancienne Loi l'on offroit à Dieu les prémiers nés ; c'est ainsi que Samüel & Samson furent consacrés au Seigneur dés leur naissance ; c'est ainsi que Jean-Baptiste tresaillit de joïe au moment que Marie entra dans la maison de Zacharie. Car entendant le Seigneur qui lui parloit par la bouche de la Vierge, il fit tous ses efforts pour sortir du sein de sa mere, & pour aller au devant de lui. Puis donc que vous devez la naissance de vôtre fille, à la promesse que vous avez faite à Dieu de la lui consacrer, donnez-lui une éducation digne de cette heureuse naissance. Samüel fut nourri dans le Temple, & Jean-Baptiste se prépara dans le

---

1. Reg. 1. 20.

[a] Saint Jérôme parle ici conformément au Canon des Juifs, qui mettoient les livres des Rois parmi les Prophétes, c'est à dire, dans la 2. classe de leur Canon. Car la prémiere contenoit les livres de la Loi, la 2. les Prophétes, & la 3. les Auteurs hagiographes, ou écrivains sacrés.

desert aux fonctions de son ministére. Celui-là porta une chevelure dont la consecration le rendoit venerable ; jamais il ne but de vin, ni aucune autre liqueur capable d'enïvrer ; & tout enfant qu'il étoit il s'entretenoit avec le Seigneur. Celui-ci fuïant le commerce des hommes, porta sur ses reins une ceinture de cuir, se nourrit de sauterelles & de miel sauvage, & se couvrit d'une peau de chameau, portant déja sur soi les marques de la penitence qu'il devoit prêcher.

Telle est l'éducation que vous devez donner à une vierge qui doit être le temple du Seigneur. Il faut qu'elle apprenne à ne dire & à n'écouter que ce qui peut lui inspirer la crainte de Dieu ; qu'elle ignore les airs profanes & la signification des paroles deshonnêtes, & qu'elle prenne plaisir de bonne heure à chanter des Cantiques & des Pseaumes. Ne souffrez point en sa compagnie des enfans qui aient des inclinations libertines : ne permettez pas même que les filles qui la servent, aient aucune liaison avec les personnes de dehors, de peur qu'infectées de la corruption du siécle, elles ne lui en inspirent les maximes, & ne la corrompent par une contagion encore plus dangereuse.

Faites-lui faire des lettres de boüis ou d'ivoire, & donnez-leur à chacune leur nom, afin qu'elle s'en serve pour joüer, & qu'elle s'instruise en joüant. Mais il ne faut pas se contenter qu'elle appelle les lettres de suite, & qu'elle en repete les noms par cœur comme une chanson ; il faut encore les mêler souvent ensemble, & mettre les derniéres au milieu, & celles du milieu au commencement, afin qu'elle les distingue non seulement par le nom, mais encore par la vûë. Lors que d'une main tremblante elle commencera à conduire le stile sur la cire, il faudra ou lui soûtenir sa petite main pour en regler les mouvemens, ou lui imprimer les caractéres des lettres sur des tablétes, afin qu'elle suive les mêmes lignes & les mêmes traces sans pouvoir s'écarter. Proposez-lui quelque prix pour lui faire assembler ses sillabes, & animez-la par l'esperance de quelque petit présent, capable de gagner les enfans de son âge. Donnez-lui aussi des compagnes d'étude, afin que les applaudissemens qu'elles recevront, la piquent d'honneur & lui donnent de l'émulation. Si elle n'entre pas aisément dans ce qu'on lui dit, ne la traittez pas pour cela avec rudesse, animez-la au contraire par les loüanges, & faites en sorte qu'elle soit également sensible, & à la joïe d'avoir mieux fait que ses compagnes, & au chagrin de n'avoir pas si bien réüssi qu'elles. Prenez garde sur tout qu'elle ne se dégoûte de l'étude, de peur qu'elle ne conservât dans un âge plus avancé, l'aversion qu'elle en auroit conçûë dés son enfance. Pour l'accoûtumer peu à peu à s'exprimer, il ne faut pas lui apprendre indifferemment toutes sortes de mots, il faut les lui choisir exprés, tels que sont, par exemple, les noms des Prophétes, des Apôtres, & des Patriarches dont saint Mathieu & saint Luc nous ont décrit la genéalogie, afin qu'en apprenant à parler, elle se remplisse par avance l'esprit de plusieurs choses dont elle puisse un jour se résouvenir.

Choisissez-lui un Précepteur sçavant, d'un âge mûr, & d'une vie bien reglée. Je ne croi pas qu'un habile homme ait honte de faire pour sa parente ou pour une fille de qualité, ce qu'Aristote a fait pour Alexandre, à qui il enseigna les prémiers élemens des lettres, comme un simple écrivain à gages. On ne doit pas regarder comme quelque chose de bas, ce qui sert de fondement aux grandes choses. Un homme sçavant prononce les sillabes, & explique les prémieres regles de la Grammaire autrement qu'un ignorant. Aussi ne devez-vous pas souffrir que vôtre fille, par une délicatesse ridicule & ordinaire aux femmes, s'accoûtume à prononcer les mots à demi; ni qu'elle mette son plaisir & son divertissement à joüer parmi l'or & la pourpre; de peur que l'un ne gâte son langage, & que l'autre ne corrompe ses mœurs. Elle ne doit rien apprendre dans sa jeunesse, qu'elle soit obligée d'oublier dans un âge plus avancé. On dit qu'Hortensius apprit à bien parler entre les bras de son pere; & que la maniére dont [a] la mere des Gracques sçavoit s'exprimer fit prendre à ses enfans dés leurs plus tendres années, le goût de la véritable éloquence. Car les prémieres impressions de la jeunesse s'effacent difficilement: quand une fois la laine a été teinte en violet, il est impossible de lui rendre sa couleur naturelle; & un vase neuf conserve long-tems l'odeur & le goût de la prémiere liqueur dont on l'a rempli. Nous lisons dans l'histoire Greque, qu'Alexandre, ce Monarque si puissant qui se rendit maître de toute la terre, conserva toûjours & dans ses mœurs & dans son allure, les défauts de son Précepteur Léonide qu'il avoit pris dés

[a] Cornelie.

son enfance. Car l'on a que trop de panchant à suivre les mauvais exemples, & l'on imite aisément les vices de ceux dont on ne sçauroit acquerir les vertus.

Donnez donc à vôtre Fille une nourrice qui ne soit ni sujette au vin, ni coquette, ni causeuse; choisissez-lui pour gouvernante une femme honnête & modeste, & pour gouverneur un homme sage & vertueux. Quand elle verra son Grand-pere, qu'elle se jette entre ses bras, qu'elle lui saute au cou, qu'elle lui chante *Alleluia* malgré lui : que sa Grand'-mere l'arrache d'entre les mains de son Ayeul, qu'elle fasse voir qu'elle connoît son pere, en lui souriant dés qu'elle le verra ; qu'elle gagne les cœurs de tout le monde, & que la naissance d'un enfant si aimable fasse la joïe de toute la famille. Faites-lui connoître de bonne heure le merite & les vertus de son autre [a] Grand-mere & de sa Tante. Apprenez-lui quel est l'Empereur qu'elle doit servir, & l'armée dans laquelle elle doit s'enrôler & combattre à leur exemple; qu'elle souhaite de les voir, & qu'elle témoigne vouloir vous quitter pour aller demeurer avec elles.

Que son habit même l'instruise de sa destination. Donnez-vous bien de garde de lui percer les oreilles, de mettre du fard sur un visage consacré à JESUS-CHRIST, de lui charger le cou d'or & de perles, & la tête de pierreries, de lui roussir les cheveux, de peur que cette couleur ne devienne pour elle comme un présage des feux de l'enfer. Donnez-lui

---

[a] C'est à dire de sainte Paule, & de sa fille Eustoquie, qui demeu- roient alors à Bethléem.

d'autres perles dont elle fasse ensuite un saint trafic pour acheter la précieuse perle de l'Evangile. Il n'y a pas long-tems qu'une Dame de qualité nommée Pretextate aïant habillé & coëffé Eustoquie à la mode du siécle pour obéïr aux ordres de son mari Hemetius, oncle de cette vierge, qui vouloit la détourner du dessein qu'elle avoit de se consacrer à Dieu, & faire perdre à sa mere le desir de voir sa fille engagée dans l'état de la virginité; elle vit la nuit suivante durant son sommeil, un Ange qui lui dit d'une voix terrible & menaçante : Comment avez-vous osé préferer à JESUS-CHRIST les ordres de vôtre mari, & porter vos mains sacriléges sur la tête d'une vierge consacrée à Dieu ? Jugez de l'énormité de vôtre crime par la rigueur du châtiment : Au moment que je vous parle, vous allez voir sécher ces maximes criminelles, & dans cinq mois d'ici vous mourrez ; & si vous perseverez dans vôtre peché, vous perdrez encore vôtre mari & vos enfans. Tout cela arriva comme l'Ange l'avoit prédit, & cette malheureuse femme aïant attendu trop tard à faire pénitence, se vit tout à coup enlevée du monde par une mort precipitée. C'est ainsi que JESUS-CHRIST se vange de ceux qui profanent son temple, & veulent lui ravir des ames qui lui sont consacrées. Je ne vous rapporte pas cette histoire pour insulter à la misére des malheureux, mais pour vous apprendre avec quel soin & quelle précaution vous devez ménager ce que vous avez offert à Dieu. Le Grand-Prêtre Heli devint coupable aux yeux de Dieu des crimes de ses enfans. L'on n'éleve point à l'Episcopat un homme

1. Reg. 2.
31.

dont les enfans menent une vie déreglée & libertine : & nous lifons au contraire qu'une femme fait fervir fes enfans à fon propre falut, quand elle prend foin de les affermir dans la foi, dans la charité, dans la fainteté & dans l'innocence. Si les parens font refponfables de la conduite de leurs enfans qui font déja avancés en âge, & maîtres d'eux-mêmes ; comment ne le feront-ils pas de ceux qui ne font encore que de naître, & à qui la foibleffe de l'âge ne permet pas, comme Dieu dit dans l'Ecriture, de diftinguer leur main droite d'avec la gauche, c'eft à dire de difcerner le bien d'avec le mal ? Si vous avez foin de garantir vôtre fille des morfures d'une vipére, quelle précaution ne devez-vous pas prendre pour l'empêcher de tomber fous les coups du Demon, qu'un Prophéte appelle, *le marteau de toute la terre* ? de boire dans la coupe d'or de Babylone ? d'aller voir comme Dina des filles étrangéres ? de marcher avec affectation & de prendre plaifir à porter une robbe trainante ? On ne préfente le poifon, qu'aprés avoir frotté de miel les bords de la coupe ; & le vice ne nous feduit que fous les dehors & les apparences de la vertu.

Mais, me direz-vous, comment donc doit-on entendre ce que dit Ezechiel, *Que les pechés des peres ne retombent point fur leurs enfans, ni ceux des enfans fur leurs peres, mais que l'ame qui aura peché mourra* ? Le Prophéte parle en cette endroit de ceux qui font capables de difcernement, & dont il eft dit dans l'Evangile : *Il a de l'âge, qu'il réponde par lui-même.* Mais quand un enfant n'a pas encore l'ufage de la raison quand il n'a pas atteint l'âge où l'on commence à être sage, & à connoître les routes differentes qui conduisent ou au vice ou à la vertu, & qui sont exprimées par la figure de *a* l'Y, que l'on appelle la lettre de Pythagore; alors tout le bien & tout le mal qu'il fait, est imputé à ses parens. Si les enfans d'un Chrétien mouroient sans batême, croïez-vous qu'ils seroient seuls coupables, & que ce crime ne retomberoit pas sur ceux qui n'auroient pas voulu les faire batiser, sur tout dans un tems où ces enfans ne peuvent pas s'opposer à la volonté de leurs peres? Ne croïez-vous pas au contraire que les peres & les meres trouvent leur avantage dans le salut de leurs enfans? Il vous étoit libre d'offrir vôtre fille à Dieu, ou de ne la lui pas offrir (si neanmoins l'on peut dire que vous eussiez cette liberté, après la lui avoir consacrée, avant même qu'elle fut conçûë) mais l'offrande que vous en avez faite au Seigneur vous met aujourd'hui dans une obligation indispensable de la lui conserver, & vous ne pouvez sans crime manquer à ce devoir. Si c'étoit autrefois un sacrilége que d'offrir à Dieu une victime impure ou defectueuse; de quels châtimens ne sont pas dignes des parens, qui ne prennent aucun soin de conserver dans la pureté & dans l'innocence un enfant qui est une portion d'eux-mêmes, & qu'ils ont destinée pour être l'épouse de JESUS-CHRIST?

Quand vôtre Fille commencera à devenir grande, & à croître à l'exemple de son Epoux

---

a L'Y étoit, selon Pythagore, un symbole de la vie; le pié representoit l'enfance, & les deux branches signifioient les deux chemins du vice & de la vertu, où l'on entroit quand l'on avoit atteint l'âge de raison.

en âge, en sageſſe, & en grace aux yeux de Dieu & des hommes ; qu'elle aille avec ſes parens au temple de ſon véritable Pere, mais qu'elle n'en ſorte pas avec eux. Qu'on la cherche dans les routes du ſiécle, parmi la foule du monde, & en la compagnie de ſes parens ; & qu'on la trouve toûjours écoutant Dieu dans les divines Ecritures, & conſultant les Prophétes & les Apôtres ſur ſes nôces ſpirituelles. Qu'elle imite Marie que l'Ange Gabriël trouva ſeule dans ſa chambre, & qui peut-être ne ſe troubla à ſa vûë, que parce qu'elle n'étoit pas accoûtumée à voir des hommes. Qu'elle ſe forme ſur celle dont le Pſalmiſte a dit : *Toute la gloire de la fille du Roi lui vient du dedans.* Bleſſée d'un de ces précieux traits que lance le divin amour, qu'elle diſe comme l'Epouſe : *Le Roi m'a fait entrer dans ſon appartement.* Mais qu'elle ne ſorte jamais dehors, de peur que ceux qui font la ronde dans la ville, ne la rencontrent, ne la frappent, ne la bleſſent, & qu'après l'avoir dépoüillée du manteau de la virginité, ils ne la laiſſent toute nuë & nageante dans ſon ſang. Au contraire ſi quelqu'un frappe à ſa porte, qu'elle réponde : *Je ſuis une muraille, & mon ſein eſt comme une tour. J'ai lavé mes piés, & je ne puis me reſoudre à les ſallir.*

Qu'elle ne mange point en public, c'eſt à dire en famille ; de crainte que les viandes delicates que l'on y ſert, ne lui faſſent naître l'envie d'en manger. Car quoiqu'on s'imagine qu'il y a plus de vertu à mépriſer les attraits d'un plaiſir preſent ; je croi neanmoins qu'il y a plus de ſureté à ne voir jamais des objets capables d'irriter la passion. J'ai appris autrefois dans les écoles lors que j'étois encore enfant, Qu'il est tres-mal aisé de se défaire d'un habitude que le tems a fortifiée. Qu'elle s'accoûtume donc dés à present à ne point boire de vin, qui est la source ordinaire des impuretés & des dissolutions. Mais parce qu'il est à craindre qu'un enfant encore tendre & delicat ne succombe sous le poids d'une abstinence trop rigoureuse, vous pouvez en attendant qu'elle soit plus forte & plus âgée, lui permettre, si elle en a besoin, l'usage des bains, de la viande, & d'un peu de vin, pour fortifier son estomac, & pour empêcher que les forces ne lui manquent, avant que d'avoir commencé sa carriere. Au reste ce n'est pas ici un commandement que je vous fait, mais seulement une indulgence dont je vous permets d'user à son endroit ; mon dessein n'étant que d'épargner sa foiblesse, & non pas de l'élever dans une vie molle & sensuelle. Car si les Bracmanes des Indes, & les Gymnosophistes d'Egypte font profession de ne vivre que de ris, de pommes, & de farine d'orge ; & si les Juifs par une abstinence superstitieuse, s'interdisent l'usage de certaines viandes, & de la chair de certains animaux ; pourquoi une vierge consacrée à JESUS-CHRIST ne s'en abstiendra-t-elle pas tout-à-fait ? si l'on fait tant de cas de ces vertus païennes qui n'ont que l'éclat du verre ; quelle estime ne doit-on pas faire des vertus Chrétiennes qui ont la solidité de la perle ? Puis que Paule est une fille que le Ciel a accordée à vos vœux, qu'elle vive comme ceux dont la naissance a été semblable à la sienne. Prevenuë des mêmes

Ephes. 5. 18.

graces, elle doit travailler à acquerir les mêmes vertus.

Sourde à tous les instrumens de musique, qu'elle ignore à quel usage servent la flute, le luth, & la harpe. Qu'elle lise tous les jours quelque bel endroit de l'Ecriture Sainte, & faites-lui rendre un compte exacte de ses lectures. Qu'elle apprenne chaque jour un certain nombre de versets du Texte Grec, mais en même tems qu'elle y joigne la traduction Latine ; parce que si elle ne s'accoûtumoit de bonne heure à bien parler cette langue, elle pourroit prendre un accent étranger, & conserver dans sa langue naturelle une prononciation vicieuse & barbare. Servez-lui vous-même durant son enfance & de maîtresse & de modéle ; & faites en sorte qu'elle n'entrevoïe rien dans vôtre conduite, ni dans celle de son Pere, qu'elle ne puisse imiter sans crime ; Songez que vous avez une vierge pour fille, & que vos exemples feront de plus fortes impressions sur elle, que vos paroles. Il ne faut rien pour gâter une fleur ; un mauvais air suffit pour ternir la beauté du lis, de la violette & du safran.

Qu'elle ne paroisse jamais en public qu'en vôtre compagnie ; qu'elle n'aille pas même à l'Eglise ni aux tombeaux des Martyrs sans vous. Ne permettez pas que de jeunes mondains lui sourient. Quand elle sera à l'Eglise aux veilles des Fêtes solemnelles, qu'elle demeure toûjours auprés de vous & qu'elle ne s'en écarte jamais pour un seul moment. Ne souffrez pas qu'elle aime quelqu'une de ses filles plus que les autres, ni qu'elle lui parle souvent à l'oreille : ce qu'elle dira à l'une, que toutes les autres l'entendent.

rendent. Qu'elle se plaise en la compagnie d'une fille modeste, mortifiée, negligée & serieuse; & non point d'une coquette & d'une mondaine, qui aime les vains ajustemens, qui se pique de beauté, & qui chante agréablement. Proposez-lui pour modéle de sa conduite une fille d'un âge déja avancé, d'une foi pure, d'une vie irreprochable, d'une chasteté reconnuë; qui l'instruise par ses exemples, & qui l'accoûtume à se lever la nuit pour vaquer à la priere & à la psalmodie, à chanter des Hymnes dés le matin, à demeurer sous les armes, comme un brave soldat de Jesus-Christ, aux heures de Tierce, de Sexte & de None, & à aller à l'heure de Vêpres avec une lampe allumée offrir à Dieu le sacrifice du soir. Qu'elle passe tout le jour dans ces exercices, & que la nuit l'y trouve occupée; que la lecture succede à la priere, & la priere à la lecture: le tems lui paroîtra court, si elle a soin de le partager de la sorte.

Apprenez-lui aussi à faire des ouvrages de laine, à tenir la quenoüille, à mettre sa corbeille sur ses genoux, à filer, & à manier le fuseau; mais qu'elle ne s'applique point à faire des ouvrages en broderie d'or ou de soïe. Que ses habits soient d'une étoffe forte & propre à la garantir du froid; & non point de ces étoffes legeres & deliées, qui ne couvrent le corps qu'à demi. Nourrissez-la de legumes, & d'autres-semblables mets; & ne lui permettez que rarement l'usage de quelques petits poissons: Et pour ne m'étendre pas davantage sur une matiere que j'ai traitée [a] ailleurs plus au long,

---

[a] Saint Jerôme veut parler de son second livre contre Jovinien.

qu'elle mange en forte qu'elle ait toûjours faim, & qu'elle puiſſe au ſortir de la table s'appliquer à la lecture & à la pſalmodie. Je ne ſçaurois approuver, ſur tout dans de jeunes gens, ces jeûnes exceſſifs & ces longues abſtinences, qui durent pluſieurs ſemaines de ſuite, & où l'on s'interdit juſqu'à l'uſage de l'huile & du fruit. Je ſçai par experience que quand un petit ânon eſt fatigué, il s'écarte à tout moment du droit chemin. Laiſſons ces ſortes de jeûnes aux Adorateurs d'Iſis & de Cibéle, qui par une abſtinence pleine de ſenſualité, font ſcrupule de manger du pain, tandis qu'ils devorent les faiſans & les tourterelles tout fumantes. La grande regle que l'on doit ſuivre dans un jeûne continuel, eſt de ménager ſes forces pour fournir une longue carriere, de peur qu'en courant d'abord, l'on ne tombe à moitié chemin. Mais au reſte, comme je vous l'ai déja dit, l'on ne doit garder aucune meſure dans le jeûne du Carême ; il faut alors s'abandonner ſans aucun menagement à toute ſa ferveur. Neanmoins les Solitaires & les Vierges ne doivent pas regler leur abſtinence ſur celle des gens du monde ; car ceux-ci, ſemblables en quelque façon aux huitres qui ſe nourriſſent de leur eau, cuiſent durant le Carême les viandes dont ils ſe ſont remplis, & ſe préparent en même tems à de nouveaux excés : au lieu que les Vierges & les Solitaires doivent alors menager leur zéle, & ſe ſouvenir que leur jeûne doit être continuel. Ceux qui ne travaillent que durant

---

où il parle du jeûne fort au long, comme il le témoigne lui-même dans ſa lettre à Paulin : *Habes adverſùs Jovinianum libros, de contemptu ventris & gutturis, leniùs differentes.*

un certain tems, ont coûtume de travailler avec plus d'ardeur: mais ceux dont le travail est continuel, travaillent avec plus de moderation; parce que ceux-là se reposent après leur travail, au lieu que ceux-ci sont toûjours en haleine.

Quand vous irez à la campagne, menez-y vôtre Fille avec vous, afin de l'accoûtumer à ne pouvoir vivre sans vous, & à trembler toûjours en vôtre absence. Interdisez-lui tout commerce avec les gens du monde, & avec les filles dont la conduite n'est pas bien reglée. Ne souffrez point qu'elle se trouve aux nôces de vos domestiques, ni qu'elle prenne part à ces divertissemens où regnent le desordre & la confusion. Je sçai que quelques uns ont défendu aux Vierges consacrées à Jesus-Christ de prendre le bain en la compagnie des Eunuques & des femmes mariées, parce que ceux-là ne se defont jamais entiérement des mauvais panchans que donne la nature; & que celles-ci découvrent durant leur grossesse des choses que l'on ne sçauroit regarder sans blesser la pudeur. Mais pour moi je ne sçaurois permettre le bain à une fille qui est déja grande, & qui doit rougir de se voir toute nuë. Si elle emploïe les veilles & les jeûnes pour mortifier son corps & pour le reduire en servitude; si elle tâche d'éteindre par une rigoureuse abstinence, les feux de la concupiscence & les ardeurs d'une boüillante jeunesse; si par une negligence affectée elle se hâte de defigurer son visage, & d'en effacer les plus beaux traits; pourquoi r'allumer par la chaleur du bain des feux à demi éteints?

Que les livres divins lui tiennent lieu d'habits

magnifiques & de pierres precieuses ; & qu'elle ne recherche point ceux qui font enrichis d'or, & couverts de ces peaux de Babylone que l'on orne de diverses peintures ; mais qu'elle choisisse les plus corrects, & ceux qui sont de meilleure main. Qu'elle commence par apprendre le Pseautier, & qu'elle soulage ses exercices de pieté par ces divins Cantiques. Qu'elle aille puiser dans les Proverbes de Salomon des regles pour bien vivre ; dans l'Ecclesiaste des maximes qui lui inspirent peu à peu le mépris du monde ; & dans Job des exemples de vertu & de patience. Qu'elle passe en suite à l'Evangile, & qu'elle l'ait toûjours entre les mains. Qu'elle fasse sa nourriture & ses delices des Actes & des Epîtres des Apôtres ; & aprés s'être enrichie de ces precieux tresors, qu'elle apprenne par cœur les Prophétes, les livres de Moïse, des Rois, des Paralipoménes, d'Esdras & d'Esther. Qu'elle finisse l'étude de l'Ecriture sainte par le Cantique des Cantiques ; elle pourra alors le lire sans danger ; au lieu que si elle commençoit par la lecture de ce livre, il seroit à craindre qu'elle n'en fût blessée, faute d'y pouvoir penetrer le mystére des nôces spirituelles que cache la lettre sous des termes qui ne paroissent propres qu'à inspirer un amour charnel & profane. Qu'elle prenne garde sur tout de lire aucun livre apocryphe ; & si quelquefois elle veut les lire plûtôt par respect pour les faits miraculeux qui y sont rapportés, que pour s'instruire des verités de la foi ; elle doit sçavoir que ceux à qui l'on attribuë ces ouvrages, n'en sont pas les veritables Auteurs ; que l'on y trouve bien des endroits vicieux & corrompus, & qu'il faut avoir un grand discernement pour chercher l'or dans la bouë. Qu'elle ait toûjours entre les mains les ouvrages de saint Cyprien ; qu'elle parcoure sans craindre de faire de faux pas [a] les lettres de saint Athanase & les livres de saint Hilaire ; qu'elle prenne plaisir à lire les traités & à goûter le tour d'esprit de ceux qui dans leurs ouvrages ne donnent aucune atteinte aux mœurs, ni à la foi : pour ce qui est des autres, qu'elle les lise plûtôt pour juger de leurs sentimens, que pour les suivre.

Mais me direz-vous, comment pourrai-je, moi qui suis engagée dans le siecle, pratiquer tout cela au milieu de Rome, & parmi le commerce de la foule du monde ? Ne vous chargez donc point d'un fardeau que vous ne sçauriez porter ; mais après que vous aurez sevré vôtre Fille comme un autre Isaac ; après que vous l'aurez habillée comme un autre Samuël, envoïez-la à sa Grand-mere & à sa Tante ; envoïez cette pierre precieuse pour être placée dans la chambre de Marie, & dans la créche de l'Enfant Jesus. Elevée dans un Monastére & en la compagnie des Vierges, elle n'apprendra point à jurer, elle regardera un mensonge comme un sacrilége, elle ignorera les maximes du siecle, elle menera une vie Angelique, vivant dans un corps de chair sans avoir part à sa corruption, & s'imaginant que tout le monde lui ressemble. Mais sans parler des autres avantages de sa retraite, vous vous delivrerez vous-même par là, & de la peine que

[a] Nous n'avons plus aujourd'hui ces lettres de saint Athanase dont parle saint Jerôme.

vous avez à la garder, & du danger où vous seriez de ne la pas conserver dans l'innocence. Il est plus avantageux pour vous de souffrir un peu de son absence, que d'être dans une inquiétude continuelle pour sçavoir ce qu'elle dit, avec qui elle parle, à qui elle jette des œillades, & qui sont ceux qu'elle voit avec plus de plaisir. Donnez à la vertueuse Eustoquie un enfant qui par ses cris fait déja des vœux au Ciel pour vous : donnez-la lui pour être sa compagne dans les voïes de la perfection, & un jour l'heritiere de sa pieté : que cette petite fille contemple, aime, & admire une Vierge, dont les discours, les manieres, & les démarches, sont autant de leçons de vertu. Qu'elle vive entre les bras d'une Grandmere qui aura soin de la former dans les mêmes maximes qu'elle a inspirées autrefois à sa fille ; d'une Ayeule à qui une longue experience a appris à élever, à garder, à instruire des Vierges qui doivent être un jour sa couronne. Heureuse cette petite Vierge ; heureuse la jeune Paule fille de Toxotius, de recevoir plus d'éclat & plus de gloire des vertus de son Ayeule & de sa Tante, quelle n'en tire de l'illustre famille dont elle est sortie. O ! si vous pouviez voir vôtre Belle-mere & vôtre Belle-sœur, & contempler dans ces petits corps les grandes ames qui les animent ; penetrée que vous êtes déja d'estime & d'amour pour la chasteté, je m'assûre que vous arriveriez à Bethleem plûtôt que vôtre Fille, que vous vous

Gen. 1. 28. affranchiriez de la prémiere loi que Dieu a faite, pour vous assujettir à celle de l'Evangile, & que bien loin de souhaiter d'avoir d'autres

enfans, vous vous consacriez vous-même à
Dieu. Mais parce qu'il y a un tems de s'em- *Eccl.* 3. 5.
brasser & un tems de se separer ; qu'une femme
marieé n'a plus de droit sur son propre corps ;
qu'un chacun est obligé de demeurer dans l'état 1. *Cor.* 7.
où Dieu l'a appellé ; & que celui qui est atta- 4.
ché à un joug, doit courir en sorte qu'il ne *Ib.* ℣. 20.
laisse pas son compagnon dans la bouë ; offrez
aujourd'hui en la personne de vôtre Fille le sacrifice que vous differez de faire à Dieu, &
dont vous devez être vous-même la victime.
Aprés qu'Anne eut présenté au Temple l'enfant
qu'elle avoit consacré au Seigneur, elle ne le
retira plus chez elle, persuadée qu'elle étoit,
que l'on ne pouvoit sans indecence élever dans
la maison d'une femme qui souhaitoit d'avoir
encore d'autres enfans, celui qui devoit un
jour être élevé au rang des Prophétes : & même aprés l'avoir conçû & enfanté, elle s'ac-
quitta de son vœu avant que d'aller au Temple,
n'osant paroître devant Dieu les mains vuides ;
mais aiant offert à Dieu cette agréable victime,
& étant de retour chez elle, elle se vit encore
mere de cinq autres enfans ; parce qu'elle avoit
consacré au Seigneur son premier né. Si vous
admirez le bonheur de cette sainte femme,
imitez aussi sa foi. Pour moi je m'engage d'ê-
tre le maître & le nouricier de la petite Paule,
si vous voulez l'envoier à Bethleem. Je la por-
terai entre mes bras, & tout vieux que je suis,
je prendrai plaisir à denoüer sa langue, & à
former ses premieres paroles ; plus glorieux en
cela que ce a Philosophe païen qui fut maître
d'Alexandre, puisque je n'instruirai pas un Roi

a Aristote.

de Macedoine qui devoit perir par le poison dans la ville de Babylone ; mais une servante & une épouse de JESUS-CHRIST, qui doit lui être présenté dans le Roïaume du Ciel.

XX. LETTRE

à Gaudence

Ecrité vers l'an 414. Saint Jerôme prescrit ici à Gaudence pour l'éducation de sa fille Pacatule, les mêmes regles qu'il a données à Léta dans la lettre précedente pour l'éducation de sa fille Paule. Il rapporte les raisons dont se servent ceux, qui veulent qu'on permette aux filles toutes sortes de parures. Il condamne la liberté scandaleuse que se donnent & les hommes de parler aux femmes, & les femmes d'entretenir les hommes tête-à-tête, & sans témoins. Il parle de la prise de Rome par Alaric Roi des Goths, & de là il prend occasion de s'élever contre les desordres de son siécle, où l'on voïoit toûjours regner le crime parmi les ruines même de l'Empire Romain.

IL est assez mal-aisé d'écrire à une petite fille incapable de comprendre ce qu'on lui dit, dont on ne connoît point encore les inclinations & les panchans, sur qui l'on ne sçauroit faire aucun fond ; & en qui, comme dit un fameux Orateur, on ne doit pas tant loüer les bonnes qualités qu'elle possede, que les grandes esperances qu'elle donne. En effet, comment inspirer l'amour de la virginité à un enfant qui n'aime que les douceurs, qui ne fait que causer

Cic. de rep.

& que begaïer entre les bras de sa mere, & qui a plus d'attrait pour les friandises, que pour les plus beaux discours du monde? Quelle estime peut faire de la profonde & sublime sagesse de l'Apôtre, une petite fille qui ne se plaît qu'à écouter les contes qu'on lui fait? Quel goût peut-elle trouver au sens mysterieux des Prophétes, elle qui tremble à la vûë d'une gouvernante un peu trop sevére? Quelle idée peut-elle se former de l'Evangile, dont l'éclat & la majesté éblouït & confond l'esprit humain? Comment exhorter à l'obéïssance, un enfant qui bat sa mere, & qui voit que sa mere prend plaisir à recevoir des coups de sa petite main?

Que nôtre chere Pacatule reçoive donc cette lettre, pour la lire dans un âge plus avancé. Cependant qu'elle s'applique toûjours à connoître les lettres, à assembler les syllabes, & à apprendre les noms, à joindre les mots les uns avec les autres. Pour l'exciter à étudier sa leçon, & à la repeter d'une voix claire & perçante, promettez-lui pour recompense quelque petit gateau, ou des liqueurs: animée qu'elle sera du desir d'avoir quelque friandise qui flatte le goût, quelque bouquet de fleurs qui chatoüille l'odorat, quelque bijou qui brille à ses yeux, quelque petite poupée qui lui plaise; elle redoublera son zele & son application à l'étude. Il faut aussi qu'elle essaie à manier le fuseau, & qu'elle rompe souvent le fil, afin d'apprendre à ne le point rompre un jour. Qu'elle fasse succeder le divertissement au travail, tantôt se jettant au cou de sa mere, tantôt derobant quelques baisers à ses parens. Proposez-lui aussi quelque prix pour l'engager à chanter des Pseaumes : faites-lui faire par amour, ce qu'elle est obligée de faire par devoir ; afin qu'elle regarde l'étude, plûtôt comme un divertissement, que comme un travail ; & qu'elle s'y applique par inclination, & non point par necessité.

Il est des meres qui aprés avoir consacré leurs filles à JESUS-CHRIST, ont coûtume de les revêtir d'une robbe brune & d'un manteau noir ; & de leur ôter leur linge, leurs colliers, leurs coëffures, & tout ce qu'elles ont de plus beau & de plus precieux. Elles en usent en cela tres-sagement, persuadées qu'elles sont qu'une fille ne doit point s'accoûtumer à porter dans sa jeunesse, ce qu'elle sera obligée de quitter dans un âge plus avancé. D'autres sont d'un sentiment contraire, & pretendent qu'on ne doit point refuser toutes ces parures à une fille qui voit qu'on en permet l'usage à ses compagnes. Ils disent que les femmes aiment naturellement la propreté & la magnificence dans les habits ; qu'on en voit plusieurs, d'ailleurs tres-chastes & tres-honnêtes, qui prennent plaisir à s'ajuster, non point pour plaire aux hommes, mais pour se satisfaire elles-mêmes ; que bien loin de s'opposer à l'inclination qu'une jeune fille a pour les ajustemens, on doit aller en cela au delà même de ses desirs, afin qu'elle en connoisse la vanité, par l'estime qu'on fait de celles qui y renoncent ; qu'il vaut mieux contenter sur cela sa passion, que de l'irriter par une privation forcée ; afin que l'usage de ces sortes de parures lui en donne du degoût, & que le degoût lui en inspire le mépris : que Dieu en usa à peu prés de la sorte à l'endroit

Num. II. 29.

des Israëlites ; car voïant que ce Peuple soûpiroit aprés les viandes de l'Egypte, il leur envoïa des cailles en si grande abondance, qu'ils en furent fatigués & degoûtés, jusqu'à ne pouvoir en manger sans un soulevement de cœur : Que plusieurs aprés avoir mené dans le monde une vie libertine & sensuelle, ont moins de peine à renoncer aux plaisirs des sens que ceux qui ont passé la jeunesse dans une exacte continence, parce que ceux-là n'ont que du degoût & du mépris pour des plaisirs dont ils ont reconnu la fragilité & l'inconstance, au lieu que ceux-ci recherchent avec empressement des douceurs qui leur sont inconnuës : que les uns touchés d'un veritable repentir d'avoir passé leur vie dans le desordre & le libertinage, ont soin d'éviter les piéges où le plaisir les conduit, & dont ils se sont heureusement degagés ; tandis que les autres seduits par les attraits de la volupté, & abandonnant leur cœur à tout ce qui flatte les sens, trouvent un poison mortel, où ils esperoient goûter de veritables delices, selon ce que dit le Sage : *Il coule de la bouche* *Prov. 5. 3.* *d'une femme debauchée un miel qui d'abord paroît* *sec. Lxx.* *fort agréable à ceux qui en mangent, mais qui devient ensuite plus amer que le fiel.* Aussi n'of- *Levit. 2. 11.* froit-on point de miel dans les sacrifices que l'on faisoit au Seigneur : on regardoit même avec mépris la cire où il se forme, & on ne brûloit dans le Temple de Dieu que de l'huile *Exod. 27.* qu'on tire de l'amertume des olives. On *10.* mangeoit aussi l'Agneau Paschal avec des laituës sauvages, & avec les pains sans levain de la sincerité & de la verité ; vertus qui exposent celui qui les possede, à la haine & aux

persecutions du siecle. De là vient qu'un Pro-
phéte disoit dans un sens mysterieux : *J'étois assis seul, parce que mon cœur étoit rempli d'a-mertume.*

Jerem. 15. 17. *sec. Lxx.*

Mais quoi ? faut-il donc durant la jeunesse vivre au gré de ses desirs & ne rien refuser à ses sens, afin de se rendre par là insensible aux attraits du plaisir ? à Dieu ne plaise, disent-ils ? *il faut qu'un chacun demeure dans l'état où il étoit quand Dieu l'a appellé. Etoit-on circoncis*, c'est à dire vierge, *lors qu'on a été appellé de Dieu ? qu'on demeure toûjours circoncis*, c'est à dire, qu'on ne se revête point de ces habits de peau, qui sont la figure du mariage, & dont Adam fut revêtu, lors que Dieu le chassa du Paradis terrestre où il avoit toûjours été vierge. *Etoit-on incirconcis*, c'est à dire marié, & revêtu des peaux du mariage, *lors qu'on a été appellé ?* qu'on n'affecte point de vivre comme les vierges dans cette nudité & ce dépoüillement parfait auquel on a déja renoncé ; mais qu'on se serve saintement & chastement du vase de son corps ; qu'on boive de l'eau de sa fontaine ; & qu'on ne cherche point la compagnie de ces femmes débauchées, qui semblables à des citernes entr'ouvertes, ne sçauroient contenir les tres-pures eaux de la chasteté. C'est pourquoi l'A-pôtre saint Paul parlant au même endroit, de la virginité & du mariage, dit que les gens mariés sont esclaves de la chair, & que ceux-là seuls sont veritablement libres, qui affranchis du joug du mariage, peuvent servir Dieu avec une entiére liberté.

1. *Cor.* 7. 20.

1. *Cor.* 7. 35.

Je ne parle ici que de quelques personnes en particulier, & non point de tous les hommes en general. Ce n'est pas seulement aux femmes, mais à l'un & l'autre sexe que j'adresse ce discours. Si vous êtes vierge, pourquoi la compagnie d'une femme a-t-elle pour vous tant d'attrait ? pourquoi avec un vaisseau fragile vous engagez-vous sur une mer toûjours agitée de tempêtes ? pourquoi vous exposez-vous sans crainte aux perils d'une navigation incertaine où vous courez risque de faire naufrage ? Quoique vous n'aïez peut-être aucun mauvais dessein, neanmoins l'étroite liaison que vous avez avec cette femme fait assez connoître ou que vous avez déja conçû pour elle des sentimens dereglés, ou du moins, pour ne rien outrer, qu'un tel commerce fera naître un jour dans vôtre cœur de mauvais desirs. Les femmes, me direz-vous, sont plus propres au ménage que les hommes. Que ne prenez-vous donc pour vous servir, une femme mal-faite & déja avancée en âge ? que ne choisissez-vous une personne d'une chasteté universellement reconnuë ? pourquoi prenez-vous plaisir d'avoir chez vous une fille jeune, belle, & coquette ? Tandis que vous prenez les bains, que vous avez le teint frais, & le visage vermeil, que vous vous nourrissez de viandes delicates, que vous vivez dans l'opulence, que vous portez des habits riches & magnifiques, croïez-vous pouvoir dormir tranquillement auprés d'un serpent capable de vous empoisonner ? Vous me direz sans doute que vous ne demeurez pas avec cette femme dans une même maison. Vous n'y demeurez pas durant la nuit, il est vrai ; mais vous passez les journées entiéres à causer avec elle. Pourquoi lui parlez-vous tête-à-tête &

sans témoins ? Quelques innocentes que soient vos conversations n'ont-elles pas toûjours l'air & les apparences du crime, & ne donnez-vous pas sujet à une infinité de libertins d'autoriser leurs desordres par vôtre exemple ?

Et vous, Vierge; & vous, veûve; pourquoi vous arrêtez-vous si long-tems à parler à cet homme ? pourquoi ne craignez-vous pas de vous voir seule avec lui ? ne devriez-vous pas du moins le quitter pour satisfaire aux necessités de la nature ? pourquoi ne vous servez-vous pas d'un prétexte si spécieux pour vous éloigner d'un homme avec qui vous en usez avec plus de liberté qu'avec vôtre frere, & avec moins de retenuë qu'avec vôtre propre mari ? vous lui proposez, me direz-vous quelques difficultés sur l'Ecriture Sainte. Proposez-les lui devant tout le monde, en sorte que vos compagnes & vos filles suivantes, entendent ce que vous lui demandez. *Tout ce qui se decouvre est lumiére.* Quand on s'entretient de bonnes choses, on n'aime point le secret, on veut être applaudi, & on est bien-aise d'avoir l'approbation de plusieurs. L'excellent maître, qui méprisant les hommes, & dedaignant ses freres, met tous ses soins & toute son application à instruire une femme en secret !

Ephes. 5. 13.

Je mé suis un peu écarté de mon sujet, pour vous parler de la conduite des autres; & en voulant instruire, ou plûtôt nourrir nôtre petite Pacatule, je me suis attiré sur les bras plusieurs femmes qui vont me declarer une cruelle guerre. Je reviens donc à mon dessein.

Il faut qu'une fille ne hante que les filles; qu'elle ne joüe jamais, ou plûtôt qu'elle craigne de joüer avec des enfans d'un autre sexe ; qu'elle ne sçache aucun mot qui puisse blesser la pudeur; qu'elle ne comprenne rien à tout ce qu'elle pourroit entendre dire par hazard à des domestiques qui vont & qui viennent dans la maison; qu'elle regarde comme un avertissement & un commandement exprés, le moindre signe que lui fera sa mere ; Qu'elle l'aime comme sa mere, qu'elle lui obéïsse comme à sa Dame, qu'elle la craigne comme sa maîtresse. Lors que cette jeune Vierge aura atteint sa septiéme année, & qu'elle sçaura ce que c'est que de rougir, de parler, & de se taire ; alors qu'elle apprenne le Pseautier par cœur ; qu'elle fasse son trésor & sa richesse des belles maximes qu'elle lira dans les ouvrages de Salomon, dans les Evangiles, dans les Epîtres des Apôtres, & dans les livres des Prophétes. Ce doit être là son étude & son occupation jusqu'à ce qu'elle soit devenuë plus grande. Qu'elle ne se fasse point une coûtume de paroître en public, & de frequenter les Eglises aux jours de Fête ; mais qu'elle se renferme dans sa chambre, & qu'elle y cherche toutes ses délices. Ecartez loin d'elle ces jeunes hommes qui se donnent des airs mondains, & ces jeunes filles, qui en flattant l'oreille par des chansons lascives, & par la douceur de leur voix, font à l'ame de mortelles blessures. Plus vous donnerez d'accez chés vous à ces sortes de personnes, plus aussi aurez-vous de peine à vous en defaire. Elles enseignent en secret ce qu'elles on appris, & malgré les soins que l'on prend de renfermer une *a* Danaé, elles trouvent moïen de la cor-

---

a Saint Jerôme fait ici allu- | sion à Danaé, fille d'Acrise, rompre par leurs discours empoisonnés. Donnez-lui pour gardienne & pour compagne, une maîtresse & une gouvernante, qui ne soit, comme dit l'Apôtre saint Paul, ni trop adonnée au vin, ni faineante, ni causeuse, mais sobre, modeste, toûjours occupée à quelque ouvrage de laine, & dont tous les discours soient propres à inspirer à un jeune cœur des sentimens de pieté & de vertu. Car comme l'eau suit sans peine le sillon qu'on lui trace avec le doigt dans un parterre ; de même un enfant encore tendre & delicat, prend tel pli qu'on lui donne, & se laisse conduire par tout où l'on veut. Lors qu'un jeune libertin qui fait profession de galanterie & qui n'aime que son plaisir, veut avoir quelque accez auprés d'une fille, son prémier soin est de gagner sa gouvernante par des présens, des honnêtetés & des caresses ; & quand une fois cette prémiere demarche lui a réüssi, alors d'une petite étincelle il fait naître un grand embrasement, portant peu à peu ses desseins jusqu'à l'impudence, ne donnant aucunes bornes à ses desirs, & verifiant par sa conduite ce que dit un * Poëte :

Syrus

Quand on flatte le vice, & qu'on le laisse croître
Il est bien mal-aisé de s'en rendre le maître.

Je ne sçaurois le dire sans rougir, mais neanmoins il faut que je le dise. Il y a des femmes de qualité qui aprés avoir méprisé des per-

Roi d'Argos. Son pere aïant appris de l'Oracle que celui qui naîtroit de sa fille le tueroit, la fit enfermer dans une tour d'airain, afin qu'elle y demeurât vierge : mais toutes ces precautions furent inutiles ; car Jupiter s'étant transformé en pluïe d'or, se répandit dans son sein, & la fit mere de Persée.

1. Tim. 5. 23.

sonnes d'une naissance encore plus distinguée qui les recherchoient en mariage, se marient à des hommes d'une condition basse & servile: & sous un prétexte specieux de religion & de continence, ces ᵃ Helénes abandonnant quelquefois leurs maris, suivent les Alexandres, sans craindre les Menelaüs. On voit tous ces desordres, on en gemit : mais cependant on les laisse impunis, parce que la multitude des libertins autorise le libertinage. O Dieu ! jusqu'où ne portons-nous pas le crime & l'impieté ? Aujourd'hui le monde disparoît & perit à nos yeux, & cependant nos crimes subsistent toûjours parmi ses ruines. Rome, cette ville si illustre, cette capitale de l'Empire Romain, vient d'être consumée par les flammes; ses citoïens exilés sont répandus par toute la terre; ses Temples si saints & si augustes, ne sont plus que cendre & que poussiére; & neanmoins la passion de l'avarice nous domine toûjours. Nous vivons, comme si nous devions mourir demain; & nous nous établissons sur la terre, comme si nous devions y vivre éternellement. On voit briller l'or sur les murailles, dans les lambris, & sur les chapiteaux des colomnes; tandis que JESUS-CHRIST tout nud & mourant de faim expire à nôtre porte en la personne du pauvre. Nous lisons dans l'Ecriture Sainte, que le Grand-Prêtre Aaron alla au devant des flammes qui devoroient Israël, qu'il appaisa la colére du Seigneur par l'odeur

Num. 16, 47.

---

a Saint Jerôme fait encore ici allusion à Heléne, femme de Menelaüs, qui fut enlevée par Alexandre, surnommé Paris, fils du Roi Priam. Cet enlevement fut la cause de la guerre des Grecs contre les Troïens; & cette guerre, qui dura dix ans, ne finit que par la ruine de la ville de Troïe.

de son encens, qu'il se tint debout entre les vivans & les morts, & que le lieu où il étoit fut comme une barriére impénétrable à la violence du feu. *Laissez-moi faire*, disoit Dieu à Moïse, *je veux exterminer cette nation ingrate & rebelle*, En disant, *laissez-moi faire*, il donne assez à connoître qu'on pouvoit desarmer sa justice, & que les priéres de son serviteur lui lioient les mains. Où trouver aujourd'hui un homme sur la terre, qui puisse s'opposer à la colére de Dieu, aller au devant des flammes, & dire avec l'Apôtre saint Paul : *Je desirois de devenir moi-même anathéme, & d'être séparé de Jesus-Christ pour mes freres ?* On voit perir les troupeaux avec les Pasteurs, parce que tel qu'est le peuple, tel est le Prêtre. Moïse plein de tendresse & de compassion pour les Israëlites, disoit à Dieu : *Pardonnez à ce peuple, Seigneur, ou si vous refusez de lui pardonner, effacez-moi de vôtre livre.* Peu satisfait de son propre salut, il veut perir avec les autres, parce que *la multitude d'un peuple nombreux fait l'honneur & la gloire d'un Roi.*

C'est dans ces tems malheureux que nôtre Pacatule est venuë au monde ; les calamités du genre humain ont été, pour ainsi dire les amusemens de son enfance ; elle a sçû pleurer avant que de sçavoir rire ; elle a vû couler ses larmes avant que d'être sensible à la joïe, & à peine est-elle entrée dans le monde, qu'elle l'a vû disparoître à ses yeux. Qu'elle s'imagine donc que ce monde a toûjours été ce qu'il est aujourd'hui ; qu'elle l'envisage toûjours par cet endroit, ignorant le passé, fuïant le présent, desirant l'avenir.

Exod. 32. 10.

Rom. 9. 3.

Exod. 32. 31.

Prov. 14. 28.

Après avoir pleuré sans cesse & si long-tems la perte de mes amis, rendu enfin à moi-même, je me suis vû engagé par l'amitié que j'ai pour vous, mon chere frere Gaudence, de dicter cette lettre à la hâte, & de l'envoïer à un enfant, moi qui suis déja chargé d'années. J'ai fait en cela ce que vous avez souhaité de moi, & j'ai mieux aimé en dire peu, que de ne rien dire du tout; vous connoîtrez par là que l'accablement où je suis m'a empêché de vous en dire davantage, au lieu que mon silence auroit été la marque d'une amitié peu sincére.

XXI. LETTRE
à Eustoquie.

Ecrite vers 384.

Saint Jerôme étant à Rome, y tint pour ainsi dire, une école de virginité. Entre les Vierges qui par ses conseils se consacrerent à JESUS-CHRIST ; *Eustoquie fille de sainte Paule, fut la première & la plus illustre. Ce fut pour la confirmer dans son pieux dessein, & pour lui apprendre à conserver le précieux trésor de la chasteté, que saint Jerôme lui écrivit cette lettre. Il commence par lui faire une peinture de la foiblesse humaine, & des perils où nous sommes exposés à tout moment de perdre nôtre innocence. Il veut qu'elle renonce au vin, à la bonne chere, à la compagnie des gens du siècle, au luxe, à l'avarice, aux lectures curieuses & profanes. Il lui conseille d'aimer le jeûne, l'oraison, l'étude de l'Ecriture Sainte, l'humilité, la retraite. Pour l'encourager à souffrir avec joïe toutes les peines de la vie présente, il lui fait voir qu'elles doivent être pour nous la source d'une gloire immortelle. Au reste saint Jerôme éleve ici la Virginité si haut, que cette lettre, comme il le témoigne lui-même dans celle qu'il écrivit à Nepotien dix ans après, revolta tout Rome dés qu'elle y parût, & fit croire que ce Pere condamnoit le mariage comme une chose illicite.*

Psal. 44. 12.

ECOUTEZ ma fille, ouvrez les yeux, & aïez l'oreille attentive, & oubliez vôtre peuple & la maison de vôtre Pere; & le Roi desirera de voir vôtre beauté. C'est ainsi que Dieu parle à l'ame dans le Pseaume quarante-quatriéme, pour l'engager à quitter, à l'exemple d'Abraham son païs & sa famille, à se séparer des Caldéens, qui signifient *semblables aux Demons*, & à établir sa demeure dans cette region des vivans, aprés laquelle soûpiroit le même Prophéte, lorsqu'il disoit : *Je croi fermément voir un jour les biens du Seigneur dans la terre des vivans.* Psal. 26. 19.

Mais ce n'est pas assez pour vous de sortir de vôtre païs ; vous devez encore oublier vôtre peuple, & la maison de vôtre Pere, & mépriser tout ce qui flatte les sens, pour vous unir étroitement à vôtre divin Epoux. *Ne regardez point derriere vous*, disoient à Lot les Anges du Seigneur, *& ne demeurez point dans le païs d'alentour ; mais sauvez-vous sur la montagne, de peur que vous ne perissiez aussi vous-mêmes avec les autres.* Quand une fois l'on a mis la main à la charuë, l'on ne doit point regarder derriere soi, ni revenir des champs en sa maison. Aprés avoir été revêtu de JESUS-CHRIST, l'on ne doit point descendre du toit pour prendre d'autres vêtemens. Gen. 19. 17.

Luc. 9. 62.

Matth. 24. 17.

Voici quelque chose de bien étonnant, & de bien digne de nos admirations ; un pere exhorte sa fille à ne plus penser à son pere. *Vous êtes les enfans du Demon*, disoit JESUS-CHRIST aux Juifs, *& vous ne voulez qu'accomplir les desirs de vôtre pere*. L'Apôtre saint Jean dit aussi ailleurs : *Celui qui commet le peché, est enfant du Demon.* Tel est nôtre premier pere, c'est de lui que nous sommes sortis, & la naissance criminelle que nous en avons reçuë nous a rendus tout noirs : de maniere qu'aprés avoir fait penitence, & avant que de nous être élevés au Johan. 8. 44.

1. Johan. 3. 8.

comble des vertus, nous sommes forcés de dire avec l'Epouse des Cantiques : *Je suis noire, mais* *je suis belle : ô filles de Jérusalem.* Je suis sortie de la maison où l'on m'a vûë naître, j'ai oublié mon pere, je vais renaître en JESUS-CHRIST. Mais quel sera le fruit de cette heureuse renaissance ? le voici : *Et le Roi desirera de voir vôtre* *beauté.* Voilà quel est ce grand Sacrement dont l'Apôtre saint Paul a dit : *C'est pourquoi l'homme* *abandonnera son pere & sa mere, pour s'attacher* *à sa femme, & ils ne feront l'un & l'autre,* non plus comme autrefois, *qu'une même chair,* mais qu'un même esprit. Vôtre Epoux n'est ni fier, ni superbe, il n'a pas dedaigné de prendre une Ethiopienne pour épouse. Dés que vous voudrez vous instruire des sages maximes qu'enseigne ce veritable Salomon, vous n'avez qu'à vous approcher de lui, il ne vous cachera rien de ce qu'il sçait. Ce Roi vous fera entrer dans son appartement, il sçaura l'art de vous faire prendre une nouvelle couleur, & alors l'on pourra vous appliquer ce qui est dit de l'Epouse dans les Cantiques : *Qui est celle-ci qui* *s'éleve & qui est vêtuë de blanc.*

Je vous écris ceci, Madame (c'est ainsi que je dois appeller l'Epouse de mon Seigneur) pour vous faire comprendre d'abord que mon dessein n'est point de faire ici l'éloge de la virginité que vous avez choisie & embrassée comme la condition la plus propre & la plus avantageuse pour vous ; & que vous ne devez point attendre de moi que j'entre dans le détail de toutes les peines que traine après soi le mariage, c'est à dire que je vous fasse voir les incommodités que cause une grossesse, le desagréement qu'il

Cant. 1. 4.

Ephes. 5. *31.*

Cant. 8. 5. *sec. LXX.*

y a d'entendre sans cesse crier des enfans, les jalousies mortelles & les cruels chagrins que donne l'infidelité d'un mari, les soins que demande la conduite d'une famille; mille autres choses que l'on regarde comme de veritables biens, mais qui nous échappent enfin à l'heure de la mort. Je sçai que les femmes mariées tiennent un rang dans l'Eglise, & qu'elles peuvent user du mariage avec toute sorte d'honnêteté, & conserver le lit nuptial sans tâche. Je prétens seulement vous faire voir, qu'en sortant de Sodome, vous devez craindre de tomber dans la même disgrace qui arriva à la femme de Lot. *Gen. 19.* Car mon dessein n'est point de vous flatter ici: *28.* un flatteur est un agréable ennemi qui nous empoisonne par des loüanges trompeuses & des caresses affectées. Je n'emploïerai point dans cet ouvrage ce que l'éloquence a de plus pompeux & de plus brillant, pour étaler à vos yeux le bonheur de la virginité, & pour mettre tout le monde à vos piés, en vous élevant jusqu'au rang des Anges. Je ne veux pas que l'état que vous avez embrassé vous inspire de l'orgüeil, mais de la crainte. Vous portez avec vous un précieux tresor, prenez garde de tomber entre les mains des voleurs. La vie présente est comme une carriere où nous courons tous, afin de recevoir la couronne dans la vie future. L'on ne marche qu'en tremblant parmi les serpens & les scorpions. *Mon épée*, dit le Seigneur, *s'est* *Isai. 34. 5.* *enivrée de sang dans le Ciel.* Comment donc pouvez-vous esperer de trouver la paix dans une terre qui ne produit que des épines & des ronces, & qui a été donnée en nourriture au serpent? *Nous avons à combattre, non contre des* *Ephes. 6.* *12.*

hommes de chair & de sang, mais contre les principautés & les puissances de ce monde, c'est à dire, de ce siécle tenebreux, contre les esprits de malice répandus dans l'air. Tout est plein d'ennemis ici-bas, nous en sommes environnés de toutes parts, & nôtre chair qui n'est que foiblesse, & qui bien-tôt ne sera que cendre & que poussiére, soûtient seule tous leurs efforts. Mais aprés que vous serez sortie des liens de ce corps mortel, exemte de tout ce que le Prince de ce monde pourroit vous reprocher ; alors libre & tranquille vous entendrez ces paroles du Prophéte :

Psal. 90. 5. *Tout ce qui effraïe durant la nuit, ne vous fera point trembler ; vous ne craindrez ni la flêche qui vole durant le jour, ni les maux que l'on prépare dans les ténèbres, ni les attaques du Démon du midi. Mille tomberont à vôtre côté, & dix mille à vôtre droite; mais la mort n'approchera point de vous.* Que si effraïée de leur multitude, & troublée à chaque mouvement qu'excite la passion, vous dites en vous-même ; *Que ferons-*

4. Reg. 6. 16. *nous ;* Elizée vous répondra ; *Ne craignez point, car il y a plus de gens armés avec nous, qu'il n'y en a avec eux ;* & il fera pour vous cette priére à Dieu : *Ouvrez, Seigneur, les yeux de vôtre servante, afin qu'elle voïe.* Alors ouvrant les yeux, vous verrez un chariot de feu tout prêt à vous enlever au Ciel comme Elie, & vous chanterez dans le transport de vôtre joïe; *Nôtre ame s'est échappée comme un passereau du filet des*

Psal. 123. 6. *chasseurs : le filet a été brisé, & nous avons été delivrés.* Tandis que nous sommes attachés à un corps fragile & mortel ; tandis que nous portons ce tresor dans des vases de terre ; tandis que l'esprit a des desirs contraires à ceux de la chair, & que la chair en a de contraires à ceux de l'esprit; la victoire est toûjours incertaine. Car le Demon, qui est nôtre ennemi, tourne sans cesse autour de nous comme un lion rugissant, cherchant à devorer quelqu'un. *Vous avez répandu les tenebres*, dit le Prophéte Roi, *& la nuit a été faite, & c'est durant la nuit que toutes les bêtes de la forêt passeront, & que les petits des lions rugissent aprés leur proïe, & cherchent la nourriture que Dieu leur a destinée.* Le Demon ne cherche point à devorer les infidelles, ni ceux de dehors, que le Roi d'Assyrie a fait brûler dans une poêle ardente : il ne s'applique qu'à séduire les fidelles, & à les arracher du sein de l'Eglise de JESUS-CHRIST. Il ne se nourrit, comme dit le Prophéte Abacuc, que de viandes choisies & délicieuses. Tantôt c'est un Job qu'il veut renverser; tantôt ce sont des Apôtres qu'il demande à cribler, après avoir devoré le perfide Judas. Le Sauveur n'est pas venu apporter la paix sur la terre, mais l'épée. Lucifer qui paroissoit si brillant au point du jour, est tombé du Ciel; & cet Ange superbe, nourri parmi les délices du Paradis, a entendu de la bouche du Seigneur ces terribles menaces : *Quand tu prendrois ton vol aussi haut que l'aigle, j'irois t'arracher de là.* Car il avoit dit en son cœur : *J'établirai mon trône au dessus des astres, & je serai semblable au Treshaut.* C'est pour cela que Dieu dit à ceux qui descendent tous les jours par cette échelle mysterieuse que Jacob vit en songe : *J'ai dit, Vous êtes des Dieux, & vous êtes tous enfans du Treshaut; mais cependant vous mourrez comme des hommes, & vous tomberez comme l'un des Princes.*

Psal. 103. 21.

Jerem. 29. 22.

Abac. I. 16.

Abd. 4.

Isaï. 14. 13.

Psal. 81. 6.

Le Demon est tombé le prémier, & comme *Dieu se trouve dans l'assemblée des Dieux, & qu'il juge les Dieux étant au milieu d'eux*; L'Apôtre saint Paul dit à ceux qui tombent de ce

1. Cor. 3. 3. haut rang où ils étoient élevés : *Puis qu'il y a parmi vous de la division & de la jalousie, n'est-il pas visible que vous êtes des hommes, & que vous vous conduisez selon l'homme ?* Si l'Apôtre saint Paul, ce vaisseau d'élection, cet homme destiné à porter l'Evangile de JESUS-CHRIST parmi les Nations, s'applique à reprimer les saillies d'une chair revoltée, à éteindre le feu des passions dont il se sent embrazé, à mortifier son corps, & à le reduire en servitude, de peur qu'en préchant aux autres, il ne devienne lui-même reprouvé : si malgré ses soins & ses mortifications continuelles, il ne laisse pas de sentir dans ses membres, une loi qui combat la loi de l'esprit, & qui l'assujettit à la loi du peché : si après avoir souffert la nudité, les jeûnes, la faim, la prison, les foüets & les tourmens, revenu enfin à lui-

Rom. 7. même, il s'écrie : *Malheureux homme que je*
24. *suis ! qui me delivrera de ce corps de mort ?*
Croïez-vous devoir vivre sans crainte & sans inquiétude ? *Prenez garde je vous prie, que*

Amos 5. 2. *Dieu ne dise un jour de vous : La Vierge d'Israël est tombée, & il n'y a personne qui la releve.*
Quand une fois une vierge vient à tomber, j'ose le dire, Dieu tout puissant qu'il est ne sçauroit la rétablir dans sa prémiere innocence. Il peut bien pardonner à une vierge criminelle, mais il ne sçauroit couronner une vierge corrompuë. Craignons de voir accomplir en nous cette pré-

Ibid. 8. 13. diction d'un Prophéte : *On verra tomber les*

filles les mieux reglées. Remarquez l'expreſſion du Prophéte : *On verra tomber les filles les mieux reglées.* Car il eſt des vierges de mauvaiſe vie. *Quiconque*, dit, JESUS-CHRIST, *regardera une femme avec un mauvais deſir pour elle, a déja commis l'adultére dans ſon cœur.* Les deſirs d'un cœur corrompu ſont donc capables de faire perdre la virginité. Telles ſont ces vierges dereglées, ces vierges de corps & non d'eſprit, ces vierges folles, qui faute d'avoir de l'huile dans leurs lampes, ne meritent pas d'entrer dans la ſale de l'époux. Or ſi des vierges de ce caractére qui ſe ſoüillent par les dereglemens du cœur, ne laiſſent pas de ſe perdre, malgré le ſoin qu'elles ont de conſerver la pureté du corps ; que deviendront celles qui proſtituent les membres de JESUS-CHRIST, & qui changent le temple du ſaint Eſprit en un lieu de débauche ? *Deſcendez*, leur dira-t-on auſſi-tôt, *deſcendez, aſſëiez-vous dans la pouſſiere, ô Vierge fille de Babylone, aſſëiez-vous ſur la terre. Vous n'êtes plus ſur le trône, fille des Caldéens ; on ne vous flattera plus de vôtre molleſſe, & de vôtre delicateſſe. Tournez la meule, faites moudre la farine : décoëffez-vous, levez vos habits, paſſez les fleuves ; vôtre ignominie ſera découverte, & vous aurez de la confuſion de vous voir expoſées aux yeux de tout le monde.* Telle ſera la deſtinée d'une vierge qui étoit l'épouſe du Fils de Dieu, & qui avoit reçû mille careſſes de ſon époux & de ſon bien-aimé. On verra cette vierge, dont le Prophéte Roi avoit dit : *La Reine s'eſt tenuë à vôtre droite aïant un habit enrichi d'or, & étant environnée de ſes divers ornemens :* on la verra, dis-je, dépoüillée

Matth. 5. 28.

Iſaï. 47. 1.

Pſal. 44. 11.

de ces précieux habits, & toute couverte de confusion, à la vûë de mille actions honteuses qu'elle avoit pris soin de se cacher à elle-même, & qu'on lui remettra devant les yeux : on la verra mettre sa cruche à terre, & s'asseoir dans la solitude sur le bord des eaux : on la verra vivre dans un libertinage declaré, s'abandonner à d'infames débauches, & se plonger dans un abîme de corruption & de peché. N'auroit-elle pas mieux fait de se marier, & de mener une vie commune, que de se perdre en voulant s'élever trop haut ? Ah ! prenez garde je vous prie, que Sion, cette ville si fidelle, ne devienne semblable à une prostituée, de peur qu'un lieu où la tres-Sainte Trinité avoit établi sa demeure, ne serve de retraite aux sirénes & aux herissons, & que les demons ne viennent y faire leurs danses. Ne suivons point l'attrait du vice ; mais dés que nous sentirons les prémiers mouvemens de la concupiscence, & les douces impressions de la volupté, écrions-nous avec le Prophete Roi : *Le Seigneur est mon aide, je ne craindrai point tout ce que la chair pourra faire contre moi.* Lors que vous verrez vôtre cœur agité de differens desirs, balancer son choix entre le vice & la vertu, dites avec le même Prophete : *Pourquoi, mon ame, êtes-vous triste, & pourquoi me troublez-vous ? esperez au Seigneur, parce que je lui rendrai des actions de graces, comme à celui qui est le salut & la lumiere de mon visage, & mon Dieu.* Ne donnez point aux mauvaises pensées le tems de se fortifier dans vôtre esprit ; étouffez toutes ces semences de Babylone qui ne sont propres qu'à faire naître dans vôtre cœur le desordre

Isai. 1. 21.

Psal. 55. 4.

Ibid. 41. 6.

& la confusion ; faites mourir vôtre ennemi tandis qu'il est encore foible, & arrêtez dés sa source la malignité d'une passion naissante. Ecoutez ce que dit le Prophéte Roi : *Malheur à toi, fille de Babylone ; heureux celui qui te rendra les maux que tu nous as faits souffrir ; heureux celui qui prendra tes petits enfans, & qui les brisera contre la pierre.* Ibid. 136. 11. Comme il est impossible que nous ne ressentions les funestes impressions de ces feux qu'une concupiscence née avec nous allume jusques dans nos moëlles ; on loüe, & on estime bienheureux, celui qui étouffe les mauvaises pensées, dés qu'elles commencent à naître, & qui les brise contre la pierre, qui est JESUS-CHRIST.

Dans le tems que je demeurois au desert, & que je vivois dans cette vaste solitude, qui brûlée des ardeurs du soleil, n'a rien que d'affreux pour les Solitaires qui l'habitent ; combien de fois me suis-je imaginé être à Rome au milieu des delices ? Assis que j'étois tout seul dans le fond de ma retraite, plongé dans un abîme d'amertume, revêtu d'un sac dont la seule vûë faisoit horreur à la nature, & qui servoit à couvrir un corps tout defiguré, & une peau toute noire, & semblable à celle d'un Ethiopien ; toute mon occupation étoit de passer les jours & les nuits dans les larmes & les gemissemens. Etois-je accablé de sommeil & forcé malgré moi d'y succomber ? je laissois tomber sur la terre toute nuë, un corps qui n'étoit plus qu'un veritable squelette. Je ne vous dis rien de ma nourriture, car dans le desert les malades mêmes ne boivent que de l'eau, & ils s'imaginent qu'il y a de la delicatesse & de la sensualité à manger quelque chose de cuit. Enfermé donc que j'étois dans cette espece de prison, à laquelle je m'étois volontairement condamné, pour éviter les feux de l'enfer ; & n'aïant pour toute compagnie que les scorpions & les bêtes farouches ; je ne laissois pas de me trouver souvent en esprit au milieu des Dames Romaines. Sous un visage defait & abbattu par un jeûne continuel, je cachois un cœur agité & troublé par d'infames desirs. Dans un corps tout de glace, & dans une chair déja morte avant l'entiere destruction de l'homme ; la concupiscence seule & toûjours enflammée, entretenoit un feu devorant, que rien ne pouvoit amortir. Me voïant donc sans appui & sans ressource, je me jettois aux piés de Jesus-Christ, les arrosant de mes larmes, les essuïant avec mes cheveux, & passant les semaines entieres sans manger, afin de domter ma chair rebelle, & de la soûmettre à l'esprit. Bien loin de rougir de ma misere, j'ai un veritable regret de m'en avoir affranchi. Je me souviens d'avoir passé tres-souvent les jours & les nuits à crier, & à me frapper la poitrine, jusqu'à ce que le Seigneur dissipant la tempête, ût remis le calme & la tranquillité dans mon cœur. Je craignois même d'entrer dans ma cellule qui avoit vû naître tant de mauvaises pensées. Animé contre moi-même d'une juste colere, & traitant mon corps avec la derniere severité, je m'enfonçois tout seul dans le desert ; & si je rencontrois quelque vallée profonde, quelque haute montagne, quelque rocher escarpé, j'en faisois aussi-tôt un lieu d'oraison, & comme une espece de prison ou je mettois ma miserable chair à la chaîne.

Là (Dieu même en est témoin) abîmé dans mes larmes, & aïant sans cesse les yeux attachés au ciel, je m'imaginois quelquefois être en la compagnie des Anges, & je chantois dans le transport de ma joïe : *Nous courrons aprés vous, attirés par l'odeur de vos parfums.* *Cant.* 1. 3.

Si les seules pensées que suggere une imagination dereglé sont capables de jetter dans un si grand desordre, ceux-mêmes dont le corps est déja tout abbattu & tout usé par des austerités continuelles ; à combien de miseres doit être sujette une jeune fille, qui accorde à ses sens toute ce qui peut flatter leur delicatesse ? L'Apôtre saint Paul nous l'apprend ; *elle est morte, quoiqu'elle paroisse vivante.* Si donc je suis capable de donner quelque conseil ; si l'on veut m'en croire sur la funeste experience que j'en ai faite moi-même ; le premier avis que j'ai à donner à une vierge consacrée à Jesus-Christ, & la premiere grace que je lui demande, est de fuir le vin comme un poison. Ce sont là les premieres armes dont le Demon se sert pour perdre la jeunesse. L'avarice excite dans un cœur moins de trouble & d'agitation : l'orgueil inspire moins de présomption & de vanité : l'ambition a moins de charmes & d'attraits. Nous pouvons aisément nous defaire des autres vices ; mais la concupiscence est un ennemi enfermé au dedans de nous-mêmes, que nous portons par tout avec nous. Le vin joint à la jeunesse, cause un double embrazement qui rend la concupiscence plus vive & plus ardente. Pourquoi jetter de l'huile dans la flamme ? pourquoi entretenir le feu dans un corps qui n'est déja que trop embrasé ? *Ne continuez plus à ne boire que* *Ibid.* ℣. 23.

de l'eau, disoit l'Apôtre saint Paul à Timothée, *mais usez d'un peu de vin, à cause de vôtre estomac, & de vos frequentes maladies.* Remarquez que saint Paul ne permet à son disciple l'usage du vin, que comme un remede necessaire à ses frequentes maladies, & aux douleurs d'estomac qu'il souffroit. Et de peur que nous ne nous fissions de nos maladies un pretexte specieux de boire du vin, il lui ordonne de n'en boire que fort peu ; parlant en cette occasion plûtôt en medecin, qu'en Apôtre (quoiqu'un Apôtre soit un medecin spirituel) & craignant que Timothée accablé de ses infirmités continuelles, ne pût supporter les fatigues de la predication, & remplir les devoirs de son ministere. Car il se souvenoit bien d'avoir dit lui-même : *Le vin est une source d'impuretés & de dissolutions.* Et derechef : *Il est bon de ne point boire de vin, & de ne point manger de viande.* Noé s'enivra pour avoir bû du vin. Peut-être que vivant dans un siecle tout nouveau, & qu'aïant nouvellement planté la vigne, il ne sçavoit pas que le vin fût capable d'enivrer. Et pour vous faire voir qu'il n'y a aucun endroit dans l'Ecriture Sainte qui ne renferme quelque mystere (car la parole de Dieu est une perle de prix que l'on peut percer de tous côtés) remarquez que la nudité du corps suivit l'ivresse de prés, & que l'intemperance fit naître l'impureté. Le ventre commence par se remplir & s'étendre, & de cette repletion, vient la revolte de tous les autres membres. Le peuple, dit l'Ecriture, but & mangea, & ils se leverent ensuite pour se divertir. Les filles de Lot s'imaginant que le monde avoit peri, & cherchant

Ephes. 5. 18.
Rom. 14. 21.
Gen. 9. 21.

Exod. 32. 6.

Gen. 19. 33.

plûtôt

plûtôt à avoir des enfans, qu'à contenter leur passion, enïvrerent leur pere, cet ami de Dieu, qui seul parmi tant de milliers d'hommes, avoit été trouvé juste, & qui s'étoit sauvé sur la montagne; persuadées qu'elles étoient que l'ivresse seule étoit capable d'engager un homme juste dans une action si honteuse. Aussi la commit-il sans le sçavoir; mais quoique sa volonté n'ût eu aucune part à un si grand crime, son ignorance ne laissoit pas d'être criminelle. De cette union si contraire à la nature vinrent les Moabites & les Ammonites, qui furent les ennemis declarés du Peuple d'Israël, & qui n'entrerent jamais dans l'assemblée du Seigneur, non pas même après la quatorziéme generation. Elie fuïant la persecution de la cruelle Jezabel, & s'étant couché sous un chaine pour se reposer, un Ange vint le reveiller & lui dire; *Levez-vous, & mangez.* Aïant donc regardé au tour de lui, il apperçût auprés de sa tête un petit pain cuit sous la cendre, & un vase d'eau. Est-ce que Dieu ne pouvoit pas lui envoïer un vin delicieux, des viandes delicates, & des ragoûts bien assaisonnés? Elizé aïant invité les enfans des Prophétes à dîner, & leur aïant fait servir des herbes sauvages, tous les conviés s'écrierent en même tems: *Il y a du poison dans le pot*: L'homme de Dieu ne s'emporta point contre les cuisiniers, car il n'avoit pas coûtume de se mieux traitter; mais aïant jetté un peu de farine sur ces herbes, il en corrigea l'amertume; semblable à Moïse qui par la vertu du même esprit, changea en douceur l'amertume des eaux de Mara. Quel regal ce même Prophéte voulut-il que l'on fit, à ceux qui étoient venus pour se saisir de sa

Deut. 23.

3. *Reg.* 19. 5.

4. *Reg.* 4. 40.

Exod. 25. 25.

Tome I. O

personne, & qu'il avoit introduits dans Samarie, sans qu'ils s'en apperçûssent, les aïant privés tout à la fois de l'usage, & de la vûë & de la raison ? *Faites-leur servir*, dit-il au Roi d'Israël, *du pain & de l'eau, afin qu'ils mangent & qu'ils boivent, & qu'ils s'en retournent vers leur maître.* Ne pouvoit-on pas nourrir Daniel des mêmes viandes que l'on servoit sur la table du Roi de Babylone ? Neanmoins Abacuc lui porte par l'ordre du Seigneur, le dîner qu'il avoit preparé pour ses moissonneurs, c'est à dire une nourriture propre pour des gens de journée. Aussi ce Prophéte fut-il appellé, *Homme de desirs*, parce qu'il ne mangea point de ce pain delicieux, & qu'il ne bût point de ces vins exquis qui sont la source des mauvais desirs.

4. Reg. 6. 22.

Dan. 14. 33.

Ibid. 9. 23.

On peut tirer des Saintes Ecritures une infinité d'autres belles maximes, pour faire voir les maux que cause l'intemperance, & les biens que produit une nourriture simple & commune. Mais comme je n'entreprens point ici de parler du jeûne, & que si je voulois traitter cette matiere à fond & dans toute son étenduë, il me faudroit faire un volume exprés, & lui donner un tître particulier, je me contente d'en avoir touché quelques unes en passant. Au reste vous pouvez vous même, sur le plan que je viens de vous en faire, ramasser tout ce qui regarde cette matiere : remarquant, par exemple, la disgrace du premier homme, qui pour avoir obéï à son ventre plûtôt qu'à Dieu, fut chassé du Paradis terrestre, & condamné à passer sa vie dans la tristesse & dans la misere : les artifices dont le Demon se servit dans le desert, pour porter le

Fils de Dieu à rompre son jeûne : ces vives ex- 1. *Cor.* 6. 13.
pressions dont se sert l'Apôtre saint Paul : *Les*
viandes sont pour le ventre, & le ventre est pour
les viandes ; mais un jour Dieu détruira l'un &
l'autre ; & ce qu'il dit ailleurs de ceux qui menent une vie molle & sensuelle : *Ils se font un* *Philip.* 3.
Dieu de leur ventre. Car en effet un chacun se 15.
fait une idole de l'objet de sa passion.

Penetrés donc de ces grandes veritès, tâchons de rentrer par le jeûne dans ce Paradis de
delices d'où l'intemperance nous a banis. Que
si vous me dites qu'une personne de vôtre qualité, élevée parmi les delices, & nourrie avec
delicatesse, ne peut pas s'abstenir de vin, ni des
viandes les plus exquises, ni mener une vie si
austére & si dure à la nature ; je vous répondrai,
Vivez donc selon les loix du monde, puis que
vous ne sçauriez vivre selon la loi de Dieu. Ce
n'est pas que Dieu, qui est le Createur & le
maître de l'Univers, prenne plaisir à nous voir
devorés par une faim cruelle, épuisés par de
longues abstinences, consumés par des jeûnes
rigoureux : mais c'est qu'il est impossible sans
cela de se conserver long-tems dans l'innocence.
Ecoutez ce que Job, cet homme cheri de Dieu,
& dont la simplicité & l'innocence ont reçû
des éloges de la bouche même du Seigneur ;
écoutez ce qu'il pense du Demon : *Sa force,* *Job.* 40. 11.
dit-il, *est dans ses reins, & sa vertu consiste dans*
son nombril. Ce saint homme s'exprime de la
sorte afin d'envelopper ce qu'il dit, & de cacher
sous des termes plus modestes & plus honnêtes,
ce que la pudeur ne permet pas de nommer.
L'Ecriture Sainte se servant des mêmes expressions, dit que Dieu promit à David d'établir

O ij

sur son trône un enfant *sorti de ses reins* ; qu*
soixante & quinze personnes *sorties de la cuiss*
de Jacob, entrerent avec lui en Egypte ; ce saint
Patriarche n'aïant plus eu d'enfans, depuis que
le nerf de sa cuisse eût été blessé, en luttant avec
le Seigneur : que ceux qui faisoient la Pasque
devoient ceindre & mortifier leurs *reins*. Dieu
dit aussi à Job : *Ceignez vos reins comme un homme*. Et JESUS-CHRIST commande à ses Apôtres
de se ceindre les *reins*, & d'avoir toûjours la
lampe Evangelique à la main. Au contraire
Dieu dit par le Prophéte Ezechiel à Jerusalem
qu'il avoit trouvée dans la plaine de l'erreur &
couverte de sang, on ne vous a point coupé comme
aux autres enfans le conduit par où vous receviez
la nourriture dans le sein de vôtre mere. * Le Démon n'est donc fort & puissant contre nous que
par les revoltes que la concupiscence excite dans
nos membres, & par les passions qui nous tira-
nisent sans cesse.

Voulez-vous que je vous fasse voir cette verité par des preuves sensibles ? voici des exemples qui vous en convaincront aisément. Samson,
cet homme plus fort que les lions, & plus ferme
que les rochers, qui seul & sans armes avoit défait mille Philistins tous armés, laisse amollir
son grand courage entre les bras de Dalila. David
ce Roi que le Seigneur avoit choisi selon son
cœur & qui avoit chanté tant de fois dans ses
divins Cantiques la venuë du Messie, se pro-
mene sur le haut de son Palais ; & de là voïant
Bethsabée toute nuë, touché de sa beauté, il
joint l'homicide à l'adultére. Sur quoi vous
pouvez remarquer en passant, qu'un seul regard
est capable de nous blesser & de nous perdre

marginalia:
2. Paral. 6.
Exod. 1. 15.
Gen. 32. 25.
Exod. 12. 11.
Job. 38. 3.
Ezech. 16. 4. * On a été obligé de traduire ainsi cet endroit.
Jud. 16. 19.
2. Reg. 11. 2.

jusques dans nôtre propre maison. Aussi ce Prince que la dignité roïalle mettoit au dessus de la crainte des hommes disoit-il à Dieu dans l'amertume de son cœur : *J'ai peché contre vous eul, Seigneur, & j'ai commis le mal en vôtre preence.* Salomon par la bouche duquel la sagesse même s'étoit expliquée, & qui avoit fait des traités sur toutes sortes de matieres, depuis le cedre du Liban, jusqu'à l'hysope qui naît sur les murailles, abandonne le Seigneur, aprés s'être laissé seduire & enchanter par l'amour des femmes. Et de peur que nous ne nous flattions de pouvoir conserver nôtre innocence en la compagnie de celles qui nous sont unies par les liens de la chair & du sang ; nous voïons un Amnon violer les loix les plus saintes de la nature, & concevoir pour sa sœur Thamar une passion aussi violente que criminelle.

Psal. 50. 5.

3. Reg. 11. 1.

2. Reg. 13. 1.

Je ne sçaurois vous dire, sans être touché de douleur, combien de vierges tombent tous les jours ; combien l'Eglise en voit perir dans son sein ; sur combien d'ames qui brilloient comme des astres, leur superbe ennemi établit son trône ; dans combien de cœurs aussi impenetrables que la pierre, l'ancien serpent trouve le moïen de s'ouvrir un passage, & d'y faire sa retraite. L'on en voit plusieurs devenuës veuves avant que d'avoir été mariées, marcher la tête levée, mesurer tous leurs pas, & cacher sous un habit simple & modeste, les desordres d'une vie toute corrompuë, que leur seule grossesse & les cris de leurs enfans font connoître. Les autres sçavent l'art de se rendre steriles, & commettent un homicide en faisant perir leurs enfans, avant même que de les avoir conçûs. Quelques unes s'appercevant de leur grossesse, & sentant le fruit de leur iniquité, se servent de breuvages empoisonnés pour se faire avorter : & comme il arrive souvent qu'elles perissent avec leur enfant, elles se rendent coupables de trois differens crimes, & descendent en enfer homicides d'elles-mêmes, adultéres de JESUS-CHRIST, parricides de leur enfant, avant même que de l'avoir mis au monde. Voilà ces vierges qui ont coûtume

Tit. 1. 15. » de dire : *Tout est pur pour ceux qui sont purs :*
» je me repose sur le témoignage de ma propre
» conscience : Dieu ne demande que la pureté du
» cœur ; pourquoi m'abstenir des viandes qu'il a
» créées pour mon usage ? Si quelquefois elles veulent plaisanter & se mettre de belle humeur, elles disent après avoir bû avec excés, & joignant le sacrilége à l'ivresse : A Dieu ne plaise que je m'abstienne de boire le sang de JESUS-CHRIST. S'apperçoivent-elles que quelqu'une a l'air triste & le visage abbattu, elles l'appellent Malheureuse, Moinesse, ᵃ Manichéenne. Et en cela elles raisonnent juste, & conformément à leurs maximes ; car des gens qui font profession, comme elles, de mener une vie voluptueuse & sensuelle, doivent regarder ceux qui font abstinence comme des Heretiques. Ce sont ces vierges qui se donnent de si grands airs quand elles paroissent en public, qui par des regards derobés attirent après elles une

---

a Elles donnoient le nom de Manichéenne à celles qui jeûnoient ; parce que les Manichéens ne mangeoient point de chair, s'imaginant que lors que l'on tuoit un animal, la substance de Dieu, qui selon eux y étoit attachée, s'en separoit. Ils s'abstenoient aussi de vin, qu'ils appelloient *le fiel des Princes des tenebres.* Ils condamnoient de même l'usage des œufs, du lait, & du fromage, comme étant des creatures du mauvais principe.

foule de jeunes gens, & qui se rendent dignes de ces reproches que leur fait un Prophete: *Vous avez le front d'une femme débauchée, &* — Jer. 3. 3. *vous ne sçavez ce que c'est que de rougir.* N'avoir sur leurs habits que quelques petits filets de pourpre, se coëffer négligemment afin de laisser tomber leurs cheveux, porter des souliers simples, des manches courtes & serrées, & une écharpe violette qui voltige sur leurs épaules au gré du vent; faire paroître dans leur allure une nonchalance & une delicatesse affectée; voilà en quoi consiste toute leur virginité. Qu'elles s'attirent tant qu'il leur plaira l'approbation & les loüanges de ces sortes de personnes, afin que sous le nom de vierges dont elles se flattent, ᵃ elles mettent à plus haut prix la perte de leur innocence: pour nous, nous ne cherchons point à plaire à des gens de ce caractere, & nous nous sçavons bon gré de n'avoir aucune part à leur estime.

Je ne sçaurois le dire sans rougir, tant la chose est deplorable & criminelle, quelque veritable qu'elle soit d'ailleurs; Comment s'est introduit dans l'Eglise ce honteux libertinage & cette horrible licence qui y regne aujourd'hui, d'avoir ce qu'on appelle des ᵇ *Agapétes,*

ᵃ La plûpart des manuscrits portent: *Ut sub nomine virginalicitatis pereant.* Les autres ont: *lucrosius pereant.* Nous avons suivi cette derniere leçon, comme plus conforme à celle de la lettre à Demetriade, où nous lisons selon les editions & sous les manuscrits: *Ut sub nomine virginali vendibilius pereant.*

ᵇ Le texte porte: *Agapetarum pestis.* Saint Jerôme ne parle pas en cet endroit, comme l'a pretendu Marianus, contre les abus des Agapes, c'est à dire des festins qu'on faisoit autrefois dans les Eglises en l'honneur des Martyrs; mais il parle contre les Ecclesiastiques qui sous pretexte de charité, vivoient avec des vierges qu'ils traitoient de sœurs adoptives, & qu'on nommoit *Sous-introduites,* ou *Sœurs Agapetes.* Ce qui avoit été defendu par le Concile de Nicée Can. 3.

228   XXI. LETTRE

des enfans, dont un Prophete deplorera la malheureuse destinée, en disant: *La langue de l'enfant qui étoit à la mammelle, s'est attachée à son palais dans son extrême soif; les petits ont demandé du pain, & il n'y avoit personne pour leur en donner.*

Thren. 4. 4.

Il n'y avoit donc que les hommes, comme nous avons dit, qui fissent profession de continence; & Eve enfantoit toûjours dans les douleurs. Mais depuis qu'une vierge est devenuë feconde, & qu'elle nous a donné cet enfant qui devoit porter sur son épaule la marque de sa principauté, ce Dieu, ce Fort, ce Pere du siécle futur; la femme s'est vûë affranchie de son ancienne malediction. Eve étoit un principe de mort, & Marie a été une source de vie pour nous: & comme la virginité a commencé par une femme, aussi a-t-elle [a] brillé plus longtems dans les femmes. Dés que le Fils de Dieu fut venu au monde; il prit soin d'y établir une nouvelle famille, afin d'être servi par les Anges de la terre, de même qu'il est adoré par les Anges du Ciel. L'on vit alors la [b] chaste Judith couper la tête d'Holoferne; l'on vit Aman, qui veut dire *iniquité*, perir dans le feu qu'il avoit lui-même allumé: l'on vit un saint Jaques & un saint Jean, abandonner, pour suivre le Sauveur, leur pere, leurs filets & leur nacelle; renonçant ainsi tout à la fois, aux affaires domestiques, aux engagemens du siécle, aux

Isaï. 9. 6.

---

a Nous avons suivi ici le manuscrit de saint Thierri qui porte *Diutiùs. . luxit in fœminis*. L'imprimé porte: *Diutiùs. . fluxit in fœminas.*

b Sous le nom d'Aman & d'Holoferne, saint Jerôme veut parler des pertes que la continence a causées au Demon, & des victoires que les vierges ont remportées sur lui.

rable, de parler d'un ton de voix foible & languissant, pour donner à entendre que les jeûnes vous ont épuisée; de vous appuïer sur les autres, comme une personne qui est prête de tomber en défaillance. Car il y en a qui affectent d'avoir un visage abbattu & defiguré, afin que les hommes connoissent qu'elles jeûnent. Dés qu'elles apperçoivent quelqu'un, elles gemissent, elles baissent la vûë, elles se cachent le visage, decouvrant à peine un œil pour se conduire. On les voit paroître avec un habit brun, une ceinture de cuir, des mains & des piés tout sales; tandis que le ventre, qu'on ne sçauroit voir, est rempli de viandes. On peut bien appliquer à ces sortes de personnes, ce que nous chantons tous les jours dans les Pseaumes: [a] *Dieu brisera les os de ceux qui ont une vaine complaisance d'eux-mêmes.* L'on en voit d'autres rougir de leur sexe, avoir honte d'être ce qu'elles sont, s'habiller en hommes, se couper les cheveux, & avec un visage effeminé, marcher effrontément la tête levée. Il y en a qui portent des cilices & des capes faites au métier, & qui voulant par là imiter l'innocence & la simplicité des enfans, se rendent semblables aux chouettes & aux hibous.

Mais de peur qu'on ne m'accuse de ne parler que des femmes, je vous avertis aussi de fuir ces hommes qui portent des chaînes de fer, qui malgré la défense de l'Apôtre saint Paul, laissent croître leurs cheveux comme les femmes, qui ont

1. Cor. 11. 14.

---

[a] C'est ainsi que porte le Pseautier Romain que saint Jerôme corrigea dans le tems qu'il étoit à Rome: *Deus dissipavit ossa hominum sibi placentium.* Au lieu que le Pseautier appellé *Gaulois*, qu'il corrigea à Bethleem & qui est nôtre Vulgate d'aujourd'hui, porte: *Deus dissipavit ossa eorum qui hominibus placent.*

commune entre eux, ils donnent chacun une partie de ce qu'ils ont gagné par le travail de leurs mains. La plûpart demeurent dans les villes, ou dans les bourgs ; & comme si la sainteté consistoit à bien travailler, & non pas à bien vivre, ils vendent ordinairement leurs ouvrages plus cher que les gens du monde. Ils se broüillent tres-souvent ensemble ; car comme ils s'entretiennent & se nourrissent à leurs propres dépens, ils ne veulent se soûmettre à personne. Il est vrai qu'ils ont coûtume de se disputer la gloire du jeûne, cherchant à vaincre & à triompher dans une action dont il devroient derober la connoissance aux hommes. Tout est affectation parmi eux ; porter de grandes manches, des souliers larges, un gros habit, soûpirer souvent, visiter les vierges, médire des Ecclesiastiques ; voilà ce qui fait toute leur vertu. Les jours de fête ils se soûlent jusqu'à vomir.

Laissant donc à part ces miserables Moines dont la vie est si dereglée & si schandaleuse, parlons de ceux qui vivent en commun, & que l'on appelle *Cenobites*. Le premier devoir auquel ils s'engagent, & qui est comme le lien de leur société, est d'obéir à leurs Anciens, & de faire tout ce qu'ils ordonnent. On les distribuë par decuries & par centuries, de maniere qu'un Decurion commande à neuf Moines, & un Centenier à dix decuries. Ils demeurent en particulier dans des cellules separées les unes des autres. Il leur est défendu de se joindre ensemble avant l'heure de None ; & il n'y a que les Decurions qui aient la liberté de visiter ceux qui sont sous leur direction ; afin que si quelqu'un est agité de mauvaises pensées, ils puissent le c'est à dire des femmes qui sous un nom emprunté, & sans être mariées, tiennent lieu d'épouses ? ou plûtôt d'avoir des concubines d'une nouvelle espece, & pour dire encore plus, des femmes débauchées qui ne se prostituent qu'à un seul homme ? Il y a certaines gens qui n'ont avec elles qu'une même maison, qu'une même chambre, & souvent qu'un même lit ; & cependant c'est être soupçonneux que de trouver à redire à leur conduite. Le frere se separe de sa sœur qui fait profession de virginité ; la sœur qui est vierge méprise son frere qui vit dans le célibat, & cherche ailleurs un autre frere : & faisant semblant l'un & l'autre de prendre le même parti, ils lient avec des étrangers un commerce tout charnel, sous prétexte de chercher parmi eux des consolations spirituelles. C'est de ces sortes de personnes que Salomon a dit avec des paroles si méprisantes : *Un homme peut-il cacher le feu dans son sein, sans que ses vêtemens en soient consumés ? ou peut-il marcher sur des charbons ardens, sans se brûler la plante des piés ?*

Prov. 6. 27.

Loin d'ici donc ces fausses vierges qui se contentent d'avoir les dehors & les apparences de la virginité. C'est à vous seule maintenant, ma chere Eustoquie, que je veux adresser mon discours. De toutes les filles qui par leur naissance & leur noblesse tiennent dans Rome un rang distingué, vous êtes la premiere qui s'est consacrée à Dieu, par le vœu de virginité. Mais plus l'état que vous avez embrassé est sublime & parfait, plus aussi devez-vous craindre de perdre tout à la fois & les avantages de la vie présente, & les biens de la vie future. Une disgrace domestique a dû vous apprendre, combien les plaisirs du mariage sont courts & fragiles, & de combien de chagrins ils sont empoisonnés. Car vôtre sœur Blesille, qui est vôtre aînée selon l'ordre de la nature, & vôtre inferieure dans l'ordre de la grace, se trouve veuve après sept mois de mariage. Que la condition des hommes est malheureuse, & que leur destinée est incertaine ! Blesille se voit privée tout à la fois & des douceurs du mariage & de la couronne de la virginité. Quoiqu'elle soit maintenant dans le [a] second degré de continence, cependant quelle croix pensez-vous que ce soit pour elle de voir à tout moment que vous possedez ce qu'elle a perdu, & que sa chasteté, quelque penible qu'elle lui soit d'ailleurs par le souvenir de ses plaisirs passés, est neanmoins d'un moindre merite aux yeux de Dieu que la vôtre ? Qu'elle vive neanmoins dans son état sans chagrin & sans inquietude, car les fruits de la chasteté sont tous d'une même espece, soit qu'elle en produise [b] cent, soit qu'elle n'en porte que soixante.

N'aïez aucune liaison avec les femmes mariées. Ne rendez aucune visite aux personnes de qualité, & ne vous exposez point à voir souvent ce que vous avez méprisé pour vous con-

---

[a] Le premier degré de chasteté, & le plus parfait est celui des vierges : le second est celui des veuves, telle qu'étoit Blesille : & le troisiéme est celui des femmes mariées.

[b] Saint Jerôme fait allusion à cet endroit de l'Evangile de Saint Matthieu, chap. 13. v. 8. Une autre partie de la semence tomba en bonne terre & porta du fruit, quelques grains rendans cent pour un, d'autres soixante, & d'autres trente. Le nombre cent, marque là chasteté des vierges ; le nombre soixante, celle des veuves ; & le nombre trente, celle des personnes mariées. Ainsi le nombre soixante dont parle ici saint Jerôme, est pour Blesille, qui étoit veuve ; & le nombre cent, pour Eustoquie, qui étoit vierge.

sacrer à Dieu. Si une femme du commun se fait un merite d'avoir pour mari un Juge ou un homme constitué en quelque dignité ; Si l'on s'empresse si fort à faire la cour à la femme d'un Empereur ; pourquoi irez-vous commettre la gloire de vôtre Epoux ? pourquoi vous abaisserez-vous jusqu'à rendre des devoirs à la femme d'un homme mortel, vous qui êtes l'épouse d'un Dieu ? faites paroître en cela une sainte fierté, & songez que vous êtes infiniment au dessus d'elles.

Au reste vous ne devez pas seulement fuïr la compagnie de celles qui fiéres de la dignité de leurs maris, ne paroissent en public qu'environnées d'une foule d'esclaves, & couvertes de drap d'or : vous devez encore éviter celles qui sont veuves plûtôt par necessité que par inclination ; *non pas qu'elles aient dû souhaiter la mort de leurs maris ; mais parce qu'elles n'ont pas sçû profiter de l'occasion qu'elles avoient de vivre dans la continence. Contentes d'avoir seulement changé d'habits, elles ne rabattent rien de leur luxe & de leur vanité ordinaire. A les voir dans leurs magnifiques litiéres, precedées d'une troupe d'esclaves, le visage plein & vermeil ; vous ne croïriez jamais qu'elles auroient perdu leurs maris ; vous diriez au contraire qu'elles cherchent à se marier. L'on ne voit chez elles que flatteurs, que festins. Les Ecclesiastiques mêmes qui devroient les instruire, & leur inspirer une crainte respectueuse, sont les premiers à leur faire la cour ; &

---

a Tous les manuscrits portent avec les éditions : *Non quod mortem optaverint maritorum* il n'y a qu'un seul manuscrit qui porte : *Non quod mortem optare debuerint maritorum.* Nous avons neanmoins suivi cette leçon, comme la plus conforme au sens.

quand ils étendent la main, ce n'est pas, comme on se l'imagine, pour leur donner la bénédiction, c'est pour recevoir le salaire de leur indigne complaisance. Cependant celles-ci fières de voir des Prêtres mandier leur protection, & préferant d'ailleurs la liberté que leur donne le veuvage, à la servitude qu'elles ont soufferte sous la domination d'un mari ; portent le nom de *chastes* & de *Nones* : & après des festins magnifiques où le goût s'est vû partagé & suspendu entre des mets également delicats, elles s'imaginent que les Apôtres leur apparoissent durant leur sommeil.

Aïez pour compagnes des filles mortifiées & abbatuës par le jeûne ; qui portent sur un visage pâle & defait les caracteres de la penitence ; qui par la maturité de leur âge & la regularité de leur vie, se sont acquis une estime universelle ; qui chantent tous les jours en leurs cœurs : *Où faites-vous paître vôtre troupeau,* Cant. 1. 6. *où prenez-vous vôtre repos à l'heure de midi ?* qui disent du fond de l'ame : *Je desire de me voir de-* Phil. 1. 23. *gagé des liens du corps, & d'être avec* JESUS-CHRIST.

Soïez soûmise à vos parens à l'exemple de vôtre Epoux. Ne sortez de chez vous que très-rarement ; [a] cherchez les Martyrs dans vôtre chambre. Si vous sortez toutes les fois que vous croirez en avoir besoin, vous ne manquerez jamais de pretexte pour sortir. Mangez avec moderation, & ne vous remplissez jamais l'estomac de viandes. On en voit plusieurs qui

---

[a] Saint Jerôme ne permet pas à Eustoquie de sortir, même pour aller visiter les tombeaux des Martyrs ; & il veut qu'elle se contente de les honorer en particulier & dans sa chambre.

usant du vin avec sobrieté, s'enivrent pour ainsi dire par l'excés des viandes. Quand vous vous leverez la nuit pour prier Dieu s'il vous vient quelque rapport que ce soit d'inanition, & non pas de repletion. Appliquez-vous souvent à la lecture, & apprenez beaucoup de choses par cœur: ne vous endormez jamais que le livre à la main, & laissez-vous tomber dessus, accablée de sommeil. Jeûnez tous les jours, & ne mangez jamais jusqu'à vous rassasier. Que sert-il de s'épuiser par un jeûne de deux & de trois jours, si pour se dedommager de cette longue abstinence, l'on mange ensuite avec excés? Un estomac rempli de viandes, appesantit l'esprit, & n'est propre qu'à faire naître mille desirs impurs; semblable en quelque façon à une terre qui étant abreuvée par des pluïes trop abondantes, ne produit que des épines & des ronces. Lors que vous serez au lit, aprés avoir soupé, & que vous vous sentirez émuë par ces desirs naissans qu'inspire la jeunesse, & par ces douces impressions que fait sur les sens l'amour du plaisir; armez-vous aussi-tôt du bouclier de la foi, pour éteindre ces traits enflammés du malin

Osée 7. 4. esprit. *Ils sont tous des adultéres*, dit un Prophéte, *& leurs cœurs sont semblables à un four chaud.* Mais pour vous qui avez le bonheur d'avoir JESUS CHRIST en vôtre compagnie, écoutez attentivement sa parole, & dites avec les Dis-

Luc. 24. 32. ciples: *N'est-il pas vrai que nôtre cœur étoit tout brûlant durant le chemin, lors que* JESUS *nous expliquoit les Ecritures?* & avec le Prophéte

Psal. 118. 140. Roi: *Vôtre parole est toute brûlante, & vôtre serviteur l'aime uniquement.*

Il est bien difficile de ne rien aimer: il faut ne

cessairement que le cœur humain s'attache à quelque objet. L'amour spirituel banit de nos cœurs l'amour charnel ; les desirs que l'un inspire, étouffent ceux que l'autre fait naître, & celui-là s'augmente & se fortifie par les pertes que fait celui-ci. Ou plûtôt dites souvent sur vôtre lit : *J'ai cherché mon Bien-aimé durant* *toutes les nuits.* Faites donc mourir, dit saint Paul, *les membres de l'homme terrestre qui est en vous,* C'est pourquoi le même Apôtre disoit avec tant de confiance : *Je vis, ou plûtôt ce n'est plus moi qui vis, mais c'est* JESUS-CHRIST *qui vit en moi.* Quand on mortifie son corps, & qu'on regarde le siécle present comme une ombre qui passe ; on ne craint point de dire : *Je suis devenu comme un vase fait de peau, exposé à la gelée.* Semblable à la cigale, lavez toutes les nuits vôtre lit de vos pleurs, arrosez-le de vos larmes ; veillez comme le passereau dans la solitude : chantez de cœur & d'esprit : *Mon ame, benissez le Seigneur, & gardez-vous bien d'oublier jamais tous ses bienfaits, puis que c'est lui qui vous pardonne toutes vos iniquités, qui vous guerit de tous vos maux, & qui rachette vôtre vie de la mort.* Qui de nous peut dire du fond du cœur : *Je mangeois la cendre comme le pain, & je mêlois mes larmes avec ce que je beuvois.* Ne dois-je pas pleurer & gemir sans cesse, de me voir encore exposé aux dangereuses suggestions du serpent, qui me sollicite de manger du fuit défendu ; & qui aprés m'avoir chassé du Paradis où je goûtois les doux fruits de la virginité, veut me couvrir de cet habit de peau, qu'Elie jetta à terre en retournant à ce jardin de delices ? Pourquoi goûterois-je des plaisirs qui passent

Cant. 3. 1.
Coloss. 3. 5.

Gal. 2. 20.

Psal. 118. 83.

Psal. 102. 2.

Ibid. 10.

en un moment ? Pourquoi me laisserois-je enchanter par la douce & mortelle harmonie de ces dangereuses Sirénes ? Je ne veux point m'assujettir à cette peine à laquelle Dieu condamna l'homme criminel. *Vous enfanterez*, dit-il à la femme, *dans les tourmens & dans les angoisses*. Cette loi n'a point été faite pour moi : *Et vous vous attacherez uniquement à vôtre mari*. Que celle-là donne toutes ses affections à un mari, qui n'a point JESUS-CHRIST pour époux. Enfin il ajoûta : *Et vous mourrez*. Voilà où aboutit le mariage. Il n'y a point de difference de sexe dans la profession que j'ai embrassée. Je veux que Dieu ait autrefois établi & autorisé le mariage : mais JESUS-CHRIST & Marie ont consacré la virginité.

Peut-être me dira-t-on : Comment osez-vous parler du mariage d'une maniere si desavantageuse puis qu'il a été beni de Dieu ? ce n'est point mal parler du mariage, que de lui préferer la virginité. On ne compare jamais le mal avec le bien. Les femmes mariées doivent même faire gloire de marcher aprés les vierges. Dieu dit à l'homme : *Croissez, multipliez, & peuplez la terre*. Que ceux-là croissent & multiplient, qui doivent peupler la terre. Ceux qui comme vous suivent le parti de la virginité sont dans le Ciel. *Croissez & multipliez*; l'homme n'a accompli ce commandement du Createur, qu'aprés avoir été chassé du Paradis terrestre, dépoüillé de la justice originelle, & couvert de feüilles de figuier, qui marquoient par avance les desirs dereglés qu'inspire le mariage. Que ceux-là se marient, qui ont été condamnés à manger leur pain à la sueur de leur front, à cul-

Gen. 3. 16.

Ibid. sec. Lxx.

Gen. 1. 28.

tiver une terre ingrate qui ne leur produit que des chardons & des épines, & à voir leur semence étouffée par les ronces. Celle que je jette en terre, y porte du fruit au centuple. Tous les hommes ne peuvent pas garder la continence, ceux-là seulement en sont capables qui ont reçû de Dieu le don de chasteté. La nature ou la violence des hommes peut faire des Eunuques involontaires, pour moi je veux le devenir par mon propre choix. *Il y a un tems d'embrasser, & un tems de s'abstenir des embrassemens. Il y a un tems de jetter les pierres, & un tems de les ramasser.* Depuis que les Gentils, de durs & insensibles qu'ils étoient, sont devenus enfans d'Abraham, [a] *les pierres saintes ont commencé à rouler sur la terre;* car elles sont dans le chariot de Dieu, comme des roües qui roulant avec impetuosité, passent à travers les tourbillons & les tempêtes dont le siécle present est continuellement agité. Que ceux-là se fassent des habits de peau, qui ont perdu la robbe sans couture dont ils étoient revêtus, & qui prennent plaisir à entendre les cris d'un enfant, qui dés le premier instant de sa vie pleure le malheur de sa naissance. Eve étoit vierge dans le Paradis terrestre, & le mariage ne commença qu'aprés que l'homme & la femme eurent été revêtus d'habits de peau. Vous êtes née dans le Paradis, aïez donc soin de vous maintenir dans les droits que vous donne cette heureuse naissance,

Eccl. 3. 5.

Zach. 9. 16. sec. LXX.

---

[a] C'est à dire, comme saint Jerôme l'explique dans son commentaire sur le Prophéte Zacharie, que les Gentils ont commencé d'entrer dans la structure de l'Eglise, qui est fondée & établie sur Jesus-Christ comme sur son fondement, selon ce que dit saint Pierre. 1. Pet. 2. 5. *Entrez dans la structure de l'édifice, comme étant des pierres vivantes, pour composer une maison spirituelle.*

& dites avec le Prophéte Roi : *Retournez, ô* *Psal. 116.* *selon l'Hebreu.*
mon ame, au lieu de vôtre repos.

Une preuve sensible que la virginité est comme naturelle à l'homme, & que le mariage n'est qu'une suite & un effet de sa desobéïssance ; c'est que le mariage produit des enfans vierges, & qu'il donne dans le fruit, ce qu'il a perdu dans la racine. *Il sortira un rejetton de la tige de Jessé,* *Isai. 11. 1.* *& une fleur naîtra de sa racine.* Ce rejetton est la Mere de nôtre Seigneur ; rejetton simple, pur, franc, qui n'est mêlé d'aucun germe étranger, * & qui seul & sans le secours d'aucune autre creature, a produit son fruit, par une fecondité semblable en quelque façon à celle de Dieu même. La fleur qui naît de ce rejetton, est JESUS-CHRIST, qui dit dans les Cantiques : *Je suis la fleur des champs, & le lis des* *Cant. 2. 1.* *vallées.* C'est lui encore qui dans un autre endroit est figuré par cette pierre qui se détacha de *Dan. 2. 34.* la montagne sans le secours d'aucune main étrangere : le Prophéte nous voulant marquer par là, qu'un homme vierge devoit naître d'une mere vierge. Car la main est souvent prise dans l'Ecriture Sainte pour l'action même du mariage, comme dans les Cantiques : *Il met sa main gau-* *Cant. 2. 6.* *che sous ma tête, & il m'embrasse de sa main* *droite.* C'est encore ce qui est marqué par les *Gen. 7. 2.* animaux impurs que Noé fit entrer deux à deux dans son arche, les animaux purs étant en nombre impair : par le commandement que Dieu fit à Moïse & à Josué de marcher nuds *Exod. 3. 5.* piés sur la terre qu'il avoit sanctifiée par sa pre- *Jos. 16. 5.* sence : par l'ordre que JESUSCHRIST donna à ses Apôtres d'aller prêcher l'Evangile sans *Matth. 10.* porter de souliers, dont le poids & les liens *10.*

* V. les Remarques.

auroient

auroient pû les embrasser dans les fonctions de leur ministère. Aussi voïons-nous que les soldats qui partagerent les vêtemens du Sauveur, & qui les jetterent au sort, ne trouverent point des souliers à prendre ; car le maître n'avoit garde d'en porter après en avoir défendu l'usage à ses Disciples.

Je loüe les nôces, je loüe le mariage ; mais c'est parce qu'il produit des vierges. Je le regarde comme une épine qui porte des roses, comme une terre qui produit de l'or, comme une nacre où se forment les perles. Le laboureur laboure-t-il toûjours ? n'a-t-il pas aussi le plaisir de goûter le fruit de ses travaux ? On ne sçauroit avoir plus de respect pour le mariage, qu'en aimant beaucoup les fruits qu'il produit. O mere, pourquoi portez-vous envie à vôtre fille ? vous qui l'avez nourrie de vôtre lait & de vôtre propre substance, élevée dans vôtre sein, & conservée vierge avec des soins si dignes de la pieté maternelle ? trouvez-vous mauvais qu'elle ait mieux aimé épouser un Roi, qu'un simple soldat ? vous devez lui sçavoir bon gré d'avoir pris ce parti, puis que par cette alliance vous êtes devenuë la belle-mere d'un Dieu.

Isaï.18.24

Quant aux vierges, dit l'Apôtre saint Paul, *je n'ai point reçû de commandement du Seigneur.* pourquoi ? parce que ce n'étoit point par le commandement de JESUS-CHRIST, mais par son propre choix que cet Apôtre avoit embrassé lui-même l'état de la virginité. Car il ne faut pas croire, comme quelques uns l'ont prétendu, que cet Apôtre ait été marié, puis que parlant de la continence, & exhortant les fi-

1.Cor.7.25

Tome I. P

XXI. LETTRE

Ibid. ⱱ. 7. delles à demeurer toûjours vierges, Il dit *Je voudrois que tous les hommes fussent en l'état où*
Ibid. ⱱ. 8. *je suis moi-même.* Et plus bas : *Quant aux personnes qui ne sont point mariées, ou qui sont veuves, je leur declare qu'il leur est avantageux de demeurer en cet état, comme j'y demeure moi-*
Ibid. c. 9.
ⱱ. 5. *même.* Et dans un autre endroit : *N'avons-nous pas le pouvoir de mener des femmes par tout avec nous, comme font les autres Apôtres.* Pourquoi donc n'a-t-il pas reçû de commandement du Seigneur touchant la virginité ? c'est parce que les sacrifices que nous offrons à Dieu volontairement & sans contrainte sont dignes d'une plus grande recompense ; & que l'on n'auroit pû faire une loi de la virginité, sans défendre en quelque façon le mariage. D'ailleurs il y auroit eu trop d'inhumanité à forcer les plus douces inclinations de la nature, à contraindre l'homme de mener sur la terre une vie angelique, & à condamner en quelque maniere l'ouvrage du Createur.

L'Ancienne Loi avoit des idées de la beatitude bien differentes de celles que nous donne la Loi Evangelique. *Heureux,* disoit-on alors, *ceux*
Isai. 31. 9.
sec. LXX. *qui ont des enfans dans Sion, & une famille dans Jerusalem. Maudite soit la femme sterile qui n'enfante point. Vos enfans seront tour à tour de*
Psal. 127. 4. *vôtre table comme de jeunes oliviers.* On faisoit esperer aux Juifs de grandes richesses: on leur promettoit qu'il n'y auroit point de malades dans leurs tribus. Mais on nous dit aujourd'hui : *Ne vous imaginez pas être comme un*
Isai. 56. 3. *tronc deséché* ; car au lieu des enfans qui vous manquent sur la terre, vous êtes assûré d'avoir une place dans le Ciel durant toute l'éternité,

Aujourd'hui on appelle les pauvres Bienheu- *Matth. 5. 3.*
reux, & on prefere la pauvreté de Lazare à la
pourpre du riche. Aujourd'hui on trouve de *2. Cor. 12.*
nouvelles forces dans la langueur & la foiblesse. *10.*
Lors que la terre étoit encore toute deserte &
sans habitans, les Patriarches ne connoissoient
point de plus grand bonheur que d'avoir une
nombreuse posterité (je passe ici sous silence
ce que leurs mariages avoient de mysterieux.)
Ce fut dans cette vûë qu'Abraham, quoique
fort âgé, épousa Cethura : que Lia donna des *Gen. 25. 1.*
mandragores pour pouvoir habiter avec Jacob; *Ibid. 30. 15.*
& que la belle Rachel qui étoit une figure de *Ibid. ℣. 1.*
l'Eglise, se plaignoit de sa sterilité. Mais enfin
la maison s'augmentant peu à peu, le moisson-
neur est venu au monde pour la recueillir. Elie,
Elizée, & plusieurs des enfans des Prophetes
ont embrassé l'état de la virginité. Dieu dit à
Jeremie : *Ne vous mariez point.* Le Seigneur *Jer. 16. 2.*
défend à ce Prophete de se marier, parce qu'il
avoit été sanctifié dans le sein de sa mere, & que
le peuple Juif étoit à la veille de tomber dans
l'esclavage. C'est ce que l'Apôtre saint Paul
nous dit en d'autres termes : *Je croi qu'il est* *1. Cor. 7. 26.*
avantageux ; à cause des fâcheuses necessités de
la vie présente, je croi, dis-je, *qu'il est avanta-*
geux à l'homme de ne se point marier. Quelles
sont ces necessités si fâcheuses qui nous privent
des plaisirs du mariage ? c'est, dit cet Apôtre,
que *le tems est court; & ainsi que ceux-mêmes qui* *Ibid. ℣. 9.*
ont des femmes, soient comme n'en aïant point.
Nabuchodonozor approche, & ce lion sort déja *Jer. 4. 7.*
de sa taniere; pourquoi donc m'engager dans un
mariage dont il ne doit naître que des esclaves de
ce Prince superbe ? Pourquoi mettre au monde

P ij

sentimens les plus tendres qu'inspire la nature. Ce fut alors qu'on commença de dire aux hommes : *Si quelqu'un veut venir après moi, qu'il renonce à soi-même, qu'il se charge de sa croix, & qu'il me suive.* Car un soldat ne va pas avec sa femme combattre l'ennemi : & JESUS-CHRIST refuse à son disciple la permission d'aller rendre à son propre pere les devoirs de la sepulture. *Les renards ont leurs tanieres, & les oiseaux du ciel leurs nids pour s'y reposer : mais le Fils de l'homme n'a pas seulement où mettre sa tête.* C'est pour nous apprendre à ne nous point chagriner, si quelque fois nous sommes logés trop à l'étroit.

Celui qui n'est point marié, dit l'Apôtre saint Paul, *s'occupe du soin des choses du Seigneur, & de ce qu'il doit faire pour plaire au Seigneur : mais celui qui est marié, s'occupe du soin des choses de ce monde, & de ce qu'il doit faire pour plaire à sa femme.* ᵃ *Une femme & une vierge sont aussi partagées. Celle qui n'est point mariée, s'occupe du soin des choses du Seigneur, afin d'être sainte*

Matth. 16. 24.

Ibid. 8. 21.

Ibid. ℣. 20.

---

a Nous lisons dans nôtre Vulgate : *Qui cum uxore est, sollicitus est . . quomodò placeat uxori, & divisus est. Et mulier innupta & virgo, cogitat*, &c. Mais le texte de saint Jerôme porte : *Qui cum uxore est, sollicitus est . . quo modò placeat uxori. Divisa est mulier & virgo. Quæ non est nupta, cogitat*, &c. c'est ainsi qu'on lisoit autrefois dans les exemplaires Latins, conformément au texte Grec, qui porte : μεμέρισται ἡ γυνὴ καὶ ἡ παρθένος ; *divisa est mulier & virgo.* Saint Jerôme suit encore cette leçon dans son livre contre Helvide : *Vas electionis*, dit-il, *hæc loquitur. Divisa est*, *dicens, mulier & virgo.* Cependant il reconnoît dans son premier livre contre Jovinien que cette leçon n'est point de l'Apôtre saint Paul : *Illud breviter admoneo*, dit-il, *in Latinis codicibus hunc locum ita legi : Divisa est virgo & mulier. Quod quamquam habeat suum sensum, & à me quoque pro qualitate loci sic edissertum sit ; tamen non est Apostolicæ veritatis ; si quidem Apostolus ita scripsit : sollicitus est quæ sunt mundi, quomodò placeat uxori, & divisus est : & hac sententia definita, transgreditur ad virgines & continentes, & ait : Mulier innupta & virgo cogitat quæ sunt Domini.*

& de corps & d'esprit : mais celle qui est mariée, s'occupe du soin des choses du monde, & de ce qu'elle doit faire pour plaire à son mari. Je croi avoir fait dans le livre que j'ai composé contre Elvide pour la défense de la virginité de la sainte Vierge, une legere peinture des chagrins & des inquietudes qui accompagnent le mariage. Je serois trop long, si j'entreprenois encore d'en faire ici le detail : ceux qui voudront s'en instruire, peuvent voir ce que j'en ai dit dans ce petit ouvrage. Mais de peur que l'on ne m'accuse de les avoir entierement passés sous silence, je dirai ici en peu de mots, que comme l'Apôtre saint Paul nous ordonne de prier sans cesse, & que d'ailleurs les engagemens du mariage sont un obstacle à la priere ; il faut necessairement, ou demeurer vierge, si l'on veut prier toûjours ; ou cesser de prier, si l'on veut s'aquitter des obligations qu'impose le mariage. Le même Apôtre dit encore : *Si une fille se marie, elle ne peche pas ; mais tous ceux qui prendront ce parti, souffriront dans leur chair.* Au reste, je vous ai deja avertie dés le commencement de cette lettre, que je ne dirois rien du tout, ou tres peu de choses, des fâcheuses necessités ausquelles le mariage nous assujettit. Je vous le repete encore ici, afin que si vous voulez sçavoir de combien d'ennuis & de chagrins une vierge se trouve affranchie par la continence, & de combien de soins & de peines une femme se voit accablée dans le mariage, vous puissiez consulter [a] le traité que Tertullien adresse à un Philosophe de

1. Thess. 5. 17.

1. Cor. 7. 28.

---

[a] Cet ouvrage de Tertullien est perdu. Saint Jerôme en parle encore dans son premier livre contre Jovinien, & il dit que Tertullien le composa dans sa jeunesse.

ses amis, & deux autres livres qu'il a faits touchant la virginité ; le bel ouvrage que saint Cyprien a composé sur le même sujet ; ceux du Pape Damase, tant en prose qu'en vers ; & [a] celui que nôtre saint Ambroise a composé depuis peu pour sa sœur ; dans lequel il traitte cette matiere avec tant d'exactitude, tant d'ordre & tant d'éloquence, qu'il n'a rien laissé échapper de tout ce qui peut relever le merite de la continence & la gloire des vierges. Pour moi je me trouve obligé de prendre une autre route : car je n'entreprens pas de faire ici l'éloge de la virginité ; tout mon dessein est de vous apprendre ce que vous devez faire pour la conserver. Il ne suffit pas de connoître le bien, il faut encore avoir soin de s'y maintenir, quand une fois on l'a embrassé : pour le connoître, il ne faut que suivre les lumieres de la raison ; mais pour y perseverer, il faut faire violence à la nature : il y en a beaucoup qui le connoissent, mais il y en a peu qui s'y attachent constamment. *Celui là sera sauvé*, dit *Matth.* 10. JESUS-CHRIST., *qui perseverera jusqu'à la* 22. *fin. Il y en a beaucoup d'appellés, mais peu d'é-* *Ibid.* 20.16. *lus.*

Je vous conjure donc, ma chere Eustoquie, en présence de Dieu, de JESUS-CHRIST & de ses saints Anges, de ne point porter en public les vases du Temple, que les Prêtres seuls ont la liberté de voir, de peur d'exposer le sanctuaire du Seigneur à des regards profanes. Oza 2. *Reg.* 6.9. fut frappé de mort subite, pour avoir eu la hardiesse de porter la main à l'Arche d'alliance, qu'il ne lui étoit pas permis de toucher. Jamais

---

a Saint Ambroise composa ce traité des vierges pour sa sœur Marcelline en l'an 377.

les vases d'or & d'argent ne furent si precieux aux yeux de Dieu, que le corps d'une vierge qu'il regarde comme son temple. Les ombres & les figures ont disparu, & nous sommes aujourd'hui en possession de la verité. Peut-être parlerez-vous aux gens bonnement & sans dessein, vous aurez même de l'honnêteté & de la complaisance pour des personnes inconnuës : mais un œil impudique a des vûës bien differentes ; incapable qu'il est d'envisager la beauté de l'ame, il ne s'attache qu'à contempler celle du corps. Le Roi Ezechias étala aux yeux des Assyriens tous les tresors du Seigneur ; mais les Assyriens ne devoient pas voir ce qui étoit capable d'irriter leur convoitise. Aussi dans les frequentes guerres qui desolerent toute la Judée, les vases de Dieu furent-ils le premier butin de l'ennemi ; l'Assyrien victorieux les fit transporter à Babylone ; & comme le comble de la licence & du libertinage, est de profaner les choses les plus sacrées, Balthazar s'en servit dans un festin pour boire avec ses Concubines.

Isaï. 39. 2.

Dan. 5. 2.

Ne prêtez point l'oreille aux mauvais discours ; car il arrive souvent que ceux qui laissent échapper en vôtre presence quelque parole deshonnête, n'en usent de la sorte, que pour penetrer vos sentimens, & pour voir si de tels discours ne vous deplaisent point, & si vous aimez à rire & à plaisanter. Ils applaudissent à tout ce que vous dites ; ils condamnent tout ce que vous n'approuvez pas : ils loüent tout à la fois vôtre pieté, vôtre enjoüement & vôtre sincerité : Voilà, disent-ils, une veritable servante de JESUS-CHRIST ; c'est la candeur & la simplicité même ; elle a bien d'autres manieres que cette mal-propre, cette vilaine, cette grossiere, cette farouche, qui peut-être n'a renoncé au mariage, que parce qu'elle n'a pas pû trouver de mari. Par un malheureux panchant qui nous est naturel, nous écoutons toûjours avec complaisance ceux qui nous flattent ; & quoique les loüanges qu'ils nous donnent nous fassent rougir & que nous les refusions par une modestie affectée ; neanmoins le cœur ne laisse pas d'en être touché, & de les goûter avec plaisir.

Il faut qu'une Epouse de JESUS-CHRIST, semblable à l'Arche d'alliance, soit toute dorée & par dedans & par dehors ; elle doit être la depositaire de la Loi du Seigneur ; & comme l'Arche ne contenoit que les tables du Testament, aussi devez-vous banir de vôtre esprit l'idée de toutes les choses exterieures & sensibles. C'est sur ce Propitiatoire, comme sur les aîles des Cherubins, que le Seigneur veut s'asseoir. Il vous envoïe ses Disciples pour vous délier, comme ce petit ânon dont parle l'Evangile, & pour vous affranchir des soins & des inquietudes du siécle ; afin qu'abandonnant les pailles & les briques d'Egypte, vous suiviez Moïse dans le desert, & que vous entriez dans la terre de promesse. Que personne ne vous empêche de rompre vos liens, & ne menagez sur cela ni mere, ni sœur, ni parente, ni frere ; le Seigneur a besoin de vous. Que s'ils veulent s'opposer à vos desseins, il est à craindre que Dieu n'appesantisse son bras sur eux, comme il fit sur Pharaon, qui refusant au peuple d'Israël la liberté d'aller adorer le Seigneur, se vit exposé à toutes ces calamités

Matth. 21. 2.

& ces difgraces dont l'Ecriture fainte nous fait le detail. Jesus-Christ étant entré dans le Temple, jetta dehors tout ce qui ne fervoit point au Temple : car il eft un Dieu jaloux, & il ne fçauroit fouffrir que l'on faffe de la maifon de fon Pere, une caverne de voleurs. Quand il fe trouve dans un lieu où l'on fait métier de compter de l'argent, de vendre des colombes, & d'immoler la fimplicité & l'innocence : quand il voit le cœur d'une vierge agité de mille foins differens, & uniquement occupé des affaires du fiécle ; alors le voile du Temple fe dechire auffi-tôt, & ce divin Epoux fe levant en colére, dit à ces ames mondaines : *Vôtre maifon va demeurer deferte.* Lifez l'Evangile, & voïez comment le Sauveur préfere aux foins empreffés de Marthe, le repos de Marie qui eft affife à fes piés. Quoique Marthe prepare à manger au Fils de Dieu & à fes Difciples, avec tout le zele & toute l'affection que demande l'hofpitalité ; neanmoins Jesus-Christ lui dit : *Marthe, Marthe vous vous inquietez & vous vous embaraffez de plufieurs chofes : cependant* a *peu de chofes font neceffaires, ou plûtôt une feule chofe eft neceffaire. Marie a choifi la meilleure part, qui ne lui fera point ôtée.* Imitez donc Marie, & preferez la nourriture de l'ame à celle du corps. Laiffez à vos fœurs l'embarras du ménage, & le foin de recevoir Jesus-Christ en leur maifon ; mais pour vous, dechargée du poids accablant des affaires du fiécle, affeïez-vous aux piés du Seigneur,

Exod. 7. *& feq.*
Matth. 21. 12.

Ibid. 23. 38.
Luc. 10. 41.

---

a Nous lifons dans nôtre Vulgate : *Porrò unum eft neceffarium.* Il y a dans le texte de faint Jerôme felon l'Edition d'Erafme ; *Pauca autem neceffaria funt ut unum.* Nous avons fuivi le manufcrit de faint Thierri qui porte : *Pauca autem neceffaria funt, aut unum.*

& dites-lui avec l'Epouse des Cantiques : *J'ai*   Cant. 3. 4.
trouvé celui que mon ame cherchoit ; je l'arrêterai,
& je ne le laisserai point aller. Et qu'il vous réponde : *Une seule est ma colombe, & ma parfaite* Ibid. 6. 8.
amie ; elle est unique à sa mere ; & celle qui lui a
donné la vie, c'est à dire la Jerusalem celeste, *l'a*
choisie préferablement à toute autre. Renfermée
dans vôtre chambre, joüissez-y en secret des
caresses de vôtre Epoux. Faites-vous oraison ?
vous parlez à lui : faites-vous quelque lecture ?
c'est lui qui vous parle. Lors que vous serez en- Ibid. 5. 4.
dormie il viendra par derriere la muraille, il
passera sa main par l'ouverture de la porte, &
vous vous sentirez émuë à ses approches ; alors
vous réveillant, & sortant du lit, vous direz
Je suis blessée d'amour. Et il vous dira derechef : Ibid. 2. 5.
Ma sœur, mon Epouse est un jardin fermé ; elle est sec. Lxx.
un jardin fermé, & une fontaine sceellée.   Ibid. 4. 12.

Fussiez-vous sœur des Patriarches, & fille
d'un Jacob, ne sortez jamais de chez vous pour
voir des filles étrangeres. Dina sort de la mai- Gen. 34. 1.
son paternelle, & il lui en coûte son innocence.
Il ne faut point que vous cherchiez vôtre Epoux
dans les places publiques, ni que vous fassiez
tout le tour de la ville pour le trouver. Quand
vous diriez : *Je me leverai, je ferai le tour de la* Cant. 3. 2.
ville, & je chercherai dans le marché & dans les
places publiques celui qui est le bien-aimé de mon
ame ; vous ne trouverez personne qui daigne
seulement vous répondre. Vous ne devez point
esperer de rencontrer vôtre Epoux dans les places publiques : le chemin qui conduit à la vie est
petit & étroit. Aussi l'Epouse ajoûte-elle : *Je* Ibid. v. 1.
l'ai cherché, & je ne l'ai point trouvé ; je l'ai ap-
pellé, & il ne m'a point répondu. Hé ! plût à

Dieu que vous n'ûssiez point d'autre chagrin que celui de ne l'avoir point trouvé : mais pour comble de disgrace, on vous blessera, on vous dépoüillera ; & vous direz dans l'accable-

Ibid. ⅴ. 7. ment de vôtre douleur : *Les Gardes qui font le tour de la ville m'ont rencontrée ; ils m'ont frappée & blessée, ils m'ont ôté mon manteau.* Si l'Epouse

Ibid. ⅴ. 2. qui disoit, *Je dors, & mon cœur veille* : Et : *Mon*

Ibid. I. 12. Bien-aimé est pour moi comme un ᵃ *bouquet de mirrhe, il demeurera entre mes mammelles* : Si, dis-je, cette Epouse s'est vûë enveloppée dans tant de malheurs, pour être sortie de chez elle ; à quelles disgraces devons-nous nous attendre, nous qui ne sommes encore que de jeunes filles, qu'on laisse dehors, tandis que l'Epouse entre dans la chambre de l'Epoux ? JESUS-CHRIST est jaloux, & il ne sçauroit souffrir que d'autres que lui voïent vôtre visage. Vous aurez beau „ lui dire pour justifier vôtre conduite : Je me suis „ couvert le visage de mon voile, j'ai été vous „ chercher où vous êtiez, & je vous ai dit : *O*

Cant. I. 6. *vous qui êtes le bien-aimé de mon ame, apprenez-*

ɤc. Lxx. *moi où vous menez paître vôtre troupeau, & où vous vous reposez à midi,* ᵇ *de peur que rencontrant les troupeaux de vos compagnons, je ne sois obligée de me cacher le visage.* Cet Epoux plein

---

a Le texte de saint Jerôme porte : *Fasciculus stactes.* Ce Pere dit dans l'explication du Pseaume 44. adressé à Principie, que *stactes* signifie la fleur de la mirrhe. L'on n'a donc pas crû s'éloigner de saint Jerôme en traduisant le mot de *stactes* par celui de mirrhe.

b Il y a dans nôtre Vulgate : *Ne vagari incipiam post greges sodalium tuorum.* Mais le texte de S. Jerôme porte conformément aux Lxx. *Ne quando efficiar sicut operta super greges sodalium tuorum.* Nous avons traduit ces paroles selon le sens que leur donne Origéne, dans sa premiere Homelie sur les Cantiques traduite par saint Jerôme : *Dum te quæro, dit-il, in aliorum greges incurro ; & quia aliorum erubesco aspectus faciem meam atque ora mox contegere incipio.*

d'indignation contre vous, vous dira dans sa
colére : *Si vous ne vous connoissez pas, ô vous*   Ibid. ỳ. 7.
qui êtes belle entre toutes les femmes, sortez, & sui-
vez les traces des troupeaux, & menez paître vos
chevreaux dans les tentes des Pasteurs. Quoique
vous soïez belle, & que vôtre Epoux touché de
vôtre beauté, vous aime plus que toutes les autres femmes ; neanmoins si vous vous mecon-
noissez, si vous ne veillez à la garde de vôtre
cœur avec tout le soin possible, si vous ne vous
derobez aux yeux des jeunes gens ; il vous chaf-
sera de son lit, & vous envoïera paître ces boucs
qui au jour du jugement doivent être mis à la   Matth. 25.
gauche.   33.

   Ecoutez donc, ma chere Eustoquie, ma fille,
ma Dame, ma compagne, ma sœur. (Car vous
êtes ma fille par vôtre âge, ma Dame par vôtre
merite, ma compagne par la profession que nous
faisons vous & moi de servir le même Dieu ;
ma sœur par les liens que la charité a formés entre nous.) Ecoutez, dis-je, ce que dit le Pro-
phete Isaïe : *Mon peuple, entrez dans vos cham-*   Isai. 26. 20.
bres, fermez vos portes, & tenez-vous cachés   sec. LXX.
pour un moment, jusqu'à ce que la colére du Sei-
gneur soit passée. Laissez les vierges folles courir
les ruës, mais pour vous, demeurez avec vôtre
Epoux dans le secret de vôtre maison. Si vous
avez soin de fermer la porte sur vous, & de
prier vôtre Pere dans le secret, comme l'Evangile nous l'ordonne ; il viendra, cet Epoux, &
frappant à vôtre porte, il vous dira : *Me voici*   Apoc. 3. 20.
à la porte, & c'est moi qui frappe ; si quelqu'un
m'ouvre, j'entrerai, & je souperai avec lui, &
lui avec moi. Vous lui répondrez aussi-tôt avec
un saint empressement : *J'entens la voix de mon*   Cant. 5. 2.

Bien-aimé qui frappe à la porte ; Ouvrez-moi, me dit-il, ma sœur, ma colombe, ma parfaite amie : Ne lui dites pas : *Je me suis dépouillée de ma robbe, comment la revêtirai-je ? j'ai lavé mes piés ; comment pourrai-je les resallir ?* Levez-vous sans balancer un moment, & ouvrez-lui promtement la porte ; car si vous tardiez trop longtems à la lui ouvrir, il pourroit passer outre ; & alors affligée de son absence, vous diriez : *J'ai ouvert ma porte à mon Bien-aimé, mais mon Bien-aimé s'en étoit déja allé.* Pourquoi fermer la porte de vôtre cœur ? ouvrez-la à JESUS-CHRIST vôtre Epoux ; & fermez-la au Demon, selon cette parole du Sage : *Si l'esprit de celui qui a la puissance, s'éleve sur vous, ne quittez point vôtre place :* Daniel se retiroit au haut de sa maison pour prier, car il ne pouvoit pas demeurer en bas, & il ouvroit ses fenêtres du côté de Jerusalem. Ouvrez donc aussi vos fenestres, pour laisser entrer la lumiere dans vôtre chambre, & pour voir la Cité du Seigneur. Mais n'ouvrez pas ces fenêtres dont un Prophete a dit : *La mort est entrée par vos fenêtres.*

Soïez aussi toûjours en garde contre les attraits & les surprises de la vaine gloire. *Comment pourriez-vous croire,* dit JESUS-CHRIST aux Juifs, *vous qui recherchez la vaine estime des hommes ?* Combien grand doit être un vice, qui met d'invincibles obstacles à la foi ? Pour ce qui est de nous, disons avec un Prophete : *C'est en vous, Seigneur, que je mets toute ma gloire.* Et avec l'Apôtre saint Paul : *Que celui qui se glorifie, ne se glorifie que dans le Seigneur. Si je voulois encore plaire aux hommes, je ne serois pas serviteur de* JESUS-CHRIST ? *A Dieu ne plaise que je me glorifie en autre chose, qu'en la croix de nôtre Seigneur* JESUS-CHRIST, *par qui le monde est mort & crucifié pour moi, comme je suis mort & crucifié pour le monde.* Et avec le Prophete Roi : *Nous nous glorifierons en vous durant tout le jour. Mon ame se glorifiera dans le Seigneur.* Lors que vous ferez l'aumône, n'aïez que Dieu pour témoin de vôtre charité. Lors que vous jeûnerez, aïez toûjours un visage gay & joïeux. N'affectez point dans vos habits ni une propreté étudiée, ni une salleté dégoûtante, ni une singularité bizarre, de peur qu'on ne vous montre au doigt & que les passans ne s'arrêtent pour vous regarder. Vous avez perdu [a] vôtre frere, & déja l'on s'apprête à faire les funerailles de [b] vôtre sœur. Prenez garde qu'en rendant si souvent aux autres ces tristes devoirs, vous ne mourriez aussi vous-même.

Ne desirez point de paroître ni plus devote, ni plus humble qu'il ne faut, & ne cherchez point la gloire en faisant semblant de la fuir. L'on en voit plusieurs qui soigneux de derober aux au-

Psal. 43. 9.
Psal. 33. 2.

[a] Eustoquie n'avoit qu'un frere, appellé Toxoce, & qui étoit vivant lors que saint Jerôme écrivit cette lettre, puis que ce Pere remarque dans l'éloge funebre de sainte Paule, que le petit Toxoce étoit present lors qu'elle s'embarqua vers l'an 385. pour aller à Bethleem. *Parvus Toxotius*, dit-il, *supplices manus tendebat in littore.* C'est donc du beau frere d'Eustoquie, c'est à dire du mari de Blesille, que saint Jerôme veut parler. puis que nous avons vû ci-dessus que Blesille sœur d'Eustoquie étoit veuve.

[b] C'est de Blesille que saint Jerôme veut parler. Ce qu'il dit ci-dessus de cette illustre veuve fait voir qu'elle n'étoit pas encore morte, lors qu'il écrivit cette lettre. Aussi ne dit-il pas ici qu'elle l'étoit, mais seulement qu'on s'apprêtoit à faire ses funerailles. Peut-être avoit-elle alors cette maladie dangereuse, dont saint Jerôme parle dans une de ses lettres à Marcelle. Ce qu'il y a de certain, c'est qu'elle mourut vers ce tems-là. Car saint Jerôme étant encore à Rome, écrivit sur sa mort une lettre de condoleance à sa mere sainte Paule, la même année qu'il écrivit celle-ci à Eustoquie, c'est à dire vers l'an 384.

XXI. LETTRE

tres la connoissance de leur pauvreté, de leurs aumônes & de leurs jeûnes; recherchent d'autant plus l'approbation des hommes, qu'ils semblent la méprifer davantage; & qui par un rafinement de vanité incomprehensible, courent aprés la gloire en la fuïant. L'on en trouve assez, qui exemts des autres passions, ne se laissent ni transporter par la joïe, ni ronger par le chagrin, ni flatter par l'esperance, ni troubler par la crainte; mais il y en a tres-peu qui ne se laissent pas seduire par la vaine gloire: de maniere que comme le visage le plus beau, est celui qui a moins de defauts; aussi l'homme le plus humble est celui qui a moins de vanité. Je ne vous avertis pas de ne point vous élever au dessus des autres, & de ne point faire vanité de vos richesses & de vôtre naissance: Je sçai quelle est vôtre modestie; & que vous dites du fond de l'ame: *Seigneur, mon cœur ne s'est point enflé d'orgüeil, & mes yeux ne se sont point élevés*: Je sçai que cette orgüeil qui a précipité le Demon, n'a jamais pû vous seduire, non plus que vôtre mere. Il est donc inutile de vous en parler; car c'est une folie de vouloir apprendre à un autre ce qu'il sçait déja. Aussi ne vous en ai-je parlé que dans la crainte que le mépris que vous avez fait de la vanité mondaine, ne vous inspire un nouvel orgüeil; qu'aprés avoir cessé de plaire aux hommes par la richesse & la magnificence des habits, une vanité secrete ne vous porte à vouloir leur plaire par une exterieur mal-propre & negligé: de peur aussi que vous trouvant en la compagnie des Freres & des Sœurs, vous n'affectiez de prendre le siege le plus bas, de vous confesser indigne d'une place plus honorable,

*Psal.*130.1.

une barbe de bouc, un manteau noir, & les piés nuds dans la saison la plus rigoureuse de l'hiver. Paroître en cet équipage, c'est porter les livrées du Démon. Tel fut autrefois cet Antoine; & tel a été de nos jours ce Sophrone, dont la vie scandaleuse a fait gemir toute la ville de Rome. L'on voit ces sortes de gens s'introduire dans les maisons des personnes de qualité, seduire *des femmes chargées de pechés, qui apprennent toûjours, & qui n'arrivent jamais jusqu'à la connoissance de la verité*, prendre un air triste & abbattu, & manger en cachette durant la nuit, afin de prolonger leurs jeûnes prétendus. J'ai honte de dire le reste, & je le passe sous silence, de peur qu'on ne m'accuse de faire une satyre, au lieu de donner des conseils. Il y en a d'autres (je parle de ceux de ma profession) qui ne s'élevent à l'Ordre du Diaconat & de la Prêtrise, qu'afin d'avoir plus de liberté de voir les femmes. Ceux-là n'ont point d'autre soin que d'avoir des habits bien parfumés, la peau des piés bien unie, de friser leurs cheveux, & de porter au doigt des bagues qui jettent beaucoup d'éclat. Quand ils marchent dans les ruës, à peine touchent-ils la terre du bout des piés, tant ils apprehendent de se croter; de maniere qu'à leur air on les prendroit plûtôt pour de nouveaux mariés que pour des Ecclesiastiques. Quelques uns font toute leur occupation, & toute leur étude de sçavoir le nom & la demeure des Dames, & de connoître leurs inclinations & leur maniere de vie. Je vais vous faire en peu de mots le portrait d'un de ces gens-là, qui par ses artifices & ses souplesses tient le premier rang parmi eux; afin que par le cara-

2. Tim. 3. 6.

ctere du maître, vous puissiez mieux juger de celui des disciples.

Aussi-tôt que le soleil commence à paroître, il sort promtement du lit ; regle l'orde de ses visites ; prend le chemin le plus court ; & souvent ce vieillard importun va trouver les personnes jusqu'au lit. Voit-il quelque nappe bien travaillée, quelque coussin bien propre, ou quelque autre meuble de cette nature ? il le loüe, il l'admire, il le manie ; & donnant à entendre qu'il en auroit bien besoin, il l'arrache plûtôt qu'il ne l'obtient. Car comme il est le Directeur general de toute la ville, toutes les femmes le menagent ; & apprehendent de le chagriner. Il est ennemi declaré de la chasteté & du jeûne. Il juge d'un repas par le fumet des viandes ; & comme il est fort friand de volailles, & particulierement de petites grües, on l'appelle communément [a] *le Gruau*. Il a la barbe longue & épaisse, l'air fier & effronté, & la bouche toûjours ouverte aux injures & à la médisance. Quelque part où l'on aille, on l'y rencontre toûjours, c'est le premier objet dont on est frappé d'abord. Parle-t-on de nouvelles ? c'est lui qui les debite, ou qui encherit sur ce qu'en disent les autres. A le voir changer à tout moment de cheveaux, qui tous sont des plus beaux & des plus fiers, vous le prendriez pour [b] le Roi de Thrace.

Nous avons à faire à un ennemi, qui nous

---

[a] Il y a dans le texte, Pipizo. Ce mot vient de *pipi*, qui est le cri que font les oiseaux quand ils sont encore petits. *Pipizo* dans cet endroit, signifie la même chose que *pipio* ou *vipio*, qui selon Pline veut dire Gruau ou petite grüe. Voïez les Remarques.

[b] Ce Roi de Thrace étoit Diomede, qui avoit de tres-beaux cheveaux, comme nous l'aprenons de Lucrece l. 5.

Et Diomedis equi spirantes naribus ignem.

tend des pieges par tout, & qui se sert de toutes
<small>Gen 3. 1.</small> sortes d'artifices pour nous surprendre. *Le serpent*, dit l'Ecriture, *étoit le plus fin de tous les animaux que le Seigneur avoit créés sur la terre.*
<small>2. Cor. 2. 11.</small> Ce qui fait dire à l'Apôtre saint Paul : *Nous n'ignorons pas ses desseins.* Il sied également mal à un Chrétien d'être ou trop propre, ou trop negligé dans ses habits. Si vous trouvez dans les saintes Ecritures quelques difficultés qui vous arrêtent, ou quelques doutes qui vous embarassent, allez consulter un homme d'une probité universellement reconnuë, d'une maturité d'âge qui le mette hors de toute suspicion, d'une réputation à qui la médisance n'ait jamais donné la moindre atteinte, & qui puisse dire:
<small>Ibid 11. 2.</small> *Je vous ai fiancée à un Epoux unique qui est* JESUS-CHRIST, *pour vous presenter à lui comme une vierge toute pure.* Que si vous n'en trouvez point de ce caractére pour vous instruire, preferez une seure ignorance à une instruction dangereuse. Songez que tout est piege dans le chemin où vous marchez, & que plusieurs vierges après avoir vécu long-tems dans une chasteté constante & inviolable, se sont vû arracher des mains la couronne de la virginité à l'heure même de la mort.

Si vous avez pour compagne quelques vierges d'une condition servile, ne les traittez point avec hauteur, & ne prenez point avec elles des airs de superiorité. Puis que vous n'avez toutes qu'un même Epoux, que vous psalmodiez en commun, que vous recevez ensemble le corps de JESUS-CHRIST, [a] pourquoi ne

---

[a] Les éditions avec trois manuscrits portent, comme nous avons traduit : *Cur mensa diversa sit.* Trois autres manuscrits, ont

mangez-vous pas à la même table ? Tâchez au contraire d'en gagner plusieurs à JESUS-CHRIST. La gloire des vierges, est d'inspirer aux autres l'estime & l'amour de la virginité. Si vous en voïez quelqu'une qui soit foible & chancelante dans sa foi ; aïez soin de lui tendre les bras, de la consoler, de la caresser, & faites-vous un merite devant Dieu de la conserver dans la chasteté. Mais si quelque autre pour s'affranchir de la servitude, fait semblant de vouloir vivre dans la continence, representez-lui sans façon ce que dit l'Apôtre saint Paul : *Il vaut mieux se marier, que de brûler.* 1. Cor. 7. 9.

Fuïez comme la peste ces vierges & ces veuves, aussi faineantes que curieuses, qui vont de maison en maison visiter les Dames, & qui surpassent en effronterie & en impudence les parasites de theatre. *Les mauvais entretiens gâtent les* Ibid. 15. 33. *bonnes mœurs.* Uniquement occupées du soin de faire bonne chere, & de goûter même les plaisirs les plus criminels, elles se mettent sur le pié de donner des avis aux autres : Ma chere, » disent-elles, profitez des beaux jours de la vie, » & ne les laissez pas écouler inutilement, servez- » vous des biens que Dieu vous a donnés ; preten- » dez-vous les laisser à vos enfans ? Adonnées » qu'elles sont au vin, & à tout ce qui flatte les sens ; elles sont capables de corrompre les ames les plus pures, d'amollir les cœurs les plus fermes, & d'inspirer l'amour du plaisir à la vertu la plus austére. Aprés qu'une vie molle & sen- 1. Tim. 5. 11. suelle les a portées à secoüer le joug de JESUS-

---

Cur mens adversa sit. Et deux autres : *Cur mens diversa sit*; c'est à dire : *Pourquoi n'aurez vous pas les* mêmes sentimens. L'un & l'autre sens est bon.

CHRIST, elles veulent se marier, & elles s'engagent ainsi dans la condamnation par le violement de la foi qu'elles lui avoient donnée auparavant.

Ne vous piquez point d'érudition, ni de faire de jolies pieces en vers Lyriques. N'imitez pas la molle & ridicule delicatesse de quelques femmes, qui affectent de ne parler qu'entre leurs dents & du bout des levres, de begaïer sans cesse, & de ne prononcer les mots qu'à demi. Comme elles s'imaginent que tout ce qui est naturel est grossier & rustique, elles se plaisent à corrompre & à forcer la nature jusques dans le langage. Quel commerce peut-il y avoir entre la lumiere & les tenebres ? quel accord entre JESUS-CHRIST & Belial ? comment pouvoir allier Horace avec le Pseautier, Virgile avec les Evangiles, Ciceron avec l'Apôtre saint Paul ? Ne seroit-on pas scandalizé de vous voir assise dans un lieu consacré aux Idoles ? Quoique tout soit pur pour ceux qui sont purs, & qu'on ne doive rien rejetter de ce qui se mange avec action de graces, cependant nous ne devons point boire en même tems le calice du Seigneur & le calice des Demons. Je vais vous rapporter sur cela une cruelle disgrace qui m'est arrivée.

Il y a plusieurs années qu'aïant quitté païs, pere, mere, sœur, parens ; & ce qui coûte encore plus à quitter que tout cela, une table où j'avois coûtume de faire bonne chere, & allant à Jerusalem pour y servir Dieu & pour y gagner le Roïaume du Ciel ; j'emportai avec moi les livres que j'avois amassés à Rome avec beaucoup de soin & de travail, & dont je ne pouvois me passer. Telle étoit alors ma misere, & l'excés de ma paſſion ; je jeûnois pour lire Ciceron. Aprés de longues & de frequentes veilles, aprés avoir verſé des torrens de larmes, que le ſouvenir de mes pechés paſſés faiſoit couler du fond de mon cœur ; je me mettois à lire Platon. Et lors que rentrant en moi-même, je m'appliquois à la lecture des Prophetes, leur ſtile dur & groſſier me revoltoit auſſi-tôt. Aveugle que j'é.ois, & incapable de voir la lumiere, je m'en prenois au ſoleil, au lieu de reconnoître mon aveuglement. Seduit donc & trompé de la ſorte par les artifices de l'ancien Serpent, j'ûs vers la mi-Carême une fievre qui penetrant juſqu'à la moëlle mon corps déja épuiſé par de continuelles auſtérités, & me tourmentant jour & nuit avec une violence incroïable, me deſécha tellement que je n'avois plus que les os. Comme mon corps étoit déja tout froid, & que je n'avois plus qu'un reſte de vie que la chaleur naturelle entretenoit encore, & qui ne ſe faiſoit plus ſentir que par le battement du cœur, l'on s'apprêtoit déja à faire mes funerailles, lors que tout à coup & dans un raviſſement d'eſprit je me ſentis traîner devant un tribunal. Là éblöui de l'éclat dont brilloient tous ceux qui étoient preſens, je demeurai proſterné contre terre, ſans oſer ſeulement lever les yeux. Le Juge m'aïant demandé quelle étoit ma profeſſion, je lui répondis que j'étois Chrétien. Tu ments, me dit-il alors, tu n'es pas Chrétien, mais Ciceronien ; car où eſt ton treſor, là eſt auſſi ton cœur. Je me tûs auſſi-tôt ; & me ſentant plus dechiré par les remords de ma conſcience, que par les coups de verges qu'on me donnoit (car il avoit ordonné qu'on me foüetât) je penſois à ce Verſet du Pſalmiſte :

Q iiij

Pfal. 6. 5. Qui publiera vos loüanges dans l'enfer, Seigneur? Je me mis aussi à crier & à dire en gemissant:
Pfal. 56. 2. Aïez pitié de moi Seigneur, aïez pitié de moi. On m'entendoit continuellement faire cette priere & pousser ces cris parmi les coups de foüets que l'on déchargeoit sur moi. Enfin ceux qui étoient presens à cette execution, s'étant jettés aux piés du Juge, le prierent de pardonner à ma jeunesse, & de me donner le tems de faire penitence de ma faute, dont il pourroit ensuite me punir rigoureusement, si jamais je lisois les Auteurs profanes. Pour moi qui dans une telle conjoncture aurois voulu promettre encore cent fois davantage, je commençai à lui dire avec les plus grands sermens du monde, & en le prenant lui-même à témoin : Seigneur, s'il m'arrive jamais d'avoir ou de lire des livres profanes, je consens que vous me regardiez comme un homme qui vous a renié. Aprés un tel serment, on me remit en liberté ; je revins au monde, & au grand étonnement de tous ceux qui étoient au tour de mon lit, j'ouvrois les yeux en versant une si grande abondance de larmes, que les plus incredules étoient convaincus de la douleur que je souffrois. Car ce n'étoit point là un songe ni une de ses visions qui nous trompent durant le sommeil : j'en atteste ce tribunal redoutable devant lequel je me suis vû prosterné, & ce jugement rigoureux qui m'a donné tant de fraïeur. Fasse le Ciel que je ne sois jamais appliqué à une telle question. Je sentois encore à mon reveil la douleur des coups que l'on m'avoit donnés, & j'avois les épaules tout meurtries. Aussi fus-je dans la suite plus passionné pour l'étude des livres sacrés, que je ne l'avois été auparavant

pour les Auteurs profanes.

Un vice contre lequel vous devez encore vous précautionner, est l'avarice. Je ne vous dis pas de ne point convoiter par une cupidité dereglée le bien qui ne vous appartient pas ; car c'est une injustice que les Loix civiles même ne laissent pas impunie ; mais de ne pas menager par un attachement criminel, vôtre propre bien, qui au fond appartient à d'autres qu'à vous. *Si vous* Luc. 16. 12. *n'avez pas été fidelles*, dit JESUS-CHRIST, *dans la dispensation d'un bien qui n'étoit pas à vous ; qui vous donnera celui qui vous appartient ?* Avoir un grand amas d'or & d'argent, c'est posseder des biens qui nous sont étrangers. Il n'y a que les biens spirituels qui soient veritablement en nôtre possession, selon ce que l'Ecriture dit ailleurs : *L'homme trouve dans ses* Prov. 13. 8. *propres richesses de quoi se racheter*. Nul ne peut Matth. 6. servir à deux maîtres, car ou il haïra l'un, & 24. aimera l'autre ; ou il s'attachera à l'un, & méprisera l'autre. Vous ne pouvez servir tout ensemble Dieu & l'argent (les Syriens l'appellent en leur Langue *Mammona*.) Les soins que l'on prend pour avoir de quoi vivre, sont des épines qui étouffent la foi, une racine qui produit l'avarice, & une occupation qui n'est digne que d'une ame païenne.

Vous me direz peut-être, Je suis une jeune fille delicate, je ne sçaurois travailler des mains : quand je serai vielle, ou si je tombe malade, qui est-ce qui aura compassion de moi ? Ecoutez ce que JESUS-CHRIST dit à ses Apôtres : *Ne vous* Ibid. ỹ. 25. *mettez point en peine où vous trouverez de quoi manger, ni d'où vous aurez des vêtemens pour couvrir vôtre corps. La vie n'est-elle pas plus que* la nourriture, & le corps plus que le vêtement ? Considerez les oiseaux du Ciel : ils ne sement point, ils ne moissonnent point, & ils n'amassent point dans des greniers ; mais vôtre Pere celeste les nourrir. Manquez-vous de vêtemens ? Considerez la beauté des lis. Avez-vous faim ? faites reflexion que JESUS-CHRIST appelle Bienheureux ceux qui sont pauvres, & qui ont faim. Etes-vous affligée de quelque maladie ? lisez ce que dit l'Apôtre saint Paul : *C'est pourquoi je trouve de la satisfaction & de la joie dans mes foiblesses.* De crainte que l'orgueil ne m'enfle le cœur, Dieu a permis que je ressentisse dans ma chair un aiguillon, qui est l'ange & le ministre de Satan pour me donner des soufflets. Réjouissez-vous des jugemens de Dieu sur vous, selon ce que dit le Prophete Roi : *Les filles de Juda ont tressailli de joie à cause de vos jugemens, ô Seigneur.* Aïez toûjours à la bouche ces paroles de Job : *Je suis sorti nud du ventre de ma mere, & j'y retournerai nud.* Et ces autres de l'Apôtre saint Paul : *Nous n'avons rien apporté en ce monde, & nous n'en pouvons aussi rien emporter.* Nous voïons neanmoins aujourd'hui plusieurs femmes qui remplissent leur garde-robbe d'habits, & qui ne sçauroient les garantir des vers, quoiqu'elles aient soin d'en changer tous les jours. Celles qui se piquent d'avoir un peu plus de religion, n'ont qu'un seul habit, qu'elles portent jusqu'à ce qu'il soit entierement usé, se couvrant de haillons, tandis que leurs coffres sont remplis d'or & d'argent. Elles auront des livres tout couverts de pierreries, & écrits en lettres d'or sur du parchemin de couleur de pourpre, pendant que JESUS-CHRIST, qui n'a pas de quoi se vêtir, expire à leur porte.

marginalia:
2. Cor. 12. 10.
Ibid. ℣. 7.
Psal. 96. 9.
Job. 1. 21.
1. Tim. 6. 7.

font-elles l'aumône aux pauvres ? C'est au son de la trompette. Donnent-elles à manger à ceux qui ont faim ? elles ont un crieur à gages pour publier leur charité. J'ai vû depuis peu dans l'Eglise de saint Pierre, une Dame des plus qualifiées de Rome (je ne veux point la nommer, de peur qu'on ne prenne cette histoire pour une satyre;) qui étoit precedée d'une trouppe d'esclaves, & qui pour paroître plus charitable donnoit elle-même une piece d'argent à chaque pauvre. Tandis qu'elle étoit occupée à faire ses charités une vieille femme chargée d'années & couverte de haillons, aprés avoir déja reçû l'aumône, courut se placer un peu plus haut, afin de la recevoir encore une fois ; mais quand son rang fut venu, la Dame qui la reconnut, lui donna un coup de poingt au lieu d'une piece d'argent, & la mit toute en sang, pour la punir d'un si grand crime.

L'avarice est la racine de tous les maux. Aussi l'Apôtre saint Paul l'appelle-il une idolatrie. *Cherchez premierement le Roïaume de Dieu, & toutes ces choses vous seront données comme par surcroît. Le Seigneur ne fera point mourir de faim l'ame du juste. J'ai été jeune,* dit le Prophete Roi, *& je suis vieux maintenant ; mais je n'ai point encore vû que le juste ait été abandonné, ni que ses enfans aient cherché du pain.* Des corbeaux apportent à Elie de quoi manger ; & la veuve de Sarepta qui se voïoit à la veille de mourir avec ses enfans, souffre la faim pour nourrir ce Prophete : mais sa bouteille à l'huile aïant été remplie d'une maniere miraculeuse, elle reçût la nourriture de celui qui étoit venu en chercher chez elle. *Je n'ai ni or ni argent,* disoit

1. Tim. 6. 10.
Coloss. 3. 5.
Matth. 6. 33.
Prov. 10. 3.
Psal. 36. 26.
3. Reg. 16.
Act. 3. 6.

saint Pierre ; *mais je vous donne ce que j'ai; le-*
vez-vous au nom de Jesus-Christ, *& mar-*
chez. Combien y en a-t-il aujourd'hui qui difent,
non pas de bouche, mais par leurs œuvres : Je
n'ai ni foi ni charité, mais j'ai de l'or & de l'argent, & je ne vous donne pas ce que j'ai.

Contentons-nous donc d'avoir de quoi nous
nourrir, & de quoi nous vêtir. Ecoutez la priere
que Jacob fait à Dieu : *Si mon Seigneur demeure*
avec moi, s'il me conduit dans le chemin par où je
marche, s'il me donne du pain pour me nourrir, & des
vêtemens pour me vêtir. Il ne demande à Dieu que
les chofes neceffaires à la vie ; & aprés vingt
années d'abfence, on le voit revenir en la terre
de Chanaan, riche en ferviteurs, & plus riche
encore en enfans. L'Ecriture fainte nous fournit
une infinité d'exemples qui nous font voir combien on doit fuir l'avarice ; mais comme j'en ai
déja touché quelques uns en paffant, & que j'ef-
pere, s'il plaît au Seigneur traitter de cette matiere dans un ouvrage particulier ; je me contente de vous raconter ici ce qui s'eft paffé depuis
quelques années dans un Monaftére de Nitrie.
Un des Freres plus menager qu'avare, & qui ne
fçavoit pas que le Sauveur avoit été vendu trente
deniers, laiffa en mourant cent écus qu'il avoit
gagnés à faire des filets. Les Solitaires qui en
ce païs-là font environ cinq mille dans des cellules feparées, tinrent confeil pour voir ce qu'ils
avoient à faire dans une telle conjonĉture. Les
uns difoient qu'il falloit diftribuer cet argent
aux pauvres : d'autres étoient d'avis qu'on le
donnât à l'Eglife : quelques uns vouloient qu'on
le fit tenir aux parens du defunt. Mais Macaire,
Pambo, Ifidore, & les autres qu'on appelle

Gen. 28. 20.

Peres, inspirés du saint Esprit, furent d'avis qu'on l'enterrât avec le mort, en disant : *Ton argent puisse-t-il perir avec toi.* Qu'on ne s'imagine pas que cette conduite avoit quelque chose de trop cruel & de trop inhumain ; au contraire elle jetta une si grande fraïeur dans l'ame de tous les Solitaires d'Egypte, que c'étoit un crime parmi eux de laisser seulement un écu en mourant.

Puis que nous sommes tombés sur le chapitre des Solitaires & que je sçai d'ailleurs que vous prenez plaisir à entendre tout ce qui est capable de vous édifier, & de vous porter à l'amour de la vertu ; donnez-moi, s'il vous plaît encore un moment d'attention. Il y a en Egypte trois sortes de Solitaires ; les Cenobites, que l'on appelle en la Langue du païs *Sausés* ; c'est à dire, selon nôtre maniere de parler, Qui vivent en commun. Les Anachoretes, qui demeurent seuls dans le desert : on les appelle ainsi à cause qu'ils sont entierement separés du reste des hommes, & qu'ils n'ont plus aucun commerce avec le monde. La troisiéme espece est de ceux qu'ils appellent *Remoboth*, gens tres-dereglés, & universellement méprisés. Nous n'en avons point d'autres dans nôtre [a] Province, du moins ceux-là y tiennent-ils le premier rang. Ils demeurent ensemble deux à deux, ou trois à trois (rarement sont-ils en plus grand nombre) vivant dans l'independance & au gré de leurs desirs. Pour fournir à la dépense de la table qui est

---

[a] C'est à dire dans la Pannonie, où saint Jerôme avoit pris naissance. Il fait dans sa lettre à Chromace une peinture des dereglemens qui y regnoient. Dans *nôtre païs*, dit-il, *qui est le centre de la rusticité, l'on ne connoit point d'autre Dieu que le ventre ; on ne s'occupe que du present, sans penser à l'avenir ; & les plus riches y passent pour les plus vertueux,* &c.

consoler dans ses peines. Ils ont coûtume de s'assembler à l'heure de None, pour chanter des Pseaumes, & pour lire la sainte Ecriture. Aprés la priere, & tous étant assis, celui qu'ils appellent *Pere* se met au milieu d'eux, & leur fait une exhortation spirituelle. Tandis qu'il parle, tous les autres gardent un profond silence, & personne n'ose ni cracher, ni lever les yeux. Ils ne lui applaudissent que par les larmes qu'ils répandent en silence, étouffant jusqu'aux soûpirs que la componction fait naître. Mais lors qu'on vient à leur parler du Roïaume de JESUS-CHRIST, de la felicité future, & de la gloire qui leur est promise : alors levant les yeux au Ciel, & laissant échapper quelques soûpirs, ils disent en eux-mêmes : *Qui me donnera* Psal. 54, 6. *des ailes comme à la colombe, afin que je puisse m'envoler & me reposer ?* Cela fait, ils se separent, & vont se mettre à table, chaque decurie avec son Decurion. Il y servent tour à tour chacun sa semaine. On y garde un silence exact, & on n'entend aucun bruit durant tout le repas. Ils n'ont pour toute nourriture, que du pain, des legumes, & des herbes, dont le sel fait tout l'assaisonnement. Il n'y a que les vieillards qui boivent du vin. Souvent on leur donne à dîner, aussi bien qu'aux jeunes, afin de soûtenir la vieillesse de ceux-là, & de fortifier la foiblesse de ceux-ci. Aprés le repas, ils se levent de table, disent graces, & se retirent en leurs cellules, où ils s'entretiennent jusqu'à Vêpres avec ceux de leur decurie. Avez-vous remarqué, disent-ils, » de combien de graces le Ciel a prevenu celui-ci ? » combien celui-là est silentieux ? combien cet » autre a l'air grave & modeste ? Ils consolent les » foibles, & encouragent les fervens à s'avancer de plus en plus dans les voïes de la perfection. Lors qu'ils ne font point leurs prieres en commun, ils veillent en particulier dans leurs chambres durant la nuit ; & il y en a qui ont foin de faire la ronde, & d'écouter à la porte des cellules, pour voir ce qu'ils font & à quoi ils s'occupent. S'ils en trouvent quelqu'un qui foit tiede & languiffant dans fes devoirs, ils ne lui font point de reprimende, mais faifant femblant de rien, il le vont voir plus fouvent, & entrant les premiers en matiere, ils lui font de l'oraifon un portrait qui les gagne, au lieu de leur en faire une loi qui les gêne. On leur donne tous les jours quelque ouvrage à tâche, & quand ils l'ont fait, ils le mettent entre les mains de leur Decurion, qui le porte à l'Econome ; & celui-ci va tous les mois rendre comte au Superieur avec une crainte refpectueufe. Il a foin auffi de goûter ce que l'on a préparé pour la nourriture des Freres. Comme il n'eft pas permis de dire qu'on n'a point de robbe, de coule, ou de nate pour coucher ; l'Econome regle toutes chofes avec tant de direction & de fageffe, que perfonne ne demande rien, parce que rien ne leur manque. Si quelqu'un tombe malade, on le tranfporte de fa cellule dans une chambre plus grande ; & les Anciens en prennent un fi grand foin, qu'il n'a pas fujet de defirer ni les delices des villes, ni les foins d'une mere. Le Dimanche ils ne s'occupent qu'à la lecture & à la priere. Ils s'y appliquent auffi en tout tems après le travail manuel, & ils apprennent tous les jours quelque chofe de l'Ecriture fainte. Ils jeûnent également durant toute l'année, excepté en Carême, où il leur eft

permis

permis de redoubler leurs mortifications & leurs austerités. Depuis Pâque jusqu'à la Pentecôte on change le souper en dîner, tant pour se conformer à la tradition de l'Eglise, que de peur qu'on ne se charge trop l'estomac en faisant deux repas par jour. Tels étoient ces Esseniens dont parle Philon, cet Ecrivain qui a si bien imité le style de Platon; tels ceux dont Joseph, qui est le Tite-Live des Grecs, nous fait le portrait dans son second livre de la captivité des Juifs.

Mais puis qu'en vous parlant des Vierges, je ne vous ai déja que trop entretenu des Solitaires; je vais encore vous parler de la troisiéme espece, c'est-à-dire, de ceux qu'on appelle Anachorétes. Ceux-là sortant des Monastéres, n'emportent avec eux dans le desert que du pain & du sel. Saint Paul Hermite a fondé cet institut, Saint Antoine l'a illustré, & même si l'on veut remonter jusqu'à son origine, on peut dire que Saint Jean-Batiste en est le premier auteur. Voici la peinture que Jérémie nous en fait : *Il est bon à l'homme*, dit ce Prophete, *de porter le joug dès sa jeunesse. Il s'asséiera, il se tiendra dans la solitude, & gardera le silence, parce qu'il s'est chargé de ce joug. Il tendra la joüe à celui qui le frapera, il se rassasira d'opprobres, parce que le Seigneur ne le rejettera pas pour jamais.* Je vous parlerai une autrefois, si vous le voulez, de leurs travaux, & de la vie celeste qu'ils menent dans un corps de chair. Je reviens maintenant à mon sujet. Je vous parlois de l'avarice, lors qu'insensiblement je me suis engagé à vous entretenir de la vie des Solitaires. Si vous voulez suivre

Thren. 3. 27.

leurs exemples & imiter leurs vertus, vous n'aurez plus que du mépris, je ne dis pas seulement pour l'or, pour l'argent, pour toutes les richesses du monde ; mais encore pour le ciel & la terre ; & vous attachant uniquement à Jesus-Christ, vous chanterez avec le Prophete Roi : *Le Seigneur est mon partage.* Poursuivons nôtre discours.

Psal. 71. 26.

Quoique l'Apôtre Saint Paul nous ordonne de prier sans cesse, & que le sommeil même soit pour les Saints une espece d'oraison ; nous devons néanmoins partager en plusieurs heures differentes le tems que nous voulons donner à la priére, afin que l'heure destinée à cet exercice étant venuë, nous quitions tout pour y vaquer. Outre les heures de Tierce, de Sexte, & de None, du matin & du soir, que tout le monde sçait être consacrées à la priére ; nous devons encore avoir soin de prier Dieu avant que de nous mettre à table ; & de n'en sortir jamais sans rendre graces au Créateur : de nous lever deux ou trois fois la nuit pour repasser les endroits de l'Ecriture que nous sçavons par cœur, de nous armer de l'oraison en sortant de chez nous ; & de ne nous asseoir à nôtre retour, qu'après avoir fait quelque priére ; de donner à l'ame la nourriture dont elle a besoin, avant que d'accorder au corps le repos qui lui est nécessaire : de faire le signe de la croix à chaque action, & à chaque démarche que nous faisons.

1. Thess. 5. 17.

Ne parlez mal de personne, & ne tendez point de piéges au fils de vôtre mere. *Qui êtes-vous, pour oser condamner le serviteur d'autrui ? S'il tombe, ou s'il demeure ferme, cela regarde*

Psal. 49. 21.
Rom. 14. 4.

son maître : mais il demeurera ferme, parce que le Seigneur est tout puissant pour l'affermir. Quand vous jeûneriez deux jours de suite, ne vous flatez pas pour cela de surpasser en vertu & en mérite ceux qui ne jeûnent point. Vous jeûnez, mais peut-être êtes vous impatiente & emportée : celui-ci ne jeûne point, mais peut-être est-il doux & caressant. Mortifiée & d'esprit & de corps, vous digerez, pour ainsi dire, vos peines & vôtre faim, parmi les plaintes & les murmures : tandis que celui-ci reglé dans ses repas, & moderé dans sa nourriture, en rend graces à Dieu. De là vient que le Prophete Isaïe crie sans cesse : *Ce n'est point là le jeûne que j'ai choisi, dit le Seigneur.* Et derechef : *Vous jeûnez parmi les procez & les querelles, & vous frapez les petits avec une violence impitoïable. Pourquoi jeûnez-vous pour moi ?* Est-ce jeûner, que de conserver des sentimens de colere, je ne dis pas jusqu'à la nuit, mais durant des mois entiers ?

Isaï. 58. 5. *Sec. LXX.*

Attentive à vous-même, ne cherchez vôtre gloire que dans les bonnes œuvres que vous faites, & non point dans les chûtes que font les autres. Ne vous reglez point sur celles qui ne cherchant qu'à contenter leur sensualité, & à satisfaire les desirs de la chair, n'ont point d'autre occupation, que de compter leurs revenus, & de supputer à quoi se monte par jour la dépense de leur maison. La chute du perfide Judas n'a pas entraîné les autres Apôtres dans le précipice. La foi des fidéles n'a pas fait naufrage avec Phigelle & Alexandre. Ne me dites point que celle-ci & celle-là joüit de son bien, qu'elle est universellement esti-

2. *Tim.* 1. 5.
1. *Tim.* 1. 20.

mée, que les freres & les sœurs lui rendent de frequentes visites; & qu'elle ne cesse pas pour cela d'être vierge. A cela je répons, premierement qu'il n'est pas certain que cette personne soit véritablement vierge : car Dieu a bien d'autres yeux que nous; l'homme ne voit que ce qui frape les sens; mais Dieu découvre ce qui se passe dans le fond du cœur. De plus, quoiqu'elle soit vierge de corps, je doute qu'elle soit vierge d'esprit. C'est néanmoins l'idée que Saint Paul nous donne d'une véritable vierge : *Il faut*, dit cet Apôtre, *qu'elle soit sainte & de corps & d'esprit*. Au reste, qu'elle joüisse tant qu'elle voudra de la vaine estime des hommes, qu'elle démente l'Apôtre Saint Paul, en conservant la vie de l'ame parmi les delices du siecle : pour nous, suivons toûjours les exemples de ceux qui se distinguent par la régularité de leur vie, & la pureté de leurs mœurs.

1. Cor. 7. 34.

Prenez pour modéle de vôtre conduite, la Sainte Vierge, qui par son extrême pureté, merita d'être la Mere du Seigneur. Lors que l'Ange Gabriel se présenta à elle sous la forme d'un homme, & qu'il la salüa en lui disant : *Je vous saluë pleine de graces, le Seigneur est avec vous*; Marie surprise & allarmée, ne sçut que lui répondre, car jamais homme ne l'avoit saluée : mais enfin aïant sçû qui il étoit, elle lui parla; & cette Vierge qui trembloit à la vûë d'un homme, n'apréhenda point de s'entretenir avec un Ange. Vous pouvez aussi devenir la Mere du Seigneur. Prenez ce grand, ce nouveau livre dont parle un Prophéte; écrivez-y en caractéres communs & lisibles;

Luc. 1. 28.

Isai. 8. 1.

Hâtez-vous de prendre les dépouilles; & lorsque vous vous serez aprochée de la Prophétesse, & que vous aurez conçû & enfanté un fils; dites à Dieu: *Nous avons conçû par vôtre crainte, Seigneur, nous avons senti les douleurs de l'enfantement, & nous avons enfanté & mis au monde l'esprit du salut.* Alors vôtre fils vous répondra: *Voici ma mere & mes freres.* Il croîtra cet enfant que vous aviez conçû & décrit dans l'étenduë d'un cœur tout nouveau, & après avoir remporté les dépouilles de ses ennemis, après avoir dépouillé & attaché à la croix les Principautés & les Puissances, devenu plus grand, il vous épousera, & par un changement étonnant, après avoir été sa mere, vous deviendrez son épouse. Qu'il est difficile, mais qu'il est glorieux, de devenir semblable aux Martyrs, aux Apôtres, à JESUS-CHRIST même! Pour profiter de tous ces avantages il faut être dans le sein de l'Eglise, il faut manger la Pâque dans une même maison, il faut entrer dans l'Arche avec Noé, il faut que Rahab, cette femme débauchée qui est devenuë juste aux yeux de Dieu, nous retire chez elle, tandis que la ville de Jérico tombe en ruines. Car pour ces vierges prétenduës que plusieurs hérétiques, & sur tout la secte impure des Manichéens, se vantent d'avoir parmi eux, on doit les mettre au nombre des prostituées, & non pas au rang des vierges. En effet, [a] si c'est le démon qui a for-

Isaï. 26. 18.
Sec. LXX.

Matth. 12. 49.

---

[a] Les Manichéens enseignoient qu'il y avoit deux principes, l'un bon & l'autre mauvais: que de celui-là procedoit la bonne ame de l'homme, & de celui-ci la mauvaise ame & le corps. Ils attribuoient à la mauvaise ame tous les mouvemens de la concupiscence.

mé leurs corps, quel respect peuvent-elles avoir pour l'ouvrage de leur ennemi? Mais comme elles sçavent que le nom de vierge est glorieux & respectable aux yeux des hommes, ces loups se couvrent de la peau de brebis, ces Antechrists contrefont Jesus-Christ, & cachent sous un nom honorable les infamies d'une vie déréglée & corrompuë. Réjoüissez-vous ma sœur, réjoüissez-vous ma fille, réjoüissez-vous vierge de Jesus-Christ, puisque vous possedez le fond & la solidité d'une vertu, dont les autres n'ont que les dehors & les apparences.

Tout ce que nous avons dit jusques ici, paroîtra dur à ceux qui n'aiment point Jesus-Christ. Mais ceux qui regarderont comme des ordures le vain éclat des grandeurs mondaines, qui convaincus que tout est vanité sous le soleil, mépriseront tout pour gagner Jesus-Christ; qui étant morts avec le Seigneur, seront aussi ressuscités avec lui, & qui auront crucifié leur chair avec ses passions & ses desirs déréglés; ceux-là s'écrieront hautement: *Qui poura nous séparer de l'amour de* Rom. 8. 35. *Jesus-Christ? Sera-ce l'affliction, ou les déplaisirs, ou la persécution, ou la faim, ou la nudité, ou les périls, ou le fer & la violence?* Ibid. y. 38. Et derechef: *Je suis assuré que ni la mort, ni la vie, ni les Anges, ni les Principautés, ni les Puissances, ni les choses presentes, ni les futures, ni la violence, ni tout ce qu'il y a de plus haut ou de plus profond, ni toute autre créature ne pourra jamais nous séparer de l'amour de Dieu en* Jesus-Christ *nôtre Seigneur*. Le Fils de Dieu s'est fait fils de l'homme pour nous fauver. Enfermé dans le fein de fa mere, il attend durant dix mois l'heure de fa naiffance; il y fouffre mille ennuis & mille dégoûts, il en fort tout enfanglanté, on l'envelope de langes, on le flate, on le careffe, & celui qui tient le monde dans fa main, fe renferme lui-même dans une pauvre étable. Je ne dis point que content de la pauvreté de fes parens, il mene jufqu'à l'âge de trente ans une vie obfcure & cachée aux yeux des hommes; que tandis qu'on l'outrage, il demeure dans le filence; que dans le tems même qu'on l'attache à la croix, il prie pour fes propres boureaux. *Que rendrai-je donc au Seigneur pour* Pfal. 115. 3. *tous les biens qu'il m'a faits? Je prendrai le calice du falut, & j'invoquerai le nom du Seigneur; la mort des Saints du Seigneur eft précieufe à fes yeux.* La feule marque de reconnoiffance que nous pouvons rendre à JESUS-CHRIST pour toutes les graces que nous avons reçûës de fa main, & de lui donner fang pour fang; & de facrifier nôtre vie pour fon amour, de même qu'il a facrifié la fienne pour nôtre falut. Quel eft le Saint qui a reçû la couronne fans avoir combatu ? L'innocent Abel eft mis à mort : Abraham court rifque de perdre fa femme. Je ne m'étens pas davantage fur ce fujet. Si vous voulez confidérer vous-même quelle a été la vie des Juftes fur la terre, vous verrez qu'ils ont tous fouffert, & que les adverfitez ont été leur partage. Salomon feul a vêcu dans les delices, mais peut-être auffi les delices l'ont-elles perdu. *Le Seigneur* Hebr. 12. 6. *châtie celui qu'il aime, & il frape de verges tous ceux qu'il reçoit au nombre de fes enfans.*

R iiij

Ne vaut-il pas mieux combattre, se retrancher, demeurer sous les armes, suer sous le poids de la cuirasse durant quelque tems, & goûter ensuite les fruits de la victoire : que de s'engager dans une servitude éternelle, pour s'exemter d'une peine passagere ? Rien ne coûte quand on aime, & tout paroît facile à un cœur tendre & amoureux. Combien de travaux Jacob n'essuia-t-il pas pour posseder Rachel qui lui avoit été promise en mariage ?

Gen. 29. 20. *Il servit sept ans pour Rachel*, dit l'Ecriture, *& ce tems ne lui paroissoit que peu de jours.*
Ibid. 31. 40. Aussi, dit-il lui-même dans la suite : *J'étois pénétré de chaleur durant le jour, & de froid pendant la nuit.*

Aimons donc JESUS-CHRIST, attachons-nous étroitement à lui, & nous verrons les plus grandes difficultés s'applanir sous nos piés, nous verrons les peines les plus longues disparoître à nos yeux. Blessez que nous serons des traits de son amour, nous dirons à
Psal. 119. 5. tout moment : *Helas ! que mon exil est long !*
Rom. 8. 18. *Les souffrances de la vie présente n'ont point de proportion avec cette gloire qui sera un jour découverte en nous :*
Ibid. 5. 3. *parce que l'affliction produit la patience, la patience l'épreuve, & l'épreuve l'espérance : or cette espérance n'est point trompeuse.* Quand vous vous sentirez accablée sous le poids de vos peines, lisez la seconde Epî-
2. Cor. 11. 23. tre de Saint Paul aux Corinthiens : *J'ai souffert une infinité de travaux*, dit cet Apôtre, *j'ai souvent enduré la prison, j'ai reçû des coups sans nombre, je me suis vû souvent tout près de la mort ; j'ai reçû des Juifs par cinq différentes fois trente-neuf coups de fouët ; j'ai été battu*

de verges par trois fois ; j'ai été lapidé une fois ; j'ai fait naufrage trois fois, j'ai passé un jour & une nuit au fond de la mer : j'ai été souvent dans les voïages, dans les périls sur les fleuves, dans les périls des voleurs, dans les périls de la part de ceux de ma nation, dans les périls de la part des Païens, dans les périls au milieu des villes, dans les périls au milieu des deserts, dans les périls sur la mer, dans les périls entre les faux freres ; j'ai souffert toute sorte de travaux & de fatigues, les veilles frequentes, la faim, la soif, les jeûnes réïterés, le froid & la nudité. Qui de nous peut se vanter d'avoir souffert seulement la moindre partie des peines que ce grand Apôtre a essuïées ? Aussi est-ce ce qui lui faisoit dire avec tant de confiance : *J'ai fourni ma carriere, j'ai gardé la foi ; il ne me reste plus qu'à attendre la couronne de justice qui m'est reservée, que le Seigneur, comme un juste Juge, me rendra en ce grand jour.* 2. Tim. 4. 7.

Les viandes sont-elles mal assaisonnées ? on se met de mauvaise humeur. Boit-on du vin avec beaucoup d'eau ? on s'imagine faire une action fort agréable à Dieu ; on casse les verres, on renverse la table, on frape les domestiques, & on se vange par l'effusion de leur sang, de l'eau que l'on a bûë. *Le Roïaume du ciel se prend par violence, & ce sont les violens qui l'emportent.* Vous ne l'emporterez jamais, ce Roïaume, si vous ne vous faites violence. Vous n'obtiendrez jamais ce pain mistérieux dont parle l'Evangile, si vous ne frapez à la porte avec importunité. N'est-ce pas faire en effet une grande violence au ciel, que de vouloir, tout chair que nous sommes, Math. 11. 12.

Luc 11. 8.

devenir semblables à Dieu même, & nous élever pour juger les Anges, jusqu'à la place d'où ces esprits rebelles ont été précipités ?

Dégagez-vous pour un moment des liens du corps, & jettez les yeux sur cette grande récompense que Dieu nous prépare, pour nous dédommager des peines de la vie présente; récompense que l'œil n'a point vûë, que l'oreille n'a point entenduë, & que le cœur de l'homme ne sçauroit jamais comprendre. Qui pourroit exprimer quel sera vôtre bonheur & vôtre gloire en ce jour auquel la Vierge Marie mere du Seigneur, viendra au devant de vous, accompagnée des chœurs des Vierges, chantant la premiere au bruit du tambour, & de concert avec ses compagnes, après le passage de la mer rouge, & la défaite de Pharaon enseveli sous les eaux avec son armée: *Chantons les loüanges du Seigneur, qui a fait éclater sa gloire & sa puissance, en précipitant dans la mer le cheval & le cavalier.* Alors sainte Thecle transportée de joie, se jettera à vôtre coû pour vous embrasser tendrement. Alors vôtre Epoux viendra lui-même vous recevoir, en disant: *Levez vous, venez mon amie, mon épouse, ma colombe; car l'hiver est déja passé, & les pluies se sont dissipées.* Alors les Anges saisis d'étonnement, diront: *Quelle est celle-ci qui s'avance comme l'aurore, qui est belle comme la lune, & éclatante comme le soleil?* Les filles vous verront, les reines feront vôtre éloge, & les autres femmes publieront vos loüanges. D'un autre côté une nouvelle troupe de femmes chastes viendra à vôtre rencontre; Sara paroîtra avec les femmes mariées,

Exod. 15. 1.

Cant. 2. 10.

Ibid. 6. 9.

Ibid. ℣. 8.

& Anne fille de Phanuel avec les veuves. ᵃ Celles qui ont été vos meres & selon la chair & selon l'esprit, seront dans différens chœurs : celle-là se réjoüira de vous avoir mise au monde, celle-ci s'applaudira de vous avoir donné une bonne éducation. Alors on verra véritablement le Seigneur entrer dans la Jérusalem céleste monté sur une ânesse. Alors ces petits enfans, dont le Sauveur a dit dans le Prophéte Isaïe : *Me voici, moi & les enfans* *Isaï.* 8. 18. *que Dieu m'a donnés,* portant des palmes à la main pour marque de leur victoire, chanteront de concert : *Hosanna, salut & gloire,* *Marc* 11. 9. *beni soit celui qui vient au nom du Seigneur, hosanna, salut & gloire au haut des cieux.* Alors *Apoc.* 14. 3. les cent quarante-quatre mille qui sont devant le thrône & devant les viéillards, prenant leurs harpes, chanteront un Cantique nouveau, que nul autre qu'eux ne pourra chanter. Ce sont ceux-là qui ne se sont point souillés avec les femmes, parce qu'ils sont demeurés vierges ; ceux-là suivent l'Agneau par tout où il va. Quand la vanité mondaine fera quelque impression sur vôtre cœur, & que le siecle étalera à vos yeux ses pompes & sa gloire ; élevez-vous en esprit jusqu'au ciel, commencez à être ce que vous devez être un jour, & vôtre Epoux vous dira : *Mettez moi comme un* *Cant.* 8. 6. ᵃ *parasol sur vôtre cœur, & comme un sceau*

---

a Paule fut mere d'Eustoquie selon la chair ; & Marcelle selon l'esprit. Car S. Jérôme témoigne dans l'éloge funebre de Marcelle, qu'Eustoquie avoit été élevée dans la maison de cette illustre veuve ; *In hujus (Marcellæ) cubiculo nutrita Eustochium virginitatis decus.*

a Le texte de S. Jérôme porte, *pone me sicut umbraculum in corde tuo.* Nôtre Vulgate, & les LXX. ont, *pone me ut signaculum super cor tuum.*

sur vôtre bras, & par là vôtre cœur & vôtre corps étant à couvert, vous direz: Les grandes eaux n'ont pû éteindre la charité, & les fleuves ne seront point capables de l'étouffer.

Ibid. ⅴ. 7.

XXII. LETTRE
à Demetriade.

Ecrite vers l'an 414.

Saint Jérôme adresse cette Lettre à une fille de la premiere qualité nommée Demetriade, qui s'étant refugiée en Afrique après la prise de Rome par les Goths, y prit le voile des Vierges par les conseils de Saint Augustin. Saint Jérôme, après avoir loüé son illustre famille, fait voir qu'elle en a rehaussé l'éclat par la profession Religieuse. Il décrit ensuite les combats qu'elle eut à soutenir dans l'exécution d'un si grand dessein, la joie qu'il causa à son ayeule & à sa mere, & les applaudissemens que toute l'Eglise lui donna. Enfin il lui prescrit des regles pour vivre d'une maniere qui réponde à la dignité & à la sainteté de sa profession. Il lui recommande sur toutes choses de lire la sainte Ecriture, de renoncer aux pompes du siecle, de fuir la compagnie des femmes mondaines, de jeûner avec modération, de s'occuper toûjours à quelque ouvrage, de se précautionner contre le poison des Origenistes, & de suivre la foi du Pape Innocent successeur d'Anastase.

DE tous les ouvrages que j'ai composés, & que j'ai écrits de ma propre main, ou fait écrire par mes copistes, depuis ma jeunesse jusques ici ; je n'en ai point trouvé de plus difficile que celui que j'entreprens aujourd'hui. Car dans le deſſein que je me ſuis propoſé d'écrire à la Vierge Demetriade, qui par ſa naiſſance & par ſes richeſſes tient le premier rang dans l'Empire Romain, je ne puis ni faire un éloge digne de ſon merite, ſans me rendre ſuſpect de flaterie ; ni dérober quelque choſe à ſes vertus, pour les rendre plus croïables, ſans lui faire perdre par ma modeſtie une partie de la gloire qui lui eſt dûë. Quel parti donc dois-je prendre dans une conjoncture ſi delicate ? Quoique cette entrepriſe ſurpaſſe mes forces, je n'oſe néanmoins refuſer à ᵃ l'Ayeule & à la Mere de Demetriade, ce que la dignité de ces Dames ſi illuſtres exige de moi, ce que leur foi merite, & ce que leur perſévérance m'arrache. Car elles ne me demandent point cet ouvrage comme quelque choſe d'excellent & de nouveau, puis que je ſuis accoûtumé à traiter ces ſortes de matieres : Elles ſouhaitent ſeulement de moi que je joigne ma voix à celle du public pour étaler les vertus d'une jeune perſonne, en qui, comme dit Ciceron, l'on doit plûtôt loüer ce que l'on attend d'Elle un jour, que ce qu'Elle eſt aujourd'hui. Il faut néanmoins avoüer qu'Elle s'eſt élevée par l'ardeur de ſa foi, au deſſus de la foibleſſe de ſon âge, & qu'Elle a commencé par où les plus vertueux & les plus parfaits ont coûtume de finir. Loin d'ici donc les injuſtes ſoupçons que ſuggerent l'envie & la médiſance. Que l'on ne

Lib. de Rep.

---

a L'Ayeule de Demetriade s'appelloit, *Proba*, & ſa Mere, *Juſtienne.*

m'accuse point d'agir par des mouvemens d'ambition. J'écris à une personne à qui je suis inconnu, & que je ne connois point non plus, du moins de visage : car pour ce qui est de son interieur, je le connois à fond, de même que l'Apôtre S. Paul connoissoit les Colossiens, & plusieurs autres fidéles qu'il n'avoit jamais vûs.

Coloss. 2.

Pour faire voir combien je suis touché du merite de Demetriade, ou plûtôt de ce miracle de virginité, c'est qu'étant actuellement occupé à expliquer ce que dit Ezechiel du Temple de Jerusalem (& c'est-là peut-être l'endroit de toute l'Ecriture sainte le plus difficile, sur tout celui où il parle du Saint des Saints, & de l'autel des parfums,) j'ai bien voulu interrompre cet ouvrage, pour passer d'un autel à un autre autel, & pour offrir à la Pureté Eternelle une hostie vivante, sans tache, & agréable à Dieu. Je sçai bien que cette Vierge a reçû le voile de la virginité, qu'elle a été consacrée par l'imposition des mains & les prieres de [a] l'Evêque, & que dans cette ceremonie l'on s'est servi de ces paroles de l'Apôtre saint Paul : *Je veux vous présenter tous à* JESUS-CHRIST *comme une vierge tres-pure.* Semblable alors à cette Reine dont parle le Prophéte Roi, *Elle s'est tenuë debout à la droite* de cet Epoux celeste, *avec une robbe couverte d'or, & de differentes couleurs,* pour marquer par cette agreable varieté les differentes vertus dont elle est ornée. Telle étoit la robbe que portoit Joseph, telles aussi celles que les filles des Rois avoient coûtume autrefois de porter,

2. *Cor.* 11. 2.

Psal. 44. 10.

[a] Aurelius Evêque de Carthage.

De là vient que l'Epouse des Cantiques disant dans le transport de sa joie : *Le Roi m'a intro-* *duit dans son appartement*, ses compagnes lui répondent de concert : *Toute la gloire de la fille* *du Roi lui vient du dedans.* Mais quoique Demetriade ait déja fait cette grande démarche, Elle ne laissera pas de tirer quelque avantage de la Lettre que je lui écris. Les acclamations du Cirque rendent les chevaux plus legers à la course ; les athletes s'animent par les applaudissemens des spectateurs ; & la harangue d'un General d'armée inspire un nouveau courage à des troupes rangées en bataille, & prêtes à charger l'ennemi. Cette Vierge donc est comme un bel arbre que son Ayeule & sa Mere ont planté, pour moi j'aurai soin de l'arroser, & le Seigneur lui donnera son accroissement.

Cant. 2. 4.
Psal. 44. *15.*
1. Cor. 3. 6.

Quand les Orateurs veulent loüer quelqu'un, ils ont coûtume de remonter jusqu'à la premiere source de sa noblesse, & de faire entrer dans son éloge la gloire & les vertus de ses Ancêtres ; afin de relever la sterilité des branches par la fecondité de la racine, & de faire admirer dans la tige, ce que l'on ne sçauroit connoître par le fruit. Je me vois donc obligé aujourd'hui d'emploïer les grands noms des Probes & des Olibres, & de parler de l'illustre famille des Anices, qui se sont presque tous rendus dignes du Consulat : ou d'étaler ici les vertus d'Olibre, pere de Demetriade, enlevé au monde par une mort précipitée, & regreté de toute la ville de Rome. Je n'ose en dire davantage, de peur de r'ouvrir les plaïes de sa sainte mere, & de renouveller sa douleur par le souvenir des vertus de son fils. L'on vit en lui un enfant respectueux, un mari aimable, un maître doux & clement, un citoïen honnête & obligeant, un Consul jeune à la verité, mais qui par sa probité fut encore un Senateur plus illustre. Heureux d'être mort avant la destruction de Rome; mais plus heureux encore d'être pere d'une fille, qui par le vœu qu'elle a fait d'une perpetuelle virginité, a répandu un nouvel éclat sur l'ancienne noblesse de sa bisayeule Demetriade.

Mais que fais-je? charmé que je suis du merite de ce jeune Seigneur, & ne songeant plus à mon premier dessein, je m'arrête à relever les grands avantages qu'il possedoit dans le siecle, au lieu que je devrois plûtôt loüer Demetriade de les avoir genereusement méprisés, fermant les yeux à l'éclat de sa naissance & aux biens immenses de sa famille, pour n'envisager en elle-même que la bassesse & la fragilité humaine. Qui diroit que parmi la richesse & la magnificence des habits, au milieu d'une foule d'esclaves & de servantes qui s'empressoient à la servir & à lui plaire, à la vûë d'une table où regnoient la delicatesse & l'abondance, cette jeune Vierge, par une grandeur d'ame qui paroît incroïable, n'ait eu de l'attrait que pour l'abstinence, pour le jeûne, pour des habits rudes & grossiers? C'est qu'elle avoit lû ce que JESUS-CHRIST dit dans l'Evangile, *Que ceux qui aiment le luxe & la molesse des habits, sont dans les maisons des Rois.* Elle regardoit avec étonnement la vie d'un Elie & d'un Jean-Batiste, qui pour mortifier leur chair, portoient l'un & l'autre une ceinture de cuir, & donc celui-ci animé,

Matth. 11. 8.

comme

comme dit l'Evangile, de l'esprit & de la vertu d'Elie, fut Précurseur du Seigneur, prophétisa dans le sein de sa mere, & merita même avant le jour du jugement d'être loué de la bouche du souverain Juge. Elle admiroit le zele & la ferveur d'Anne fille de Phanuel, qui demeura dans le temple jusqu'à une extreme vieillesse, y servant Dieu dans les prieres & dans les jeûnes. Elle souhaitoit d'être l'une des quatre filles de Philippe, & de vivre en la compagnie de ces vierges qui par leur pureté meriterent le don de prophétie. *Luc. 2: 37.*

C'étoit de ces pensées & d'autres semblables qu'elle nourrissoit son esprit, ne craignant rien tant que de déplaire à son Ayeule & à sa Mere : car quoi qu'elle se sentit portée à la pratique de la vertu par les grands exemples que ces saintes Dames lui donnoient, elle appréhendoit neanmoins toûjours qu'Elles ne s'opposassent à son dessein ; non pas qu'Elles desaprouvassent un si beau choix, mais parce que cette entreprise étoit si grande & si difficile, qu'Elles n'osoient souhaiter que leur fille s'y engageât.

Agitée donc de mille pensées differentes, cette jeune Vierge regardoit avec horreur tous ses vains ajustemens, disant avec Hester : *Vous sçavez, Seigneur que je hais le superbe ornement de ma tête* (c'étoit le diadême roïal qu'elle portoit) *& que je le regarde comme un linge soüillé.* Quelques Dames Françoises aussi distinguées par leur vertu que par leur naissance, qui ont vû & connu Demetriade, & que les ennemis qui desolent toute l'Afrique ont obligées de passer à Jérusalem ; m'ont dit, que *Hester. 14: 16.*

Tome I. S

durant la nuit, & n'aïant pour témoins de ses actions que quelques Vierges qui étoient à la suite de sa Mere & de son Ayeule, Elle ne se servoit jamais de draps ni de lit de plume pour coucher, mais seulement d'un cilice étendu à terre ; qu'elle pleuroit jour & nuit, & que prosternée en esprit aux piés du Sauveur, elle le prioit d'agréer son entreprise, de remplir ses desirs, & de mettre son Ayeule & sa Mere dans des dispositions favorables à son dessein ; en un mot, que sentant approcher le jour de ses nôces, dont l'on faisoit déja les préparatifs, se voïant seule & sans témoins, & n'aïant pour toute consolation que les tenebres d'une obscure nuit, elle s'affermit dans son dessein par ces belles réfléxions : Demetriade, que
» fais-tu ? pourquoi crains-tu si fort de prendre
» le parti de la chasteté ? il faut ici se declarer
» hautement, & user de sa liberté. Si tu es si
» lâche & si timide dans un tems de paix, que
» ferois-tu s'il s'agissoit de souffrir le martyre ?
» comment pourois-tu paroître devant les tribu-
» naux des ennemis de la foi, toi qui ne sçaurois
» soûtenir la présence de tes parens ? Si tu n'es
» point touchée de l'exemple des hommes, tâ-
» che du moins de t'animer & de dissiper ta
» crainte par celui d'une sainte Agnés, qui
» triompha & de la foiblesse de son âge, & de
» la cruauté du Tyran, & qui couronna sa vir-
» ginité par la gloire du martyre. Ne sçais-tu pas,
» malheureuse, ne sçais-tu pas à qui tu es rede-
» vable de ton innocence ? L'on t'a vûë il n'y
» a guéres trembler entre les mains des Barba-
» res, & pour te dérober à leurs poursuites, il
» a falu te cacher dans le sein & sous les habits

de ton Ayeule & de ta Mere. Après avoir perdu ta liberté, tu t'es vûë toi-même en danger de perdre encore ton innocence ; tu n'as pû sans fraïeur envisager de près tes cruels ennemis : l'on a enlevé à tes yeux des vierges consacrées à Dieu, & tu en gémissois en secret. Rome où tu as pris naissance, & qui autrefois étoit la Maîtresse du monde, sert aujourd'hui de tombeau à ses citoïens. Voudrois-tu donc, exilée que tu es sur les côtes de la Lybie, voudrois-tu prendre pour époux un homme envelopé avec toi dans la même disgrace ? Qui est-ce qui présidera à tes nôces ? Quelle suite auras-tu dans cette ceremonie ? L'on y entendra pour tout concert les voix sifflantes, & les infames chansons des Carthaginois. Ah ! ne balançons pas davantage : quand on aime véritablement Dieu, on ne sçait ce que c'est que de craindre. Armée du bouclier de la foi, de la cuirasse de justice, & du casque du salut, vas attaquer l'ennemi ; c'est mériter la gloire du martyre, que de combattre pour la conservation de la chasteté. Pourquoi craindre ton Ayeule & ta Mere ? Peut-être elles-mêmes souhaitent-elles avec passion de te voir dans un état pour lequel elles ne croient pas que tu aïe aucun panchant.

Après donc s'être animée par des raisons si fortes & si touchantes, & par plusieurs autres de cette nature ; elle se dépoüille de l'habit du siécle, & de toutes ses parutes mondaines, qu'elle regardoit comme autant d'obstacles à ses desseins. Elle remet dans sa cassette, ses coliers, ses pierreries & ses perles, qui étoient d'un prix infini, & s'étant revêtuë d'un pauvre habit, & d'un manteau encore plus pauvre; elle va tout à coup & dans le tems que l'on y penſoit le moins, ſe jetter aux piés de ſa Grand-Mere, à qui elle ne ſe fait connoître que par ſes gémiſſemens & par ſes larmes. Cette ſage & vertueuſe Dame, voïant ſa petite fille dans cet équipage, ne ſçait que penſer; un excès de joie rend la Mere immobile & interdite: elles ne ſçauroient croire ce qu'elles voïent, & néanmoins elles ſouhaitent que ce qu'elles voïent ſoit veritable. Agitées l'une & l'autre de mille penſées differentes, partagées entre la crainte & la joie, tantôt rouges, tantôt pâles, elles s'entreregardent ſans rien dire.

Il faut malgré moi que je ſuccombe ici ſous la grandeur de mon ſujet, & je n'oſerois entreprendre de raconter des choſes que je ne puis expliquer ſans les affoiblir. L'on verroit tarir ici l'heureuſe fécondité de Ciceron; & Demoſténe avec ſon éloquence ſi vive & ſi preſſante, paroîtroit dans cette occaſion, morne & languiſſant, s'ils entreprenoient l'un & l'autre de dire qu'elle fut la joie de ces vertueuſes Dames. L'on m'a dit qu'il ſe paſſa dans une conjoncture ſi touchante, tout ce que l'on peut dire, tout ce que l'on peut penſer. Vous ûſſiez vû & la Mere & l'Ayeule ſe jetter à l'envi au coû de leur fille, verſer un torrent de larmes que la joie tiroit de leurs yeux, relever cette Vierge proſternée à leurs piés, diſſiper ſa crainte par leurs embraſſemens, ſe reconnoître elles-mêmes dans le choix qu'elle avoit fait, lui ſçavoir bon gré du nouvel éclat qu'elle répandoit par ſa virginité ſur toute ſa famille, lui témoigner qu'elle avoit trouvé le secret de relever la gloire de ses Ancêtres, & d'adoucir les disgraces du peuple Romain. O Dieu! qui pourroit exprimer quelle fut alors la joie & le ravissement de toute la famille? De cette féconde racine sortirent plusieurs vierges à la fois; les filles & les servantes voulant suivre l'exemple de leur Dame & de leur Maîtresse. C'étoit dans toutes les familles à qui embrasseroit l'état de la virginité, & quoique celles que s'y engageoient fussent de differentes conditions, toutes neanmoins aspiroient à la même récompense.

Je n'en dis pas assez. Cette heureuse nouvelle causa à toutes les Eglises d'Afrique une joie universelle; & le bruit s'en répandit, non seulement dans les villes, mais encore jusque dans les hameaux & les chaumieres. Il n'y eut point d'isle entre l'Afrique & l'Italie où l'on n'entendît parler de l'action de Demetriade, & la joie qu'elle causa s'étendit encore plus loin sans aucun obstacle. L'Italie quitta alors ses habits de deüil, & les murailles de Rome à demi ruinées, reprirent une partie de leur ancienne splendeur, persuadés qu'étoient les Romains que la vie sainte & parfaite d'une de leurs citoïennes ne pouvoit manquer d'attirer sur eux la protection du ciel. Vous ûssiez dit que l'armée des Goths venoit d'être défaite, & que Dieu avoit lancé la foudre sur cette troupe de deserteurs & d'esclaves. La premiere victoire que Marcellus remporta sur Hannibal près de Nole, ne releva jamais tant les esperances du peuple Romain consterné par les grandes pertes que la Republique avoit faites aux sanglantes journées de Trebie, de Cannes & de Trafimene. La nobleſſe Romaine, pitoïables reſtes de ce vaſte Empire, renfermée dans le Capitole, n'apprit pas avec plus de joie la défaite des Gaulois, de qui ils avoient été obligés racheter leur liberté. Le bruit de cette belle action, qui faiſoit triompher la Religion Chrétienne, pénétra juſqu'aux rivages de l'Orient, & ſe répandit même dans les villes ſituées au milieu des terres. Quelle Vierge ne fit pas gloire alors d'avoir Demetriade pour compagne ? Quelle mere ne félicita pas Julienne d'avoir porté dans ſon ſein une Vierge ſi illuſtre ? Que les Infidelles regardent tant qu'il leur plaira comme vaines & chimeriques, les récompenſes que nous attendons à l'avenir : pour vous, en conſacrant vôtre virginité au Seigneur, vous avez déja plus reçû, que vous ne lui avez offert. Car ſi vous aviez épouſé un homme mortel, la nouvelle de vôtre mariage ne ſe feroit répanduë que dans une ſeule Province ; au lieu que toute la terre a apris l'alliance que vous avez contractée avec JESUS-CHRIST.

Il arrive ordinairement que lors qu'une fille eſt ou eſtropiée ou malfaite, & ſans eſpérance de pouvoir trouver un parti qui lui convienne ; ſes malheureux parens, par un manque de foi, la forcent d'embraſſer l'état de la virginité. Si l'on a tant d'égard pour un homme mortel, & que l'on n'oſe lui offrir en mariage une fille mal tournée ; quel ſoin ne doit-on pas avoir de conſacrer à JESUS-CHRIST des Vierges ſans defauts ? Pour ceux qui ſe piquent un peu plus de religion, ils font à leurs filles une petite pension, qui suffit à peine pour les nourrir; reservant tout le reste de leur bien à leurs autres enfans qu'ils destinent pour le siecle. C'est ainsi qu'en a usé depuis peu un riche Prêtre de cette ville, qui laissant vivre dans une extrême indigence deux de ses filles qui s'étoient consacrées à Dieu, a donné tout son bien à ses autres enfans pour fournir à leur luxe & à leurs plaisirs. Plusieurs Dames qui font profession de la vie solitaire comme nous, en ont fait de même ; ce que nous n'avons pû voir sans douleur. Plût à Dieu que nous ne vissions point si souvent de pareils exemples : mais plus ils sont frequens, plus aussi doit-on estimer l'Ayeule & la Mere de Demetriade, de ne s'être point laissé aller à cette damnable coûtume, que le grand nombre autorise.

L'on dit, & toute la Chrétienté le publie avec éloge, que ces deux Dames abandonnerent à leur fille tout ce qui avoit été préparé pour son mariage, de peur de blesser la dignité de son Epoux, ou plûtôt afin qu'Elle lui apportât la dot qui lui étoit destinée, & qu'elle emploïât au soulagement des serviteurs de Dieu, des biens qui devoient être sacrifiez à la vanité. Qui pourroit s'imaginer que Proba, qui efface par l'éclat de son nom tout ce qu'il y a de plus grand & de plus illustre dans tout l'Empire Romain ; qui par la sainteté de sa vie & la bonté de son cœur, s'est renduë respectable aux Barbares mêmes ; qui a soûtenu sans s'éblouïr l'éclat de la gloire de ses trois enfans, [a] Probinus, Olibrius & Probus, qui

---

[a] Anicia Faltonia Proba fut mariée à Sextus Anicius Petro- | nius Probus, Consul en 371. De ce mariage sortirent trois

ont été Confuls ordinaires : qui pourroit dis je s'imaginer que tandis que Rome eſt captive & enſevelie ſous ſes propres ruines, cette Dame vende les biens qu'elle a hérités de ſes Ancêtres, & qu'elle emploïe ces richeſſes d'iniquité à ſe faire des amis qui la reçoivent dans les tabernacles éternels? Quel ſujet de confuſion pour tous les Eccleſiaſtiques, & pour tant de faux Solitaires, qui achetent des heritages, tandis qu'une Dame de cette qualité vend les ſiens?

Luc 16. 9.

A peine avoit-elle échapé à la fureur des Barbares, & pleuré le ſort des Vierges qu'ils avoient arrachées d'entre ſes bras, qu'elle apprit la triſte nouvelle de la mort d'un [a] fils qui lui étoit tres-cher. Un coup ſi imprévû & qu'elle n'avoit jamais craint, lui fut tres ſenſible : mais eſpérant deslors de ſe voir un jour Grand-mere d'une Vierge conſacrée à JESUS-CHRIST; elle appaiſa par cette douce eſpérance la douleur que lui cauſoit la plaïe mortelle qu'elle venoit de recevoir, & par la fermeté qu'elle fit paroître dans cette fatale conjoncture, elle verifia en ſa perſonne ce que le Poëte Lyrique dit de l'homme juſte :

---

enfans, le premier fut Anicius Hermogenianus Olibrius mari de Julienne, & pere de Demetriade, qui fut Conſul en 395. le ſecond fut Anicius Probinus, Conſul en la même année; & le troiſiéme fut Anicius Probus Conſul en 406. Quelques Auteurs, comme Veſſius & Gaſpard Barthius confondent mal à propos nôtre Proba, Ayeule de Demetriade, avec Valeria Faltonia Proba, qui a fait le Centon de Virgile.

a D'Olibrius pere de Demetriade, qui mourut vers l'an 409. un an avant la priſe de Rome par Alaric Roi des Goths.

L'immuable vigueur de sa mâle vertu   Horat. l. 3.
Ne succomberoit pas sous le monde abbatu.   carm. od 3.

Nous lisons dans Job : *Au moment que celui-ci parloit, un autre vint encore lui apporter une fâcheuse nouvelle.* Et au même endroit *La vie de l'homme sur la terre est une tentation.* Ou plûtôt comme porte le texte Hebreu : *La vie de l'homme sur la terre est une guerre continuelle.* En effet nous n'essuïons tant de perils, & nous ne supportons tant de travaux dans le siécle présent, que pour meriter la couronne de gloire dans le siecle futur. Il ne faut point s'étonner que les hommes passent par ces épreuves, puisque JESUS-CHRIST même a bien été tenté, & que l'Ecriture nous assure que Dieu tenta Abraham. C'est pourquoi l'Apôtre Saint Paul nous a dit : *Nous nous réjoüissons dans les afflictions, parce que nous sçavons que l'affliction produit la patience, la patience l'épreuve, l'épreuve l'espérance : or cette espérance n'est point trompeuse.* Et ailleurs : *Qui nous separera de l'amour de* JESUS-CHRIST *? sera-ce l'affliction, ou les déplaisirs, ou la persecution, ou la faim, ou la nudité, ou les perils, ou le fer & la violence ? Selon qu'il est écrit : L'on nous égorge tous les jours pour l'amour de vous, Seigneur, & l'on nous regarde comme des brebis destinées à la boucherie.* Aussi le Prophete Isaïe s'addressant à ces personnes affligées, pour les exhorter à la patience : *O vous*, leur dit-il, *que l'on a sevrés & arrachés du sein de vôtre mere, préparez-vous à souffrir affliction sur affliction, & à concevoir espérance sur espérance.* Les souffran-

Job. 1. 17.
Ibid. 7. 1.
Rom. 5. 3.
Ibid. 8. 35.
Isaï. 28. 10. selon les LXX.

282   XXII. LETTRE

Rom. 8. 18.

ces de la vie présente, dit saint Paul, n'ont point de proportion avec cette gloire que Dieu doit un jour découvrir en nous. L'on verra dans la suite à quel dessein j'ai rapporté ces passages de l'Ecriture.

Cette Dame qui du milieu de la mer avoit vû l'embrasement de Rome, & qui s'étoit exposée avec toute sa famille sur une méchante barque, trouva encore plus d'inhumanité sur les bords de l'Afrique. Car elle y fut reçûë par un [a] homme également avare & cruel, qui n'aimoit que le vin & l'argent, qui sous prétexte de servir le meilleur [b] Prince du monde, exerçoit une tirannie insupportable, & qui (pour me servir de la fable) avoit avec lui, comme [c] Pluton dans les enfers, un [d] chien, non à trois, mais à plusieurs têtes, pour arracher & déchirer tout; enlevant d'entre les bras de leurs meres, des filles qu'il avoit venduës à des marchands Syriens, qui sont les plus insatiables de tous les hommes, faisant trafic du mariage des personnes de qualité, n'aïant aucun égard à la misere des orphelines, des veuves, & des vierges consacrées à Dieu, & regardant plûtôt leurs mains pour recevoir de l'argent, que leur visage pour compatir à

---

a Heraclien Gouverneur d'Afrique. L'Empereur Honorius condamna ce tyran à perdre la vie, & ordonna que son nom fut ôté de tous les actes publics.

b C'étoit l'Empereur Honorius qui gouvernoit alors l'Empire avec Theodose le jeune fils de son frere Arcade.

c Le texte porte: *quasi Orcus in tartaro*. Cicéron l. 3. de nat. Deor. prend *Orcus* pour Pluton.

Age porro, dit-il, *Jovem & Neptunum Deum numeras; ergo etiam Orcus frater eorum Deus.* C'est dans ce même sens que Virgile a dit Georg. 1.

Pallidus Orcus Eumenidesque satæ.

d S. Jerôme veut parler de Sabin gendre du Comte Heraclien, & ministre de ses cruautés.

leurs difgraces. Proba voulant échaper des mains des Barbares, tomba en la puissance de ce tyran, comme dans les gouffres de Caribde & de Scille, que les Poëtes nous dépeignent environnée de chiens; de cet homme cruel qui ne fçavoit ce que c'étoit ni que d'épargner ceux qui avoient fait naufrage, ni que d'être sensible à la misere de ceux qui étoient reduits en servitude. Barbare ? hé ! du moins ne surpasses pas en cruauté l'ennemi du peuple Romain. Le [a] Brennus de nos jours s'est contenté d'emporter ce qu'il a trouvé dans Rome, & toi tu [b] cherches ce que tu ne fçaurois trouver. Neanmoins les envieux de cette Dame (car la vertu est toûjours exposée aux traits de l'envie) ses envieux, dis-je, s'étonnent comment elle a pû racheter par une convention tacite la pureté de tant de filles qui étoient à sa suite ; parce qu'ils ne font pas reflexion que cet homme inhumain, qui pouvoit lui enlever tout son argent, se contenta d'en prendre une partie, qu'Elle n'ofa refuser à sa qualité de Comte, quoiqu'elle s'aperçût bien qu'il n'étoit qu'un tyran, qui se prévaloit de sa dignité pour la traiter en esclave.

Je sens bien que je m'expose ici à la censure de mes ennemis, & que l'on ne manquera pas de m'accuser de flater une personne de la premiere qualité. Mais ils ne pouront pas me condamner avec justice, s'ils font réfléxion que j'ai toûjours gardé le silence jusques ici ; car du vivant ou depuis la mort de son

---

[a] Alaric Roi des Goths. V. les Remarques.
[b] Parce que Heraclien vou- loit dépoüiller des gens qui avoient déja tout perdu.

mari, je n'ai point vanté ni l'ancienneté, ni la puissance, ni les richesses de sa famille; ce que peut-être d'autres ont relevé par des loüanges flateuses & interessées. Mon dessein aujourd'hui est de loüer d'une maniere digne d'un Ecclesiastique, la Grand-mere de Demetriade, & de la remercier d'avoir favorisé le dessein de cette Vierge. Au reste on ne doit point soupçonner de flaterie un homme caché dans le fond d'un Monastere, vivant pauvrement, couvert d'un méchant habit, & qui touchant de près au tombeau, se contente d'avoir ce qui lui est necessaire pour achever le peu qui lui reste à vivre. De plus je n'adresserai toute la suite de ce discours qu'à une Vierge, mais une Vierge aussi illustre par la sainteté de sa vie, que par l'éclat de sa naissance, & dont la chute est d'autant plus à craindre, que l'état qu'elle a embrassé est élevé.

Le seul donc & le plus important conseil que je vous donne, ma chere fille, & que je ne cesserai point de vous donner, est d'aimer la lecture de l'Ecriture sainte, & de prendre garde de recevoir dans vôtre cœur aucune mauvaise semence, de peur que durant le sommeil du pere de famille, c'est-à-dire, de l'esprit qui doit toûjours être attaché à Dieu, l'ennemi ne vienne semer l'ivraie parmi le bon grain. Aïez toûjours ces paroles à la bouche: *J'ai cherché mon Bien-aimé toute la nuit. En quel endroit menez-vous paître vôtre troupeau, & prenez vous vôtre repos à l'heure de midi?* Dites aussi avec le Prophete Roi: *Mon ame s'est attachée fortement à vous, & vôtre main droite m'a soûtenuë,* & avec Jérémie: *Je n'ai point eu de*

Matth. 13. 25.

Cant. 3. 1.
Ibid. 1. 6.

Psal. 61. 8.

Jerem. 17. 16.

peine à vous suivre, parce qu'il n'y a point de *douleur en Jacob, ni de travail en Israël.* Lors que vous étiez dans le siecle, vous preniez plaisir aux choses du siecle, c'est-à-dire, à vous farder, à vous coëffer proprement, & à bâtir sur vôtre tête avec des cheveux empruntés comme une espece de tour. Je ne dis rien de ces precieux pendans-d'oreilles, de ces perles qui font voir par la beauté de leur eau qu'elles ont été pêchées au fond de la mer rouge, de ces émeraudes, ces rubis & ces hiacintes, qui font la passion & la folie des Dames de qualité. Mais aujourd'hui que vous avez quitté le monde, que vous vous êtes élevée par de nouveaux vœux au dessus des premiers engagemens de vôtre batême, que vous avez fait pacte avec vôtre ennemi, en lui disant : *Je renonce à toi, Satan, je renonce à ton siecle, à tes pompes, à tes œuvres :* ne rompez point le traité que vous avez fait avec lui, accordez vous avec cet adversaire tandis que vous êtes dans le chemin de cette vie, & soïez fidéle à lui tenir la parole que vous lui avez donnée ; de peur qu'il ne vous livre au Juge, & que vous aïant convaincuë d'avoir usurpé quelque chose de ses droits, il ne vous fasse mettre entre les mains du ministre de la justice, qui est toute à la fois & vôtre ennemi, & le vengeur des crimes, pour être jettée en prison dans les tenebres exterieures. Elles sont, ces tenebres, d'autant plus affreuses & plus épaisses, que nous sommes plus éloignés de JESUS-CHRIST, qui est la vraie lumiere ; & l'on ne sort de là qu'après avoir païé jusqu'à la derniere obole, c'est-à-dire, après

Num 23. 20. selon les LXX.

Matth. 5. 25.

avoit satisfait pour les moindres péchez ; car nous devons rendre compte au jour du jugement, même des paroles inutiles.

Ne regardez pas ce que je vous dis comme un mauvais augure & un présage funeste pour vous ; mais comme un avertissement salutaire que vous donne un ami qui croit ne pouvoir prendre trop de précautions, & qui tremble pour les choses même qui paroissent les plus assurées. *Si l'esprit de celui qui a la puissance,* dit le Sage, *s'éleve sur vous, ne quittez point vôtre place.* Nous sommes comme dans une armée rangée en bataille, & toûjours prête à combattre ; nôtre ennemi veut nous pousser, & nous chasser de nôtre poste, mais il faut faire ferme, & dire avec le Prophete Roi : *Dieu a affermi mes piés sur la roche* : Et ailleurs : *Le rocher sert de retraite aux liévres* ; ou comme portent plusieurs exemplaires : *Le rocher sert de retraite aux herissons.* C'est un petit animal, craintif, & tout couvert de pointes & d'épines. Mais JESUS-CHRIST n'a été couronné d'épines & ne s'est chargé de nos péchez, & des peines qui leur étoient dûës, qu'afin de faire naître les roses de la virginité & les lis de la chasteté, de ces ronces & ces épines, qui sont le partage de la femme, à qui Dieu a dit : *Vous enfanterez dans l'accablement & dans la douleur ; vous tournerez toute vôtre affection du côté de vôtre mari, & il sera vôtre maître.* Aussi l'Epoux prent-il ses délices parmi les lis, & en la compagnie de ces ames pures qui n'ont contracté aucune soüillûre, qui sont demeurées vierges, & qui ont pratiqué ce que dit le Sage : *Que vos vêtemens*

Eccl. 10. 4.

Psal. 39. 3.
Ibid. 103. 18.

Gen. 3. 16.
selon les
LXX.

Eccl. 9. 8.

soient blancs en tout tems. Et comme ce divin Epoux est le chef des vierges, & l'auteur de leur virginité, il dit avec assurance : *Je suis la fleur des champs, & le lis des vallées.* Le rocher sert donc de retraite à ces liévres qui dans le tems des persecutions fuïent d'une ville en un autre, sans craindre ce que dit le Prophete : *Je ne sçaurois m'enfuir.* Mais les cerfs se retirent sur le haut des montagnes, & il se nourrit de ces serpens qu'un petit enfant tire de leur trou, pendant que l'on voit le léopard, selon la prédiction d'Isaïe, se coucher auprès du chevreau, & le bœuf manger la paille avec le lion ; ensorte neanmoins que le bœuf ne devient ni farouche ni cruel, & qu'au contraire le lion aprend à être doux & traitable.

Cant. 2. 1.

Psal. 141. 6.

Isai. 11. 6. & 7.

Mais revenons au passage de l'Ecriture dont je vous ai parlé : *Si l'esprit de celui qui a la puissance s'éleve sur vous, ne quittez point vôtre place.* Le Sage ajoûte ensuite : *Parce que les remedes font cesser les grands pechez.* C'est-à-dire, si le serpent vous suggere quelque mauvaise pensée, veillez sur vôtre cœur avec tout le soin possible, & chantez avec David : *Purifiez-moi, Seigneur, des pechez que j'ai commis, & qui me sont inconnus, & préservez vôtre serviteur de la contagion des étrangers.* Si vous en usez de la sorte, vous éviterez le tresgrand péché qui consiste dans l'action ; vous étoufferez d'abord dans vôtre cœur les semences du vice, vous briserez les enfans de Babylone contre la pierre, sur laquelle on ne decouvre aucunes traces du serpent, & vous pourrez dire à Dieu : *S'ils ne prennent sur moi aucun empire, alors je serai sans tache, & je*

Eccl. 10. 4.

Psal. 18. 13.

Id. ꝟ. 14.

me verrai purifié du tres-grand péché. C'est dans ce même sens que l'Ecriture dit encore ailleurs :

Exod. 20. *Je punirai les pechez des peres jusqu'à la troi-*
5. *siéme & quatriéme génération.* C'est-à-dire, que Dieu ne nous punit pas d'abord pour les mauvaises pensées & les desseins criminels que nous formons, mais il s'en vange dans les enfans, je veux dire dans les actions qui suivent la pensée, & dans lesquelles l'on persevere. C'est ainsi qu'il s'explique lui-même par le Prophe-

Amos 1. 3. te Amos : *Est-ce que je ne regarderai pas telle & telle ville avec horreur & avec indignation, après les impiétés qu'elle a déja commises trois & quatre fois ?*

Ces avis que j'ai cueillis à la hâte comme autant de fleurs dans le beau champ des saintes Ecritures, doivent suffire pour vous apprendre à fermer la porte de vôtre cœur, & à vous armer souvent du signe de la Croix, pour vous mettre à couvert des coups de l'Ange exterminateur ; pour sauver vos premiers nez, tandis que l'Egypte voit périr les siens ; & pour vous engager à dire avec le Prophete

Psal. 107. 1. Roi : *Mon cœur est préparé, Seigneur ; mon cœur est préparé : je chanterai vos loüanges, & vous offrirai des Cantiques : reveillez-vous ma gloire, reveillez-vous ma harpe & ma lyre.*

Isa. 23. 16. C'est cette même harpe que la ville de Tyr, couverte qu'elle étoit des plaies que lui avoit fait le péché, eut ordre de prendre pour faire penitence, & pour laver, comme saint Pierre, dans l'amertume de ses larmes, les taches de son ancienne corruption. Mais pour nous, ne songeons point à la pénitence, de peur que l'espérance de la pouvoir faire un jour, ne

nous

nous rende moins retenus à commettre le péché. Ceux qui ont été assez malheureux pour s'engager dans le crime, peuvent s'en servir comme d'une planche après le naufrage : mais une Vierge doit conduire son vaisseau, en sorte qu'il ne soit jamais endommagé de la tempête ; car il y a une grande difference entre chercher ce que l'on a perdu, & posseder ce que l'on a toûjours conservé. C'est pour cela que l'Apôtre saint Paul traitoit son corps rudement, & le reduisoit en servitude, de peur qu'en prêchant aux autres, il ne fut lui-même reprouvé. Et parlant en la personne de tous les hommes des ardeurs de la concupiscence dont il se sentoit embrasé : *Malheureux homme que je suis*, disoit-il, *qui me délivrera de ce corps de mort ? Je sçai*, continuë-t-il, *qu'il n'y a rien de bon en moi ; c'est-à-dire dans ma chair ; parce que je trouve en moi la volonté de faire le bien, mais je ne trouve pas le moïen de l'accomplir : car je ne fais pas le bien que je veux, mais je fais le mal que je ne veux pas. Ceux qui sont assujetis à la chair*, ajoûte-t-il, *ne sçauroient plaire à Dieu ; mais pour vous, vous n'êtes point dans la chair, mais dans l'esprit ; si toutefois l'esprit de Dieu habite en vous.*

 A cette attention continuelle que vous devez faire sur les mouvemens de vôtre cœur, il faut joindre la pratique du jeûne, & dire avec le Prophete Roi : *J'ai humilié mon ame par le jeûne : j'ai mangé la cendre comme le pain ; & lors que je me voiois poursuivi par mes ennemis, je me couvrois d'un cilice.* Eve fut chassée du paradis terrestre, pour avoir mangé du fruit défendu. Elie fut enlevé au ciel dans un cha-

1. Cor. 9. 27.

Rom. 7. 14.

Ibid. ℣. 18.

Ibid. 8. 8.

Psal. 34. 16.
Psal. 101. 10.
Psal. 34. 15.

Tome I.   T

me verrai purifié du tres-grand péché. C'est dans ce même sens que l'Ecriture dit encore ailleurs:

Exod. 20. *Je punirai les pechez des peres jusqu'à la troi-*
5. *siéme & quatriéme génération.* C'est-à-dire, que Dieu ne nous punit pas d'abord pour les mauvaises pensées & les desseins criminels que nous formons, mais il s'en vange dans les enfans, je veux dire dans les actions qui suivent la pensée, & dans lesquelles l'on persevere. C'est ainsi qu'il s'explique lui-même par le Prophe-

Amos 1. 3. te Amos: *Est-ce que je ne regarderai pas telle & telle ville avec horreur & avec indignation, aprés les impiétés qu'elle a déja commises trois & quatre fois?*

Ces avis que j'ai cueillis à la hâte comme autant de fleurs dans le beau champ des saintes Ecritures, doivent suffire pour vous apprendre à fermer la porte de vôtre cœur, & à vous armer souvent du signe de la Croix, pour vous mettre à couvert des coups de l'Ange exterminateur; pour sauver vos premiers nez, tandis que l'Egypte voit périr les siens; & pour vous engager à dire avec le Prophete

Psal. 107. 1. Roi: *Mon cœur est préparé, Seigneur, mon cœur est préparé: je chanterai vos loüanges, & vous offrirai des Cantiques: reveillez-vous ma gloire, reveillez-vous ma harpe & ma lyre.*

Isaï. 23. 16. C'est cette même harpe que la ville de Tyr, couverte qu'elle étoit des plaïes que lui avoit fait le péché, eut ordre de prendre pour faire penitence, & pour laver, comme saint Pierre, dans l'amertume de ses larmes, les taches de son ancienne corruption. Mais pour nous, ne songeons point à la penitence, de peur que l'espérance de la pouvoir faire un jour, ne

nous

nous rende moins retenus à commettre le péché. Ceux qui ont été assez malheureux pour s'engager dans le crime, peuvent s'en servir comme d'une planche après le naufrage : mais une Vierge doit conduire son vaisseau, en sorte qu'il ne soit jamais endommagé de la tempête ; car il y a une grande différence entre chercher ce que l'on a perdu, & posseder ce que l'on a toûjours conservé. C'est pour cela que l'Apôtre saint Paul traitoit son corps rudement, & le reduisoit en servitude, de peur qu'en prêchant aux autres, il ne fut lui-même reprouvé. Et parlant en la personne de tous les hommes des ardeurs de la concupiscence dont il se sentoit embrasé : *Malheureux homme que je suis*, disoit-il, *qui me délivrera de ce corps de mort ? Je sçai*, continuë-t-il, *qu'il n'y a rien de bon en moi, c'est-à-dire dans ma chair ; parce que je trouve en moi la volonté de faire le bien, mais je ne trouve pas le moïen de l'accomplir : car je ne fais pas le bien que je veux, mais je fais le mal que je ne veux pas. Ceux qui sont assujetis à la chair*, ajoûte-t-il, *ne sçauroient plaire à Dieu ; mais pour vous, vous n'êtes point dans la chair, mais dans l'esprit, si toutefois l'esprit de Dieu habite en vous.* {1. Cor. 9. 27. / Rom. 7. 24. / Ibid. v. 18. / Ibid. 8. 8.}

A cette attention continuelle que vous devez faire sur les mouvemens de vôtre cœur, il faut joindre la pratique du jeûne, & dire avec le Prophete Roi : *J'ai humilié mon ame par le jeûne : j'ai mangé la cendre comme le pain ; & lors que je me voiois poursuivi par mes ennemis, je me couvrois d'un cilice.* Eve fut chassée du paradis terrestre, pour avoir mangé du fruit défendu. Elie fut enlevé au ciel dans un cha- {Psal. 34. 16. / Psal. 101. 10. / Psal. 34. 15.}

Tome I. T

riot de feu après un jeûne de quarante jours. Moïse ne se nourrit durant quarante jours & quarante nuits, que du plaisir qu'il trouvoit à converser avec Dieu, & il connut par sa propre expérience la vérité de ce qu'il dit lui-même : *L'homme ne vit pas seulement de pain, mais de toute parole qui sort de la bouche de Dieu.* Le Sauveur du monde qui nous a donné durant sa vie mortelle des exemples de toutes les vertus, fut enlevé par l'esprit immédiatement après son batême, pour combattre le démon, & pour le faire fouler aux piés par ses disciples, après l'avoir lui-même vaincu & terrassé, selon ce que dit l'Apôtre saint Paul : *Dieu brisera bien-tôt Satan sous nos piés.* Neanmoins après un jeûne de quarante jours, le démon prenant occasion de la faim du Sauveur pour lui tendre des piéges : *Si vous êtes fils de Dieu,* lui dit-il, *commandez que ces pierres se changent en pain.* Dans l'ancienne loi l'on publioit au son de la trompette un jeûne universel, le dixiéme jour du septiéme mois ; tous les Juifs y étoient obligés, & ceux qui le rompoient étoient exterminés du milieu du peuple. Nous lisons dans Job, que toute la force & toute la vertu du dragon consiste dans ses reins & dans son nombril ; c'est-à-dire, que nôtre ennemi se sert de l'ardeur & de la vivacité de l'âge pour corrompre la jeunesse, & pour enflammer tout le cercle & tout le cours de nôtre vie ; selon cette parole du Prophete Osée : *Ils sont tous des adulteres, & leurs cœurs sont semblables à un four chaud.* Mais le jeûne & la grace de Dieu éteignent ces funestes brasiers. Ce sont là ces traits enflammés du dé-

Deut. 8. 3.

Matth. 4. 1.

Rom. 16. 20.

Matth. 4. 3.

Levit. 23. 27.

Job. 40. 11.

Osée 7. 4.

mon qui bleſſent & qui brûlent tout à la fois. C'eſt cette fournaiſe que le Roi de Babylone prépara aux trois enfans Hebreux, & dont la flamme s'élevoit juſqu'à quarante neuf coudées, qui renferment le nombre de ſept fois ſept, que ce Prince cruel emploïoit pour perdre ces jeunes Iſraëlites; de même que Dieu avoit ordonné d'obſerver ſept ſemaines pour le Jubilé, qui eſt un tems de remiſſion & de ſalut. Mais comme au milieu de ces trois Enfans l'on en vit un quatriéme ſemblable au Fils de l'homme, qui tempéra les exceſſives ardeurs de la fournaiſe, & qui dans la violence d'un embraſement furieux, aprit au feu à perdre ſa chaleur, & à n'avoir rien que de doux au toucher, tandis qu'il ne préſentoit rien que d'effraïant à la vûë: de même une rigoureuſe abſtinence accompagnée d'une roſée celeſte, éteint dans le cœur d'une Vierge, les feux qu'une boüillante jeuneſſe a coûtume d'y allumer, & force la nature à conſerver dans un corps humain la pureté d'un Ange. C'eſt pour cela que l'Apôtre ſaint Paul dit qu'il n'a point reçû de commandement pour les Vierges, parce que ce n'eſt qu'en combattant les plus douces inclinations de la nature, & en s'élevant au deſſus de ſes ſentimens les plus vifs, que l'on peut renoncer aux plaiſirs qu'elle inſpire, faire mourir en ſoi-même la racine qu'elle y a plantée, ne recueillir d'un fond ſi corrompu que des fruits de virginité, fuir les engagemens du mariage, ne penſer qu'avec horreur aux approches d'un homme, vivre enfin dans un corps, comme ſi l'on n'en avoit point.

Au reſte je ne vous impoſe point cette abſti-

Dan 3. 47.

nence demesurée ni ces jeûnes excessifs, qui accablent tout d'un coup un corps foible & delicat, & qui ruinent la santé avant même que l'on ait commencé à jetter les fondemens d'une vie parfaite. Car c'est une maxime établie même par les Philosophes païens, que la véritable vertu a ses bornes, & qu'elle cesse d'être vertu dès qu'elle ne garde plus ni regle ni mesure. Ce qui a fait dire à un ᵃ des sept Sages de la Grece, qu'il ne faut jamais donner dans l'excès: & cette maxime a été si universellement applaudie, que même un Poëte comique l'a mise en vers. Prenez donc garde de ne vous pas tellement affoiblir la poitrine par une abstinence indiscrete, que vous ne respiriez qu'avec peine, & que vous soïez reduite à vous faire porter ou traîner par vos compagnes : mais jeûnez de sorte qu'en mortifiant les desirs de la chair, vous soïez toûjours en état de veiller à l'ordinaire, & de vous appliquer reglément à la lecture & à la psalmodie. Le jeûne n'est pas une vertu parfaite, il n'est que le fondement des autres vertus. J'en dis autant de la chasteté qui nous sanctifie, & sans laquelle personne ne verra Dieu. Elle peut bien nous servir comme de degré pour vous élever au comble de la perfection; mais seule & separée des autres vertus, elle ne sçauroit jamais couronner une Vierge. Pour nous convaincre de cette vérité, il ne faut que lire la parabole des Vierges folles & des Vierges sages. L'on fit entrer celles-ci dans la chambre de l'Epoux, & l'on en refusa l'entrée à celles-là, parce que leurs lam-

Terent. in Andr.

Matth. 25. 1.

ᵃ Diogene Laërce attribuë cette maxime à Solon.

pes étoient éteintes, & que l'huile des bonnes œuvres leur manquoit. La matiere du jeûne est d'une grande étenduë, j'en ai souvent parlé moi-même, & plusieurs Ecrivains en ont fait des traitez exprès, que vous pouvez lire pour aprendre & les biens que produit l'abstinence, & les maux que cause la gourmandise.

^a Imitez vôtre Epoux, & soumettez-vous comme lui à vôtre Mere & à vôtre Ayeule. Ne voïez aucun homme, & sur tout de jeunes gens, qu'en leur compagnie, & ne faites connoissance avec qui que ce soit qui leur soit inconnu. Car selon la maxime d'un Auteur profane, la véritable amitié consiste dans la conformité des sentimens. Ce sont Elles qui vous ont inspiré l'amour de la virginité, qui par leur exemple vous ont apris à connoître ce que Jesus-Christ demande de vous, à prendre le parti qui vous étoit le plus convenable : & à faire un choix digne de vous. Ainsi vôtre maison a été pour vous une école de vertu, & de sainteté. Ne pensez donc pas que la gloire que vous vous êtes attirée par le vœu de virginité que vous avez fait, n'appartienne qu'à vous ; elle vous est tellement propre, qu'elle appartient aussi à celles dont la chasteté a été le modéle de la vôtre ; & qui vivant dans un mariage chaste & honneste, vous ont mis au monde comme une tres-belle fleur qui doit porter un jour des fruits de perfection ; pourvû neanmoins que vous vous humiliez sous la puissante main de Dieu, & que vous vous souveniez toûjours de ce que dit l'Ecriture ;

Luc 2. 51.

Sallust. in Catil.

___

a Saint Jérôme fait ici allusion à ce que dit S. Luc, que Jesus-Christ étoit soûmis à Marie & à Joseph.

Jac. 4. 6. *Dieu resiste aux superbes, & il donne sa grace aux humbles.* Or la grace n'est pas une récompense, mais une pure libéralité de celui qui nous la donne, selon ce que dit l'Apôtre saint *Rom. 9. 16.* Paul: *Cela ne dépend point ni de celui qui veut, ni de celui qui court, mais de Dieu qui fait misericorde.* Cependant c'est nous qui voulons & qui ne voulons pas; mais ce n'est que par la misericorde de Dieu que nous avons cette liberté de vouloir & de ne pas vouloir.

Quand vous prendrez à vôtre service des Eunuques, des filles & des serviteurs, aïez plus d'égard à la regularité de leur vie, qu'à la beauté de leur visage. Ce n'est que le cœur qu'il faut envisager dans les personnes de tout sexe & de tout âge, & dans ces demi-hommes qui ne sont chastes que malgré eux, & en qui la crainte de Jesus-Christ peut seule étouffer les sentimens qu'inspire la nature. Ne souffrez pas que l'on se donne en vôtre presence des airs bouffons & galands. Fermez l'oreille à toutes les paroles deshonnêtes, & si vous en entendez quelqu'une de cette nature, prenez garde de vous laisser prendre à cet appas: car les libertins n'emploient souvent pour séduire l'innocence, qu'une seule parole qui paroît échapée & dite sans dessein. Laissez aux gens du monde l'enjoüement & la plaisanterie: un air grave & serieux sied bien à une personne de vôtre caractere. Lucilius nous aprend que l'on ne vit jamais rire Marcus Crassus, & Caton qu'une seule fois en leur vie: je parle de ce Caton le Censeur, qui tenoit autrefois le premier rang dans Rome, & qui sur la fin de ses jours n'eut point de honte, & ne desespera pas même d'aprendre la langue Greque. Peut-être ne cherchoient-ils qu'à s'attirer par cette sévérité affectée, l'estime & les applaudissemens des hommes : car tandis que nous vivons sur la terre, attachés à un corps mortel & fragile, nous ne pouvons nous rendre maîtres de nos desirs & de nos passions, & nous ne sçaurions jamais les reprimer tout-à-fait. Ce qui fait dire au Prophete Roi : *Mettez-vous en colere & ne péchez point* c'est-à-dire, selon l'explication que l'Apôtre saint Paul donne à ces paroles : *Que le soleil ne se couche point sur vôtre colere* ; parce que le propre de l'homme est de s'abandonner aisément aux saillies de la colere, & que le devoir d'un Chrétien est d'en calmer les mouvemens. *Psal. 4. 5.* *Ephes. 4. 26.*

Je crois qu'il est fort inutile de vous donner des conseils contre l'avarice, puisque vous êtes d'une famille où l'on sçait tout à la fois & posseder & mépriser les richesses. Vous sçavez d'ailleurs que l'Apôtre saint Paul regarde l'avarice comme une idolâtrie : & qu'une personne de qualité aïant demandé à JESUS-CHRIST : *Bon maître, quel bien dois-je faire pour meriter la vie éternelle ?* Le Sauveur lui répondit : *Si vous voulez être parfait, allez, vendez tout ce que vous avez, & le donnez aux pauvres, & vous aurez un tresor dans le ciel ; puis venez & me suivez.* C'est ateindre au comble de la perfection, & à la vertu même des Apôtres, que de vendre tout ce que l'on possede, d'en distribuer le prix aux pauvres, & de s'élever au ciel avec JESUS-CHRIST, après s'être ainsi dechargé du poids accablant des richesses. Mais nôtre emploi, & particu- *Ephes. 5. 5.* *Luc 18. 18.*

lierement le vôtre, eſt de faire un bon uſage des biens dont Dieu nous a donné l'adminiſtration. Au reſte le Fils de Dieu n'a aucun égard en cela ni à l'âge, ni à la condition des perſonnes, & il laiſſe à un chacun la liberté de faire ce qu'il lui plaît. *Si vous voulez être parfait*, nous dit-il. Je ne vous contrains point de prendre le parti de la pauvreté, je ne vous en fais point une loi ; je me contente de vous propoſer la récompenſe, & de vous montrer la couronne que je vous deſtine ; c'eſt à vous de choiſir & de voir ſi vous voulez combattre pour la meriter. Remarquez avec combien de ſageſſe JESUS-CHRIST, qui eſt la ſageſſe même, s'eſt expliqué dans cette occaſion : *Vendez*, dit-il, *tout ce que vous avez*. A qui fait-il ce commandement ? à celui à qui il a dit : *Si vous voulez être parfait*; *vendez*, non pas une partie de vos biens, mais *tout ce que vous poſſedez* ; & après que vous les aurez vendus, (qu'ajoûte-t-il ?) *donnez-en le prix* , non pas aux riches, non pas à vos parens, mais *aux pauvres* ; faites-les ſervir aux neceſſités de ceux-ci, & non pas aux plaiſirs de ceux-là. Quel que puiſſe être celui à qui vous ferez part de vos biens, ſoit Prêtre, ſoit parent & allié, n'enviſagez en lui que ſes beſoins & ſa pauvreté, & mettez toute vôtre gloire à raſſaſier la faim des malheureux, & non pas à entretenir les débauches des gens de plaiſir & de bonne chere. Lors que le ſang du Sauveur du monde étoit encore tout fumant, & que la foi naiſſante des Chrétiens n'avoit encore rien perdu de ſa premiere ferveur ; tous les fideles, comme nous le liſons dans les Actes

des Apôtres, vendoient leurs héritages; & *Act.* 2. 45.
pour faire voir combien l'on doit méprifer
toutes les richeffes de la terre, ils en mettoient
le prix aux piés des Apôtres, & on le diftri-
buoit à tous felon les befoins d'un chacun.
Mais Ananie & Saphire uferent de leurs biens *Act.* 5. 1.
avec plus de ménagement & de referve, ou
pour mieux dire avec plus de perfidie & de
déguifement. Voilà ce qui fit leur crime. Car
après avoir fait vœu de confacrer leurs héritages au Seigneur, ils ne laifferent pas d'en
aporter le prix aux Apôtres, comme leur ap-
partenant en propre, & non pas à celui à qui
ils les avoient confacrés; fe refervant ainfi une
partie du bien d'autrui, pour fe précautionner
contre la faim, dont neanmoins une ame vraiment fidelle n'eft jamais alarmée. Auffi reçû-
rent-ils fur l'heure le châtiment de leur crime, non point par un jugement cruel, mais
par une punition exemplaire. En effet l'Apôtre S. Pierre ne leur fouhaita pas la mort,
comme [a] un certain fou de Philofophe a ofé
l'avancer; mais il leur prédit feulement par
un efprit prophétique, que Dieu alloit les punir de leur infidelité, afin que le châtiment
de deux perfonnes, devint une inftruction pour
plufieurs.

Depuis que vous vous êtes confacrée à Dieu
par le vœu d'une perpetuelle virginité, vous
avez perdu tous les droits que vous aviez fur
vos biens, ou plûtôt vous vous les êtes véritablement refervés, par la ceffion que vous en

---

[a] Les Editions portent, *Stul-*
tus Porphyrius, c'eft en effet de
Porphyre que S. Jérôme veut
parler: neanmoins tous les manufcrits portent *Stultus Philofo-*
phus.

avez faite à Jesus-Christ. Tandis que vôtre Ayeule & vôtre Mere seront en vie, c'est à Elles à gouverner vôtre bien comme il leur plaira : mais après leur mort, & quand Elles dormiront du sommeil des Saints, (car je sçai bien qu'elles souhaitent de mourir avant vous,) alors devenuë plus meure avec l'âge, plus sage dans vos conseils, plus constante dans vos desseins, vous pourez agir selon vos vûës, ou plûtôt selon les ordres du Seigneur; persuadée que vous devez être, que Dieu ne vous rendra que ce que vous aurez consacré à faire de bonnes œuvres. Que les autres emploient leurs revenus à bâtir des Eglises, à les revêtir de marbre, à y élever de prodigieuses colomnes, à dorer des chapiteaux qui sont insensibles à la richesse & à la beauté de ces precieux ornemens, à couvrir les portes de plaques d'argent & d'ivoire, & à faire des autels tout dorez, avec des compartimens de pierres precieuses : j'y consens, & je ne blâme point l'emploi qu'ils font de leurs biens; il est permis à un chacun de suivre ses propres lumieres. Il vaut mieux emploïer ses richesses à de pareils usages, que de les mettre en reserve, & de les conserver par un attachement criminel. Mais vous devez avoir d'autres vûës, & vôtre emploi doit être de vêtir Jesus-Christ en la personne des pauvres, de le visiter dans les malades, de le nourrir dans ceux qui ont faim, de le recevoir dans ceux qui n'ont point de retraite, & sur tout dans ceux qu'une même foi a rendus comme nous domestiques du Seigneur; d'entretenir les Monasteres des Vierges, de prendre soin des serviteurs de Dieu,

& de ces pauvres d'esprit qui sont occupés jour & nuit à servir vôtre Seigneur, qui imitent sur la terre la vie que menent les Anges dans le ciel, qui ne parlent que pour loüer Dieu, & qui aïant ce qui leur est necessaire pour se nourrir & se vêtir, contens de leur sort & bornant là tous leurs desirs, mettent toute leur joie dans ces sortes de richesses; pourvû neanmoins qu'ils soient fidéles à remplir tous les devoirs de leur état : car s'ils portent leurs souhaits plus loin, ils font voir qu'ils ne meritent pas d'avoir les choses mêmes necessaires à la vie.

Dans tout ce que je vous ai dit jusques ici, je n'ai parlé qu'à une Vierge distinguée dans le monde & par ses richesses & par sa naissance. Mais dans ce qui me reste à vous dire, je ne parlerai qu'à une Vierge; c'est-à-dire, que laissant à part tout ce qui est hors de vous, je n'envisagerai en vous que l'esprit & le cœur.

Outre le tems que vous devez donner reglément à la psalmodie & à la priere, aux heures de Tierce, de Sexte, de None, de Vespres, à mi-nuit & au matin ; prescrivez-vous encore un certain tems pour vous appliquer à l'étude de l'Ecriture sainte, & à la lecture : mais ne cherchez dans ces occupations que vôtre propre instruction, & faites vous-en un plaisir, & non pas un travail. Après avoir donné à ces exercices tout le tems que vous leur aurez destiné, & vous être prosternée plusieurs fois aux piés du Seigneur, pour lui demander les choses necessaires à vôtre sanctification ; occupez vous à faire quelque ouvrage de laine, à filer, à faire du tissu, à mettre en peloton ce que les autres auront filé, ou à l'ajuster sur le métier ; à examiner vôtre tissu, à en corriger les defauts, à regler tout ce que vous aurez à faire. Parmi tant & de si differentes occupations, le tems coulera bien vîte ; les jours même d'été qui sont les plus longs, vous paroîtront courts, & il vous restera toûjours quelque chose à faire. C'est le moïen de faire vôtre salut & celui des autres, d'engager vos compagnes dans les pratiques d'une vie sainte & Chrétienne, & de vous faire un merite de la chasteté de plusieurs ; parce que *celui qui est oisif*, dit l'Ecriture, *est sans cesse agitée par une infinité de desirs*. Au reste vous ne devez pas vous dispenser du travail, parce que les grands biens dont il a plû à Dieu de vous combler, vous mettent à couvert des necessités de la vie. Vous devez au contraire travailler comme les autres, afin qu'appliquée toûjours à quelque ouvrage, vous ne vous occupiez que de ce qui regarde le service du Seigneur. En un mot, quand bien même vous distribueriez tout vôtre revenu aux pauvres, vous ne pouvez rien offrir à JESUS-CHRIST, qui lui soit plus agréable, que ce que vous ferez vous-même, soit pour servir à vos propres usages, soit pour donner l'exemple aux autres Vierges, ou pour en faire present à vôtre Ayeule & à vôtre Mere, qui vous rendront au double de quoi soulager les necessités des pauvres.

J'oubliois presque ce que j'ai de plus important à vous dire. Dans ᵃ le tems que vous

Prov. 5. 4. selon les LXX.

---

a Saint Jérôme veut parler des Origenistes, qui s'efforcerent de répandre leur poison dans Rome, l'an de Jesus-Christ 490, & d'Anastase III.

étiés encore jeune, & que l'Evêque Anastase de sainte & heureuse memoire gouvernoit l'Eglise de Rome; des heretiques s'éleverent du côté d'Orient, comme une furieuse tempeste, & s'efforcerent de corrompre la pureté, & de ruiner les fondemens d'une foi, qui avoit merité des loüanges de la bouche même de l'Apôtre saint Paul. Mais ce grand homme dont toutes les richesses consistoient dans la pauvreté, & qui étoit animé d'un zele vraiment Apostolique, écrasa d'abord la tête de cette hidre, & l'empêcha de faire entendre ses dangereux sifflemens. Comme je crains que cette heresie ne soit pas entierement éteinte; & que j'ai même apris par le bruit commun que cette tige empoisonnée commençoit à pousser de nouvelles branches; j'ai crû que la charité m'obligeoit de vous avertir de suivre la foi du saint Pape Innocent, disciple & successeur d'Anastase; & de ne point recevoir aucune doctrine étrangere, quoique peut-être vous vous flatiez d'être assez habile & assez éclairée pour en découvrir l'illusion. Car ces sortes de gens ont coûtume de s'entretenir à l'écart & dans des lieux secrets, de raisonner sur la conduite de la divine justice, & de vouloir en approfondir les mysteres. Pourquoi, disent-ils, cette « personne a-t-elle pris naissance dans cette pro- « vince? pourquoi ceux-ci sont-ils nés de parens « Chrétiens, & ceux-là parmi des nations bar- « bares & des peuples sauvages qui n'ont aucu- « ne connoissance de Dieu? Après avoir blessé « par ces dangereuses paroles, comme avec la langue du scorpion, des ames simples & innocentes, ils font ensuite couler leur poison par

Rom. 1. 8.

» la plaïe qu'ils ont faite. Lors qu'un petit en-
» fant, ajoûtent-ils, qui n'a fait encore ni bien
» ni mal, & qui fait voir à peine par ses ris &
» par la gaïeté de son visage, qu'il commence
» à connoître sa mere, est possedé du démon,
» sujet à l'épilepsie, & accablé d'autres sembla-
» bles disgraces dont les impies même sont
» exemts, tandis que les serviteurs de Dieu y
» sont assujettis ; pensez-vous que tout cela ar-
» rive par un pur hazard ? Si donc les jugemens du
» Seigneur sont veritables & justes par eux-mê-
» mes, & si Dieu est incapable de commettre
» aucune injustice ; la raison seule nous oblige de
» croire que nos ames ont été dans le ciel, &
» qu'en punition de leurs anciens pechez, elles
» ont été condamnées à vivre dans des corps,
» & pour ainsi dire à y demeurer ensevelis ; &
» que nous n'avons été mis sur la terre, que
» pour y expier, comme dans une vallée de lar-
» mes, les pechez que nous avons commis au-
» trefois. De là ce que dit le Prophete Roi:

Psal. 118. » *J'ai peché avant que d'être humilié.* Et ailleurs:
67.
Psal. 141. » *Seigneur, tirez mon ame de sa prison.* De là
10.
Joh. 9. 2. » cette demande que les Apôtres font à JESUS-
» CHRIST : *Est-ce le peché de cet homme, ou de*
» *ceux qui l'ont mis au monde, qui est cause qu'il*
» *est né aveugle ?* Et ainsi de plusieurs autres pas-
» sages dont ils se servent pour autoriser leurs
» erreurs.

Cette impie & damnable doctrine avoit cours autrefois en Egypte & en Orient ; elle y trouve encore aujourd'hui plusieurs partisans secrets, & elle s'y maintient toûjours aux dépens de la foi dont elle a corrompu la pureté. Mais elle y est reduite à se cacher, comme une vipere dans son trou. C'est un mal hereditaire qui infecte un petit nombre de personnes, afin de communiquer sa contagion à plusieurs. Je ne crains point que ces heretiques vous séduisent par leurs discours; & je suis sûr que vous ne donnerez point dans leurs illusions; car vous avez pour maîtresses dans la science du salut, des personnes dont la foi est la regle de la bonne doctrine. Vous comprenez bien ce que je vous dis; car Dieu vous donnera l'intelligence en toutes choses. Ne vous pressez pourtant pas de demander que l'on réponde à cette pernicieuse heresie, & aux autres dogmes qu'elle enseigne, & qui sont encore plus impies que ceux dont je vous ai parlé, de peur qu'il ne semble que ce que je vous dis ici est plus capable de vous découvrir des impietés qui vous sont inconnuës, que de vous précautionner contre leur poison. Je n'entreprens point ici de répondre aux heretiques, mais de former une Vierge. Au reste, graces au Seigneur, j'ai déja découvert dans un [a] autre ouvrage toutes les ruses, & renversé toutes les machines dont ils se servent pour détruire la verité; & si vous souhaitez de le voir, je me ferai un vrai plaisir de vous l'envoïer: car nous méprisons ordinairement ce que l'on nous offre avant que nous l'aïons demandé; & les choses que nous estimons le plus quand elles sont rares, perdent toûjours quelque chose de leur prix quand il n'en coûte rien pour les avoir.

[a] Dans la lettre à Avitus, où S. Jérôme lui marque les erreurs qui sont contenus dans les livres d'Origénes, intitulés περὶ ἀρχῶν, c'est-à-dire, des Principes.

C'eſt une queſtion aſſez ordinaire, & que bien des gens agitent avec chaleur, ſçavoir s'il eſt plus avantageux de vivre en particulier qu'en commun. Il eſt vrai que l'on préfere ordinairement la vie Solitaire à la Cenobitique : mais s'il eſt dangereux aux hommes mêmes de vivre dans la ſolitude ; s'il eſt à craindre qu'éloignés du commerce des hommes, ils ne ſe laiſſent aller à mille penſées impures & criminelles ; & qu'enflez d'orgueil & de vanité, ils ne mépriſent leurs freres, & ne déchirent la reputation ou des Eccleſiaſtiques ou des autres Solitaires, ſelon ce que dit le Prophete Roi : *Les dents des enfans des hommes ſont des armes & des fleches, & leur langue eſt une épée perçante.* Si, dis-je, les hommes qui vivent dans la retraite ſont expoſés à tant de perils ; combien plus ce genre de vie eſt-il à craindre pour des femmes, qui toûjours flotantes dans leurs projets, & inconſtantes dans leurs reſolutions, tombent tout à coup dans le relâchement, quand une fois on les abandonne à leur propre conduite ? J'ai connu des Solitaires de l'un & de l'autre ſexe, qui ſe ſont affoibli l'eſprit par une abſtinence indiſcrete & demeſurée ; particulierement ceux qui demeuroient dans des cellules froides & humides ; de maniere qu'ils ne ſçavoient de quel côté tourner, ni à quoi s'occuper, ni ce qu'il faloit dire, ni ce qu'ils devoient taire. S'ils n'ont aucune teinture des lettres humaines, & qu'ils viennent à lire les traitez de quelque habile homme, ils n'en retiennent qu'un amas confus de paroles, ſans faire aucun progrès dans l'intelligence des ſaintes Ecritures. Cependant, comme

Pſal. 56. 6.

me dit l'ancien proverbe, ils ne sçauroient se taire, quoiqu'ils ne sçachent pas comment il faut parler. Ils enseignent aux autres les divines Ecritures, qu'ils n'entendent pas eux-mêmes; & quand une fois ils ont réussi à persuader leurs auditeurs, ils font vanité de leur érudition pretenduë, & s'érigent en maîtres des ignorans, avant que d'avoir été disciples des sçavans. C'est donc un tres grand avantage que d'obéïr & de se soumettre à ceux que l'âge & la vertu élevent au dessus de nous; d'aprendre des autres la science de l'Ecriture sainte & les regles d'une bonne conduite, & de ne pas suivre celles que nous prescrit nôtre propre vanité, qui est le plus dangereux de tous les maîtres. C'est de ces femmes que l'Apôtre saint Paul a dit: *Elles se laissent emporter à tous les vents des doctrines humaines, aprenant toûjours, & n'arrivant jamais jusqu'à la connaissance de la verité.* Ephes. 4. 14. 2. Tim. 3. 7.

Evitez la compagnie des femmes qui sont engagées dans les liens du monde & du mariage, de peur que leur condition ne soit pour vous un dangereux appas, & que vous n'entendiez faire le recit de ce que le mari a dit à la femme, & de ce que la femme a dit au mari. Rien n'est plus capable d'empoisonner les ames que ces sortes de discours, & l'Apôtre saint Paul les condamne par un [a] vers qu'il a consacré, de prophane qu'il étoit: *Les mauvais entretiens,* dit-il, *corrompent les bonnes mœurs.* L'auteur de la traduction Latine, trop 1. Cor. 15. 33.

---

[a] φθείρουσιν γὰρ ἤδη χρηστὰ ὁμιλίαι κακαί. Saint Paul a tiré ce vers d'une Comedie de Menandre.

attaché à la lettre, n'a pas gardé dans sa version la mesure de ce vers. Choisissez pour compagnes des femmes graves & modestes, & particulierement des veuves & des Vierges dont la conduite soit universellement approuvée, qui soient retenuës dans leurs discours, & en qui l'on voie reluire cette pudeur honnête qu'inspire la vertu. Fuïez ces jeunes coquettes, qui pour vendre plus aisément leur innocence, & perir plus sûrement sous le nom de Vierges, affectent de se coëffer proprement, de faire tomber leurs cheveux sur le front, de se farder le visage, d'en rendre la peau bien unie, de porter des manches étroites, des brodequins magnifiques, des habits qui ne fassent pas le moindre petit pli. Car l'on juge ordinairement de la conduite & des inclinations des maîtresses, par les mœurs & les manieres de celles qui sont à leur service ou à leur suite. Une fille qui doit vous paroître belle, aimable & digne de vôtre compagnie, est celle qui ne se pique point de beauté, ou qui neglige tout ce qui sert à en relever l'éclat, qui ne paroît jamais en public avec la gorge découverte, qui ne jette point son manteau en arriere pour faire voir son coû, mais qui se cache entierement le visage, & qui a peine en découvre autant qu'il lui en faut pour se conduire.

Voici un autre desordre dont j'ai quelque peine à vous parler, mais enfin il est trop commun pour que je puisse m'en taire. Je ne dois pourtant pas apprehender que vous y tombiez, car je suis persuadé que ces dereglemens vous sont entierement inconnus, & que peut-être même vous n'en avez jamais entendu parler:

mais je suis bien aise de me servir de cette occasion pour prévenir les autres contre de pareils desordres. C'est qu'une Vierge doit fuir comme la peste & comme le poison de l'innocence, tous ces jeunes gens qui sont toûjours frisés & parfumés, & à qui l'on peut appliquer ce que dit Petrone.

Celui-là sent mauvais qui toûjours se parfume.

Je ne dis rien de ces femmes qui par leurs frequentes visites, exposent leur reputation & celle des autres aux traits de la médisance. Je veux croire qu'il ne s'y passe point de mal, mais enfin c'en est toûjours un tres grand que de s'exposer sans sujet à la médisance & aux calomnies des païens. Au reste je ne parle ici que de ceux que l'Eglise même condamne, qu'elle retranche quelquefois de la societé des fidelles, & sur qui les Evêques & les Prêtres font souvent tomber leurs censures, de maniere qu'il est presque plus dangereux pour les filles qui ont la reputation d'être coquettes, de frequenter les Eglises & les lieux de piété, que de paroître en public. Celles qui vivent en commun dans un Monastere, & qui sont en grand nombre, ne doivent jamais aller seules, mais toûjours en la compagnie de leurs meres. Quand un éprevier voit une bande de pigeons, il en écarte souvent quelqu'un, & venant tout à coup fondre sur lui, il le déchire & le devore aussi-tôt. Lors qu'une brebis malade quitte le troupeau, elle devient ordinairement la proie du loup. Je connois des Vierges d'une vertu distinguée, qui pour éviter la foule, ne sortent point de chez elles aux jours de fêtes, persuadées qu'elles sont, que dans ces occasions on ne sçauroit trop être sur ses gardes, & que le plus sûr est de ne point paroître en public.

Il y a environ trente ans que je donnai [a] un Traité de la Virginité, dans lequel je fus obligé pour l'institution de la Vierge à qui je l'avois dedié, de declamer contre le vice, & de découvrir les piéges que le demon a coûtume de tendre à l'innocence. Plusieurs personnes s'en offenserent, & comme ils se sentoient coupables des déreglemens que je condamnois, ils me regarderent avec indignation comme un critique qui blâmoit toutes leurs actions, au lieu de m'écouter avec docilité comme un homme qui leur donnoit de salutaires conseils. Mais enfin que leur a servi d'avoir armé contre moi une foule de censeurs, de s'être revoltés contre mon ouvrage, & d'avoir fait connoître par leurs plaintes & leurs murmures, les plaïes de leur conscience ? Mon livre subsiste encore, & ceux qui l'ont attaqué ne sont plus au monde. J'ai composé avec beaucoup d'exactitude plusieurs Traitez pour des Vierges & des Veuves, & j'ai pris soin de ramasser dans ces ouvrages tout ce qui pouvoit en rehausser le prix ; de maniere qu'il est inutile de repeter ici ce que j'ai déja dit ailleurs ; ou s'il m'est échapé quelque chose, elle ne peut pas être d'une grande conséquence. Au reste saint Cyprien nous a donné un excellent Traité de la Virginité : plusieurs Auteurs tant Grecs que Latins, ont aussi travaillé sur le même sujet ;

[a] C'est la lettre précedente adressée à Eustoquie.

& il n'y a point de nation sur la terre qui n'ait eu ses Ecrivains & ses Orateurs pour faire dans l'Eglise l'éloge de sainte Agnés. Mais tous ces ouvrages ne regardent que celles qui n'ont pas encore pris le parti de la virginité, & qui ont besoin qu'on les exhorte, & qu'on leur fasse connoître à quoi elles doivent s'engager. Il s'agit ici de nous affermir dans un choix que nous avons déja fait, & de marcher les reins ceints, les piés chauffés, & le bâton à la main, parmi les scorpions & les couleuvres, c'est-à-dire, parmi le siecle present, où tout est piége, où tout a son poison ; afin que nous puissions arriver jusqu'au Jourdain, entrer dans la terre de promesse, & monter à la maison de Dieu pour dire avec le Prophete Roi : *Seigneur, j'aime la beauté de vôtre maison, & le lieu où reside vôtre gloire.* Et derechef : *J'ai demandé une grace au Seigneur, & je ne cesserai point de la lui demander, qui est d'habiter dans la maison du Seigneur pendant tous les jours de ma vie.* *Psal.* 25. 8.

Ibid. 26. 7.

Heureuse l'ame, heureuse la Vierge qui bannit de son cœur tout amour étranger, pour n'aimer que JESUS-CHRIST seul, source de sagesse, de chasteté, de patience, de justice, & de toutes les autres vertus. Heureuse encore une fois la Vierge qui peut penser à un homme sans rien perdre de sa tranquilité ordinaire, & qui ne desire point de voir un objet capable de l'attacher par des liens qu'elle ne voudroit jamais rompre. Il y en a qui par l'irrégularité de leur conduite rendent la sainte profession des Vierges méprisable aux yeux du monde, & qui obscurcissent la gloire de ces hommes celestes & de ces Anges de la terre. Il faut dire, mais franchement & sans détour, à ces sortes de personnes qui rémplissent si mal les devoirs de leur état, ou qu'elles se marient, si elles ne veulent pas garder la continence ; ou qu'elles gardent la continence, si elles ne veulent pas se marier. N'est-ce pas une chose ridicule, ou plûtôt déplorable, de voir des filles suivantes, qui font profession de virginité, mieux mises & plus ajustées que leurs maîtresses mêmes ? Ce desordre est aujourd'hui si commun, que l'on prend ordinairement pour la maîtresse, celle que l'on voit moins propre & plus negligée que l'autre. Il y en a qui logent dans des maisons écartées & éloignées de la vûë du monde, afin d'y vivre avec plus de liberté, de prendre les bains, de faire sans contrainte tout ce qui leur plaît, & de n'avoir personne qui éclaire leurs actions. Nous sommes témoins de tous ces déreglemens, & nous les souffrons ; pourvû que l'on fasse briller à nos yeux quelque piece d'or, nous les mettons au nombre des vertus.

Je reviens à ce que je vous ai dit d'abord, & je suis bien aise de vous le recommander plus d'une fois. Aimez les saintes Ecritures, & la Sagesse vous aimera ; aimez là, cette sagesse, & elle vous conservera : aïez toûjours pour elle un grand respect, & elle vous embrassera. Que ce soient là vos perles & vos diamans, portez-les toûjours sur vôtre sein & à vos oreilles : accoûtumez vôtre langue à ne parler que de Jesus-Christ, & à ne rien dire qui ne respire la sainteté. Que vos entretiens se ressentent toûjours de cette douceur dont vôtre Mere & vôtre Ayeule ont coutume d'assaisonner tous leurs discours : Vous ne pouvez vous former sur un plus beau modéle, qu'en suivant les exemples de vertu qu'elles vous donnent.

XXIII. LETTRE
à Furie.

Furie étoit de l'illustre & ancienne famille des Ecrite vers *Camilles. Après la mort de son mari, elle* l'an 393. *resolut de demeurer veuve, & pria S. Jérôme de lui donner des regles pour vivre saintement dans cet état. Ce Pere lui en marque ici les devoirs, & l'exhorte à ne se point rendre aux sollicitations de ses parens, à se refuser tout ce qui peut flater la delicatesse de la nature, à lire l'Ecriture sainte, à exercer la charité envers les pauvres. Après avoir détruit les prétextes dont on se sert pour autoriser les secondes nôces, il lui fait le détail des chagrins qu'il y a à essuier dans un second mariage. Enfin il lui propose pour modéle de sa conduite, l'exemple des veuves qui se sont renduës recommandables par leur vertu.*

ON ne peut rien voir de plus pressant que la lettre que vous m'écrivez, pour ne prier de vous apprendre comment vous devez vivre pour ne pas perdre la couronne de la viduité, & pour vous maintenir dans toute la pureté que demande cet état. Je ne sçaurois assez vous exprimer la joie que j'ai, de ce que

XXIII. LETTRE

vous souhaitez de vivre après la mort de vôtre mari, comme vôtre mere Titienne de sainte memoire a vêcu si long-tems dans le mariage. Le ciel exauçant ses vœux & ses prieres, lui a accordé pour sa fille unique, un avantage qu'elle-même a possedé durant sa vie, & qui semble être attaché à vôtre famille: car depuis Camille l'on n'y a point vû de veuves, ou du moins l'on y en a vû tres peu, qui se soient remariées. Aussi vous serez bien moins digne de loüanges si vous perseverez dans le dessein que vous avez formé, que de blâme si, étant Chrétienne, vous abandonniez le parti que des Dames païennes ont suivi durant tant de siecles. Je ne vous dis rien de Paule & d'Eustoquie, qui font la gloire & l'ornement de vôtre famille; de peur qu'on ne s'imagine qu'en vous exhortant à la vertu, je veüille profiter de cette occasion pour faire leur éloge. Je ne vous parle point non plus de vôtre belle sœur Blesille, qui étant morte un peu après son mari, acheva en peu de tems la longue carriere des vertus. Plût à Dieu que les hommes suivissent les femmes dans des routes si belles, & qu'on pût obtenir d'une vieillesse decrepite, ce qu'une florissante jeunesse nous donne d'elle-même.

Je sçai à quoi je m'expose ici, & je prévois que je vais m'attirer l'indignation & les menaces de tout le monde.

Horat. art. poët.

On va voir de Chremés éclater la colere:

Tout le Senat, & tous les gens de qualité vont s'élever contre moi, & se déchaîner contre ma lettre. On dira que je fuis un magicien & un féducteur, & qu'il faut me releguer au bout du monde. Qu'on m'appelle encore, si l'on veut, Samaritain, afin que j'aïe l'honneur de porter le nom qu'on donna à mon divin Maître. Au reste je ne sépare point la fille d'avec la mere, je ne dis point : *Laissez les morts* Luc 9. 60. *ensevelir leurs morts* ; car celui qui croit en JESUS-CHRIST est vivant, & doit marcher lui-même comme il a marché. Loin d'ici donc ces langues médisantes, qui par de continuelles impostures, tâchent de dérober au nom Chrétien sa réputation & sa gloire ; afin que l'appréhension de se voir exposé à leurs calomnies, fasse taire ceux qui voudroient porter les autres à l'amour & à la pratique de la vertu. Nous ne nous connoissons l'un l'autre que par le commerce des lettres, & il n'y a que la charité seule qui puisse l'avoir établi entre des personnes qui ne se sont jamais vûës.

Honorez vôtre pere, pourvû qu'il ne vous détache pas de vôtre veritable pere. Respectez en sa personne les loix de la nature, pourvû qu'il respecte lui-même les loix du Createur. Mais s'il vient à oublier ce qu'il doit à Dieu, alors suivez ce conseil que vous donne le Prophete Roi : *Ecoutez, ma fille, ouvrez les yeux,* Psal. 44. *& aïez l'oreille attentive ; oubliez vôtre peuple* 12. *& la maison de vôtre pere, & le Roi desirera de voir vôtre beauté, parce qu'il est le Seigneur vôtre Dieu.* Voilà quelle sera vôtre récompense, si vous oubliez la maison de vôtre pere ; *Le Roi desirera de voir vôtre beauté.* Parce que vous avez écouté & ouvert les yeux, que vous avez eu l'oreille attentive, & oublié vôtre peuple & la maison de vôtre pere, le Roi desirera de voir vôtre beauté, & vous dira : *Vous êtes toute belle, ô mon amie, & il n'y a point de tache en vous.* Est-il rien de plus beau qu'une ame qui merite d'être appellée fille de Dieu, & qui ne cherche point d'ornemens étrangers ? Elle croit en JESUS-CHRIST, & ornée qu'elle est des dons precieux de la foi, elle va chercher celui qui est tout à la fois & son Epoux & son Seigneur.

Cant. 4. 7.

Vous avez connu par vôtre propre experience combien d'ennuis & de chagrins le mariage traîne après soi. Il a été pour vous, comme *a* une chair de cailles dont vous vous êtes rassasiée jusqu'à vous en dégoûter, & qui vous a laissé dans la bouche une bile tres amere : vous avez été obligée, pour vous décharger l'estomac, de rejetter ces viandes mal saines, & qui s'aigrissoient sur vôtre cœur. Pourquoi donc voudriez-vous encore vous remplir d'une viande si préjudiciable à vôtre santé ? *Comme un chien qui retourne à ce qu'il a vomi, & un pourceau qui après avoir été lavé, va se veautrer de nouveau dans la bouë.* Les bêtes & les oiseaux ne s'engagent jamais dans les mêmes piéges & les mêmes filets qu'on leur a tendus. Apprehendez vous que la famille des Furiens vienne à manquer, & que vôtre pere n'ait point de vous un petit fils qui lui saute au coû, & qui gâte ses habits ? Tous ceux qui

2. Pet. 2. 22.

---

a S. Jérôme fait ici allusion à ce que Moïse dît aux Israëlites, num. 11. 18. *Le Seigneur vous donnera de la chair, afin que vous en mangiez . . . jusqu'à ce qu'elle vous sorte par les narines,* & *qu'elle vous fasse soulever le cœur.* En même-tems un vent excité par le Seigneur emportant des cailles de delà la mer, les fit tomber dans le camp, &c.

ont été mariés, ont-ils eu des enfans ? & ceux qui en ont eu les ont-ils trouvés dignes de leur naissance ? Le fils de Ciceron a-t-il été aussi éloquent que son pere ? [a] Cornelie, que vous comptez parmi vos ancêtres, & qui s'est renduë également illustre & par sa fecondité & par sa continence, eut-elle sujet de se réjoüir d'avoir été la mere des Gracques ? C'est être ridicule que de se promettre un bien qui manque à tant d'autres, ou qui leur échape malgré eux.

Mais, me direz-vous, à qui donc laisserai-je les grands biens que je possede ? à JESUS-CHRIST qui ne peut mourir. Qui sera mon heritier ? Celui-là même qui est vôtre Seigneur. Il est vrai que cette conduite chagrinera vôtre pere, mais JESUS-CHRIST s'en réjoüira : vôtre famille en sera desolée, mais les Anges vous en sçauront bon gré. Que vôtre pere dispose de son bien comme il lui plaira ; vous n'appartenez plus à un homme mortel qui vous a donné la vie, mais à un Dieu de qui vous avez reçû une naissance plus heureuse, & qui vous a rachetée par le prix infini de son sang.

Soïez toûjours en garde contre les discours empoisonnez, & les dangereuses suggestions d'une nourrice, d'une gouvernante, & des autres femmes de ce caractere, qui toûjours appliquées à s'enrichir à vos dépens, ne cher-

---

[a] Cornelie étoit fille de Scipion l'Africain, & femme de Sempronius Gracchus. Elle fut illustre *par sa fécondité*, parce qu'elle eut douze enfans ; *& par sa continence*, parce qu'après la mort de son mari, elle refusa d'épouser Ptolemée Roi d'Egypte. *Elle n'eut pas sujet de se réjoüir d'avoir été la mere des Gracques*, parce que deux de ses enfans, sçavoir Tiberius & Caïus, furent assassinés pour avoir pris le parti du peuple contre le Senat.

chent pas tant dans les conseils qu'elles vous donnent, vôtre avantage que leur propre intérêt. Quoi donc, vous diront-elles souvent ;

Æneid. 4. *Laisserez - vous passer vos beaux jours en tristesse,*
Sans époux, sans enfans, sans aimable tendresse ?

Une femme chaste & vertueuse, est toûjours frugale ; mais ses gens ne sçauroient s'accommoder de sa frugalité ; ils s'imaginent qu'on leur fait perdre tout ce qu'ils ne volent pas ; & dans leurs larcins ils n'ont égard ni à l'opulence ni à la pauvreté de ceux qu'ils volent, mais seulement à la valeur des choses qu'ils dérobent. Dès qu'ils aperçoivent un Chrétien, c'est de l'appeller [a] *Grec*, de le traiter de fourbe & d'imposteur, de parler mal de lui, de noircir sa reputation par des calomnies atroces, faisant semblant d'avoir apris d'ailleurs ce qu'ils ont inventé eux-mêmes ; & ajoûtant toûjours quelque nouveau trait aux médisances dont ils sont auteurs. Ces mauvais bruits que le mensonge & l'imposture ont fait naître, se répandent par tout, & quand une fois ils sont venus jusqu'aux oreilles des Dames, ils ne tardent guére à courir par toutes les Provinces. On en voit qui avec une langue envenimée, des dents blanches, un visage tacheté,

---

a Les Grecs ont toûjours passé pour gens de mauvaise foi ; de là vient que quand on vouloit accuser quelqu'un de fourberie, on disoit par une espece de proverbe, comme S. Jérôme le remarque ici, & dans une de ses lettres à Marcelle ; c'est un Grec, c'est un imposteur, *imposter & Græcus est.* On peut voir ce que Ciceron écrit sur cela à son frere Quintus Gouverneur d'Asie.

& des yeux de vipére, s'élevent contre les Chrétiens & déchirent leur réputation d'une maniere cruelle & impitoïable. Un autre aïant sur ses épaules un petit manteau violet, vous debite une fadaise d'un air precieux, estropiant ses mots, & ne les prononçant qu'à demi par une delicatesse affectée ; aussi-tôt tout le cercle applaudit à ses sottises, & toute la ruelle retentit des loüanges qu'on lui donne. Il n'est pas jusqu'aux Ecclesiastiques qui se mettent de la partie. On médit d'eux & ils médisent des autres. Parle-t-on contre eux ? ils demeurent muets ? Parlent-ils contre nous ? jamais ils ne tarissent. Comme s'il y avoit une grande difference entre les Ecclesiastiques & les Solitaires ; ou comme si tout ce que l'on dit contre les Solitaires, ne rejalissoit pas sur les Ecclesiastiques qui sont leurs peres ; car le déperissement du troupeau fait la honte du Pasteur. On doit au contraire loüer un Solitaire qui respecte les ministres du Seigneur, & qui ne parle jamais mal de ceux qui l'ont fait Chrétien.

Quand je vous parle de la sorte, ma chere fille, ce n'est pas que j'appréhende que vous abandonniez le parti que vous avez embrassé : si vous n'êtiez pas entierement convaincuë des avantages de la viduité, vous ne m'auriez pas prié avec tant d'instance de vous écrire pour vous affermir dans vôtre resolution. Tout mon dessein est de vous découvrir ici la malice de vos domestiques, qui ne cherchent qu'à vous sacrifier à leurs interêts ; les piéges que vous tendent vos parens ; & les illusions qu'une piété mal-entenduë fait à vôtre pere. Je veux croire qu'il vous aime; mais j'ai peine à me perſuader qu'il vous aime comme il faut; & je pourois dire ici avec l'Apôtre ſaint Paul,

Rom. 10. 2. *J'avouë qu'ils ont du zele pour Dieu, mais ce zele n'eſt point ſelon la ſcience.* Imitez plûtôt vôtre ſainte mere; c'eſt un exemple que je ne ſçaurois trop ſouvent vous mettre devant les yeux. Je ne penſe jamais à Elle, que je ne me repreſente ſon ardent amour pour JESUS-CHRIST, ſon viſage pâle & abbatu par les jeûnes, ſa charité envers les pauvres, ſes bons offices à l'égard des ſerviteurs de Dieu, la pauvreté de ſes habits, l'humilité de ſon cœur, & ſa retenuë dans tous ſes diſcours.

Que vôtre Pere, que je nomme ainſi par reſpect, non pas à cauſe qu'il a été Conſul, & qu'il tient un des premiers rangs dans Rome, mais parce qu'il eſt Chrétien; que vôtre Pere, dis-je, rempliſſe les obligations que ce nom lui impoſe; qu'il ſe réjoüiſſe d'être pere d'une fille qui a mieux aimé ſe conſacrer à JESUS-CHRIST, que de ſe donner au monde; ou plûtôt qu'il regrette tout à la fois & la perte de vôtre virginité, & la ſtérilité de vôtre mariage. Qu'eſt devenu le mari qu'il vous avoit donné ? Eût-il été le meilleur & le plus aimable de tous les hommes, vous auriez toûjours eu le chagrin de le perdre, & la mort auroit rompu tôt ou tard ces liens ſi tendres qui vous uniſſoient enſemble. Profitez donc, je vous prie, de l'occaſion que le ciel vous preſente, & faites de neceſſité vertu. Ce n'eſt point par les commencemens, mais par la fin qu'on juge de la vie d'un Chrétien. Saint Paul commença mal, mais il finit bien. Judas au contraire mena dans les premieres années de son Apostolat une vie qui fut digne de loüanges, mais il la termina par une trahison qui a rendu sa memoire exécrable à tous les hommes. *La justice du juste*, dit Ezechiel, *ne le delivrera point, quand il péchera: & l'impieté du pécheur ne le perdra point, pourvû qu'il se convertisse.* C'est là cette échelle de Jacob par où les Anges montent & descendent, & sur le haut de laquelle le Seigneur est appuïé, donnant la main à ceux qui sont tombez, & animant par sa presence ceux qui sont las. Mais comme Dieu ne desire pas tant la mort, que la conversion & la vie du pécheur ; aussi ne peut-il souffrir ces ames tiedes dont la lâcheté lui fait soulever le cœur. Celui à qui on remet une plus grande dette, aime aussi davantage. Cette femme débauchée dont parle l'Evangile, qui fut baptizée dans ses larmes, qui essuïa les piés du Sauveur avec ses cheveux dont elle s'étoit servi pour séduire tant d'ames, & qui par ces marques d'une penitence sincere merita la grace du salut ; cette femme, dis-je, ne porta ni coëffure magnifique, ni riche chaussure, ni fard sur son visage ; plus elle étoit négligée, plus elle paroissoit belle. En effet, à quel dessein une Dame Chrétienne se farde-t-elle ? pourquoi met-elle du rouge sur ses joües & sur ses lèvres, & du blanc sur son visage & sur sa gorge, si ce n'est pour allumer dans de jeunes cœurs des flammes criminelles ; pour entretenir les ardeurs de la concupiscence, & pour découvrir la corruption de son propre cœur ? Comment peut-elle répandre pour l'expiation de ses pechéz des

Ezech. 18.

larmes qui coulant par sillons sur un visage fardé, le dépoüille d'une beauté empruntée? Ces vains ornemens ne sont point ceux que demande le Seigneur; ils ne sont qu'un voile dont l'Antechrist se sert pour se couvrir. Comment ose-t-elle tourner du côté du ciel un visage que le Createur ne connoît pas? En vain dira-t-on, pour autoriser cette vanité, qu'on est encore jeune, & que la jeunesse a peine à se passer de ces sortes d'ajustemens. Une veuve qui est déchargée du soin de plaire à un mari, & qui, comme dit l'Apôtre, est véritablement veuve, n'a plus besoin que de perseverer dans son état. Comme le souvenir de ses plaisirs passés lui en fait mieux sentir la privation, elle doit avoir soin d'éteindre par des jeûnes rigoureux & des veilles continuelles, les traits enflammés du démon. Il faut que nos discours soient conformes à nôtre habit, & nôtre habit à nos discours. Pourquoi nos actions démentent-elles nos paroles? Nous ne parlons que de chasteté & de continence, tandis que nous faisons voir au dehors tous les caracteres d'une ame impure & corrompuë. Voilà pour ce qui regarde le luxe des habits.

1. Tim. 5. 6.
Luc 7.

Au reste, *une veuve qui vit dans les delices, est morte, quoiqu'elle paroisse vivante.* Ce n'est pas moi, c'est l'Apôtre saint Paul qui le dit. Mais qu'est-ce à dire; *Elle est morte, quoiqu'elle paroisse vivante?* C'est qu'aux yeux des hommes ignorans elle paroît vivante & affranchie de la mort du péché; mais aux yeux de JESUS-CHRIST, qui pénetre les replis les plus secrets du cœur humain, elle est veritablement morte; *car l'ame qui aura péché mourra*

mourra elle-même. Il y a des personnes dont les pechez sont connus avant le jugement & l'examen que l'on en pourroit faire; il y en a d'autres qui ne se découvrent qu'ensuite de cet examen: Il y en a de même dont les bonnes œuvres sont connuës, ou si on ne les connoît pas, elles ne demeurent pas long-tems cachées. C'est-à-dire, qu'il y en a qui vivent dans un libertinage si public & si declaré, qu'en les voïant, on les reconnoît aussi-tôt pour des pécheurs : & qu'il y en a d'autres au contraire qui sçavent si bien l'art de cacher leurs vices, qu'on ne peut les connoître à fond que par l'étroite liaison qu'on a avec eux. De même il est des personnes dont la vertu est universellement connuë, & d'autres dont on ne découvre le merite qu'avec le tems. Pourquoi donc faire gloire d'une chasteté qui est toûjours douteuse & suspecte, à moins qu'elle ne soit soûtenuë par la moderation & la frugalité qui en sont les compagnes inséparables ? Si l'Apôtre saint Paul mortifie son corps & l'assujettit à l'esprit, de peur qu'il ne l'empêche de faire lui-même ce qu'il enseigne aux autres ; comment une jeune femme peut-elle se promettre de conserver sa chasteté dans un corps échauffé par l'abondance & la delicatesse des viandes ?

Je ne prétens pas condamner par là les viandes que Dieu a crée pour s'en servir avec action de graces ; mais je veux ôter aux jeunes gens tout ce qui est capable d'enflammer la concupiscence. Le mont Etna, la terre consacrée à Vulcain, le Vesuve & l'Olimpe, ne jettent pas plus de flammes, que l'excès du vin & des viandes en allume dans les veines d'une

Ezech. 18.
4.
1. Tim. 5.
4.

Tome I.   X

jeune personne. La plûpart triomphent de l'avarice, ou se defont de cette passion en renonçant à l'argent. On corrige un médisant, en l'obligeant à garder le silence. On peut renoncer en un moment au luxe des habits & à la vanité des ajustemens. On se défait sans peine de toutes les passions dont les objets sont au dehors de nous : il n'y a que l'amour du plaisir que Dieu a imprimé dans le cœur de tous les hommes pour avoir des enfans, qui nous porte par un panchant naturel à de honteux excès, & qui devient vicieux dès qu'il est dereglé. Quelle vertu donc ne faut-il pas avoir, & qu'elle attention ne doit-on pas faire sur soi-même, pour s'élever au dessus des sentimens les plus tendres qu'inspire la nature, pour vivre dans la chair sans avoir part à sa corruption, pour être sans cesse aux prises avec soi-même, & pour avoir toûjours, comme l'Argus de la fable, cent yeux ouverts pour observer l'ennemi qui est caché au dedans de nous ? C'est ce que l'Apôtre saint Paul disoit en d'autres termes : *Quelqu'autre péché que l'homme commette, il est hors du corps ; mais celui qui commet fornication, péche contre son propre corps.*

1. Cor. 6. 18.

Les Medecins qui ont traité de la nature du corps humain, & particulierement Galien dans son livre intitulé, *de la conservation de la santé*, disent que les alimens chauds sont contraires à la santé des enfans, des jeunes gens, des hommes & des femmes d'un âge parfait, qui ont naturellement beaucoup de chaleur ; & que rien ne contribuë davantage à leur santé qu'une nourriture rafraîchissante : qu'au contraire les alimens chauds & les vins vieux sont bons pour les vieillards, qui sont ordinairement froids & pituiteux. C'est pourquoi le Sauveur nous dit: *Prenez garde à vous, de peur que vos cœurs ne s'appesantissent par l'excès des viandes & du vin, & par les inquiétudes de cette vie.* L'Apôtre nous dit aussi: *Ne vous laissez point aller aux excès du vin, d'où naissent les dissolutions.* Faut-il s'étonner que celui qui a formé nos corps, en ait si bien connu les inclinations & les panchans, puis qu'un Poëte comique qui ne se propose dans ses pieces que de faire la peinture des mœurs des hommes, a dit:

Luc 21. 34.

Ephes. 5. 18.

L'amour ne se soûtient que par la bonne chere.

Terent. in Eunuc.

Je vous conseille donc dans l'âge où vous êtes (pourvû neanmoins que la foiblesse de vôtre estomac vous le permette) de ne boire que de l'eau, qui est tres-froide de sa nature. Que si quelque infirmité vous empêche d'en user, suivez la regle que saint Paul prescrit à Timothée: *Usez d'un peu de vin à cause de vôtre estomac & de vos frequentes maladies.* Abstenez vous ensuite de tous les alimens qui échauffent; je ne parle pas seulement de la chair dont le même Apôtre a dit: *Il est bon de ne point manger de chair, & de ne point boire de vin;* mais encore des legumes qui enflent & appesantissent le corps. Soïez persuadée que de tous les alimens il n'y en a point de meilleurs pour de jeunes gens qui font profession de pieté, que les herbes; ce qui fait dire à l'Apôtre saint Paul en un autre endroit: *Que*

1. Tim. 5. 23.

Rom. 14. 21.

X ij

Ibid. v. 2. *celui qui est foible ne mange que des herbes.* Il faut user des alimens les plus froids, pour moderer la trop grande chaleur du corps. Daniel & les trois enfans Hebreux ne mangeoient que des legumes, quoiqu'ils fussent encore jeunes, & incapables par leur âge de tomber dans les excès honteux que commirent [a] ces vieil-
Jerem. 29. 22. lards que le Roi de Babylone fit brûler dans une poële ardente. Nous ne cherchons pas, en usant de cette nourriture, cette beauté exterieure qui fut la recompense de leur fidelité; nous cherchons la force de l'ame, qui augmente à mesure que le corps s'affoiblit. De là vient que la plûpart de ceux qui veulent mener une vie pure & innocente, tombent au milieu de leur carriere, parce que s'imaginant que toute la perfection consiste dans l'abstinence de la chair, ils se chargent l'estomac de legumes, qui ne font jamais de mal, quand on en mange avec moderation. Car pour vous dire franchement ce que je pense, je ne trouve rien de plus capable d'échauffer le corps & de revolter la chair, que les indigestions que cause l'excès des viandes. J'aime mieux, ma chere fille, faire souffrir ici vôtre pudeur, que d'exposer vôtre innocence. Vous devez regarder comme un poison tout ce qui peut être pour vous une source de mauvais desirs. Il vaut mieux manger peu, & demeurer toûjours sur son appetit, que de jeûner trois jours de suite.

---

[a] Ces vieillards s'appelloient Achab & Sedecias. Les Hebreux ont cru qu'ils étoient les mêmes que ceux qui voulurent corrompre la chasteté de Susanne. Mais il est difficile d'accorder Daniel avec Jérémie sur le genre de leur supplice, puisque celui-ci dit qu'ils furent brûlés à petit feu, & celui-là qu'ils furent lapidés par le peuple.

Il est plus à propos de prendre tous les jours un peu de nourriture, que d'en prendre rarement, mais jusqu'à s'en rassasier. Une petite pluie qui tombe doucement, fait plus de bien à la terre, que ces grands orages qui venant à tomber tout à coup, desolent & ruinent toute la campagne. Quand vous serez à table, songez que vous devez vous appliquer à la priere & à la lecture immediatement après vôtre repas.

Aïez soin d'aprendre tous les jours un certain nombre de versets de l'Ecriture sainte ; soïez fidelle à païer ce tribut à vôtre Seigneur, & ne vous couchez jamais, qu'après vous être remplie de cette divine lecture. Lisez aussi les ouvrages des meilleurs Ecrivains, mais choisissez ceux dont la foi est universellement approuvée; il n'est pas necessaire que vous alliez chercher l'or dans la boüe, & pourvû que vous puissiez posseder une seule perle précieuse, vous ne devez point balancer à sacrifier toutes les autres. Tenez vous, comme dit Jérémie, sur plusieurs chemins, afin de prendre celui qui conduit au Pere celeste. Aïez pour l'éluder de l'Ecriture sainte la même passion que vous aviez pour les habits de soie & les pierres precieuses. Entrez dans cette terre où coulent le miel & le lait ; *nourrissez-vous-y de la plus pure farine, & goûtez-y la douceur de l'huile.* Revêtez-vous comme Joseph d'un habit de differentes couleurs, percez vos oreilles comme Jérusalem avec la parole de Dieu, afin qu'on y voïe pendre les grains precieux d'une moisson toute nouvelle. Vous avez auprès de vous saint Exupére ; ce grand hom-

Jer. 6. 16.

Ezech. 16. 13.

me aussi recommandable par son âge que par sa foi, peut par de salutaires conseils & de frequentes instructions vous former dans la pratique de la vertu.

Luc. 16. 9. *Emploïez les richesses injustes à vous faire des amis qui vous reçoivent dans les tabernacles éternels.* Faites part de vos biens à des gens qui s'en servent pour subvenir à leurs necessitez, & non pas pour flater leur delicatesse ; & qui pensent plûtôt à rassasier leur faim, qu'à rafiner sur la bonne chere ? Soïez attentive aux besoins du pauvre & de l'indigent. Donnez à tous ceux qui vous demanderont, mais particulierement à ceux qu'une même foi a rendus comme nous domestiques du Seigneur. Revêtez les nuds, donnez à manger à ceux qui ont faim, visitez les malades. Quand vous ferez quelque charité, songez que c'est à JESUS-CHRIST même que vous la faites. Prenez garde d'enrichir les autres, tandis que le Seigneur vôtre Dieu demande l'aumône.

Fuïez la compagnie des jeûnes gens. Ne souffrez point chez vous ces galands de profession, qui sont toûjours bien frisés & bien poudrés, & qui n'ont d'attrait que pour le plaisir. Banissez de vôtre maison les musiciens & les joüeurs d'instrumens, comme gens dont le démon se sert pour empoisonner les ames. N'abusez point de la liberté que vous donne le veuvage pour paroître souvent en public précedée d'une foule d'esclaves. Car les veuves se sont mis aujourd'hui sur le pié de faire tout ce qui leur plaît, & de vivre au gré de leurs desirs, sans avoir égard ni à la fragilité de leur sexe, ni à la foiblesse de leur âge. *Tous est permis*, dit saint Paul, *mais tout n'est pas avantageux*. Qu'on ne vous voïe jamais accompagnée d'un Maître-d'hôtel bien frisé, d'un Ecuier de bonne mine, ni d'un jeune homme bien fait & de vôtre âge. On juge quelquefois des inclinations des Maîtresses, par l'air & les manieres des servantes. Recherchez la compagnie des Vierges & des veuves qui font profession de pieté. Si vous ne pouvez vous dispenser de parler à des hommes, n'affectez point de le faire à l'écart & sans témoins ; mais entretenez-les avec tant d'assurance, qu'en cas qu'il survienne quelqu'un, vous n'aïez aucun sujet ni de craindre ni de rougir. Le visage est le miroir de l'ame, & les yeux tout muets qu'ils sont, nous découvrent les mouvemens les plus secrets du cœur. Une certaine Dame a donné depuis peu occasion à des bruits tres fâcheux qui ont couru tout l'Orient. A voir son âge, ses ajustemens, son air, sa démarche, ses liaisons étroites avec certaines personnes, la delicatesse de sa table, la magnificence de son train, on eût dit qu'elle alloit épouser Neron ou Sardanapale. Profitons de la disgrace des autres pour vivre avec plus de retenuë & de précaution. *Quand l'homme corrompu sera châtié, l'insensé en deviendra plus sage.* Un amour chaste & honnête, n'est jamais emporté. L'imposture tombe d'elle-même, & l'on juge de ce qu'un homme a toûjours été, par ce qu'il est dans la suite. Il est impossible de se mettre ici-bas entierement à couvert des traits de la médisance ; car les méchans trouvent leur consolation à dechirer la reputation des gens de bien, s'imaginant que le grand nombre des

1. Cor. 6. 12.

Prov. 19. 25.

coupables les rend moins criminels. Au reste un feu d'étoupe n'est pas de durée, & quelque grande que soit la flamme, elle s'éteint peu à peu dès qu'on cesse de l'entretenir. Veut-on dissiper ces bruits, soit faux, soit véritables, qui coururent l'an passé ? on n'a qu'à en faire cesser la cause.

Quand je parle de la sorte, ce n'est pas que je vous croïe capable d'aucune foiblesse ; mais c'est que la charité me fait trembler pour vous, dans les choses mêmes où il n'y a rien à craindre. O si vous voïiez [a] vôtre sœur, & si vous pouviez entendre les paroles qui sortent de sa bouche; vous verriez une grande ame renfermée dans un petit corps, & un cœur rempli de toutes les richesses de l'ancien & du nouveau Testament. Le jeûne fait tout son plaisir, & l'oraison toutes ses delices. Après avoir vû Pharaon submergé dans les eaux, elle prend un tambour à l'exemple de Marie, & à la tête d'une troupe de Vierges, elle chante la premiere en disant ; *Chantons des hymnes au Seigneur, parce qu'il a signalé sa grandeur & sa puissance en précipitant dans la mer le cheval & le cavalier.* Voilà celles à qui elle aprend à chanter les loüanges de JESUS-CHRIST, & à celebrer au son des instrumens les victoires du Sauveur. C'est ainsi qu'elle passe les jours & les nuits, faisant provision d'huile pour sa lampe, & se tenant toûjours prête à aller au devant de son Epoux. Suivez donc l'exemple de vôtre parente, & faites ensorte que Rome pos-

Exod. 15. 21.

---

a Eustoquie. Elle n'a eu que deux sœurs, sçavoir Pauline & Blesille; ainsi le nom de *sœur* doit se prendre ici dans une signification plus étenduë pour celui de parente.

sede ce qu'on trouve dans Bethléem, ville plus auguste que la capitale du monde.

Puisque vos grandes richesses vous mettent en état de secourir les pauvres dans leurs necessités, emploïez à des œuvres de misericorde des biens destinés à la vanité. Quand on a renoncé au mariage, on ne doit point craindre de devenir pauvre. Delivrez des Vierges de la servitude du démon, & faites les entrer dans l'appartement du Roi. Tendez les bras aux veuves, & mêlez-les comme de belles violettes parmi les lis des Vierges & les roses des Martyrs : faites de ces sortes de bouquets pour les presenter à Jesus-Christ au lieu de la couronne d'épines qu'il a portée pour l'expiation des pechez du monde. Que vôtre conduite fasse la joie & la consolation de vôtre illustre Pere, & qu'il aprenne de sa fille, ce que sa femme lui a apris autrefois. Les dents commencent déja à lui tomber, ses forces l'abandonnent; ses cheveux blancs & les rides de son front l'avertissent des approches de la mort, & déja l'on marque la place où l'on doit élever son bucher : car enfin nous vieillissons malgré nous. Qu'il prépare donc les choses dont il a besoin pour faire ce long voïage; qu'il emporte avec lui ce qu'il sera contraint d'abandonner; ou plûtôt qu'il envoie par avance au ciel des biens qui doivent rester à la terre, s'il refuse de s'en defaire.

Les jeunes veuves, *dont quelques-unes se sont* 1. Tim. 5. *égarées pour suivre satan; & qui après avoir secoüé le joug de* Jesus-Christ *par une vie libertine, veulent se remarier*; ces veuves, dis-je, se servent ordinairement de ces pre-

» textes pour couvrir leur incontinence : Mon
» revenu, difent-elles, diminuë de jour en jour,
» mon patrimoine se diffipe ; un valet m'a man-
» qué de respect ; une servante n'a pas executé
» mes ordres : qui aura soin d'agir pour moi au
» dehors ? de recevoir le revenu de mes terres ?
» d'élever mes enfans ? d'instruire mes domesti-
» ques. C'est ainsi que par une corruption de cœur étonnante, elles prennent pour pretexte de leurs secondes nôces, ce qui seul devroit les en detourner. En effet quand une femme se remarie, l'époux qu'elle choisit n'est pas un Gouverneur qu'elle donne à ses enfans, c'est un ennemi à qui elle les abandonne : Ce n'est pas un pere à qui elle confie leur éducation, c'est un tyran à qui elle sacrifie leur liberté. Livrée en proïe aux ardeurs de la concupiscence qui la devorent, elle étouffe dans son cœur tous les sentimens de la nature ; & cette femme qui n'a guére vivoit dans le deüil & dans la tristesse, à peine est-elle remariée, qu'elle prend soin de se parer en présence même de ses enfans qui ne connoissent point toute l'étenduë de leurs miseres.

Et ne pretendez pas justifier ici vôtre conduite par le mauvais état où sont vos affaires, ou par le peu de respect que vos gens ont pour vous ; faites plûtôt un aveu sincere de vôtre infamie & de vôtre incontinence : car enfin il n'est point de femme qui s'engage dans le mariage, pour se séparer de corps d'avec son mari. Au reste si ce n'est point la passion qui vous fait agir, quel est vôtre aveuglement & vôtre folie de vous prostituer pour amasser des richesses, & de sacrifier à des biens passagers

& méprisables, une chasteté qui est d'un prix infini, & dont la recompense doit être éternelle ? Si vous avez des enfans, pourquoi vous remarier ? si vous n'en avez pas, pourquoi ne pas craindre une stérilité dont vous avez déja fait une malheureuse experience ? pourquoi préferer une esperance incertaine à une honte assurée ? On passe aujourd'hui vôtre contrat de mariage, & bien-tôt on vous forcera de faire vôtre testament. Vôtre mari feignant une maladie qu'il sçait bien n'aller point à la mort, fera le sien en vôtre faveur, afin de vous engager à le constituer en mourant vôtre legataire universel. D'ailleurs si vous avez des enfans du second lit, ce sera pour vous une source de querelles & de divisions domestiques. Il ne vous sera pas permis d'aimer ceux du premier lit, ni de les regarder de bon œil. Si vous leur donnez à manger en cachette, vôtre second mari deviendra jaloux du premier; & à moins que vous ne les haïssiez, il s'imaginera que vous conservez encore pour leur pere toute vôtre tendresse. Si vous épousez un homme qui ait des enfans d'une premiere femme, fussiez vous la plus douce & la plus indulgente de toutes les meres, on emploira contre vous tout ce que les comediens, les farceurs, & les rhétoriciens ont jamais dit de plus injurieux & de plus piquant contre les plus cruelles marâtres. S'il arrive que le fils de vôtre mari ait mal à la tête, ou tombe en langueur, on vous fera passer pour une sorciere : si vous ne lui donnez point à manger, on vous accusera de cruauté; si vous lui en donnez, on dira que vous l'aurez empoisonné.

XXIII. LETTRE

Quels si grands avantages, je vous prie, pouvez-vous trouver dans les secondes nôces, qui puissent vous dédommager de tant de peines & de chagrins ?

Mais voulons nous nous former l'idée d'une véritable veuve ? nous n'avons qu'à lire l'Evangile de saint Luc. *Il y avoit*, dit-il, *une prophétesse nommée Anne, fille de Phanuël, de la Tribu d'Aser.* Anne signifie *grace*; Phanuël en nôtre langue veut dire *visage de Dieu*; & Aser signifie *beatitude* ou *richesses*. Cette femme aïant donc soutenu depuis sa jeunesse jusqu'à l'âge de quatre-vingt-quatre ans tout le poids d'un long veuvage, toûjours enfermée dans le temple, toûjours appliquée aux exercices de la priere & du jeûne; elle merita de recevoir des *graces* surnaturelles, d'être appellée *la fille du visage de Dieu*, & d'avoir part à la *beatitude* & aux *richesses* de son [a] ayeul. Souvenons-nous de la veuve de Sarepta, qui s'attendant à mourir de faim avec son fils la nuit suivante, ne songea qu'à secourir Elie qui lui demandoit l'hospitalité. Plus sensible aux besoins de ce Prophete, qu'aux interêts de sa propre vie & de celle de ses enfans, elle aima mieux mourir que de perdre le merite de l'aumône. Le peu de farine qu'elle lui donna, fut pour elle une source abondante de graces & de bénédictions; & en semant, pour ainsi dire, ce peu de farine, elle en recueillit une bouteille d'huile. Belle figure de ce qui se passe aujourd'hui; car tandis qu'on voit couler l'huile en abondance parmi les nations, la Judée souffre une cruelle famine, parce que *le grain*

Luc 2. 36.

3. Reg. 17. 12.

[a] C'est-à-dire, d'Aser fils de Jacob.

de froment, c'est-à-dire, JESUS-CHRIST, y est mort. Nous voïons dans le livre de Judith (* si neanmoins on veut bien recevoir ce livre comme Canonique) une veuve extenüée par les jeûnes, vêtuë d'un habit de deüil, & toute defigurée, qui ne pleuroit pas tant la mort de son mari, qu'elle se préparoit par cet exterieur sale & negligé, à recevoir le celeste Epoux. Il me semble la voir l'épée à la main & toute teinte de sang : je reconnois la tête d'Holoferne qu'elle rapporte à travers le camp des ennemis. Cette femme triomphe des hommes par son courage, & de l'incontinence par sa chasteté. Mais quittant aussi-tôt ces habits magnifiques dont elle étoit revêtuë, elle reprend ces habits sales & negligés, à qui elle est redevable de sa victoire, & qui, tout mal-propres qu'ils sont, effacent toute la beauté des vaines parures du siécle.

* *Voïez les Remarques.*

Quelques-uns mettent Debora au rang des veuves, & croïent que Barach général de l'armée des Hebreux, étoit son fils : mais ils se trompent, & leur sentiment ne s'accorde point avec ce qu'en dit l'Ecriture sainte. J'en fais mention ici, parce qu'elle a été Prophétesse, & qu'on la compte parmi les Juges d'Israël. Comme elle pouvoit dire avec David : *Que vos paroles sont douces, Seigneur ? elles le sont plus que le miel ne l'est à ma bouche* ; aussi reçut-elle le nom ᵃ *d'Abeille*, qui nourrie des fleurs des saintes Ecritures, & parfumée de l'odeur du Saint Esprit, composoit avec une bouche prophétique des sucs plus doux & plus agréables que l'ambrosie. Noëmi, qui en nôtre langue

Psal. 118.

ᵃ Debbora en Hebreu signifie *abeille.*

XXIII. LETTRE

signifie *consolée*, aïant perdu son mari & ses enfans dans une terre étrangere, revint en son païs avec sa chasteté, & soûtenuë par cette vertu durant son voïage, elle retint en sa compagnie ª sa bru qui étoit Moabite, afin qu'on vît s'accomplir en elle cette prophétie d'Isaïe :

Isaï. 16. 1. *Envoïez, Seigneur, l'Agneau dominateur de la terre, de la pierre du desert, à la montagne de la fille de Sion.*

Je viens enfin à cette pauvre veuve de l'Evangile, mais qui dans son indigence étoit plus *Matth. 13.* riche que tout le peuple d'Israël. Ce fut elle *31.* qui prenant un grain de seneve, & mettant du levain dans trois mesures de farine, assaisonna avec la grace du Saint Esprit, la confession de la divinité du Pere & du Fils. Ce *Luc 21. 2.* fut elle qui offrit au Seigneur tout ce qu'elle possedoit en jettant dans le tronc deux petites pieces, qui étoient la marque de la foi qu'elle avoit en l'un & l'autre Testament ; ou la figure de ces deux Seraphims qui chantent par *Isaï. 6. 3.* trois fois les loüanges de la sainte Trinité, & qui sont renfermés dans les tresors de l'Eglise : ou enfin ces pincettes avec lesquelles un de ces *Ibid. ℣. 6.* Seraphims prit un charbon de feu pour purifier les levres d'un homme pécheur.

Mais pourquoi aller chercher dans les anciennes histoires les exemples des femmes vertueuses, puisqu'il y en a plusieurs à Rome dont la vertu peut vous servir de modéle ? Je n'entreprendrai point de les loüer ici chacune en particulier, de peur qu'on ne s'imaginât que

---

a La bru de Noëmi s'appelloit Ruth, qui aïant épousé Booz, devint mere d'Obed, de Jessé, de David, & par lui de Jesus-Christ.

la flaterie eût part à l'éloge que j'en ferois. Vous trouverez en sainte Marcelle seule un modéle accompli de toutes les vertus. Cette Dame qui soutient si bien par sa pieté la gloire de son illustre naissance, semble retracer dans sa vie une image de ce qui est rapporté dans l'Evangile. Anne *vécut sept ans avec son mari* Luc. 2. 36. *depuis qu'elle l'avoit épousé étant Vierge* : & Marcelle a vêcu sept mois avec le sien. Celle-là attendoit la naissance de JESUS-CHRIST; & celle-ci le possede. L'une publioit les grandeurs du Messie nouvellement né, & l'autre chante les victoires d'un Dieu triomphant. Celle-là parloit du Sauveur à tous ceux qui attendoient la redemtion d'Israël; & celle-ci chante avec les Nations que ce Sauveur a rachetées : *Le frere ne rachete point son frere,* Psal. 48. 7. *mais l'homme étranger le rachetera.* Et comme le Psalmiste dit encore ailleurs : *Un homme* Psal. 86. 5. *est né dans elle, & le Tres-haut lui-même la fondée.*

Au reste il y a près de deux ans que j'ai donné au public les livres que j'ai composés contre Jovinien, dans lesquels j'ai refuté la plûpart des raisons dont on a coutume de se servir pour prouver que l'Apôtre S. Paul permet les secondes nôces. Comme vous pouvez lire dans cet ouvrage ce que j'en ai dit, il est inutile que je le repete ici. Il ne me reste plus qu'un avis à vous donner, avant que de finir cette lettre qui n'est déja que trop longue. Aïez sans cesse la mort devant les yeux, & jamais vous ne penserez à vous remarier.

XXIV. LETTRE
à Salvine.

Ecrite vers l'an 399. ou 400.

Nubel un des plus puissans Rois de Mauritanie, eut trois fils qui vivoient sous la protection des Romains, sçavoir Firmus, Gildon & Mascezil. Salvine, à qui saint Jérôme adresse cette Lettre, étoit fille de Gildon. L'Empereur Theodose la maria à Nebride neveu de l'Impératrice, afin de calmer par ce mariage les troubles d'Afrique. Après la mort de Nebride, saint Jérôme à la prière d'Avitus, écrivit cette Lettre à Salvine pour la consoler de la perte de son mari, dont il fait l'éloge, & pour l'exhorter à demeurer veuve. Il lui prescrit ici des regles pour vivre saintement dans cet état, & lui conseille sur tout la pratique du jeûne, de la lecture, & de l'oraison.

J'Appréhende fort qu'on ne me soupçonne ici de faire par ambition & par vanité, ce que je ne fais que par devoir, & à l'exemple de celui qui a dit : *Aprenez de moi que je suis doux & humble de cœur.* Je crains qu'on ne s'imagine que sous prétexte d'écrire à une veuve & de consoler une affligée, je songe à m'introduire à la Cour des Princes, & à gagner l'amitié des Grands. Mais on n'auroit pas ces pensées là de moi, si l'on sçavoit que Dieu défend d'avoir égard dans les jugemens à la misere du pauvre, de peur que sous prétexte de

Matth. 11. 29.

Levit. 19. 15.

de compatir à la disgrace d'un malheureux, on ne blesse les interêts de la justice : car c'est la nature des choses, & non pas la qualité des personnes qui doit être la regle de nos jugemens. Si le riche sçait faire un bon usage de ses richesses, elles ne sont point un obstacle à son salut : & si le pauvre couvert de haillons, & reduit à une extreme misere, n'a pas soin d'éviter le péché, son indigence ne le rend pas plus recommandable. Il est aisé de justifier cette vérité par l'exemple du Patriarche Abraham, & par l'expérience que nous en faisons tous les jours. Celui-là conserva toûjours l'amitié de Dieu parmi les grands biens qu'il possedoit, au lieu que nous vôïons tous les jours des pauvres subir toute la rigueur des loix pour les crimes qu'ils commettent.

Je parle donc ici à une Dame qui est pauvre au milieu des richesses, & qui ignore même ce qu'elle possede. Ce n'est point ses grands biens, c'est la pureté de son ame que j'envisage. Je parle à une personne que je n'ai jamais vûë ; qui ne m'est connuë que par sa vertu & sa reputation ; qui releve par sa jeunesse le merite & la gloire de sa chasteté ; qui a pleuré la mort d'un jeune époux avec une tendresse digne de servir de modéle à toutes les femmes mariées ; & qui la soûtenuë avec une constance qui fait bien voir qu'elle regarde cette mort plûtôt comme une absence, que comme une perte. La grandeur de sa disgrace n'a servi qu'à faire paroître la grandeur de sa foi. Quoiqu'affligée de l'absence de son cher Nebride, elle croit neanmoins le posseder toûjours en JESUS-CHRIST.

Tome I.   Y

XXIV. LETTRE

Qu'eſt-ce donc qui m'oblige d'écrire à une Dame que je ne connois point ? Trois raiſons m'ont engagé à le faire. La premiere eſt qu'en qualité de Prêtre, j'aime tous les Chrétiens comme s'ils étoient mes propres enfans, & que je mets toute ma gloire à les voir s'avancer dans le chemin de la vertu. La ſeconde, eſt que j'ai toûjours eu une liaiſon tres étroite avec le pere de Nebride. Enfin la derniere & la plus forte, eſt que je n'ai pû réſiſter aux preſſantes ſollicitations de mon fils Avite, qui m'a prié d'écrire à cette Dame. Plus importun *Luc 18. 3.* que la veuve de l'Evangile, qui demandoit juſtice à un Juge inexorable, & me repréſentant ſans ceſſe que j'avois déja écrit à pluſieurs perſonnes ſur le même ſujet ; il m'a preſſé ſi vivement, & jetté dans un ſi grand embarras, que la complaiſance que j'ai eu pour lui, l'a emporté ſur ce que la bienſéance exigeoit de moi.

Un autre que moi loüeroit peut-être Nebride de ce qu'étant fils de la ſœur de l'Impératrice, & aïant été élevé auprès de ſon Auguſte Tante, il fut ſi cher à [a] l'Empereur, que ce Prince invincible prît ſoin lui-même de le marier à une [b] perſonne de la premiere qualité, afin de s'aſſurer par ce gage precieux de la fidelité & de l'obéïſſance de l'Afrique, qui étoit diviſée par les guerres civiles. Pour moi je dirai d'abord à ſa loüange, que comme s'il eût eu quelque préſentiment qu'il devoit bien-tôt mourir, il vêcut parmi l'éclat de la Cour & des dignitez du ſiecle, où il

---

[a] Theodoſe le Grand, Voïez les Remarques.   [b] Salvine.

avoit été élevé avant l'âge, comme un homme qui est prêt de paroître devant Jesus-Christ. L'histoire sainte nous apprend que Corneille, qui étoit Centenier dans une cohorte de la legion appellée l'Italienne, se rendit si agreable à Dieu, que le Seigneur lui envoia un Ange, pour lui apprendre qu'en consideration de ses merites, la grace de l'Evangile, qui jusqu'alors avoit été renfermée dans les bornes étroites de la Judée, alloit se répandre par le ministere de saint Pierre, sur un peuple incirconcis. Aussi fut-il le premier de tous les Gentils que cet Apôtre baptiza, & son batême fut comme les prémices de la Gentilité, & le gage du salut des Nations. *Il y avoit un homme à Césarée,* dit l'Ecriture, *nommé Corneille, qui étoit Centenier dans une cohorte de la legion appellée l'Italienne. Il étoit religieux & craignant Dieu avec toute sa famille ; il faisoit beaucoup d'aumônes au peuple, & prioit Dieu incessamment.*

Je puis appliquer à Nebride, en changeant seulement le nom, tout ce que l'Ecriture dit ici de Corneille. Il fut si *religieux* & si amateur de la chasteté, qu'il étoit encore vierge quand il se maria : si *craignant Dieu avec toute sa famille,* qu'oubliant ce qu'il étoit, il n'avoit de commerce qu'avec les Ecclesiastiques & les Solitaires : si *charitable au peuple,* que son hôtel étoit sans cesse assiegé par une foule de pauvres & de malades : si *constamment appliqué à la priere,* qu'enfin il a obtenu ce qui pouvoit lui arriver de plus avantageux ; car Dieu, à qui son ame étoit agreable, l'a enlevé au monde, de peur que la malignité du

Sap. 4. 11.

fiecle ne gatât fon efprit. Je puis donc bien emploïer ici à fon fujet ces paroles de l'Apôtre faint Pierre : *En vérité je vois bien que Dieu n'a point d'égard aux diverfes conditions des hommes; mais qu'en toute forte d'états, celui qui le craint, & dont les œuvres font juftes, lui eft agréable.*

L'armée ne gâta point Nebride ; il parut fous la cotte-d'armes & avec le baudrier, au milieu de fes Gardes, fans rien perdre de fa vertu, parce qu'il combatoit pour le Roi du ciel, fous les étendarts d'un Prince de la terre. Au contraire il ne fert de rien aux autres de porter un habit noir & un méchant manteau, d'avoir le corps fale & craffeux, d'affecter une pauvreté feinte & déguifée, s'ils ne répondent pas par leurs actions à la dignité du nom qu'ils portent. JESUS-CHRIST rend encore dans l'Evangile témoignage à la foi d'un autre Centenier : *Je n'ai point trouvé*, dit-il, *une fi grande foi, même dans Ifraël.* Mais remontons plus haut. Jofeph dont la vertu parut avec tant d'éclat & dans la pauvreté & parmi les richeffes; qui fit voir par fon exemple qu'on peut être libre & fur le thrône & dans les fers; qui feul après Pharaon porta les marques de fa dignité roïale ; Jofeph, dis-je ; fe rendit fi agréable à Dieu, qu'il merita préferablement à tous les autres Patriarches d'être le pere de [a] de deux Tribus ? Daniel & les trois enfans Hebreux, [b] qui avoient la Surintendance de tous les ouvrages de la Province de Babylone,

Matth. 8. 10.

---

[a] d'Ephraim & de Manaffé.
[b] Toutes les éditions portent, *Præerant Babylonia opibus.* C'eſt-à-dire, qui étoient Surintendans des Finances. Mais on lit dans tous les manufcrits, *Præerant Babylonia operibus.* On a fuivi cette derniere leçon, comme plus conforme à l'Ecriture fainte, qui porte Dan. 2. 49. *Conſtituit*

& qui se voïoient élevés aux premieres dignités de l'Etat, ne firent que se prêter à Nabuchodonosor, tandis qu'ils donnoient à Dieu toutes leurs pensées, & toutes les affections de leur cœur. Esther & Mardochée, couverts qu'ils étoiét de pourpre, de soïe & de pierreries, s'éleverent par leur humilité au dessus du faste & de l'orgueil qu'inspirent les grandeurs humaines, & ils firent paroître dans cette situation une vertu si solide, qu'au milieu même de leur captivité ils furent les maîtres de leurs vainqueurs.

Je n'ai rapporté ici tous ces exemples, que pour faire voir que Nebride, tout jeune qu'il étoit, fit servir à ses vertus l'alliance qu'il avoit avec la maison roïale, les immenses richesses qu'il possedoit, & les grands emplois où il se vit élevé; selon ce que dit le Sage: *Comme la sagesse protege, l'argent protege aussi.* *Eccl. 7. 13.* Il ne faut pas s'imaginer que ce passage soit contraire à ce que JESUS-CHRIST dit dans l'Evangile: *Je vous le dis, en vérité, il est* *Matth. 19.* *bien difficile qu'un riche entre dans le roïaume* *23.* *du ciel. Je vous le dis encore une fois, il est plus aisé qu'un chameau passe par le trou d'une aiguille, que non pas qu'un riche entre dans le roïaume du ciel:* Autrement il sembleroit que Zachée qui étoit Publicain, & qui selon l'Ecriture possedoit de tres grands biens, auroit été sauvé nonobstant ce que dit ici le Fils de Dieu. Mais les conseils que l'Apôtre saint Paul donne aux riches dans son Epître à Timothée, nous font voir comment ce qui est impossible aux hommes, ne l'est pas à Dieu. *Ordonnez* *1. Tim. 6: 17.*

Nabu hodonosor super opera Provincia Babylonis, Sidrach, Misach, & Abdenago.

XXIV. LETTRE

lui dit-il, *aux riches de ce monde de n'être point orgueilleux, de ne mettre point leur confiance dans des richesses incertaines & perissables, mais dans le Dieu vivant, qui nous fournit abondamment tout ce qui est necessaire à la vie; d'être charitables & bienfaisans; de se rendre riches en bonnes œuvres, de donner l'aumône de bon cœur, de faire part de leurs biens à ceux qui en ont besoin, de s'acquerir un tresor, & de s'établir un fondement solide pour l'avenir, afin de pouvoir arriver à la veritable vie.* Nous apprenons par là comment un chameau peut passer par le trou d'une aiguille, & de quelle maniere cet animal bossu, s'étant déchargé de son fardeau, prend des aîles de colombes, pour aller se reposer sur les branches de cet arbre que produit le grain de senevé. Ces chameaux nous sont figurés par ceux de Madian, d'Epha & de Saba, qui, selon le Prophete Isaïe, portoient de l'or & de l'encens à la ville du Seigneur. Ils nous sont encore représentés par ces marchands Ismaëlites qui portoient en Egypte de la mirrhe, des parfums, & de cette raisine qui naît en Galaad, & qui sert à panser les plaïes: heureux d'avoir procuré le salut du monde en achetant & en vendant Joseph. Esope nous aprend aussi dans ses fables qu'une souris, qui avoit le ventre trop plein, ne put repasser par le trou par où elle étoit entrée.

Nebride donc faisant de continuelles réflexions sur ce que dit l'Apôtre saint Paul, que *ceux qui veulent devenir riches, tombent dans la tentation, & dans les piéges du démon, & sont agités de divers desirs*, emploïoit au soulagement des pauvres ses apointemens, & tout

Isaï. 60. 6.

Gen. 37. 25.

1. *Tim.* 6. 9.

ce qu'il recevoit de la liberalité de l'Empereur. Il sçavoit que Jesus-Christ a dit ; *Si vous voulez être parfait, allez, vendez tout ce que vous avez, & donnez-le aux pauvres, puis venez & me suivez.* Mais parce que les liens qui l'attachoient à une femme, à des enfans, à une nombreuse famille, ne lui permettoient pas de mettre en pratique cette maxime de l'Evangile, il emploïoit les richesses d'iniquité à se faire des amis, qui le reçûssent dans les tabernacles éternels. Il ne se déchargea pas tout d'un coup du pesant fardeau des richesses, comme firent les Apôtres qui quitterent sans reserve leur pere, leur barque & leurs filets ; mais gardant l'égalité en toutes choses, il soulageoit de son abondance la misère des pauvres, afin de trouver un jour dans leur abondance une resource à sa misere. La personne à qui j'écris, sçait bien que je n'ai point été témoin des faits que je rapporte ici, que je n'en parle que par oüi dire, & que je ne donne point à Nebride, à l'exemple des Ecrivains Grecs, des loüanges flateuses & interessées, comme si je voulois reconnoître par là quelque grace qu'il m'auroit faite. Un Chrétien doit être à couvert de ces indignes soupçons. Quand on se contente d'avoir dequoi se nourrir & se vêtir ; qu'on ne vit que des legumes & de gros pain, & qu'on ne passe jamais dans sa nourriture les bornes que la moderation prescrit : on se met fort peu en peine des richesses, & on ne cherche point à ménager ses propres interêts par de basses flateries. On doit donc ajoûter foi à ce que je dis, puisque rien ne m'oblige à déguiser mes sentimens.

Matth. 19. 21.

XXIV. LETTRE

Mais de peur qu'on ne s'imagine que je n'ai à loüer dans Nebribe que les aumônes qu'il a faites, (quoiqu'au reste ce soit quelque chose de grand d'avoir pratiqué cette vertu, dont le Sage a dit : *Comme l'eau éteing le feu, de même l'aumône éteint le péché* ;) je vais parler aussi de ses autres vertus, dont chacune en particulier se trouve en tres peu de personnes. Qui est jamais entré dans la fournaise de Babylone sans se brûler ? Quel est le jeune homme qu'une maîtresse Egyptienne n'a pas saisi par le manteau ? Quelle est la femme a qui aïant pour mari un homme tel qu'étoit Putiphar, veut bien prendre le parti de la continence ? Qui peut entendre sans fraïeur ces paroles de l'Apôtre saint Paul : *Je sens dans les membres de mon corps une autre loi, qui combat contre la loi de mon esprit, & qui me rend captif sous la loi du péché qui est dans les membres de mon corps* : C'est ici qu'on ne sçauroit assez admirer la conduite & la vertu de Nebride. Elevé qu'il étoit à la Cour de l'Empereur, compagnon & condisciple b des Césars, nourri à une table dont le luxe étoit entretenu par tout ce que la terre & la mer peuvent fournir de plus delicieux, vivant dans l'abondance de toutes choses, jeune & à la fleur de son âge ; il fut neanmoins si honnête & si modeste, qu'il surpassoit les filles même en pudeur & en retenuë, & que jamais il ne lui échapa rien qui pût commettre sa reputation & donner occasion aux mauvais

Eccl. 3. 33.

Rom. 7. 23.

---

a S. Jérôme fait allusion dans le texte à la qualité d'Eunuque que portoit Putiphar, dont la femme voulut séduire Joseph ; mais ce mot n'avoit pas alors la signification qu'il a aujourd'hui. C'étoit un nom qu'on donnoit à ceux qui exerçoient les premieres charges à la Cour des Princes.

b Arcade & Honorius, fils de l'Empereur Theodose.

bruits. Quoiqu'il eût l'honneur d'être compagnon, parent, cousin des deux Princes, & d'avoir été élevé avec eux dans les mêmes exercices, ce qui seul est capable de gagner le cœur des étrangers mêmes ; neanmoins tous ces avantages ne le rendirent pas plus fier ; jamais il n'eût avec les autres des manieres dédaigneuses & des airs méprisans ; au contraire il se fit aimer d'un chacun ; il aima lui-même les Princes comme ses freres, & les respecta comme ses maîtres, avoüant que tout le bonheur de sa vie étoit attaché à leur conservation. Il sçut si bien gagner l'estime & l'amitié de leurs officiers & de tous les autres courtisans, que ceux qui lui étoient inferieurs en merite, croïoient l'égaler en dignité. Il est bien difficile de s'élever par sa vertu au dessus de sa propre gloire, & de s'attirer l'affection de ceux sur qui l'on a quelque degré de superiorité. Où est la veuve qui n'a pas ressenti les effets de sa protection & de sa bonté ? où est l'orfelin qui n'a pas trouvé en lui la tendresse d'un pere ? C'étoit à lui que tous les Evêques d'Orient adressoient les prieres des malheureux & les soupirs de tous ceux qu'on opprimoit. Dans toutes les graces qu'il demandoit à l'Empereur, il n'avoit en vûë que le soulagement des pauvres, la délivrance des captifs, la consolation des affligez. Aussi les Princes se faisoient-ils un plaisir d'accorder ce qu'ils sçavoient devoir profiter, non pas à un seul, mais à plusieurs.

Mais à quoi m'arrêtai-je ici ? *Toute chair n'est que de l'herbe, & toute sa gloire est comme la fleur de l'herbe.* La terre est retournée

Isaï. 40. 6.
Sec. LXX.

XXIV. LETTRE

dans la terre d'où elle tiroit son origine. Nebride s'est endormi au Seigneur. Après avoir joüi d'une heureuse vieillesse, (*car la sagesse de l'homme lui tient lieu de cheveux blancs,*) il a été mis avec ses peres, étant comme rassasié de la vie, & las de voir la lumiere. Il a fourni en peu de tems la carriere d'une longue vie : mais il nous a laissé à sa place d'aimables enfans. Son épouse, qui est l'heritiere de sa chasteté, nous dédommage en quelque façon de sa perte. Nous retrouvons le pere dans le petit Nebride :

Sap. 4. 8.

Æneid. 3.   *Tels ses yeux, & ses mains, tel étoit son visage.*

On voit reluire dans cet enfant une étincelle de la generosité paternelle : Le fils fait entrevoir sur son front le caractere & l'image des vertus du pere ;

Georg. 4.   *Et dans un petit corps il porte une grande ame.*

Il a aussi une sœur dont le visage est comme un agreable mélange de lis & de roses, de pourpre & d'ivoire. On découvre en elle, avec la beauté de sa mere, tous les traits de son pere, mais plus fins & plus delicats, de maniere qu'elle est seule une image parfaite de l'un & de l'autre. Elle est si douce & si aimable, qu'elle fait la joie de toute la famille. L'Empereur ne dédaigne pas de la porter à son coû, & l'Impératrice se fait un plaisir de la tenir entre ses bras. C'est à qui l'aura, & à qui lui fera plus de caresses. Elle cause & bégaïe sans cesse ; mais ce begaïement lui donne de nouvelles graces, & ne sert qu'à la rendre plus aimable.

Voilà donc, Madame, ceux à qui vous devez l'éducation, & qui doivent vous consoler de l'absence de vôtre mari. *Voilà l'héritage du Seigneur, & ces enfans, qui sont le fruit de vos entrailles, sont en même tems vôtre récompense.* Pour un mari que vous avez perdu, Dieu vous a donné deux enfans ; il a multiplié par là les objets de vôtre tendresse & de vôtre amour. Rendez donc à vos enfans tout ce que vous deviez à vôtre époux, & tâchez d'adoucir par l'amour que vous devez à ceux-là, la douleur que vous cause l'absence de celui-ci. Ce n'est pas une œuvre peu meritoire devant Dieu, que de donner une bonne éducation à des enfans. Ecoutez sur cela les avis que donne l'Apôtre saint Paul : *Que celle qui sera choisie pour être mise au rang des veuves, n'ait pas moins de soixante ans ; qu'elle n'ait eu qu'un mari, & qu'on puisse rendre témoignage de ses bonnes œuvres, si elle a bien élevé ses enfans, si elle a exercé l'hospitalité, si elle a lavé les pieds des Saints, si elle a secouru les affligez, si elle s'est appliquée à toutes sortes d'actions pieuses.* Voilà les vertus qui sont attachées à vôtre état ; & c'est par la pratique de toutes ces bonnes œuvres que vous devez soutenir la dignité du nom que vous portez, & vous rendre digne du ^a second degré de la con-

Psal. 146. 4.

1. *Tim.* 5. 9.

---

a C'est-à-dire, de la continence des veuves, car le premier degré de continence est pour les Vierges, le second pour les veuves, & le troisième pour les personnes mariées.

tinence. Ne vous étonnez point de ce commandement de l'Apôtre, qui veut qu'on ne mette au rang des veuves, que celles qui auront atteint l'âge de soixante ans ; ne pensez pas qu'il en excluë pour cela les jeunes veuves ; au contraire soïez persuadée qu'il vous met aussi de ce nombre, puisqu'il avoit déja dit à son disciple Timothée : *Que personne ne vous méprise à cause de vôtre jeunesse.* Il ne dit pas, à cause que vous n'êtes pas en âge de garder la continence ; mais à cause que vous êtes jeune. Car si l'on regloit l'état de la continence par le nombre des années, toutes les veuves qui n'auroient pas soixante ans, seroient obligées de se remarier. Mais comme l'Apôtre saint Paul instruisoit l'Eglise naissante de Jesus-Christ, & qu'il avoit soin de pourvoir aux necessitez de tous ceux qui la composoient, & particulierement des pauvres, dont lui & saint Barnabé étoient chargés : il ordonne qu'on emploïe les revenus de l'Eglise à soulager celles qui sont véritablement veuves, c'est-à-dire, qui ne sont plus en état de travailler, & qui par une vie toûjours reguliere, jointe à un âge déja avancé, ont merité l'estime & l'approbation de tout le monde. Le grand Prêtre Heli se rendit criminel devant Dieu par les pechez de ses enfans ; on peut donc au contraire appaiser sa justice par leurs vertus, *en prenant soin de les affermir dans la foi, dans la charité, dans la sainteté, & dans* a *la chasteté. O Timothée,* dit l'Apô-

Ibid. 4. 12.

1. Tim. 2. 15.

---

a Nôtre Vulgate porte, *cum sobrietate* : mais S. Jérôme écrit toûjours : *cum pudicitia*, ou bien, *cum castitate*, prétendant que le mot grec σωφροσύνη a été mal traduit dans le Latin par celui de *sobrietas*. C'est ainsi qu'il s'en explique l. 1. cont. Jovin tre saint Paul, *conservez vous pur vous-même.* *Ibid.* 5. 22.

Ce n'est pas, Madame, que je vous croïe capable de rien faire qui soit indigne de vous; mais la charité m'engage à prendre ces précautions, & à vous donner ces avis, dans un âge où l'on n'a que trop d'attrait pour le plaisir. Ne vous appliquez donc point ce que je vais dire; ce n'est point vôtre conduite que je prétens condamner, c'est vôtre jeûnesse que je veux instruire. *Une veuve qui vit dans les délices, est morte, quoiqu'elle paroisse vivante.* *Ibid.* y. 6. Ce sont les paroles de saint Paul, ce vaisseau d'élection, qui plein de Jesus-Christ, disoit avec confiance: *Est-ce que vous voulez éprouver la puissance de Jesus Christ qui parle par ma bouche?* C'est ce que dit cet Apôtre, qui voulant nous faire voir en sa personne les foiblesses & la fragilité de la chair, ne craignoit pas de dire: *Je ne fais pas le bien que je veux, mais je fais le mal que je ne veux pas.* *C'est pourquoi je traite rudement mon corps, & le reduis en servitude, de peur qu'en prêchant aux autres, je ne sois reprouvé moi-même.* Si ce grand Apôtre tremble, qui de nous peut être tranquille? Si David, l'ami du Seigneur, & Salomon son bien-aimé, ont succombé aux foiblesses communes à tous les hommes, afin de nous apprendre par leur chute à nous précautionner contre nôtre propre fragilité, & par leur penitence, à rentrer dans les voïes du salut; qui ne craindra de tomber dans un chemin si dangereux & si glissant?

2. Cor. 13. 3.

Rom. 7. 19.

1. Cor. 9. 27.

---

c. 14. *Si permanserint in ... sanctificatione cum castitate.* Non enim, ut malè habetur in latinis codicibus, *sobrietas* est legenda, sed *castitas*, id est σωφροσύνη.

Ne faites jamais servir sur vôtre table des faisans, des tourterelles, des francolins d'Ionie, & tous ces oiseaux qui épuisent & consument les plus riches patrimoines. Car ne pensez pas que l'abstinence de la chair consiste seulement à ne point manger de porc, de liévre, de cerf, & des autres animaux à quatre piés, dont la chair est solide & nourrissante: ce n'est pas par le nombre des piés qu'on en doit juger, c'est par le goût & la delicatesse des viandes. Je sçai bien que saint Paul a dit: *1.Tim.4.4. Tout ce que Dieu a créé, est bon, & on ne doit rien rejetter de ce qui se mange avec action de graces.* Mais je sçai aussi que ce même Apôtre a dit ailleurs: *Rom. 14. Il est bon de ne point boire 21. de vin, & de ne point manger de chair.* Et dans un autre endroit: *Ephes. 5. Ne vous laissez point aller 18. aux excès du vin, d'où naissent les dissolutions. Tout ce que Dieu a créé est bon.* Ces paroles sont pour les femmes qui mettent tous leurs soins à plaire à leurs maris. Que celles donc qui sont engagées dans les liens du mariage, & asservies aux œuvres de la chair, qui ne songent qu'à avoir des enfans, & qui souffrent toutes les incommodités de la grossesse, que celles-là, dis-je, se remplissent de ces viandes qui enflamment la concupiscence, & qui sont la source de la corruption & des impuretés de la nature. Mais pour vous qui avez enseveli tous vos plaisirs dans le tombeau de vôtre époux, qui avez effacé le fard de vôtre visage par un torrent de larmes répanduës sur son cercüeil, qui avez quitté vos habits blancs & vos brodequins dorés, pour porter un habit de düeil & des souliers noirs; il ne vous reste plus qu'à perseverer constamment dans la pratique du jeûne. Un visage pâle & un air negligé doivent desormais vous tenir lieu de pierreries. Ne couchez point sur un lit de plume, de peur d'entretenir par là des feux que vous devez éteindre; n'échauffez point par la chaleur des bains le sang d'une boüillante jeunesse; écoutez ce qu'un Poëte profane fait dire à une veuve qui avoit resolu de garder la continence:

Il eut, ce cher Epoux, mes premieres amours;
Qu'avec lui sous sa tombe il les garde toûjours.

Æneid. 4.

Si les hommes font tant d'estime d'un vain éclat du verre, à quel prix ne doivent-ils pas mettre la solidité de la perle? Si une veuve païenne qui se conduit par les seuls sentimens qu'inspire la nature, renonce à tous les plaisirs de la vie; que ne doit-on pas attendre d'une veuve Chrétienne, qui doit conserver sa chasteté non seulement pour l'époux qu'elle a perdu, mais encore pour celui avec qui elle doit regner un jour dans le ciel?

Je vous prie encore une fois, Madame, de ne pas croire que j'aïe dessein de vous offenser par ces avis generaux que je donne ici, & qui ne regardent que les jeunes gens. Ne pensez pas que je vous écrive ceci pour vous faire des reproches: je n'en use de la sorte à vôtre endroit, que parce que je crains pour vous; & tout ce que je souhaite, est que vous ignoriez éternellement ce que je crains. Rien au monde n'est plus delicat que l'honneur & la reputation d'une femme: c'est comme une belle fleur que le moindre petit souffle ternit & desséche en un moment ; sur tout quand on est dans un âge qui n'a que trop de panchant pour le mal, & qu'on n'est plus sous l'autorité d'un mari, dont l'ombre seule suffit pour mettre une femme à couvert des traits de la médisance. Que fait une veuve au milieu d'une nombreuse famille, & parmi une foule de domestiques ? Je ne dis pas qu'elle doive les regarder avec mépris, parce que ce sont ses valets ; mais je veux qu'elle ait honte de les envisager, parce que ce sont des hommes. Au reste s'il est de sa dignité & de la grandeur de sa naissance qu'elle ait un grand nombre de domestiques ; que ne donne-t-elle l'intendance de sa maison à un vieillard de bonnes mœurs, dont la sage conduite fasse honneur à sa maîtresse ? Je sçai que plusieurs Dames qui vivoient chez elles dans une grande retraite, n'ont pas laissé de commettre leur reputation, parce qu'elles avoient des domestiques qui se rendoient suspects par leur trop grande propreté, par leur embonpoint, par leur jeunesse, & par un certain air de fierté que leur inspiroit l'assurance qu'ils avoient de posseder les bonnes graces de leurs maîtresses. Car malgré les soins qu'ils prenoient de cacher leur orgueil, ils en laissoient quelquefois échaper malgré eux quelque trait, qui se faisoit sentir par le mépris qu'ils avoient pour leurs compagnons, comme s'ils eussent été leurs valets.

Je ne vous dis ceci que pour vous engager à veiller sur vôtre conduite avec tant de soin, que l'imposture ne puisse donner la moindre atteinte à vôtre reputation. Qu'on ne voie jamais

mais en vôtre compagnie un Maître-d'hôtel bien frifé ; éloignez de vous ces bouffons qui prennent des airs de femme ; ces muficiens qui par la douceur de leur voix, fervent d'inftrument au démon pour empoifonner les ames ; ces jeunes gens qui mettent tous leurs foins à s'ajufter : ne fouffrez rien dans vos ferviteurs qui fente le theatre, rien qui infpire la moleffe. N'aïez avec vous que des veuves & des vierges, & cherchez toute vôtre confolation parmi les perfonnes de vôtre fexe. On juge de la conduite des maîtreffes par les mœurs des fervantes. Puifque vous avez l'avantage de demeurer avec une mere vertueufe, & une tante qui a toûjours confervé fa virginité, ne quittez point une fi fainte compagnie, qui eft comme un azile à vôtre innocence, pour avoir avec des étrangers des liaifons qui pouroient vous être funeftes.

Lifez fans ceffe l'Ecriture fainte, & appliquez vous fi fouvent à l'oraifon, qu'elle vous ferve comme d'un bouclier pour repouffer tous les traits des mauvaifes penfées qui font ordinairement aux jeunes gens de mortelles bleffures. Il eft bien difficile, ou plûtôt il eft impoffible de ne pas reffentir les premiers mouvemens de ces paffions naiffantes, que les Grecs expriment beaucoup mieux par le mot *propatheias*, qui veut dire, en le traduifant de mot à mot, *avant-paffions* ; parce que la concupifcence fait fur tous les cœurs de douces impreffions, & que nôtre volonté qui eft comme placée entre les diverfes paffions qui la remuent, peut ou rejetter ou recevoir les differentes penfées qu'elles lui fuggerent. De là vient que l'au-

<small>Matth. 15. 19.</small> teur de la nature dit dans l'Evangile : *C'est du cœur que partent les mauvaises pensées, les meurtres, les adulteres, les fornications, les larcins,*
<small>Gen. 6. 5.</small> *les faux témoignages, & les medisances.* Ce qui fait voir, comme dit l'Ecriture en un autre endroit, que le cœur de l'homme a plus de panchant pour le mal que pour le bien, & que l'ame partagée entre les œuvres de l'esprit & celles
<small>Gal. 5. 19.</small> de la chair, dont parle l'Apôtre saint Paul, & agitée par les differens desirs que l'un & l'autre lui inspirent tour à tour, tantôt s'abandonne à ceux-ci, & tantôt se livre à ceux-là.

<small>Hor. l. 1. serm. sat. 3.</small> *Nul ne naît sans defauts ; le mieux qu'on puisse faire,*
N'est pas d'en être exempt, mais de n'en avoir guere.....
Comme si dans un corps d'une insigne blancheur,
<small>Ibid. sat. 6.</small> *D'une tache legere on blâmoit la noirceur.*

C'est ce que le Prophete Roi exprime en
<small>Psal. 76. 4.</small> d'autres termes, lors qu'il dit : *J'ai été troublé, & je n'ai point parlé.* Et dans un autre endroit :
<small>Psal. 4. 5.</small> *Mettez vous en colere, mais prenez garde de pécher.* C'est dans ce sens qu'Architas de Tarente disoit à un fermier negligent : Si je n'étois pas en colere, je t'aurois déja assommé
<small>Jac. 1. 20.</small> de coups. Car *la colere de l'homme n'accomplit point la justice de Dieu.*

Appliquons à toutes les autres passions, ce que nous venons de dire de celle-ci en particulier. Comme le propre de l'homme est de s'abandonner aux mouvemens de la colere, & que le devoir d'un Chrétien est de leur resister :

de même la chair desire tout ce qui flate sa délicatesse, & entraîne l'ame par je ne sçai quels appas dans des plaisirs qui ne sont capables que de l'empoisonner. Mais c'est à nous à éteindre les ardeurs de la volupté, par un plus grand amour de Jesus-Christ; & à reduire par la faim cette jument indomtée, afin qu'elle porte doucement le Saint-Esprit, & qu'au lieu de suivre ses inclinations brutales, elle ne songe qu'à subvenir aux necessités de la nature.

Je vous dis ceci pour vous apprendre que vous êtes femme, sujette comme le reste des hommes à toutes les passions du cœur humain, & qu'il n'y a qu'une attention continuelle sur vous-même, qui puisse vous affranchir de leur servitude. Nous sommes tous formés d'une même bouë, & nous portons au dedans de nous un même fond de corruption. La concupiscence soumet à son empire & la bure & la soie; & comme elle ne craint point le faste d'un Monarque que couvre la pourpre, aussi ne méprise-t-elle point la bassesse d'un pauvre revêtu de haillons. Il vous est beaucoup plus avantageux d'avoir mal à l'estomac qu'à l'esprit; de commander au corps, que d'en être esclave; d'avoir une démarche peu ferme, qu'une pureté chancelante. Et ne nous flatons pas d'avoir recours à la penitence, qui est la resource des malheureux. On doit craindre de recevoir une blessure, qu'on ne sçauroit guerir qu'avec douleur. Il y a bien de la difference entre un homme qui parmi les debris de son naufrage, s'attache à une planche que les vagues agitées poussent çà & là, & brisent enfin contre les rochers; & un autre qui conduit heureusement dans le port un vaisseau que la tempête n'a point endommagé, & qui a toute sa charge.

Une veuve doit ignorer que les secondes nôces soient permises, & que l'Apôtre saint Paul ait dit ; *Qu'il vaut mieux se marier, que de brûler.* Otez le peril où l'on s'expose de brûler, & le mariage consideré en lui-même ne sera plus un bien. A Dieu ne plaise que je prétende favoriser ici les erreurs des [a] heretiques : je sçai que *le mariage est une chose honnête, & que le lit nuptial est sans tache.* Mais, je sçai aussi qu'Adam n'eut qu'une femme, même après avoir été chassé du paradis terrestre. Lamech, cet homme maudit & sanguinaire, sorti de la race de Caïn, fut le premier qui [b] d'une côte en fit deux. Aussi cette bigamie naissante fut-elle aussi-tôt punie & détruite par un deluge universel. Il est vrai que S. Paul voïant qu'il étoit necessaire de permettre aux veuves de se remarier, afin d'éviter les desordres où elles pourroient tomber, dit à Timothée : *J'aime mieux que les jeunes veuves se marient, qu'elles aïent des enfans, qu'elles gouvernent leur ménage, & qu'elles ne donnent aucun sujet aux ennemis de nôtre religion de nous faire des reproches.* Mais cet Apôtre voulant faire connoître ce qui l'avoit obligé de les traiter avec tant d'indulgence, il ajoûte aussi-tôt : *Car déja quelques-unes se sont égarées pour*

1. Cor. 7 9.

Hebr. 13. 4.

1. Tim. 5. 14.

---

[a] C'est-à-dire des Novatiens, des Montanistes, des Cataphriges, & d'autres semblables heretiques qui condamnoient les secondes nôces.

[b] S. Jérôme fait ici allusion à ce que dit l'Ecriture, qu'Eve fut formée de la côte d'Adam : & il dit que Lamech divisa cette côte en deux, parce qu'il fut le premier qui épousa deux femmes à la fois.

suivre satan. Ce qui fait voir qu'il ne les regarde pas comme des ames fortes dont il couronne la fermeté ; mais comme des personnes foibles & fragiles à qui il tend la main pour les relever de leurs chutes. Jugez par là de l'idée qu'on doit avoir des secondes nôces, puis qu'on ne les préfere qu'à des lieux de prostitution & de débauche. *Quelques-unes*, dit saint Paul, *se sont égarées pour suivre satan*. Voilà pourquoi cet Apôtre permet à une jeune veuve qui ne peut ou qui ne veut pas vivre dans la continence, de prendre un second mari, plûtôt que de suivre le démon. Ne paroît-il pas que les secondes nôces sont quelque chose de bien grand & de bien digne de nos soins, puis qu'on ne s'y engage que pour s'affranchir de la servitude de satan ? Jerusalem s'abandonna aussi autrefois à de honteuses débauches, & *se prostitua à tous les passans*. Elle se laissa d'abord corrompre en Egypte, & ce fut là qu'elle perdit la gloire de sa virginité. A peine fut-elle entrée dans le desert, que s'impatientant de ce que Moïse son conducteur étoit trop long-tems sur la montagne, & aïant dit dans l'emportement de la passion dont elle étoit agitée : *Voici vos Dieux, ô Israël, qui vous ont tiré de l'Egypte* ; elle reçut des loix qui ne pouvoient lui être avantageuses, & qui étoient pour elle un châtiment, plûtôt qu'une source de vie. Faut-il donc s'étonner que saint Paul, qui en parlant des veuves dereglées avoit dit : *Après que la mollesse de leur vie les a portées à secoüer le joug de* JESUS-CHRIST, *elles veulent se remarier, s'engageant ainsi dans la condamnation par le violement de la foi qu'el-*

Ezech. 16. & 25.

Exod. 32. 4.

1. *Tim.* 5. 11.

les lui avoient donnée auparavant; faut-il, dis-je, s'étonner que cet Apôtre leur accorde les secondes nôces, & leur donne sur cela des loix qui ne leur sont point avantageuses, & même qui sont tres préjudiciables à leur salut. Car il leur permet tellement de prendre un second mari, qu'il consentiroit encore à leur en donner un troisiéme, & même un vintiéme, si elles le vouloient; faisant voir par là que son dessein n'est pas tant de leur accorder des maris, que de leur ôter les occasions de débauches.

Je vous dis ceci, ma tres chere fille, & vous le repete souvent, afin qu'oubliant ce qui est derriere vous, vous vous avanciez vers ce qui est devant vous. Prenez pour modéle de vôtre conduite, Judith si fameuse dans l'histoire des Juifs, & Anne fille de Phanuël si celebre dans l'Evangile; imitez ces saintes veuves qui passoient les jours & les nuits dans le temple, & qui conservoient par le jeûne & la priere le precieux trésor de la chasteté. Aussi voïons nous que celle-là, qui étoit une figure de l'Eglise, coupa la tête au démon; & que celle-ci instruite des mystéres qui devoient s'accomplir dans la suite des tems, reçut la premiere le Sauveur du monde. Au reste avant que de finir cette lettre, je vous supplie de croire, que si je ne la fais pas plus longue, ce n'est pas que la matiere me manque, ou que je manque moi-même à ma matiere: mais c'est que j'ai une confusion extreme d'abuser plus long-tems de la patience d'une personne que je n'ai pas l'honneur de connoître; & que d'ailleurs je crains le jugement qu'en feront en secret ceux qui la liront.

XXV. LETTRE
à Ageruquie.

Saint Jérôme ne donne ici à Ageruquie aucunes regles pour vivre dans l'état de veuve qu'elle avoit embrassé; il la renvoïe aux traités qu'il avoit déja faits pour Eustoquie, pour Furie, & pour Salvine. Il explique dans celui-ci le sens de quelques passages de saint Paul, où cet Apôtre permet les secondes nôces. Il releve le merite de la continence par les plus beaux endroits de l'Ecriture sainte, & même par l'exemple des Prêtres des faux dieux, & des femmes païennes, qui avoient sacrifié leur vie à l'amour de la chasteté. Enfin pour faire perdre à cette Dame le souvenir des plaisirs du siecle, il lui fait une peinture tres vive de la desolation de l'Empire Romain, & des ravages que les Vandales venoient de faire dans les Gaules.

Ecrite vers l'an 409.

JE cherche un sentier tout nouveau dans un chemin que j'ai déja fait plusieurs fois, je pense à donner de nouveaux tours à une matiere que j'ai traitée souvent, & presque épuisée; je veux parler d'un même sujet, sans dire les mêmes choses; & je vais prendre plusieurs détours pour arriver au terme que je me propose, sans neanmoins m'écarter du chemin qui y conduit. J'ai souvent écrit aux veuves, & cherchant dans les saintes Ecritures plusieurs exemples pour les animer à la pratique de la vertu, j'ai ramassé differens passages, comme autant de fleurs pour couronner la chasteté. Je parle maintenant à Ageruquie, à qui par une conduite particuliere de la divine providence l'on donna un nom qui marquoit ce qu'elle devoit être un jour. Car elle semble réunir en sa personne tout le merite de son Ayeule, de sa Mere & de sa Tante, de ces Dames qui se sont renduës si recommandables par leur pieté & par leur attachement à Jesus-Christ. Metronie son Ayeule étant demeurée veuve durant quarante ans, a retracé dans sa vie une image des vertus d'Anne fille de Phanuël dont parle l'Evangile. Sa Mere Benigne, veuve depuis quatorze ans, se voit en la compagnie des Vierges dont la chasteté porte du fruit au centuple. Il y a vingt ans que sa Tante Ageruquie, sœur de son Pere Celerin, a perdu son mari. Ce fut elle qui reçût sa niéce entre ses bras aussi-tôt qu'elle fut née, c'est elle qui l'a élevée dans son enfance, & c'est elle qui l'instruit encore aujourd'hui, & qui la forme dans les mêmes maximes que sa Mere lui a enseignées.

Luc 2. 36.

Je n'ai touché tout cela en passant, ma tres chere fille, que pour vous faire voir, qu'en demeurant veuve, ce n'est pas tant un honneur que vous faites à vôtre famille, qu'un devoir dont vous vous aquitez envers elle ; & que vous seriez plus digne de mépris si vous refusiez de lui renvoïer cette gloire que vous en avez reçûë, que de loüanges si vous étiez la premiere qui l'eût relevée par cet endroit. D'ailleurs depuis la mort de vôtre mari Simplicius, il vous est né de lui un enfant qui porte son nom :

ainsi vous n'avez plus sujet de craindre que vôtre maison s'éteigne faute d'heritier ; pretexte ordinaire dont se servent les femmes pour couvrir l'emportement de leur passion, en donnant à entendre que si elles se remarient, ce n'est point par incontinence, mais par le seul desir d'avoir des enfans.

Mais pourquoi vous exhorter à la continence, comme si vous aviez de la peine à prendre ce parti ? Ne sçait-on pas que vous avez cherché dans l'Eglise un azile à vôtre chasteté, pour vous dérober aux recherches de plus grands Seigneurs de la Cour, qui poussez par le démon, font tous leurs efforts pour gagner une veuve qui par sa jeunesse, par sa beauté, par sa qualité, par ses richesses, attire les cœurs de tout le monde, & dont le triomphe est d'autant plus beau & plus éclatant, qu'elle a plus de combats à soutenir pour les interêts de la chasteté.

D'abord on nous oppose ici, comme dès la sortie du port, une espece d'écueïl pour nous empêcher de prendre le large. C'est l'autorité de l'Apôtre saint Paul, qui écrivant à Timothée, parle des veuves en ces termes : *Je veux* 1. Tim. 5. *que les jeunes veuves se marient, qu'elles aient* 14. *des enfans, qu'elles gouvernent leur ménage, & qu'elles ne donnent aucun sujet aux ennemis de nôtre religion de nous faire des reproches ; car déja quelques-unes se sont égarées pour suivre satan.* Expliquons d'abord le veritable sens de ce passage, mettons-le dans tout son jour, & suivons pié à pié l'Apôtre saint Paul sans le perdre un moment de vûë. Il avoit dit un peu auparavant, en faisant le portrait d'une verita-

Ibid. ℣. 10. ble veuve : *Il faut qu'elle n'ait eu qu'un mari, qu'elle ait bien élevé ses enfans, qu'on puisse rendre témoignage de ses bonnes œuvres, qu'elle ait secouru les affligez, qu'elle mette toute son espérance en Dieu, & qu'elle persevere jour & nuit dans la priere & l'oraison.* Parlant ensuite des veuves qui sont d'un caractere tout different :
Ibid. ℣. 5. Pour celle, dit-il, *qui vit dans les delices, elle est morte, quoiqu'elle paroisse vivante.* Et afin d'instruire son disciple à fond, il ajoûte aussi-
Ibid. ℣. 11. tôt : *Mais n'admettez point en ce nombre les jeunes veuves, parce que la mollesse de leur vie les portant à secoüer le joug de* JESUS-CHRIST, *elles veulent se remarier, s'engageant ainsi dans la condamnation par le violement de la foi qu'elle lui avoient donnée auparavant.* Ce n'est donc qu'à celles qui ont outragé leur Epoux JESUS-CHRIST par une conduite libertine, (car c'est
καταστρηνιάσωσι. ce que signifie le mot grec *catastreniasôsi*) que l'Apôtre saint Paul ordonne de se marier, preferant les secondes nôces à une vie licentieuse & déreglée. Au reste ce n'est pas ici un commandement qu'il leur fait, mais une condescendance dont il use à leur endroit.

Examinons toutes les paroles de ce passage les unes après les autres. *Je veux*, dit l'Apôtre, *que les jeunes veuves se marient*. Pourquoi cela, je vous prie ? parce que je ne veux pas qu'elles s'abandonnent au crime. *Je veux qu'elles aient des enfans* ; pour quelle raison ? c'est de peur que l'appréhension de devenir grosses, ne les oblige à faire mourir les enfans qu'elles auroient conçû par des voïes criminelles. *Je veux qu'elles gouvernent leur ménage* ; pourquoi ? parce qu'il y a moins d'infamie à se marier, qu'à se prostituer, à prendre un second mari, qu'à s'abandonner à plusieurs débauchés ; puis qu'on trouve dans les secondes nôces une ressource à sa misere, au lieu qu'on ne rencontre dans la débauche que la peine du péché. *Je veux qu'elles ne donnent aucun sujet aux ennemis de nôtre religion de nous faire des reproches.* L'Apôtre renferme dans ce peu de paroles plusieurs avis importans ; car par là il défend aux veuves d'exposer la sainteté de leur état aux reproches & aux railleries des infidelles par une propreté trop étudiée ; d'attirer après elles une foule de jeunes gens, par un visage riant & des regards affectés, & de démentir leurs paroles par leurs actions, de peur qu'on ne leur applique ce que dit un Poëte :

Et son ris & ses yeux m'ont promis quelque chose. Ovid. eleg. l. 3. eleg. 2.

Enfin pour faire voir en peu de mots les raisons qui l'ont obligé d'ordonner aux veuves de se remarier, il ajoûte : *Car déja quelques-unes se sont égarées pour suivre satan.* S'il permet donc les secondes nôces, & même les troisiémes, à celles qui ne sçauroient garder la continence, ce n'est que pour les attacher à satan, aimant mieux qu'une femme s'attache à un homme, quel qu'il puisse être, qu'au démon.

C'est à peu près dans ce même sens qu'il dit dans son Epître aux Corinthiens : *Pour ce qui est de ceux qui ne sont point mariés, & des veuves, je leur declare qu'il leur est bon de demeurer en cet état, comme j'y demeure moi-même.* 1. Cor. 7. 8.

Que s'ils sont trop foibles pour garder la continence, qu'ils se marient, car il vaut mieux se marier, que brûler. Pourquoi cela, grand Apôtre ? Il vient de nous le dire ; parce que c'est un plus grand mal de brûler, que de se marier. Car si l'on envisage la chose en elle-même, & non point par rapport à ce qu'elle a de plus mauvais ; c'est un bien que d'être ce qu'étoit saint Paul, c'est-à-dire, degagé des liens du mariage, & non point attaché à une femme ; libre, & non pas esclave ; occupé du soin des choses de Dieu, & non point de ce qui regarde une femme. L'Apôtre ajoûte incontinent après :

Ibid. ℣. 39. *La femme est liée à son mari, tant que son mari est vivant ; mais si son mari vient à mourir, il lui est libre de se marier à qui elle voudra, pourvû que ce soit selon le Seigneur : mais elle sera plus heureuse si elle demeure veuve, comme je le lui conseille : Et je croi que j'ai aussi en moi l'esprit de Dieu.* Ces paroles ont ici le même sens que dans l'Epître à Timothée, parce qu'elles viennent d'un même esprit ; ce sont deux lettres differentes, mais elles sont du même auteur. *La femme est liée à son mari, tant que son mari est vivant,* & elle devient libre après la mort de son mari : Le mariage est donc une chaîne, & le veuvage une liberté. La femme est liée à son mari, & le mari est lié à sa femme, ensorte que n'étant pas maîtres de leurs propres corps, ils sont obligés de se rendre le devoir l'un à l'autre ; & qu'étant esclaves du mariage, il ne leur est plus libre de garder la chasteté. L'Apôtre saint Paul ajoûte : *Pourvû que ce soit selon le Seigneur.* Par là il défend aux fidelles de contracter des mariages avec les païens. C'est ce qu'il avoit dit ailleurs : *Ne faites point alliance avec les* 2. Cor. 6. *Infidelles, en vous attachant à un même joug* 14. *avec eux. Car quelle union peut-il y avoir entre la justice & l'iniquité ? quel commerce entre la lumiere & les ténébres ? quel accord entre* Jesus-Christ *& Belial ? quelle societé entre le fidelle & l'infidelle ? quel rapport entre le temple de Dieu & les idoles ?* Ce seroit-là, contre la défense de l'Ecriture, mettre à une cha- Deut. 22. ruë un bœuf & un âne ; & porter en un jour 10. de nôces un habit de differentes couleurs. Mais S. Paul se repentant en quelque maniere de ce qu'il avoit dit, semble se retracter aussi-tôt, & refuser ce qu'il avoit accordé d'abord. *Elle sera plus heureuse,* dit-il, *si elle demeure veuve.* Et il ajoûte que selon lui c'est le meilleur parti qu'elle puisse prendre. Et de peur qu'on ne méprise son conseil comme celui d'un homme du commun, il le confirme par l'autorité du Saint-Esprit, afin qu'on n'envisage pas tant en lui un homme qui compatit à la foiblesse humaine, que le Saint-Esprit qui parle par sa bouche.

Au reste une veuve ne doit point s'excuser sur sa jeunesse, sous prétexte que saint Paul a dit : *Que celle qui sera choisie pour être mise au* 1. Tim. 5. *rang des veuves, ait du moins soixante ans.* Car 9. comment cet Apôtre auroit-il obligé les filles & les veuves à se marier, lui qui parlant de ceux mêmes qui sont mariés, dit : *Le tems est court,* 1. Cor. 7. 29. *& ainsi que ceux mêmes qui ont des femmes, soient comme n'en aïant point.* Il parle donc ici des veuves qui étoient entretenuës par leurs parens, & qui subsistoient par les soins & aux dépens de leurs fils & de leurs petit-fils, qui saint Paul commande d'apprendre à exercer leur pieté envers leur propre famille; rendre à leurs peres & à leurs meres ce qu'il ont reçû d'eux, & à les secourir dans leurs besoins, afin que l'Eglise déchargée du soin de les entretenir, fût plus en état de subvenir aux necessités de celles dont parle le même Apôtre écrivant à Timothée : *Honorez*, lui dit-il, *& assistez les veuves qui sont vraiment veuves*; c'est-à-dire, entierement abandonnées de leurs parens, incapables de travailler des mains, également accablées & par le nombre des années, & par le poids de leurs miseres; mettant toute leur espérance en Dieu seul, & n'aïant point d'autre occupation que la priere. Ce qui fait voir que les jeunes veuves (exceptez celles qui n'étoient pas en état de travailler) devoient subsister ou par leur propre travail, ou par les soins de leurs parens. Le mot *honneur*, dont se sert ici saint Paul, signifie en cet endroit *aumône* ou *récompense*. C'est dans ce sens que le même Apôtre dit encore : *Que les Prêtres soient doublement honorés, particulierement ceux qui travaillent à la prédication de la parole & à l'instruction des peuples.* Et le Fils de Dieu expliquant dans l'Evangile ce commandement de la loi : *Honorez vôtre pere & vôtre mere*; fait voir qu'il ne consiste pas dans un langage de ceremonie & dans des complimens steriles qui souvent ne sont d'aucune resource à leur misere; mais qu'il consiste à leur donner toutes les choses necessaires à la vie. Car au mépris du commandement que le Seigneur fait aux enfans de nourrir leurs peres

& leurs meres, quand ils font pauvres; & de leur rendre dans leur vieilleffe les fervices qu'ils en ont eux-mêmes reçû dans leur enfance; les Pharifiens & les Docteurs de la loi apprenoient aux enfans à dire à leurs peres : *Les dons que j'ai offerts à l'autel & confacrés au temple du Seigneur, vous foulageront autant dans vôtre mifere, que fi je vous donnois dequoi fubfifter.* Ainfi les enfans abandonnant leurs peres & leurs meres dans leur indigence, offroient à Dieu des facrifices dont les Prêtres & les Docteurs de la loi profitoient. Si donc l'Apôtre faint Paul oblige les pauvres veuves, qui font jeunes & robuftes, de travailler pour décharger l'Eglife du foin de les entretenir, & pour la mettre en état de fubvenir plus aifément aux befoins des veuves qui font avancées en âge : dequel prétexte peuvent fe fervir celles qui font dans l'abondance, & qui peuvent-elles mêmes foulager la mifére des autres, & emploïer des richeffes injuftes à fe faire des amis qui les reçoivent dans les tabernacles éternels?

Confiderez auffi qu'on ne met au rang des veuves, que celles qui n'ont eu qu'un feul mari. Car on s'étoit imaginé que ce privilege étoit uniquement attaché au facerdoce, ou l'on n'admet point ceux qui ont été mariés plus d'une fois. Mais non feulement on exclut du miniftére de l'autel ceux qui ont eu plus d'une femme : on prive encore des aumônes de l'Eglife les veuves qui fe font remariées, & on les juge indignes d'avoir part aux charités des fidelles. Les Laïques mêmes font obligez à cette loi, afin de fe rendre dignes du facerdoce. Car on choisit les Prêtres parmi les Laïques; & comme ceux qui ont été mariées deux fois ne sçauroient pretendre à cette dignité, il s'enfuit que les Laïques mêmes font obligés de fe foumettre à une loi qui fert de degré pour monter au facerdoce.

Il y a bien de la difference entre ce que veut l'Apôtre faint Paul, & ce qu'il eft obligé de vouloir. La liberté qu'il laiffe aux veuves de fe remarier ne vient pas de fon choix, mais de leur incontinence. Car il fouhaite que tous les fidelles lui reffemblent, qu'ils ne s'occupent que des chofes de Dieu, & qu'après avoir été affranchis de la fervitude du mariage, ils ne s'engagent plus dans leurs premieres chaînes. Mais quand il voit un homme qui fe laiffe entraîner au gré de fes paffions dans de honteufes débauches, alors il lui tend la main pour le retirer de cet abîme, lui permettant les fecondes nôces comme un remede neceffaire à fon incontinence.

Que ceux qui fe font remariés ne m'accufent pas d'aller contre le fentiment de faint Paul, & de parler contre les fecondes nôces par un zele amer, & un travers d'humeur. Car cet Apôtre veut des chofes; l'une par autorité, lors qu'il dit: *Pour ce qui eft de ceux qui ne font point mariés, & des veuves, je leur declare qu'il leur eft bon de demeurer en cet état, comme j'y demeure moi-même.* L'autre par condefcendance, en difant: *Que s'ils font trop foibles pour garder la continence, qu'ils fe marient; car il vaut mieux fe marier que brûler.* D'abord il fait voir ce qu'il veut, & enfuite ce qu'il eft forcé de vouloir. Il veut qu'après le mariage,

nous

nous demeurions dans l'état où il est lui-même, & que nous goûtions à son exemple le bonheur de la continence. Mais s'il voit que nos inclinations ne s'accordent pas avec les siennes, alors ménageant nôtre foiblesse, il nous permet les secondes nôces par condescendance. A laquelle de ces deux volontés nous conformerons nous ? Prendrons nous le parti pour lequel l'Apôtre panche davantage ? Choisirons-nous ce qui est en soi un véritable bien, ou ce qui n'est un moindre mal que par rapport à un plus grand, & qui aïant en soi quelque chose de mauvais, ne peut en quelque façon, être un vrai bien ? Si nous choisissons ce que saint Paul ne veut pas, mais qu'il est forcé de vouloir, & qu'il n'accorde qu'à ceux dont les desirs sont déréglés ; ce ne sera pas la volonté de l'Apôtre, ce sera la nôtre que nous suivrons.

Nous lisons dans l'ancien Testament, que les filles des Prêtres qui étoient veuves, & qui n'avoient eu qu'un mari, devoient manger des viandes consacrées à Dieu ; & qu'après leur mort, leur pere pouvoit leur rendre les derniers devoirs : mais que si elles se remarioient, leur pere devoit les regarder comme des étrangeres, & ne leur donner aucune part aux sacrifices. Les païens mêmes observent cette loi, & par là ils condamnent nôtre lâcheté, si éclairés que nous sommes des lumieres de la vérité, nous ne faisons pas pour JESUS-CHRIST ce qu'une aveugle superstition fait pour le démon, qui a sçû l'art d'inventer une chasteté meurtriere. Les Prêtres des Atheniens se [a] ren-

Levit. 22. 13.

---

[a] Saint Jérôme l. 1. cont. Jovin. dit que ces Prêtres d'Athenes

doient impuiſſans pour être toûjours chaſtes. Les Romains n'admettoient au miniſtere de leurs faux dieux que ceux qui n'avoient eu qu'une femme, laquelle auſſi devoit n'avoir eu qu'un mari. Le Prêtre [b] d'Apis chez les Egyptiens devoit n'avoir été marié qu'une fois. Je ne dis rien des Vierges de Veſta, d'Apollon, de Junon, de Diane & de Minerve, qui ſe conſacroient à ces fauſſes divinités par le vœu d'une virginité perpetuelle. Je me contente de dire un mot en paſſant de [c] la Reine de Carthage, qui aima mieux ſe brûler toute vive, que d'épouſer le Roi Hiarbas : de la [d] femme d'Aſdrubal, qui aïant pris ſes deux enfans par la main, ſe précipita avec eux dans les flammes pour conſerver ſa pureté : de [e] Lucrece, qui aïant perdu la gloire de ſa chaſteté, ne pût ſe reſoudre de ſurvivre à une diſgrace dont ſa vertu indignée ne pouvoit ſoutenir la honte.

Je ne m'étendrai pas davantage ſur ce ſujet ; vous pouvez lire vous-même pour vôtre édification, ce que j'en ai dit dans le premier livre contre Jovinien. Je vous dirai ſeulement ce qui s'eſt paſſé dans vôtre païs, pour vous faire voir

beuvoient de la figuë pour ſe rendre impuiſſans.

b Apis étoit un bœuf que les Egyptiens adoroient comme un Dieu.

c Didon. Elle étoit veuve de Sichée, & elle ſe brûla de peur d'épouſer Hiarbas. Virgile attribuë cette étrange réſolution à la douleur qu'elle eut de ce qu'Enée l'avoit abandonnée.

d Scipion aïant pris Carthage, Aſdrubal chef des Carthaginois ſe rendit au victorieux. Mais ſa femme aimant mieux perir que de ſe rendre aux ennemis, prit ſes deux enfans par la main, (Florus dit qu'elle les poignarda) & ſe jetta avec eux au milieu des flammes qui devoroient le temple d'Eſculape, où elle s'étoit retirée.

e Lucrece aïant été violée par Sextus fils de Tarquin le ſuperbe Roi des Romains, fit venir ſes parens ; & après leur avoir expoſé ſon infortune, elle s'enfonça un poignard dans le ſein.

que la chasteté est respectable aux nations mêmes les plus cruelles & les plus barbares. Les Teutons, peuples qui habitoient les extremités de l'Ocean Germanique, aïant inondé toutes les Gaules, & taillé plusieurs fois en pieces les armées Romaines, furent enfin défaits par Marius près de la ville d'Aix en Provence. Trois cens de leurs femmes les plus distinguées par leur naissance, aïant sçû qu'on devoit les donner à d'autres hommes comme prisonnieres de guerre, prierent d'abord le Consul de leur permettre de se consacrer au service de Venus & de Cerés. Mais n'aïant pû obtenir cette grace, & se voïant repoussées par les gardes de Marius, afin après avoir égorgé leurs petits enfans, elles s'étranglerent elles-mêmes de leurs propres mains, & le lendemain on les trouva mortes, & se tenant embrassées les unes les autres. Une Dame de qualité voudroit-elle donc abandonner lâchement les interêts de la chasteté, que des femmes Barbares ont soutenus avec tant de courage, au milieu même de leur captivité? Après s'être vûë ou privée d'un bon mari, ou délivrée d'un mauvais; voudra-t'elle encore s'attacher à un autre, & se revolter ainsi contre les jugemens de Dieu? Si elle vient à perdre ce second mari, elle en cherchera un troisiéme; & après la mort de celui-là, elle en prendra un quatriéme & un cinquiéme. Or, je vous prie, une telle conduite n'est-elle pas celle d'une prostituée? Une veuve doit sur tout

---

a C'est-à-dire, comme l'explique Valére Maxime qui rapporte cette histoire l. 6. cap. 1. de vivre parmi les Vestales qui faisoient profession de virginité, & qui la consacroient à ces fausses divinités.

prendre garde de ne point paſſer les premieres bornes que preſcrit la continence : car ſi une fois elle vient à s'échaper, & à donner la moindre atteinte à ſa pudeur ; on la verra auſſi-tôt s'abandonner ſans aucune retenuë aux plus infames débauches, & prendre, ſelon l'expreſſion *Jerem. 3. 3.* d'un Prophete, le front d'une femme perduë, qui ne ſçait ce que c'eſt que de rougir.

Mais quoi donc ? blâmai-je ici les ſecondes nôces ? non, je louë les premieres. Rejettai-je du ſein de l'Egliſe ceux qui ont plus d'une femme ? à Dieu ne plaiſe, j'exhorte à la continence ceux qui n'en ont eu qu'une. Il y avoit dans l'Arche de Noé des animaux impurs, auſſi bien que des purs ; des ſerpens, auſſi bien que des hommes. *Dans une grande maiſon il y a* *2. Tim. 2. 20.* *des vaſes de toutes les ſortes ; les uns ſont deſtinés à des uſages honnêtes, & les autres à des uſages honteux ; il y a des taſſes pour boire, & Matth. 13. des pots pour les neceſſités ſecretes.* L'Evangile 8. nous apprend que la ſemence qui tombe dans une bonne terre, porte du fruit, quelques grains rendant cent pour un, d'autres ſoixante, & d'autres trente. Le nombre cent forme la couronne de la virginité, & tient le premier rang : le nombre ſoixante eſt au ſecond, & repréſente l'état laborieux des veuves : enfin le nombre trente, * que l'on marque en joignant les * *Vöiez les Remarques.* doigts enſemble, eſt en cela même le ſimbole de l'union conjugale. A quel nombre donc répondront les ſecondes nôces ? il n'y en a point pour elles. Ce n'eſt point dans la bonne terre qu'elles naiſſent, c'eſt parmi les ronces & les épines, qui ſervent de retraite à ces renards que *Luc 13. 32.* Jesus-Christ compare à l'impie Herode.

Ainsi celles qui se remarient se flatent d'être dignes de loüanges, pourvû qu'elles soient meilleures que ces femmes débauchées qui vivent dans un libertinage declaré; qu'elles en usent avec plus de retenuë que ces malheureuses victimes qui s'immolent à la brutalité publique; & qu'elles ne s'abandonnent pas comme elles à plusieurs hommes, mais à un seul.

Je vais vous dire une chose qui vous paroîtra incroïable, mais qui neanmoins est tres constante, & dont plusieurs personnes sont témoins. Il y a plusieurs années qu'étant à Rome, où je servois de Secretaire au Pape Damase, pour répondre aux lettres Synodales des Eglises d'Orient & d'Occident qui le consultoient sur les affaires Ecclesiastiques, j'y vis un homme & une femme, gens de la lie du peuple, dont celui-là avoit déja enterré vingt femmes, & celle-ci avoit eu vingt-deux maris. Ils se marierent ensemble, persuadés que c'étoit pour la derniere fois. Tout le monde, hommes & femmes, étoit dans l'attente pour voir lequel des deux, après tant de combats, mettroit l'autre au tombeau. Enfin le mari l'emporta; & on le vit la couronne sur la tête & la palme à la main, illustres marques de sa victoire, marcher à la tête du convoi de la femme, à la vûë de toute la ville & parmi les acclamations d'une foule de peuple qui étoit accouru à ce spectacle. Que dirons-nous à une femme de ce caractere? ce que le Fils de Dieu dît à la Samaritaine: Vous avez eu vingt-deux maris, & celui *Joh.* 4. 18. que vous avez maintenant, & qui doit vous enterrer, n'est pas vôtre mari.

Je vous conjure donc, ma chere fille, de ne

point vous arrêter à ces passages de l'Ecriture, où ceux qui ne sçauroient vivre dans la continence, trouvent des remedes à leurs maux, & une resource à leur misere. Lisez plûtôt ceux où les Ecrivains sacrez relevent & couronnent la chasteté. Il doit vous suffire d'être déchûë du premier degré de la pureté, & d'avoir passé par le troisiéme pour venir au second, c'est-à-dire, d'être parvenuë à la continence des veuves, après avoir été attachée à tous les devoirs du mariage. Prenez des sentimens nobles & dignes de vous ; ne cherchez point des exemples au loin & parmi des étrangers ; imitez vôtre Ayeule, vôtre Mere & vôtre Tante, vous trouverez dans leur maniere de vie, & dans les instructions qu'elles vous donneront, un modéle accompli de toutes les vertus. Si plusieurs femmes mariées, convaincuës de ce que dit l'Apôtre saint Paul ; *Tout est permis, mais tout n'est pas avantageux*, se sont interdit l'usage du mariage, du vivant même de leurs maris, pour gagner le roïaume du ciel ; & si elles ont pris ce parti ou après leur batême du consentement de l'un & de l'autre ; ou immédiatement après leurs nôces, par une foi vive & ardente : pourquoi une veuve à qui Dieu par une conduite particuliere de sa providence, a enlevé son mari, ne dira-t-elle pas avec des transports de joïe : *Le Seigneur me l'avoit donné, le Seigneur me l'a ôté?* Pourquoi ne profitera-t-elle pas de l'occasion qui se presente de se mettre en liberté, de rentrer dans les droits qu'elle a sur son propre corps, & de s'affranchir de la servitude d'un mari ? En effet il est bien plus difficile de se priver de ce qu'on pos-

1. Cor. 6. 12.

Job. 1. 21.

sede, que de desirer ce qu'on a perdu. Aussi une Vierge trouve-t-elle d'autant plus de facilité & de douceur à vivre dans son état, qu'elle n'a aucune experience des plaisirs charnels. Une veuve au contraire ressent d'autant plus vivement les peines & les chagrins de sa condition, que le souvenir du passé l'afflige & la trouble ; sur tout si au lieu de croire que son mari n'a fait que prendre les devans, (ce qui seroit pour elle un sujet de joie & de consolation,) elle s'imagine l'avoir entierement perdu (ce qui n'est propre qu'à irriter son mal & à aigrir sa douleur.)

On peut tirer de la creation du premier homme, une preuve contre la pluralité des nôces. Car Dieu ne créa d'abord qu'un homme & une femme ; ou plûtôt il tira une des côtes de l'homme pour en faire une femme, & réünit ensuite par les liens du mariage ce qu'il avoit separé ; selon ce que dit l'Ecriture : *Ils seront deux* non pas en deux, ni en trois, mais *en une même chair : c'est pourquoi l'homme quittera son pere & sa mere, & s'attachera,* non pas à ses femmes, mais *à sa femme.* Saint Paul expliquant ce passage en fait l'application à JESUS-CHRIST & à l'Eglise ; ce qui fait voir que le second Adam, aussi-bien que le premier, n'a eu qu'une seule épouse. Il n'y a qu'une Eve, mere de tous les vivans ; il n'y a aussi qu'une Eglise, mere de tous les Chrétiens. Mais comme Lamech, cet homme maudit de Dieu partagea celle-là en deux femmes ; de même les heretiques partagent celle-ci en plusieurs Eglises, qui, comme dit saint Jean dans son Apocalypse, sont plûtôt des Synagogues de satan, que des assemblées

Gen. 2. 24.

Ephes. 5. 32.

Apoc. 2. 9.

point vous arrêter à ces paſſages de l'Ecriture, où ceux qui ne ſçauroient vivre dans la continence, trouvent des remedes à leurs maux, & une reſource à leur miſere. Liſez plûtôt ceux où les Ecrivains ſacrez relevent & couronnent la chaſteté. Il doit vous ſuffire d'être déchûë du premier degré de la pureté, & d'avoir paſſé par le troiſiéme pour venir au ſecond, c'eſt-à-dire, d'être parvenuë à la continence des veuves, après avoir été attachée à tous les devoirs du mariage. Prenez des ſentimens nobles & dignes de vous ; ne cherchez point des exemples au loin & parmi des étrangers ; imitez vôtre Ayeule, vôtre Mere & vôtre Tante, vous trouverez dans leur maniere de vie, & dans les inſtructions qu'elles vous donneront, un modéle accompli de toutes les vertus. Si pluſieurs femmes mariées, convaincuës de ce que dit l'Apôtre ſaint Paul ; *Tout eſt permis, mais tout n'eſt pas avantageux*, ſe ſont interdit l'uſage du mariage, du vivant même de leurs maris, pour gagner le roïaume du ciel ; & ſi elles ont pris ce parti ou après leur batême du conſentement de l'un & de l'autre ; ou immédiatement après leurs nôces, par une foi vive & ardente : pourquoi une veuve à qui Dieu par une conduite particuliere de ſa providence, a enlevé ſon mari, ne dira-t-elle pas avec des tranſports de joïe : *Le Seigneur me l'avoit donné, le Seigneur me l'a ôté* ? Pourquoi ne profitera-t-elle pas de l'occaſion qui ſe preſente de ſe mettre en liberté, de rentrer dans les droits qu'elle a ſur ſon propre corps, & de s'affranchir de la ſervitude d'un mari ? En effet il eſt bien plus difficile de ſe priver de ce qu'on poſ-

1. Cor. 6. 12.

Job. 1. 21.

sede, que de desirer ce qu'on a perdu. Aussi une Vierge trouve-t-elle d'autant plus de facilité & de douceur à vivre dans son état, qu'elle n'a aucune experience des plaisirs charnels. Une veuve au contraire ressent d'autant plus vivement les peines & les chagrins de sa condition, que le souvenir du passé l'afflige & la trouble; sur tout si au lieu de croire que son mari n'a fait que prendre les devans, (ce qui seroit pour elle un sujet de joie & de consolation,) elle s'imagine l'avoir entierement perdu (ce qui n'est propre qu'à irriter son mal & à aigrir sa douleur.)

On peut tirer de la creation du premier homme, une preuve contre la pluralité des nôces. Car Dieu ne créa d'abord qu'un homme & une femme ; ou plûtôt il tira une des côtes de l'homme pour en faire une femme, & réünit ensuite par les liens du mariage ce qu'il avoit separé; selon ce que dit l'Ecriture : *Ils seront deux* non pas en deux, ni en trois, mais *en une même chair : c'est pourquoi l'homme quittera son pere & sa mere, & s'attachera*, non pas à ses femmes, mais *à sa femme*. Saint Paul expliquant ce passage en fait l'application à JESUS-CHRIST & à l'Eglise ; ce qui fait voir que le second Adam, aussi-bien que le premier, n'a eu qu'une seule épouse. Il n'y a qu'une Eve, mere de tous les vivans ; il n'y a aussi qu'une Eglise, mere de tous les Chrétiens. Mais comme Lamech, cet homme maudit de Dieu partagea celle-là en deux femmes ; de même les heretiques partagent celle-ci en plusieurs Eglises, qui, comme dit saint Jean dans son Apocalypse, sont plûtôt des Synagogues de satan, que des assemblées

Gen. 2. 24.

Ephes. 5. 32.

Apoc. 2. 9.

faites au nom de Jesus-Christ. Nous lisons dans le livre des Cantiques : *Il y a soixante Reines, quatre-vingt femmes du second rang,
& des jeunes filles sans nombre : mais une seule
est ma colombe & ma parfaite amie ; elle est unique à sa mere, & celle qui lui a donné la vie
l'a choisie préférablement à toute autre.* C'est le
nom que portoit cette Dame à qui saint Jean
écrit : *Le Prêtre à la Dame* [a] *Electe, & à ses
enfans.* Quand les trois fils de Noé entrerent
dans l'Arche, qui selon saint Pierre étoit la figure de l'Eglise, ils n'avoient que chacun une
femme, & non pas deux. On y fit aussi entrer
deux mâles & deux femelles des animaux impurs, afin de bannir la bigamie d'entre les bêtes même, d'entre les serpens, les crocodiles &
les lezards. On prit aussi sept mâles & sept femelles, c'est-à-dire, un nombre impair, d'a-
nimaux purs ; mais c'est ce qui releve encore
la gloire de la virginité & de la continence :
car Noé étant sorti de l'Arche, immola au Seigneur des victimes qu'il prit, non pas parmi
les animaux qui étoient en nombre pair, mais
parmi ceux qui étoient en nombre impair ; l'un
d'eux étant destiné au sacrifice, & les autres à
la propagation de leur espece.

Il est vrai que les Patriarches ont eu plusieurs femmes, & même plusieurs concubines.
Et pour dire encore quelque chose de plus, David en a eu plusieurs, & Salomon un nombre
presque infini. Judas connut Thamar, qu'il
prenoit pour une femme de mauvaise vie. Si
l'on s'arrête à la lettre qui tuë, le Prophete

Cant. 7. 6.

---

[a] S. Jérôme fait ici allusion au mot *Electa*, qui en latin signifie *choisie*.

Osée prit pour femme, non seulement une proſtituée, mais encore une adultere. Si nous voulons nous mettre ſur le même pié, nous n'avons donc qu'à nous abandonner ſans retenuë aux plus honteuſes paſſions, & à vivre enſorte que le dernier jour venant nous ſurprendre tout à coup, & nous trouvant occupés, comme les habitans de Sodome & de Gomorrhe, à vendre, à acheter, à faire des mariages, nous ne ceſſions de nous marier, qu'en ceſſant de vivre. Il eſt vrai qu'on a dit avant & après le deluge: *Croiſſez, multipliez, & rempliſſez la terre*; mais cette loi nous regarde-t-elle, nous autres qui nous ſommes rencontrés dans la fin des tems; & à qui l'on a dit: *Le tems eſt court, & l'on a déja mis la cognée à la racine des arbres*, pour couper par la chaſteté Evangelique les arbres ſteriles de la loi & du mariage. *Il y a un tems de s'embraſſer, & un tems de ſe ſeparer.* Aux approches de la captivité du peuple de Dieu, le Seigneur defendit à Jérémie de ſe marier; & Ezechiel étant en Babylone diſoit: *Après la mort de ma femme le Seigneur m'a ouvert la bouche*. Celui-là étoit ſur le point de ſe marier, & celui-ci l'étoit déja: mais occupés qu'étoient ces deux Prophetes des ſoins du mariage, ils n'avoient pas la liberté de prophétiſer. Autrefois on faiſoit gloire d'entendre dire: *Vos enfans feront comme de jeunes oliviers autour de vôtre table*; &: *Puiſſiez vous voir les enfans de vos enfans*. Mais aujourd'hui on dit de ceux qui gardent la continence: *Celui qui demeure attaché au Seigneur, devient un même eſprit avec lui*; &: *Mon ame s'eſt attachée à vous ſuivre, & vôtre droite m'a ſoûtenu*. On

Matth. 24. 38.

Gen. 1. 21.

Eccl. 3. 5.

Ezech. 24. 18.

Pſal. 127. 3.

1. *Cor.* 6. 17.

Pſal. 62. 8.

disoit alors: *Oeil pour œil*, aujourd'hui quan on nous donne un soufflet sur une jouë, nou présentons l'autre. On disoit aux gens de guerre: *Vous qui êtes le tres-puissant, ceignez vôtre épée sur vôtre cuisse;* aujourd'hui on dit à saint Pierre: *Remettez vôtre épée dans son foureau; car celui qui frapera de l'épée, périra par l'épée.*

Psal. 44. 4.

Matth. 26. 52.

Je ne prétens pas ici distinguer l'ancienne loi d'avec la nouvelle, comme a fait l'imposteur Marcion ; je reconnois dans l'une & dans l'autre un seul & un même Dieu, qui selon la diversité des tems & des causes dont il est le principe & la fin, seme pour recueillir, plante pour couper, & jette le fondement pour achever son édifice à la consommation des siecles. Au reste si nous voulons déveloper les figures de l'ancienne loi, & approfondir les mystéres qu'elles renfermoient, en suivant en cela non pas nos propres lumieres, mais les regles que nous donne l'Apôtre saint Paul ; nous verrons qu'Agar & Sara, ou les montagnes de Sina & de Sion, étoient la figure des deux Testamens: que Lia, qui avoit mal aux yeux, & Rachel que Jacob aimoit avec tant d'ardeur, representoient la Synagogue & l'Eglise ; dont nous trouvons encore une figure dans Anne, qui aïant d'abord été stérile, devint ensuite plus féconde que Fenenna. Nous ne laissons pas neanmoins de trouver dans l'ancienne loi des personnes qui ne se sont mariées qu'une fois. Nous en voïons un exemple dans Isaac & Rebecca. Aussi celle-ci est-elle la seule à qui Dieu ait fait connoître par une revelation particuliere ce qu'elle portoit dans son sein ; & de tou-

Gal. 4. 24.

I. Reg. I.

res les femmes il n'y a qu'elle qui ait consulté le Seigneur. Que dirai-je de Thamar, qui mît au monde d'une seule couche Zara & Pharés? Ces deux jumeaux rompirent en naissant le mur qui les divisoit, & par cette separation ils nous figurerent celle de [a] deux differens peuples. Le ruban d'écarlatte que la sage femme attacha à la main de l'un de ces enfans, nous marquoit aussi que les Juifs, par un crime detestable, devoient un jour répandre le sang de JESUS-CHRIST. Que dirai-je encore de cette prostituée que le Prophete Osée prit pour femme? Elle étoit la figure des Gentils, dont le Fils de Dieu a formé son Eglise : ou pour parler plus conformément au sens du Prophete, elle étoit la figure de la Synagogue, qui d'abord fut tirée en la personne d'Abraham, & par le ministere de Moïse, du milieu d'un peuple idolâtre; & qui après avoir outragé son Dieu, & refusé de reconnoître son Sauveur, devoit être long-tems sans autel, sans Prêtres, & sans Prophetes, attendant le retour de son premier Epoux, *afin que la multitude des nations entrât dans l'Eglise, & qu'ainsi tout Israël fût sauvé.*

Rom. 11.25.

J'ai voulu vous faire voir ici, comme dans une espece de carte de geographie, une grande étenduë de païs, afin d'entamer promtement une autre matiere. La premiere chose dont j'ai à vous parler, est de ce conseil qu'Anne donnoit à sa sœur Didon:

---

[a] C'est-à-dire, des Juifs & des Gentils, comme saint Jérome l'explique dans ses Commentaires sur le 2. ch. de Michée, le 2. de l'Epître aux Ephesiens, & le troisième de l'Epître aux Galates.

Æneid. 4.
> *Voulez-vous vous livrer sans cesse à la douleur,*
> *Et passer vos beaux jours sans enfans, sans douceur ?*
> *Pensez-vous que des morts les insensibles cendres*
> *Vous demandent des pleurs & des regrets si tendres ?*

A quoi répondoit cette Reine affligée :

> *C'est vous, c'est vous, ma sœur, trop sensible à mes pleurs,*
> *Qui m'avez la premiere attiré ces malheurs.*
> *Hé, ne pouvois-je pas vivre de crime exemte,*
> *Comme vit dans les bois une bête innocente ;*
> *Sans connoître l'hymen, sans recevoir sa loi,*
> *Et garder à Sichée une éternelle foi ?*

Vous ne me parlez que des plaisirs & des douceurs du mariage ; & moi je ne vous parle que de buchers, que de flammes, que d'épées. Les maux qui peuvent arriver & qui sont à craindre dans le mariage, surpassent tous les biens qu'on espere y trouver. Car la cupidité, quand une fois elle est satisfaite, laisse après soi un fond de chagrin & d'amertume : on ne sçauroit jamais la rassassier ; à peine ses feux sont-ils éteints, qu'ils se r'allument aussi-tôt : un même moment la voit croître & expirer dans le sein même de la volupté ; & emportée qu'elle est par l'impetuosité de ses desirs, elle ne sçait ce que c'est que d'obeïr à la raison.

Vous me direz peut-être que vous avez besoin d'un mari qui puisse par son autorité conserver vos grands biens, & gouverner vôtre maison. Quoi donc ? est-ce que tous ceux qui vivent dans le celibat se ruinent & s'abîment ? est-ce que vous ne sçauriez commander à vos serviteurs, sans vous rendre esclave avec eux ? Les respects que les Evêques & toute la Province rendent à vôtre Ayeule, à vôtre Mere & à vôtre Tante, ne font-ils pas voir qu'elles n'ont rien perdu de leur premiere dignité, & qu'elles se sont même attiré de nouveaux honneurs ? Est-ce que les soldats & les voïageurs ne sçauroient sans femme gouverner leur petit menage, & se regaler avec leurs amis ? Comme si vous ne pouviez avoir chez vous des serviteurs d'un âge non suspect, ou des affranchis qui vous ont élevée dans vôtre enfance ; & qui aient soin de gouverner vôtre famille, de répondre aux gens de dehors, & d'acheter tout ce qu'il faut ; vous respectant comme leur maîtresse, vous aimant comme leur éleve, vous honorant comme une sainte ? *Cherchez premierement le roïaume de Dieu, & toutes ces choses vous seront données comme par surcroît.* Si vous vous mettez en peine d'avoir dequoi vous vêtir, on vous fera considerer les lis des champs dont parle l'Evangile. Si vous pensez à avoir dequoi boire & dequoi manger ; on vous renvoira aux oiseaux du ciel, qui ne sement & ne moissonnent point, & qui neanmoins reçoivent leur nourriture de la

Math. 6. 33.

Ibid.

main du Pere celeste. Combien y a-t-il de vierges, de veuves qui ont sçû menager leur petit bien, sans commettre leur reputation?

Evitez la compagnie des jeunes veuves, & n'aïez jamais de commerce avec celles à qui l'Apôtre saint Paul permet de se remarier, de peur que vous ne fassiez naufrage dans le tems même que vous joüissez d'un heureux calme. Pourquoi ne voudriez vous pas profiter de l'avis que je vous donne; puisque saint Paul dit à Timothée: *Evitez les jeunes veuves.* Et de rechef: *Aimez les femmes âgées comme vos meres, les jeunes comme vos sœurs, vous conduisant envers elle avec toute sorte de pureté.* Fuïez tous ceux dont la conduite est suspecte, & ne dites point, comme on fait ordinairement: Je me contente du témoignage de ma conscience, & me mets fort peu en peine de tout ce qu'on peut dire de moi. L'Apôtre saint Paul avoit soin de faire le bien, non seulement devant Dieu, mais aussi devant les hommes, de peur qu'il ne donnât occasion aux païens de blasphemer le nom de Dieu. Il pouvoit mener par tout avec lui une femme qui fût sa sœur en JESUS-CHRIST; mais il ne vouloit pas scandaliser les infidelles, ni s'attirer leurs reproches. Quelque droit qu'il eût d'exiger de ceux à qui il prêchoit l'Evangile, les choses qui lui étoient necessaires pour sa subsistance; neanmoins il travailloit des mains jour & nuit pour n'être à charge à personne. *Si ce que je mange,* disoit-il, *scandalise mon frere, je ne mangerai jamais de viande.* Disons de même: Si ma sœur, ou mon frere scandalisent, non pas une ou deux personnes, mais toute l'É-

marginalia:
1. Tim. 5. 11.
Ibid. ℣. 2.
1. Cor. 9. 5.
Ibid. 8. 13.

glise; je ne veux jamais les voir. Il vaut mieux exposer son bien, que son ame, & abandonner volontairement des richesses perissables, qui doivent un jour nous échaper malgré nous, que de perdre des biens solides à qui il faut sacrifier tous les autres. Quoi ? nous nous mettrons en peine de trouver dequoi manger & dequoi boire, nous qui ne sçaurions ajoûter à nôtre taille, je ne dis pas la hauteur d'une coudée, (ce qui seroit énorme) mais seulement la dixième partie d'une once ? Ne pensons donc point au lendemain ; *à chaque jour suffit son mal.* *Matth. 6. 27.*

Jacob voulant se dérober à la colere de son frere, abandonna un riche patrimoine, & dépoüillé de tout, il se retira en Mesopotamie. Il mît aussi une pierre sous sa tête, pour nous donner par là une marque de sa fermeté & de sa constance. Dans cette situation il vit une échelle qui touchoit jusqu'au ciel, & sur le haut de laquelle le Seigneur étoit appuïé; il vit aussi des Anges qui montoient & descendoient le long de l'échelle ; pour nous apprendre que le pécheur ne doit point desesperer de son salut, ni le juste compter sur sa vertu. En un mot (car ce n'est pas ici le lieu d'expliquer tous les mysteres qui sont renfermez dans ce passage) ce saint homme qui autrefois avoit passé le Jourdain avec un bâton à la main, revint en son païs au bout de vingt ans, avec trois troupeaux de bétail, riche en serviteurs, mais plus riche encore en enfans. Les Apôtres, qui étoient étrangers par toute la terre, ne portoient ni monnoïe dans leur bourse, ni bâton à leur main, ni souliers à leurs *Gen. 28. 5.*

2. Cor. 6. piés ; & cependant ils pouvoient dire : *Nous*
10. *n'avons rien, & nous poffedons tout. Nous n'avons*
Act. 3. 6. *ni or ni argent ; mais ce que nous avons, nous vous le donnons ; levez-vous au nom de Jefus de Nazareth, & marchez.* Déchargez qu'ils étoient du poids accablant des richeffes, ils pouvoient paffer par le trou d'une aiguille : & demeurant debout avec Elie dans la caverne d'un rocher, ils étoient en état de voir le Seigneur par derriere.

Quant à nous, nous fommes paffionnés pour les biens de la terre, & tandis que nous declamons contre les richeffes, nous ouvrons nôtre cœur à l'or & à l'argent. Rien au monde ne sçauroit fatisfaire nôtre convoitife ; de maniere que dans l'état miferable où cette aveugle paffion nous reduit, on peut nous appliquer ce qu'on difoit autrefois des Megariens : Ils bâtiffent, comme s'ils devoient vivre éternellement ; & ils vivent comme s'ils devoient mourir le léndemain. Pourquoi cela ? c'eft que nous n'ajoûtons aucune foi aux paroles de Jesus-Christ ; c'eft qu'étant parvenus à l'âge que nous fouhaitions, nous ne regardons la mort qu'en éloignement, quoique tous les hommes foient affujettis à fon empire par les loix même de la nature, & que nous nous promettons toûjours, par une efperance chimerique, une longue fuite d'années. Il n'eft point de vieillard, quelque ufé qu'il foit, qui ne fe flate toûjours d'avoir du moins encore un an à vivre. De là vient qu'oubliant que nous ne fommes que bouë, & que bien-tôt nous retournerons en bouë, nous portons nôtre orgueil jufqu'à nous regarder comme des hommes immortels & celeftes.

Mais

Mais à quoi m'amusai-je de parler des biens du monde, dans le tems même que le monde perit? Toute la gloire de l'Empire Romain disparoît à nos yeux, & cependant nous ne pensons point aux approches de l'Antechrist. *que le Seigneur Jesus detruira par le souffle de sa bouche. Malheur aux femmes qui seront grosses, ou qui nourriront des enfans en ce tems-là.* Ce sont là des suites ordinaires du mariage. 2. *Thess.* 2. 8. *Marc* 13. 17.

Mais disons quelque chose des miseres presentes. Si nous avons échapé aux calamités publiques, nous qui en sommes les pitoïables restes, c'est à la misericorde du Seigneur, & non pas à nos propres merites que nous en sommes redevables. Une multitude prodigieuse de Nations cruelles & barbares a inondé toutes les Gaules. Tout ce qui est entre les Alpes & les Pirenées, entre l'Ocean & le Rhin, a été en proïe aux Quades, aux Vandales, aux Sarmates, aux Alains, aux Gepides, aux Herules, aux Saxons, aux Bourguignons, aux Allemans & aux Pannoniens, mes malheureux compatriotes, à qui l'on peut appliquer ce que dit David: *Les Assiriens sont aussi venus avec eux.* Mayence cette ville autrefois si considerable, a été prise & entierement ruinée, & elle a vû égorger dans ses temples plusieurs milliers de personnes. Vormes après avoir soutenu un long siege, a été enfin ensevelie sous ses propres ruines. Reims, cette ville si forte, Amiens, Aras, Teroüenne, Tournay, Spire, Strasbourg, toutes ces villes sont aujourd'hui sous la domination des Allemans. Les Barbares ont ravagé presque toutes les villes d'Aquitaine, de Gascogne, & des Provinces Lyonoise & Nar- *Psal.* 82. 7.

Tome I. B b

bonoife. L'épée au dehors, la faim au dedans, tout conspire leur ruine. Je ne sçaurois sans répandre des larmes, me souvenir de la ville de Thoulouse, qui jusques ici avoit été conservée par les merites de son saint Evêque Exupére. L'Espagne qui se voit à la veille de sa ruine, & qui se souvient encore de l'irruption des Cimbres, est dans des allarmes continuelles; & la crainte lui fait sentir à tout moment, tous les maux que les autres ont déja soufferts.

Je n'en dis pas davantage de peur qu'il ne semble que je desespere de la bonté du Seigneur. Autrefois depuis la Mer-Noire jusqu'aux Alpes Juliennes, nous n'étions point maîtres de nôtre païs ni de nos biens; & quand une fois les Barbares eurent passé le Danube qui nous servoit de barriere, les Provinces de l'Empire Romain devinrent le théatre de la guerre. Il y a si long-tems que nous pleurons nos malheurs, que la source de nos larmes semble être tarie. A l'exception de quelques vieillards, tous les autres qui étoient nez dans les fers ou dans des villes assiegées, ne soupiroient point après une liberté qui leur étoit inconnuë. Qui le croira jamais, ou qui le rendra croïable à la posterité, que Rome ait combatu jusque dans son propre sein, non pas pour la gloire, mais pour sa conservation? ou plûtôt que sans attendre l'ennemi, elle lui ait sacrifié son or & tous ses meubles precieux pour se racheter la vie? Ce n'est point par la negligence de [a] nos Empereurs, qui sont tres pieux, que tous ces malheurs nous arrivent; c'est par la perfidie d'un [b] homme

---

[a] Arcade & Honorius.
[b] Stilicon, qui avoit attiré ces Barbares dans le dessein d'élever son fils Eucher sur le trône d'Honorius.

demi-barbare, d'un traître qui s'eft fervi de nos richeffes pour armer nos ennemis contre nous. Quand Brennus Capitaine des Gaulois, entra dans Rome, après avoir defolé tout le païs, & défait l'armée Romaine près de la riviere d'Allia; les Romains alors furent couverts d'une honte éternelle, & ils ne pûrent fe laver de cette tache faite à leur gloire, qu'après avoir foumis à leur Empire les Gaules, païs natal des Gaulois, & la Gaule-Grece où ces vainqueurs de l'Orient & de l'Occident s'étoient établis. Hannibal qui s'étoit élevé comme une tempête des extremités de l'Efpagne, après avoir ravagé toute l'Italie; vit Rome de près, mais il n'ofa l'affieger. Pyrrhus eut tant de refpect par le nom Romain, qu'après avoir renverfé tout ce qu'on lui oppofa, & fe voïant aux portes de Rome, il s'en éloigna, n'ofant pas, tout victorieux qu'il étoit, regarder une ville qu'on lui avoit dit être la Cité des Rois. Cependant pour avoir traité les Romains, je ne dis pas avec tant d'orgueil; mais avec fi peu de ménagement; la guerre eut des fuites fatales à l'un & à l'autre. Car [a] celui-là, après avoir erré par toute la terre, mourut enfin de poifon dans la Bithinie, & [b] celui-ci étant de retour en fon païs, fut tué dans fon propre roïaume, & les Etats de l'un & de l'autre devinrent tributaires du peuple Romain.

Mais aujourd'hui, quand bien même la victoire fe declareroit en nôtre faveur, nous ne pourions enlever aux ennemis vaincus que ce que nous avons déja perdu. Lucain dont les pen-

[a] Hannibal.
[b] Pyrrhus.

sées sont si vives & les expressions si brillantes, voulant nous donner une idée de la grandeur & de la puissance Romaine, dit :

Lucan. lib. 5.

Qui poura satisfaire un cœur ambitieux
Si Rome ne peut pas contenter tous ses vœux?

Disons de même, quoiqu'en un sens bien different :

Qui peut se dérober aux fureurs de la guerre,
Puisque Rome périt avec toute la terre?

Le ciel m'eût-il donné cent langues & cent bouches,
Même une voix de fer; avec tous mes efforts
Je ne compterois pas les captifs ni les morts
Immolés aux fureurs de ces peuples farou-ches.

Au reste ce que je viens de vous dire est quelque chose de si délicat, qu'il n'est pas moins dangereux d'en parler, que d'en entendre faire le recit. Car on ôte jusqu'à la liberté de soupirer en secret, & nous ne voulons pas, ou plûtôt nous n'oserions pleurer les maux que nous souffrons.

Hé bien, ma chere fille, penserez-vous à vous remarier dans de si tristes conjonctures? Qui prendrez-vous donc pour époux? sera-ce un homme qui fuïra de devant l'ennemi, ou qui ira à sa rencontre pour le combattre? Vous concevez assez que l'une & l'autre de ces extremitez est également à craindre pour vous. Au lieu des vers que l'on a coutume de chanter à l'honneur des nouveaux mariez, vous n'entendrez que le son effroïable des trompettes; & peut-être que les personnes que vous inviterez à vos nôces, ne les honoreront que par leurs larmes. Quels plaisirs esperez vous goûter, vous qui avez tout perdu, & qui voïez encore vôtre petite famille assiegée par les ennemis, & en proïe aux maladies & à la faim ? Mais à Dieu ne plaise que j'aïe ces sentimens-là de vous, & que je juge si desavantageusement d'une personne qui a consacré son ame au Seigneur. Ce que je dis ici ne vous regarde pas tant, que d'autres à qui je parle sous vôtre nom. J'en veux à ces veuves *curieuses,* 1. Tim. 5. *faineantes, causeuses, qui courent de maison en* 13. *maison, qui font leur Dieu de leur ventre, qui* Phil. 3. 19. *mettent leur gloire dans leur propre honte,* qui de toute l'Ecriture sainte ne sçavent que les passages qui semblent autoriser les secondes nôces, qui justifient leurs desirs dereglés par l'incontinence des autres, qui prennent plaisir à les voir engagées avec elles dans les mêmes desordres, & qui trouvent un adoucissement à leurs maux dans ceux d'autrui. Après que vous aurez confondu ces sortes de personnes, & détruit tous leurs raisonnemens, en leur expliquant le veritable sens des Epîtres de saint Paul; si vous voulez aprendre comment vous devez vivre dans l'état de veuve que vous avez embrassé, vous n'avez qu'à lire le traité de la Virginité, que j'ai dédié à Eustoquie; & deux autres ouvrages que j'ai adressés, l'un à Furie bru de Probus, qui a été autrefois Consul,

& l'autre à Salvine fille de Gildon, qui fit soulever l'Afrique. Pour celui-ci il paroîtra sous vôtre nom, & sera intitulé, *de la Monogamie.*

XXVI. LETTRE

à deux Dames des Gaules.

Une mere & une fille, dont l'une étoit veuve, & l'autre vierge, demeuroient dans une même ville, mais en differentes maisons; & retiroient chez elles des hommes pour prendre soin de leurs affaires. Un Solitaire, qui étoit fils de celle-là, & frere de celle-ci, étant allé à Jerusalem visiter les saints lieux, avertit saint Jerôme de ce desordre, & le pria d'y remedier. Ce Pere se rendant à ses prieres, leur écrivit cette Lettre, dans laquelle il les exhorte à rentrer dans leur devoir, à ménager leur reputation, & à faire cesser le scandale qu'elles faisoient dans la ville par une conduite si irreguliere.

J'Ay apris d'un de nos freres venu des Gaules, que sa mere & sa sœur, dont l'une est veuve & l'autre vierge, demeuroient dans la même ville, mais en differentes maisons; qu'elles avoient pris chez elles quelques Ecclesiastiques pour leur tenir compagnie, ou pour prendre soin de leurs affaires; & qu'elles causoient plus de scandale en s'attachant ainsi à des étrangers, qu'elles n'avoient fait en se séparant l'une de l'autre. Dans le tems qu'il m'apprenoit cette nouvelle, je ne pûs m'empêcher de jetter quelques soupirs, & comme je lui faisois mieux connoître mes sentimens par mon silence, que je n'ûsse fait par mes paroles ; je vous prie, me dit-il, de leur écrire pour les porter à rentrer dans leur devoir, & à vivre bien ensemble, ensorte que la mere reconnoisse sa fille, & la fille sa mere. Vous me donnez-là, lui dis-je, une belle commission ; c'est bien à un inconnu comme moi d'entreprendre de ménager la paix entre deux personnes qui n'ont pas voulu se rendre aux sollicitations & aux remontrances d'un fils & d'un frere. Il semble, à vous entendre parler, que je sois un Evêque, au lieu que je ne suis qu'un pauvre Solitaire, qui éloigné du commerce des hommes, & renfermé dans le fond d'une cellule, n'ai point d'autre occupation que de pleurer les pechez que j'ai commis, & d'éviter ceux que je pourrois commettre. Que diroit-on si l'on voïoit courir par le monde les écrits d'un homme qui fait profession d'être inconnu à tous les autres ? Je vous trouve bien reservé, me dit il alors ; qu'est donc devenuë cette genereuse liberté avec laquelle on vous a vû comme un autre [a] Lucilius censurer les actions de tout le monde ? C'est cela même, lui repartis-je, qui m'oblige à prendre le parti de la retraite & du silence. Car aïant vû qu'on me faisoit un crime de la liberté que je me donnois de reprendre ceux d'autrui ; que tandis que les hommes se déchiroient les uns les autres, ou s'amusoient à la

---

a Ce Lucilius étoit un méchant Poëte, mais fort satirique, qui faisoit profession de critiquer tout le monde ; comme le remarque Horace l. 1. serm. sat. 10.

bagatelle, on m'accufoit de n'avoir, comme on dit ordinairement, ni oreilles pour entendre leurs fottifes, ni fentiment pour en juger; que les murailles mêmes retentiffoient des difcours injurieux que l'on tenoit de moi; *& que ceux qui beuvoient du vin me railloient dans leurs chanfons*: alors cedant à la malice & à l'indocilité des hommes, j'ai apris à me taire; perfuadé qu'il valoit mieux *mettre une fentinelle à ma bouche, & des gardes à mes levres, que de me laiffer aller à des difcours pleins de malignité*, & de parler mal des autres en voulant les corriger. Mais, me repliqua-t-il, ce n'eft pas être médifant que de dire la verité; & une correction particuliere ne devient pas une cenfure generale, [a] puifqu'il n'arrive prefque jamais qu'on tombe dans une faute pareille à celle dont je viens de vous parler. Ne fouffrez donc pas, je vous prie, que j'aïe fait en vain un fi long & fi penible voïage; car le Seigneur m'eft témoin, qu'après le defir que j'ai eu de vifiter les lieux faints, le motif le plus preffant qui m'a obligé de l'entreprendre, a été pour vous prier d'écrire à ma mere & à ma fœur, afin de remedier au fcandale que caufe leur divifion. Hé bien, lui dis-je, je vais donc faire ce que vous fouhaitez de moi; & je le ferai d'autant plus volontiers, que ma Lettre paffera les mers, & qu'étant adreffée à des perfonnes particulieres, il fera

Pfal. 68. 15.

Pfal. 140. 3.

---

[a] Toutes les Editions, & quelques manufcrits portent: *cum aut rarus aut nullus fit qui fub hujus culpæ reatum non cadat.* La negation fait ici un fens entierement contraire à celui de faint Jérôme. Un ancien manufcrit de faint Remi de Reims que nous avons fuivi, rétablit le veritable fens, en ôtant la negation; car il porte: *Cum aut rarus aut nullus fit qui fub hujus culpa reatum cadat.*

difficile que d'autres puiſſent ſe plaindre d'y être maltraités. Mais je vous prie de ne la communiquer à perſonne. Vous la porterez vous-même, & ſi vôtre mere & vôtre ſœur en font leur profit, je m'en réjoüirai avec vous : ſi au contraire elles mépriſent mes conſeils, comme j'y vois beaucoup d'apparence, vous n'y perdrez que la peine d'avoir fait inutilement un long voïage, & moi celle d'avoir écrit une lettre en vain.

Je vous ſupplie d'abord, Meſdames, d'être perſuadées que ſi je vous écris, ce n'eſt pas que je ſois prévenu contre vous de quelque ſoupçon injurieux à vôtre reputation ; c'eſt ſeulement [a] pour vous prier de bien vivre enſemble, de peur que vôtre conduite ne devienne ſuſpecte aux autres. Car ſi je croïois, ce qu'à Dieu ne plaiſe, que vous euſſiez des liaiſons criminelles, je n'aurois jamais penſé à vous écrire, convaincu que je ſuis que je l'aurois fait inutilement. De plus s'il m'échape dans cette Lettre quelques traits trop vifs & trop piquans, je vous prie de les regarder, non pas comme une ſaillie d'une humeur bruſque & ſevere, mais comme un remede neceſſaire à la grandeur de vos maux. Car on applique le fer & le feu aux parties gangrenées ; ou chaſſe le poiſon par d'autres poiſons, on appaiſe une douleur mediocre par une plus aiguë. Enfin je

---

a Les Editions & les manuſcrits ſont peu d'accord ſur cet endroit. L'édition de Marianus porte : veſtram errare concordiam. Quelques manuſcrits ont : veſtram narrare concordiam. Eraſme croit qu'il faut lire : veſtram curare concordiam. Nous avons encore ſuivi ici le manuſcrit de ſaint Remi, qui porte : veſtram me orare concordiam. Cette leçon nous a paru la plus naturelle, quoiqu'elle ne ſoit pas du goût de Marianus.

vous prie de faire reflexion, que quoique vous ne vous sentiez coupables d'aucun crime, vous ne pouvez neanmoins donner occasion aux mauvais bruits, sans commettre vôtre reputation. Les noms de mere & de fille sont des noms qui n'inspirent que la pieté, & qui engagent à des devoirs reciproques ; ce sont des liens que la nature même a formés, & qui après Dieu unissent les hommes ensemble de la maniere du monde la plus étroite & la plus tendre. Si vous vous aimez, ce n'est pas un sujet de loüanges pour vous, mais c'est un crime si vous vous haïssez. Nôtre Seigneur JESUS-CHRIST obéïssoit à ses parens, respectant comme sa mere celle dont il étoit le pere, honorant comme son nourricier celui qu'il nourrissoit lui-même, & se souvenant que l'une l'avoit porté dans son sein, & l'autre entre ses bras. C'est pour cela qu'étant attaché à la croix, il recommanda à son disciple cette mere dont jusqu'alors il avoit toûjours pris soin lui-même.

Je ne parle plus ici à la mere, qui étant âgée, foible, abandonnée, peut en quelque façon être excusable. Mais vous qui êtes sa fille, croïez-vous être logée trop à l'étroit dans la maison de celle qui a bien pû vous porter dans son sein ? Vous y avez été enfermée durant dix mois, & vous ne sçauriez demeurer un seul jour dans une même chambre avec vôtre mere ? Est-ce que vous ne pouvez soutenir ses regards, & que vous n'êtes pas bien aise que vos actions soient éclairées par une personne, qui vous aïant mise au monde, nourrie, & élevée jusqu'à present, connoît plus à fond les sentimens & les inclinations de vôtre cœur ?

Si vous êtes encore vierge, pourquoi appréhender qu'on ne veille sur vôtre conduite ? Si vous vous êtes laissée corrompre, pourquoi ne vous pas marier publiquement ? Le mariage seroit pour vous comme une seconde planche après le naufrage, & un remede à vos premiers desordres. Ce n'est pas que je croïe qu'on doive perseverer dans le crime, & qu'il soit inutile de faire penitence après qu'on a peché: mais c'est que j'ai de la peine à me persuader qu'on puisse rompre aisément des engagemens criminels. Car au reste, si vous retournez avec vôtre mere après vôtre chute, il vous sera plus aisé de pleurer avec elle la perte que vous aurez faite en son absence. Que si vous avez encore toute vôtre innocence, conservez la soigneusement de peur de la perdre. Pourquoi demeurer dans une maison où vous êtes à tout moment reduite à la dure necessité ou de vaincre ou d'être vaincuë ? Quel est l'homme qui puisse dormir tranquillement proche d'une vipére ? quand bien même il n'en seroit pas mordu, il ne laisseroit pas d'être toûjours inquiet. Il est plus avantageux de n'être point exposé au peril, que de l'avoir évité; car dans l'un l'on est en assurance, & dans l'autre l'on pense à se sauver; là on goûte une joie tranquille, ici l'on n'échape qu'avec peine.

Vous me direz peut-être que vôtre mere mene une vie peu reglée, qu'elle est passionnée pour le monde, & attachée aux biens de la terre, qu'elle ne sçait ce que c'est que de jeûner, qu'elle prend plaisir à se farder & à s'ajuster pour paroître en public; qu'une conduite si irreguliere & si mondaine, est entierement contraire au genre de vie que vous avez embraſſé, & qu'enfin il vous eſt impoſſible de demeurer avec une perſonne de ce caractere.

Premierement ſi elle eſt telle que vous la dépeignez, vous meriterez davantage en demeurant avec elle. Souvenez-vous qu'elle vous a long-tems portée dans ſon ſein, & nourrie de ſon lait ; que dans vôtre enfance elle a ſupporté vos mauvaiſes humeurs avec une douceur & une tendreſſe dignes d'une veritable mere ; qu'elle vous a aſſiſté dans vos maladies, & rendu les ſervices les plus bas & les plus dégoûtans ; & que malgré les ennuis dont elle étoit accablée, & les peines que vous lui donniez, elle a toûjours pris ſoin juſques ici de vôtre éducation. Ne fuïez donc pas la compagnie d'une mere qui après vous avoir apris à aimer JESUS-CHRIST, vous a conſacrée à ce divin Epoux. Que ſi vous ne pouvez pas vous accommoder de ſes manieres, ni de la vie ſenſuelle & mondaine qu'elle mene ; cherchez la compagnie de quelques autres vierges, avec qui vous puiſſiez mener une vie pure & innocente. Pourquoi abandonner vôtre mere, pour vous attacher à un homme qui peut-être a quitté auſſi & ſa mere & ſa ſœur ? C'eſt, me direz-vous, qu'il eſt d'un naturel doux & complaiſant. Mais avez vous ſuivi cet homme, où l'avez-vous rencontré depuis que vous vous êtes ſeparée d'avec vôtre mere ? Si vous l'avez ſuivi, il eſt aiſé de voir ce qui vous a obligé de vous ſeparer d'avec elle : ſi vous l'avez rencontré depuis vôtre ſeparation, vous donnez à connoître par là ce qui vous manquoit dans la maiſon de vôtre mere.

C'est me presser bien vivement, me direz-vous, que de tourner mes propres armes contre moi. Il est vrai, mais *celui qui marche simplement, marche en assurance.* ^a Si je me sentois coupable, je sçaurois bien me taire ; je n'aurois garde de condamner dans les autres un crime que j'aurois commis moi-même ; & je ne regarderois pas la paille qui seroit dans l'œil de mon frere, à travers la poutre qui seroit dans le mien. Mais puisque je vis parmi mes freres, éloigné du commerce des hommes, ne voïant les gens du monde, & n'en étant vû que tres rarement, & toûjours en presence de témoins ; il me semble que vous devriez rougir de ne pas imiter la retenuë d'un homme dont vous avez embrassé la profession ? Que si vous dites ? Je me repose sur le témoignage de ma propre conscience, j'ai pour juge de mes actions Dieu même qui en est le témoin, & je me mets fort peu en peine de tout ce qu'on peut dire de moi : je vous repondrai avec l'Apôtre saint Paul, *Qu'il faut avoir soin de faire le bien, non seulement devant Dieu, mais aussi devant les hommes.* Si on vous accuse d'être Chrétienne & de garder la continence, moquez vous de ces sortes de reproches. Si on vous fait un crime d'avoir quitté vôtre mere pour vivre dans un Monastere en la compagnie des vierges, faites vous un merite & une gloire de cette accusation. Quand on ne peut accuser une fille consacrée à Dieu de vivre dans le libertinage, & qu'on n'a rien à lui reprocher que

Prov. 10.
9.

Rom. 14.
17.

―――――――――――
a Les Editions portent : *Tacerem si me non morderet conscientia.* Mais il est aisé de voir que la negation fait ici un mauvais sens. Nous avons donc suivi quelques manuscrits qui portent: *Tacerem si me remorderet conscientia.*

son insensibilité à l'égard de ses parens; elle doit mepriser ces reproches; cette cruauté est une veritable pieté; car alors vous preferez à vôtre mere, celui que vous devez preferer à vôtre propre vie : & si vôtre mere en usoit de la sorte, elle trouveroit en vous & une sœur & une fille.

Quoi donc, direz-vous, est-ce un crime que de demeurer avec un homme de bien ? c'est-là me traîner malgré moi devant les tribunaux, afin que j'approuve ce que je ne puis m'empêcher de condamner, ou que je m'attire la haine & l'indignation de tout le monde. Un homme de bien ne separe jamais une fille d'avec sa mere, il honore & respecte l'un & l'autre. Une fille qui vit regulierement & dont la mere est veuve, fait voir qu'elle a dessein de demeurer vierge. Si cet inconnu est de même âge que vous, il doit respecter vôtre mere comme si elle étoit la sienne. S'il est plus âgé que vous, il doit vous aimer comme sa propre fille, & vous exhorter à rendre à vôtre mere l'obéïssance que vous lui devez. Il n'est pas à propos & pour vôtre reputation & pour la sienne, qu'il vous témoigne plus d'amitié qu'à vôtre mere, de peur qu'on ne le soupçonne de ne vous aimer qu'à cause de vôtre jeunesse. C'est l'avis que j'aurois à vous donner, si vous n'aviez pas un frere qui fait profession de la vie monastique, & si vous ne pouviez pas trouver dans vôtre famille les secours & les consolations dont vous pouvez avoir besoin. Mais helas! pourquoi faut-il qu'un étranger vienne partager vôtre cœur avec vôtre mere & vôtre frere, & sur tout avec une mere veuve & un frere Religieux ? Il feroit à fouhaiter que vous vouluffiez vous acquiter des devoirs de fille & de fœur ; mais fi c'eft trop exiger de vous, & fi vôtre mere a des manieres qui vous paroiffent infupportables, tâchez du moins de trouver dans vôtre frere plus d'amitié & de complaifance. Si vôtre frere eft d'une humeur peu traitable, croïez que celle de vôtre mere eft plus douce & plus commode. D'où vient cette pâleur, cette agitation, cette rougeur qui paroît fur vôtre vifage ? Il n'y a que l'amour & l'attachement qu'on a pour un mari, qui puiffe l'emporter fur celui qu'on doit avoir pour une mere & pour un frere.

J'ai encore apris que vous allez vous promener à la campagne & dans des maifons de plaifance, avec vos parens, vos coufins, & d'autres gens de cette forte. Je veux croire que c'eft quelqu'une de vos coufines ou quelque belle-fœur qui vous y menent pour leur tenir compagnie ; car je ne puis me perfuader que vous vouluffiez rechercher celles des hommes, quand bien même ils feroient vos proches parens. Dites moi donc, je vous prie, vous qui faites profeffion d'être vierge, vous trouvez-vous feule avec vos parens à ces parties de divertiffement, & vôtre galand n'y va-t-il pas avec vous ? Je ne vous croi pas affez effrontée pour ofer le produire aux yeux des feculiers ; car toute vôtre famille vous fiffleroit & vous & lui, & un chacun vous montreroit au doigt. Vôtre belle-fœur même, vôtre coufine & vos autres parentes, qui par complaifance pour vous l'appellent faint en vôtre prefence, à peine autoient-elles le dos tourné, qu'elles fe moqueroient de ce plaifant mari. Que fi vous vous trouvez feule dans ces fortes d'affemblées, comme je le préfume, comment pouvez-vous, habillée de brun comme vous êtes, paroître avec bienféance parmi de jeunes domeftiques, des femmes mariées ou a marier, des filles coquettes, & de jeunes gens bien mis & bien frifez? Quelqu'un de ces jeunes mondains vous donnera la main pour vous aider à marcher, & vous ferrant doucement les doigts, il vous marquera la paffion qu'il a pour vous, & tâchera de vous en infpirer pour lui. Quand vous ferez à table avec ces hommes & ces femmes mariées, vous ferez témoin des amitiés & des careffes qu'ils fe feront; vous admirerez la richeffe & la magnificence de leurs habits, & tout cela fera fur vous de dangereufes impreffions. Durant le repas on fera femblant de vous faire violence, pour vous obliger à manger de la chair; on loüera les ouvrages du Createur, pour vous engager à boire du vin; on parlera contre la mal-propreté, pour vous porter à prendre les bains; & fi après une longue refiftance, vous vous rendez enfin à leurs follicitations, toute la compagnie vous applaudiffant, loüera vôtre maniere d'agir fincere, fimple, aifée, naturelle. Quelqu'un enfuite fe mettra à chanter, & n'ofant pas envifager les femmes qui ont leurs maris avec elles, il jettera fans ceffe les yeux fur vous, qui n'aurez là perfonne pour éclairer vôtre conduite: il vous parlera en chantant, & n'aïant pas la liberté de s'expliquer ouvertement, il vous fera connoître par le mouvement de fes yeux les fentimens qu'il a pour vous.

Il n'est point de cœur, quelqu'insensible qu'il soit, qui ne se laisse amollir parmi tant d'objets differens, qui ne sont propres qu'à inspirer l'amour de la volupté, sur tout aux vierges, qui ont d'autant plus d'ardeur & de vivacité pour les plaisirs, qu'elles s'imaginent que ceux qu'elles n'ont point goûtés, sont les plus doux. Nous lisons dans la fable que des Nautonniers attirés par le chant des Sirénes, s'engagerent parmi des écueils où ils périrent malheureusement ; & que lors qu'Orphée joüoit de la lyre, il rendoit les bêtes, les arbres, & les pierres sensibles. La bonne chere est presque toûjours fatale à l'innocence, & un visage vermeil est la marque d'un cœur corrompu. J'ai apris dans les écoles qu'un homme, dont j'ai vû moi-même la statuë en bronze dans une place publique, s'étoit abandonné à l'amour avec tant de fureur, qu'étant devoré & tout deseché par les ardeurs de cette violente passion, il avoit cessé de vivre avant que de cesser d'aimer. Comment donc pourrez-vous, jeune, saine, grasse, vermeille, delicate comme vous êtes, comment pourrez-vous conserver vôtre innocence en la compagnie de jeunes hommes & de femmes mariées, parmi les delices de la table & la chaleur des bains ? Quoique vous ne vous rendiez pas aux sollicitations des autres, vous vous flaterez toûjours que c'est vôtre beauté qui vous les attire. Une ame libertine & corrompuë trouve dans la possession d'une personne vertueuse un assaisonnement à sa passion, & les plaisirs defendus lui paroissent les plus delicats. Malgré la simplicité & la couleur sombre de vôtre habit, vous ne laissez pas de faire connoître les veritables sentimens de vôtre cœur, en prenant soin que vôtre robbe ne fasse pas le moindre petit pli; qu'elle ne traîne pas jusqu'à terre, afin de paroître de plus belle taille; qu'elle soit entre-ouverte en certains endroits, pour laisser entrevoir ce qui est dessous; cachant avec soin ce qui peut choquer la vûë, decouvrant avec affection ce qui peut plaire aux yeux des hommes; portant des souliers noirs & reluisants, dont le seul bruit attire après vous une foule de jeunes gens; vous serrant la gorge avec des nœuds de rubans, & les reins avec une riche ceinture, pour faire voir la beauté & la delicatesse de vôtre taille; laissant tomber negligemment vos cheveux sur le front ou sur les oreilles, détachant quelquefois vôtre écharpe pour faire voir la blancheur de vos épaules, & la ratachant aussi-tôt, comme si elle vous avoit échapé malgré vous, & que vous vouluffiez cacher ce que vous avez découvert exprès; marchant dans les ruës la coëffe baissée, & avec une modestie affectée, & ne laissant entrevoir, à l'exemple des courtisanes, que ce qui peut plaire davantage.

Vous me direz peut-être: Mais d'où me connoissez-vous, & comment avez-vous pû de si loin observer toutes mes demarches? C'est vôtre frere qui par ses soupirs & ses larmes m'a apris qui vous êtes. Plût à Dieu qu'il ne m'eût pas dit la verité, & que la seule crainte de l'avenir, plûtôt qu'une juste indignation, l'eût fait parler. Mais croïez-moi, un homme qui verse des larmes n'est guére capable de déguiser ses sentimens. Il ne peut voir sans douleur que vous lui preferiez un jeune homme, non pas frisé & vêtu de soïe, mais gros & gras, & menant sous un exterieur mal-propre & negligé une vie molle & sensuelle. Il ne sçauroit souffrir qu'un homme de ce caractere domine chez vous, qu'il ait tout l'argent en maniment, qu'il regle toutes choses & gouverne la famille à son gré, qu'il achete tout ce qui est necessaire, qu'il fasse tout à la fois l'office d'économe, de maître & de valet; que tous les domestiques soient obligés de s'adresser à lui pour recevoir ses ordres, & qu'ils se plaignent hautement que cet homme leur vole tout ce que leur maîtresse ne leur donne pas. Car on ne sçauroit empêcher des serviteurs de murmurer. On a beau leur donner, ils ne sont jamais contens. Ils ne considerent que ce qu'on leur donne, & non pas ce qu'on peut leur donner; & toute leur consolation & leur unique resource, est d'exhaler leurs chagrins en plaintes & en murmures. L'un donc l'appelle parasite; l'autre, imposteur; celui là, coureur de successions; celui-ci le dépeint encore avec de nouvelles couleurs. Ils disent hautement qu'il est sans cesse au chevet de vôtre lit, qu'il fait venir les sages-femmes quand vous êtes malade, qu'il chauffe lui-même les serviettes, qu'il plie les bandes, & qu'il s'abaisse à quelque chose encore de plus bas. Comme on est naturellement porté à croire le mal, tout ce que vos domestiques inventent, passe pour une verité dans le monde. Au reste vous ne devez point vous étonner que des valets & des servantes fassent ces contes-là de vous, puisque c'est cela même qui donne à vôtre mere & à vôtre frere tant de sujet de se plaindre de vôtre conduite.

XXVI. LETTRE

Je vous conseille donc, & vous prie en même-tems, de vous reconcilier premierement avec vôtre mere; & si cette reconciliation vous paroît impossible, de bien vivre du moins avec vôtre frere. Que si vous avez horreur de ces noms de mere & de frere qui sont si capables d'inspirer des sentimens de pieté & de tendresse; separez-vous de celui qu'on dit que vous avez preferé à tous vos parens; & si vous ne pouvez vous resoudre à cette separation, vivez du moins ensemble avec plus d'honnesteté & de retenuë, afin de menager la reputation & l'honneur de vôtre famille : Ne demeurez pas davantage avec lui dans la même maison, ne mangez pas à la même table; de peur de donner occasion à la medisance de dire que vous n'avez aussi qu'un même lit. Vous pouvez même, sans commettre vôtre reputation, recevoir de lui les secours & les consolations que vous esperez trouver en sa compagnie : quoiqu'au reste on ne puisse prendre trop de précaution pour éviter une tache qu'on ne sçauroit effacer, *Jer. 2. 22.* comme dit Jéremie, *ni avec le nitre, ni avec les herbes dont se servent les foullons.* Quand vous souhaiterez donc de le voir & de parler à lui, que ce soit en presence de vos amis, ou de vos domestiques. Lors qu'on va droit, & qu'on ne veut point faire de mal, on ne se cache point aux yeux des hommes. Qu'il entre donc chez vous hardiment, & qu'il en sorte de même; car un homme fait connoître par ses yeux, par son silence, & par son air, l'agitation ou la tranquillité de son ame. Ecoutez les plaintes & les murmures de toute une ville que vous scandalisez par l'irregularité de vôtre conduite. Vous avez déja perdu jusqu'à vos propres noms, on ne connoît plus l'un que par l'autre; & on dit ouvertement que vous êtes sa femme, & qu'il est vôtre mari. Comme ces bruits viennent jusqu'aux oreilles de vôtre mere & de vôtre frere, ils consentent à vous partager entre eux deux, & vous prient même d'agréer ce partage, afin que l'infamie de la liaison scandaleuse que vous avez avec cet homme, tourne à la gloire de tous les quatre. Demeurez avec vôtre mere, & lui avec vôtre frere. Vous pourrez alors sans rougir aimer le compagnon de vôtre frere; & vôtre mere poura sans scrupule donner à l'ami de son fils des marques d'amitié, que la bienséance ne lui permettoit pas de donner à l'ami de sa fille.

Au reste si vous refusez de prendre le parti que je vous propose, & si vous méprisez avec dedain les avis que je vous donne; souffrez que j'eleve ici ma voix avec une genereuse liberté, pour vous dire: Pourquoi voulez-vous débaucher le serviteur d'autrui? Pourquoi regardez-vous comme vôtre valet un ministre de JESUS-CHRIST? Jettez les yeux sur le peuple, & examinez attentivement l'air & la contenance d'un chacun: dans le tems que celui-ci fait ses fonctions de Lecteur dans l'Eglise, toute l'assemblée à les yeux attachés sur vous, mais comme si vous étiez déja sa femme, vous faites gloire de ce qui devroit vous couvrir de confusion. Vous ne pouvez pas même vous contenter de tenir vôtre infamie secrete, vous donnez encore à une impudence libertine, le nom d'une honnête liberté. *Vous avez pris le front* *Jer. 3. 3.*

d'une femme débauchée, vous ne sçavez plus ce que c'est que de rougir.

Vous ne manquerez pas de dire encore que je suis un méchant esprit, un homme soupçonneux, un médisant de profession qui prend plaisir à répandre de mauvais bruits. Mais comment pouvez-vous dire que je suis soupçonneux & malin, moi qui dès le commencement de cette Lettre vous ai declaré que vôtre conduite ne m'étoit aucunement suspecte ? N'a-t-on pas plus de sujet de vous accuser d'irregularité, de dissolution, de libertinage, vous qui à l'âge de vingt-cinq ans avez sçû engager dans vos chaînes un jeune homme qui à peine a de la barbe ? Voilà sans doute un Precepteur bien capable de regler vôtre conduite par ses conseils, & de vous maintenir dans le devoir par la severité de son visage. Il n'y a point d'âge qui ne soit exposé aux traits de la concupiscence ; mais les cheveux blancs servent du moins à nous garantir de l'infamie. Comme nos jours s'écoulent insensiblement, & que les femmes, sur tout celles qui sont attachées aux hommes, perdent de bonne heure les agréemens & la vivacité que donne la jeunesse, un jour viendra que vôtre galand vous abandonnera pour s'attacher à une autre ou plus riche ou plus jeune. Et quand une fois un retour de raison aura rompu ces attaches criminelles qu'une aveugle passion avoit formées ; alors vous voïant & sans biens & sans honneur, vous vous repentirez d'avoir pris un si mauvais parti, & de vous y être attachée avec tant d'opiniâtreté. Peut-être êtes vous en repos de ce côté-là, persuadée que vous êtes que rien au monde n'est capable de rompre des liens qu'une longue habitude & une amitié constante ont serrés.

Mais il faut que je parle aussi à vôtre mere, que son âge semble mettre à couvert des traits de la medisance. Prenez donc garde, Madame, de vous venger de vôtre fille d'une maniere qui vous rende criminelle. Apprenez lui par vôtre exemple à rompre une liaison si prejudiciable à son honneur. Puisque vous avez un fils, une fille, & un gendre, ou plûtôt un homme qui demeure avec vôtre fille, pourquoi chercher la compagnie d'un étranger? Pourquoi rallumer un feu à demi éteint? Vous feriez bien mieux de souffrir le dereglement de vôtre fille, que d'autoriser le vôtre par son exemple. Vôtre fils qui a embrassé l'état Monastique, n'est-il pas assez capable de vous soutenir & dans les exercices de la vertu, & dans les peines de la viduité? Pourquoi donc demeurer avec un étranger dans une maison où vôtre fils & vôtre fille ne sçauroient vivre ensemble? Vous êtes d'un âge à voir naître des enfans à vôtre fille; invitez donc l'un & l'autre à venir demeurer avec vous: vôtre fille est sortie seule de vôtre maison; qu'elle y retourne avec son homme. (Qu'on ne me fasse point de procez sur ce mot; j'ai dit son homme, & non pas son mari; & par là j'ai voulu marquer le sexe, & non pas l'étroite liaison qu'ils ont ensemble.) Que si honteuse de son procedé, elle refuse de revenir, & trouve que la maison où elle a pris naissance est trop étroite pour elle; allez vous & vôtre fils demeurer avec elle; quelque étroite que soit sa maison, elle sera toûjours plus.

Cc iiij

agreable pour une mere & pour un frere, que pour un étranger, avec qui une fille ne peut, fans expofer fa vertu, demeurer feule : je ne dis pas dans une même chambre, mais encore dans un même logis. Que l'on voïe donc dans une même maifon deux hommes & deux femmes. Que fi la perfonne que vous avez chez vous pour prendre foin de vôtre vieilleffe, ne peut fe refoudre à vous quitter ; fi par ces plaintes & fes murmures il trouble la paix de vôtre famille : fouffrez qu'il vienne demeurer avec les deux autres ; regardez-le comme vôtre frere & vôtre fils, & tenez lui lieu de fœur & de mere. Peut-être paffera-il dans le monde pour le beaupere de vos enfans, ou pour vôtre gendre ; mais il faut que vôtre fils l'appelle fon nourricier & fon pere.

Je vous ai écrit cette Lettre à la hâte, comme pour m'exercer fur une matiere propre à des declamations de college, & en même-tems pour fatisfaire à l'empreffement de vôtre fils, qui ne m'en a prié que le matin du jour même qu'il devoit partir. J'ai voulu auffi par là faire voir à mes envieux que je puis parler fur le champ & fans préparation. Auffi verra t-on tres peu de paffages de l'Ecriture fainte citez dans cette Lettre, quoique j'aïe coûtume de les emploïer dans mes autres ouvrages, où je les feme comme autant de fleurs qui fervent à les embellir. C'eft donc ici une efpece d'inpromtu que j'ai dicté avec tant de précipitation, que mon copifte ne pouvoit me fuivre, & n'avoit pas même le tems de marquer les points ni de faire les abbreviations. Je ne dis cela qu'afin que ceux qui condamnent dans mes autres ouvrages le caractere de mon esprit, me fassent justice sur le peu de loisir que j'ai eu pour faire celui-ci.

XXVII. LETTRE
à Sabinien Diacre.

Sabinien aïant quitté Rome pour se derober à la colere d'un homme qu'il avoit deshonoré en abusant de sa femme, se retira à Bethléem. Après y avoir demeuré quelque-tems, il y débaucha une Vierge, & l'engagea à sortir de son cloître pour le suivre. Ce dessein aïant été découvert, Sabinien demanda pardon de sa faute à saint Jérôme, & ce saint lui pardonna. Mais ensuite ce malheureux Diacre s'étant retiré de Bethléem, il se déchaîna cruellement contre saint Jérôme, qui lui écrivit cette Lettre, pour lui reprocher ses impostures, & l'exhorter à faire penitence.

Samuël voïant que Dieu se repentoit d'avoir élevé sur le throne d'Israël, pleura la disgrace de ce malheureux Prince. Et saint Paul écrivant aux fidelles de Corinthe, où il s'étoit commis un crime dont on ne voïoit point d'exemple parmi les païens mêmes, leur disoit les larmes aux yeux & les sanglots à la bouche: *J'apprehende que Dieu ne m'humilie lors que je serai de retour chez vous, & que je ne sois obligé d'en pleurer plusieurs, qui étant déja tombés dans des impuretés, des fornications, & des dereglemens infames, n'en ont point fait penitence.* Si un Prophete & un Apôtre dont la

2. Cor. 12. 21.

vie étoit si pure & si innocente, entroient avec tant de bonté dans les interêts des coupables, comment dois je en user à ton endroit, moi qui suis un pécheur, & qui parle à un pécheur? De quelle maniere dois-je te traiter, toi qui ne veux pas te relever de ta chute, ni tourner les yeux du côté du ciel, qui après avoir consumé en débauches l'heritage du Pere celeste, prens plaisir à te repaître des écosses que mangent les pourceaux ; & qui t'élevant jusqu'au comble de l'orgueil, tombes de là dans d'affreux précipices ? Esclave de tes passions, tu ne veux plus reconnoître d'autre Dieu que ton ventre ; & bien loin de rougir d'une si honteuse servitude, tu mets toute ta gloire à contenter les desirs dereglez de ta chair. Semblable à une victime destinée à la mort, tu te prepares toi-même à ton propre sacrifice par le soin que tu prens de t'engraisser. Tu passes comme les impies toute ta vie dans le crime, sans craindre les châtimens que le Seigneur a exercés sur eux, & sans considerer *que la bonté de Dieu t'invite à la penitence : mais par la dureté & l'impénitence de ton cœur, tu t'amasses un trésor de colere pour le jour de la colere.* Quoi donc ? ne t'endurcis-tu comme un autre Pharaon, que parce Dieu suspend sa vengeance, & differe ton supplice ? Il differa aussi celui de ce Tyran, & les plaïes dont il le frapa furent des avertissemens d'un pere charitable, plûtôt que des châtimens d'un Dieu irrité ; jusqu'à-ce qu'enfin ce Prince malheureux consommant son iniquité par une fausse penitence, & poursuivant au travers des deserts le peuple de Dieu qu'il avoit laissé sortir d'Egypte, s'engagea temerairement

Luc 15.

Rom. 2. 4.

dans la mer, qui seule devoit lui apprendre à craindre celui à qui tous les élémens obéïssent. *Je ne connois point le Seigneur*, disoit ce cœur endurci, *& je ne laisserai point aller Israël.* Tu dis aussi à son exemple : *Les visions de celui-ci sont bien éloignées, & il prophetise pour les tems futurs.* C'est pourquoi le même Prophete ajoûte : *Voici ce que dit le Seigneur nôtre Dieu; je ne differerai plus à l'avenir l'effet de mes paroles, mais tout ce que j'ai dit s'accomplira.*

Eccl. 5. 2.

Ezech. 12. 27.

Le saint homme David voïant que les impies & les scelerats, parmi lesquels tu tiens le premier rang, étoient heureux selon le monde, & disoient : *Comment est-il possible que Dieu sache ce qui se passe, & que le Tres-haut ait connoissance de toutes choses? Voilà les pecheurs mêmes dans l'abondance de tous les biens de ce monde, ils ont amassé de grandes richesses.* Ce saint homme, dis-je, sentant son esperance chanceler à la vûë des prosperités dont joüissent les impies, disoit : *C'est donc en vain que j'ai travaillé à purifier mon cœur, & que j'ai lavé mes mains en la compagnie des innocens.* Il avoit dit un peu auparavant : *J'ai été touché d'un zele d'indignation contre les méchans, en voïant la paix dont joüissent les pecheurs, parce qu'ils n'envisagent point leur mort, & que les plaïes dont ils sont frapés ne durent pas. Ils n'ont point de part aux travaux & aux fatigues des hommes, & n'éprouvent point les fleaux ausquels les autres sont exposés. C'est ce qui les rend superbes; ils sont tout couverts de leur iniquité & de leur impieté. Leur iniquité est comme née de leur abondance & de leur graisse; ils se sont abandonnés à toutes les passions de leur cœur.* Tou-

Psal. 72.

tes leurs pensées & toutes leurs paroles sont remplies de malice ; ils ont proferé hautement l'iniquité qu'ils avoient conçûë : ils ont ouvert leur bouche contre le ciel, & leur langue a répandu leurs calomnies par toute la terre.

Ne diroit-on pas que ce Pseaume a été fait exprès pour toi? En effet tu joüis d'une parfaite santé. Après t'être fait connoître dans une ville, [a] tu vas à un autre comme un nouvel Apôtre de l'Antechrist. Rien ne te manque, & tu n'es exposé à aucune fâcheuse disgrace, parce que tu ne merites pas d'être châtié avec le reste des hommes, qui ne sont pas comme toi des bêtes sans raison. De là cet orgueil que tu fais paroître, & ces infames débauches dans lesquelles tu te plonges. Du fond d'une chair engraissée, & d'un corps nourri dans la volupté, tu exhâles des paroles qui sont autant de traits mortels & empoisonnés. Tu ne penses jamais à la mort, & après avoir assoupi ta passion parmi les plus criminelles delices, tu n'es touché d'aucun sentiment de penitence. Tu te livres sans aucun ménagement à tous les dereglemens d'un cœur corrompu ; & pour faire voir que tu as des compagnons de tes débauches, tu inventes contre les serviteurs de Dieu les plus horribles calomnies, sans considerer que c'est t'attaquer à Dieu même, & élever contre le ciel ta bouche sacrilege.

Mais pourquoi s'étonner qu'un homme com-

---

a S. Jérôme fait ici allusion à ce que le Fils de Dieu dit à ses disciples, Matth. 10. 23. *Lors qu'ils vous persecuteront dans une ville, fuïez dans une autre.* Mais les Apôtres de Jesus-Christ n'étoient persecutez que pour la justice, au lieu que Sabinien ne l'étoit que pour ses crimes, c'est pourquoi S. Jérôme l'appelle *Apôtre de l'Antechrist.*

me toi dechire par les plus noires impostures des serviteurs de Dieu qui n'ont qu'un merite mediocre, puisque tes peres ont bien appellé le Fils de Dieu Beelzebub ? *Le disciple n'est pas plus que le maître, ni l'esclave plus que son Seigneur. S'ils ont traité de la sorte le bois verd, comment me traiteras-tu, moi qui ne suis qu'un bois sec ?* Une populace mutinée parloit à peu près comme toi dans le Prophete Malachie : *C'est en vain, disoient-ils, que l'on sert Dieu. Qu'avons-nous gagné pour avoir gardé ses commandemens, & pour nous être présentés devant le Tout-puissant avec un cœur humble & soumis ? Nous n'appellerons donc maintenant heureux que les étrangers : tous les impies s'établissent, & après s'être revoltés contre Dieu, ils ne laissent pas d'être à couvert de toutes sortes de disgraces.* Le Seigneur les menaçant ensuite du jour du jugement, & leur faisant connoître par avance la difference qu'il mettra entre le juste & l'impie : *Vous changerez de sentiment,* leur dit-il, *& vous verrez quelle difference il y a entre le juste & l'injuste, entre celui qui sert le Seigneur, & celui qui ne le sert pas.*

Luc 23. 31.

Malach. 3. 14. sec. LXX.

Peut-être te mocques-tu de tout ce que je dis, accoutumé que tu es à ne lire avec plaisir que les ouvrages des Comediens, des Poëtes Lyriques, des bouffons, & des ᵃ Lentulus : encore doutai-je fort que tu sois capable de les entendre, tant tu as l'esprit épais & grossier. Mais mocques toi tant que tu voudras de ce que disent les Prophetes, je vais encore te mettre devant les yeux ces paroles du Prophete Amos : *Après les crimes qu'il a commis trois &*

Amos 1. 3. Sec. LXX.

a Ce Lentulus étoit un fameux bouffon.

quatre fois, n'ai-je pas sujet, dit le Seigneur, de l'avoir en averſion? Comme les habitans de Damas, de Gaze, & de Tir, les Iduméens, les Ammonites, les Moabites, les Juifs, & Iſraëlites n'avoient pas daigné écouter la voix des Prophetes que Dieu leur avoit ſouvent envoïés pour les exhorter à la penitence ; le Seigneur voulant faire voir combien ſa colere étoit juſte, & combien équitables étoient les châtimens qu'il leur préparoit, leur dit par le Prophete : *Après les impietés qu'ils ont commiſes par trois & quatre fois, n'ai-je pas ſujet de les avoir en averſion?* C'eſt un crime, dit Dieu, que d'avoir de mauvaiſes penſées ; cependant je l'ai ſouffert. C'en eſt encore un plus grand de vouloir les exécuter ; j'ai neanmoins été aſſez bon & aſſez miſericordieux pour le pardonner au pecheur. Mais devoit-il conſommer par ſes actions l'impieté de ſon cœur ? falloit-il outrager ma bonté, & mepriſer ma clemence avec tant d'orgueil ? Neanmoins comme *ce ne ſont pas les ſains, mais les malades, qui ont beſoin de medecin, & que je demande plûtôt la converſion du pecheur que ſa mort ;* je veux bien après des actions ſi criminelles, & une chute ſi funeſte, lui tendre la main pour le relever ; & je l'exhorte encore à laver dans ſes larmes les impuretés dont il s'eſt ſoüillé. Mais ſi après tant de marques de ma bonté, il refuſe de faire penitence ; ſi parmi les debris de ſon naufrage, il ne veut pas s'attacher à la planche qui lui reſte, & qui ſeule peut le ſauver ; je ſuis obligé de dire : *Après les impietés qu'il a commiſes trois & quatre fois, n'ai-je pas ſujet de l'avoir en averſion?* Le mot *averſion* ſe prend ici pour le châtiment que Dieu exerce sur le pecheur, en l'abandonnant à lui-même & aux desirs dereglés de son cœur. C'est ainsi qu'il fait retomber les pechez des peres sur leurs enfans jusqu'à la troisiéme & quatriéme generation ; c'està-dire, que differant le châtiment des pecheurs, & leur pardonnant les premieres fautes qu'ils ont commises, il se reserve à les punir pour les derniers crimes qu'ils commettent. Car s'il leur faisoit sentir d'abord les effets de sa colere & de ses vengeances, l'Eglise n'auroit pas un saint Paul, ni une infinité d'autres Saints qui se sont rendus illustres par leur penitence.

Le Seigneur dit au Prophete Ezechiel dont j'ai déja parlé : *Ouvrez vôtre bouche, & man-* Ezech. 2. 8. *gez ce que je vous donnerai. Alors je vis une main qui s'étendoit vers moi, & qui tenoit un livre roulé ; & cette main ouvrit devant moi ce livre où l'on avoit écrit dedans & dehors des plaintes lugubres, des cantiques & des maledictions.* La premiere écriture de ce livre te regarde, si tu veux faire penitence de tes pechez : la seconde est pour inviter les Saints à chanter les loüanges de Dieu ; car *il ne sied pas bien aux* Eccl. 15. 9. *pecheurs de loüer le Seigneur :* enfin la troisiéme s'adresse à des gens de ton caractere, qui n'étant soutenus d'aucune esperance des biens futurs, se livrent à toute la corruption de leur cœur, & aux dereglemens les plus honteux ; & qui persuadez que tout finit avec la vie, & qu'il ne reste après la mort qu'un affreux néant, disent : *Lors que la tempête s'élevera, elle ne* Isaï. 28. 15. *viendra point jusqu'à nous.* Toute l'Ecriture Sec. LXX. sainte nous est representée par ce livre que Dieu fit manger au Prophete, car elle renferme &

les gémissemens d'une ame penitente, & les loüanges que les Justes donnent à Dieu, & les maledictions que le Seigneur prononce contre les impies dont le salut est desesperé. Car rien n'est plus opposé à Dieu qu'un cœur impenitent, & ce crime est le seul qui ne merite point de pardon. On pardonne aisément à un homme qui se corrige de ses fautes : un criminel fléchit la clemence de son Juge par ses prieres, mais celui qui ne veut point se repentir de son crime, irrite sa patience. Il n'y a que le desespoir qui soit un mal sans remede. Pour te faire voir que Dieu ne cesse point d'inviter les pecheurs à la penitence, & qu'il n'y a que la dureté de leur cœur qui puisse irriter sa justice, & changer sa douceur en severité ; écoutes ce que dit Isaïe : *Alors*, dit ce Prophete, *le Seigneur le Dieu des armées les invitera à avoir recours aux larmes & aux soupirs, à raser leurs cheveux, & à se revêtir de sacs & de cilices : & au lieu de cela ils ne penseront qu'à se réjoüir & se divertir, à tuer des veaux & égorger des moutons, à manger de la chair & boire du vin. Mangeons & beuvons, diront-ils, car nous mourrons demain.* Ensuite de ces blasphémes que les impies vomissent avec une audace libertine, l'Ecriture ajoûte aussi-tôt : *Cela est venu jusqu'aux oreilles du Seigneur des armées, & il a dit : Vous porterez cette iniquité jusqu'au tombeau, & je ne vous la pardonnerai jamais.* S'ils meurent au péché, Dieu leur pardonnera ; mais s'ils veulent toûjours vivre dans le crime, il n'y a point de pardon pour eux.

Je te conjure donc d'avoir pitié de ton ame, & de songer que le fils de Dieu doit un jour être

Ibid. 22. 12.

être ton Juge. Souviens toi de l'Evêque qui t'a ordonné Diacre. Je ne m'étonne point qu'un Prelat aussi vertueux & aussi saint qu'il est, ait pû faire un si mauvais choix; puisque Dieu même s'est repenti d'avoir fait Saül Roi d'Israël; que le perfide Judas forma en la compagnie de douze Apôtres le dessein de vendre son divin Maître, & qu'un certain Nicolas d'Antioche, qui étoit Diacre comme toi, a été, [a] à ce que l'on dit, l'auteur de l'heresie des Nicolaïtes, qui n'est remplie que d'impuretés & d'abominations. Je ne te dis point ici qu'on t'accuse d'avoir été dans des lieux infames te plonger dans les plus honteuses débauches : d'avoir corrompu plusieurs vierges, & deshonoré plusieurs personnes de qualité, dont on a vû les femmes recevoir sur un échaffau la punition de leur infidelité. Quelqu'énormes que soient ces crimes, ils paroîtront peu de chose en comparaison de ce que j'ai à te reprocher. Combien grand doit être un crime auprès duquel l'adultére & le sacrilége sont peu de chose?

Miserable que tu es, as-tu bien osé entreprendre de corrompre une Vierge dans cet antre sacré où le Fils de Dieu a pris naissance, où *la verité est née de la terre*, & où *la terre nous a produit son fruit* ? Ne craignois-tu point les regards de la Mere du Sauveur, de cette Vierge

Psal. 84. 12.

---

[a] S. Jérôme en plusieurs endroits de ses ouvrages, attribuë l'heresie des Nicolaïtes à Nicolas d'Antioche l'un des sept Diacres. Tertullien l. de præsc. c. 46. S. Irenée, l. 1. c. 27. S. Epiph. hær. 25. &c. sont de ce sentiment. Mais S. Ignace dans sa Lettre aux Tralliens, S. Clem. d'Alex. l. 2. strom. c. 301. Euseb. hist. Eccl. l. 3. c. 23. Theodoret l. 3. Theor. fab. c. 1. & quelques autres Peres disent seulement que quelques heretiques repandirent leurs erreurs sous le nom de Nicolas d'Antioche, afin de leur donner plus de credit.

qui l'a mis au monde ? Tandis que les Anges annoncent la naissance d'un Dieu, que les Bergers accourent à son berceau, qu'une étoile brille dessus sa creche, que les Mages l'adorent, que cette naissance miraculeuse jette l'effroi dans le cœur d'Herode, & le trouble dans la ville de Jérusalem ; tu n'as pas crains de te glisser dans la chambre d'une Vierge pour y séduire une autre Vierge ? Je voudrois, mal-heureux, je voudrois pouvoir ici te faire la peinture d'une action si abominable ; mais je ne sçaurois y penser sans fremir ; à cette idée tout mon corps frissonne d'horreur, tous mes sens se revoltent. Tandis que toute l'Eglise retentissoit du nom de Jesus-Christ parmi les tenebres de la nuit ; tandis que plusieurs nations differentes animées d'un même Esprit chantoient en leurs langues les loüanges de Dieu ; tu glissois des billets doux par la porte de l'autel où étoit autrefois la créche du Sauveur, afin que cette malheureuse Vierge venant se mettre à genoux comme pour adorer Dieu, les prît & les lût. Ensuite tu revenois au chœur chanter avec les autres ; mais tes regards lascifs & impudiques l'entretenoient toûjours de ta passion, & lui expliquoient de loin les sentimens de ton cœur. Quelle abomination ! Je ne sçaurois en dire davantage ; mes larmes étouffent mes paroles, & je me sens tout-à la fois pénétré d'une douleur si vive, & transporté d'une colere si violente ; qu'à peine puis-je respirer. Ciceron, Demosténe, où êtes vous ? je suis sûr que les paroles vous manqueroient, & que vôtre éloquence tariroit dans une pareille conjoncture. Car voici quelque chose de si extraordinaire, qu'il n'est point d'homme, quelqu'éloquent qu'il puisse être, qui soit capable d'en donner une juste idée. Voici une action si noire & si criante, qu'il n'est point de Comedien, de bouffon, ou ᵃ d'Atellan qui puisse la representer au naturel, & la joüer sur le theatre.

On a coûtume dans les Monasteres d'Egypte & de Syrie de couper les cheveux aux Vierges & aux veuves qui renoncent aux plaisirs & aux vanités du siecle pour se consacrer à Dieu. Ce sont les plus anciennes de la maison qui font cet office. Celles à qui on a coupé les cheveux n'ont pas pour cela la tête decouverte, contre la deffense qu'en fait l'Apôtre S. Paul ; mais elles portent un bonnet attaché avec des bandes, & un voile par dessus. Quoique cela se fasse en secret, neanmoins comme on le pratique par tout, il y a peu de personnes qui l'ignorent. Cette coûtume est devenuë pour elles une espece de necessité, car comme elles ne prennent point le bain, & qu'elles ne se servent jamais de poudre ni de parfums, elles sont obligées de se couper les cheveux, afin d'avoir toûjours la tête nette. Voïons maintenant, homme de bien, comment tu as sçû tirer avantage de cette coûtume.

1. Cor. 11. 6.

Dans un lieu si respectable par sa sainteté, tu promis avec serment à cette malheureuse Vierge de l'épouser & de n'aimer jamais qu'elle, & tu reçûs en dote & pour gage de sa foi, ses cheveux, ses mouchoirs & sa ceinture. De là tu courus promptement au lieu où les Bergers aprirent la nouvelle de la naissance du Sauveur, & tu lui fis les mêmes sermens & les mêmes

ᵃ Voïez la Note sur la Lettre à Nepotien

promesses en presence des Anges qui chantoient encore les loüanges de Dieu. Je ne veux pas t'accuser de l'avoir embrassée & baisée ; quoique je te croie capable de tout, je veux bien me persuader que la sainteté du lieu suspendit ta passion, & t'empêcha d'accomplir tes desirs criminels. Scelerat ! pûs-tu bien te voir seul avec une Vierge dans la creche du Sauveur, sans perdre l'usage de la vûë & de la parole ? sans être saisi d'horreur, sans chanceler, sans tomber en defaillance ? Cette Vierge avoit reçû le voile dans l'Eglise de saint Pierre ; elle s'étoit engagée à passer toute sa vie dans le Monastere, elle en avoit fait vœu aux jours de la sainte Croix, de la Resurrection & de l'Ascension du Sauveur. Aprés des engagemens si sacrés & si solemnels, as-tu bien osé recevoir d'elle, comme de ta future épouse, les cheveux qu'on lui avoit coupés dans la creche, & qu'elle avoit consacrés à JESUS-CHRIST ? De plus tu passois toute la nuit sous la fenêtre de sa chambre, & comme la hauteur des murailles ne vous permettoit pas de vous voir de plus prés, vous vous serviez d'une corde pour vous donner l'un à l'autre ce que vous vouliez vous envoïer.

C'est ici qu'on ne peut s'empêcher d'admirer la conduite particuliere de Dieu sur vous, puis qu'aïant conçû l'un & l'autre des desseins si abominables, vous n'ayez pû vous voir ailleurs que dans l'Eglise, ni vous parler que par une fenêtre, & durant la nuit. Le soleil, comme je l'ai apris depuis, ne se levoit jamais, sans troubler vos plaisirs. Alors tu revenois à l'Eglise faire tes fonctions de Diacre, & lire l'Evangile avec un visage pâle, defait & abbatu, qui servoit de voile à ton crime. Nous croïions que cette pâleur étoit un effet du jeûne, & nous attribuïons aux veilles cet épuisement qui nous paroissoit si extraordinaire dans un homme peu accoûtumé aux mortifications. Déja tu préparois des échelles pour tirer cette malheureuse fille de son cloître : déja vous aviez concerté ensemble vôtre voïage, arrêté un vaisseau, marqué le jour & l'heure de vôtre évasion. Mais l'Ange qui est en sentinelle dans la chambre de Marie, qui garde le berceau du Sauveur, & qui est chargé du soin de ce divin Enfant, découvrit toutes vos pratiques, & rompit toutes vos mesures.

Que je m'estime malheureux d'avoir, pour ainsi dire, soüillé mes yeux par la lecture des Lettres que vous vous écriviez, & que je conserve encore ! De quelle malediction n'est pas digne le jour où je fus obligé de les lire ? de quelle douleur ne fus-je pas saisi en les lisant ? Que d'impuretés ! que de douceurs ! que de joie de vous voir à la veille de goûter les fruits de vôtre iniquité ! Est-il possible qu'un Diacre ait pû, je ne dis pas écrire, mais même sçavoir tant de saletés ? En quelle école les as-tu apprises, toi qui te vantois d'avoir été élevé au pié des autels ? Il est vrai que dans ces lettres tu protestes que tu n'as jamais ni conservé ton innocence, ni reçû le caractere de Diacre. Si tu osois le nier, il seroit aisé de t'en convaincre par ta propre écriture. Tu peut cependant joüir du fruit de ton crime, puisque je ne puis me resoudre à te mettre devant les yeux toutes les abominations dont tes lettres sont remplies.

Tu es donc venu te jetter à mes piés, & me

prier, pour me servir de tes termes, de te sauver la vie, & d'épargner ton sang. Misérable! tu ne craignois que ma colere, tandis que tu méprisois les jugemens d'un Dieu. Je te pardonnai, je l'avoüe, hé, que pouvoit-on attendre autre chose d'un Chrétien ? Je t'exhortai à faire penitence, à gemir sous le cilice & sous la cendre, à t'éloigner du commerce des hommes, à passer toute ta vie dans un Monastere, afin de flechir par des larmes continuelles la justice d'un Dieu irrité. Mais helas! surquoi fondois-je mon espérance ? Devenu semblable à un serpent en fureur, ou à *un arc infidelle à celui qui le tire*, tu as lancé contre moi tous les traits de la médisance. Je me suis attiré ta haine en te disant la vérité. Au reste je ne me plains point de tes impostures; car qui ne sçait que tu n'as coûtume de loüer que les scelerats ? Ce qui fait ma douleur, c'est de voir que tu ne te plains pas toi-même, que tu n'es pas touché de ta propre mort, & qu'à l'exemple d'un gladiateur qui va perdre la vie dans le combat, tu ne songe qu'à parer ton cadavre ; aïant toûjours de beau linge, portant aux doigts un grand nombre de bagues, soûtenant à peine ta tête, je ne veux pas dire épuisée par les débauches, mais trop chargée de graisse ; prenant soin d'avoir toûjours les dens belles, d'arranger le peu de cheveux qui restent à ta tête chauve & bazanée, de la parfumer, de changer de bain, & de te raser souvent ; marchant dans les places publiques comme un amant de profession, toûjours propre, toûjours bien ajusté ; prenant enfin l'air & *le front d'une femme débauchée, qui ne sçait ce que c'est que de rougir.*

Psal. 77, 63.

Tourne toi vers le Seigneur, miserable, afin que le Seigneur se tourne vers toi. Fais penitence de tes crimes, afin d'écarter par une conversion sincere les châtimens qu'il te prépare. Pourquoi, insensible à tes propres maux, ne t'appliques-tu qu'à me noircir par d'horribles calomnies? Pourquoi furieux & emporté comme un frenetique, veux-tu mordre & déchirer un homme qui t'a donné des avis salutaires? Je veux que je sois un scelerat, comme tu le publies par tout ; fais donc penitence avec moi. Je veux que je sois un pecheur, expies donc comme moi tes pechez par tes larmes. Penses-tu que mes crimes deviendront pour toi des vertus? Crois-tu que le plaisir d'avoir des compagnons de tes desordres, soit un adoucissement à tes maux? Laisses du moins couler quelques larmes de tes yeux. A travers ces habits magnifiques dont tu es revêtu, & qui te donnent un air si galand, tâches d'entrevoir ta nudité, tes blessures, tes saletés, ta pauvreté. Il n'est jamais trop tard de faire penitence. Quoique tu aïe été blessé sur le chemin de Jérusalem, le Samaritain te mettra sur son cheval, & te conduira dans l'hôtellerie pour y faire penser tes playes. Fûs-tu mort & presque pouri dans le tombeau, le Seigneur te résuscitera. Imites du moins ces aveugles pour qui JESUS-CHRIST voulut bien quitter sa maison & son païs, & venir à Jéricho. *Le jour s'est levé pour ceux qui étoient assis dans les tenebres & à l'ombre de la mort.* Ces aveugles aïant sçû que le Sauveur passoit, commencerent à crier : *Fils de David, aïez pitié de nous.* Tu pourras aussi recouvrer la vûe comme eux, si tu veux

Jer. 3. 18.

Matth 20. 30.
Isaï. 9. 2.

à leur exemple invoquer le Fils de Dieu, & te purifier de tes souillures avant que d'approcher de lui. Si tu veux être sauvé, tu n'as qu'à pousser ces gemissemens salutaires que forme la penitence ; & alors tu connoîtras dans quel abîme de miseres tu t'étois plongé. Ce divin Sauveur touchera doucement tes playes, & l'endroit où étoient autrefois tes yeux. Fûs-tu *Psal.* 50. 8. né aveugle & conçû dans le péché, *il t'arrosera avec l'hyssope, & tu seras purifié, il te lavera, & tu deviendras plus blanc que la neige.* Pourquoi demeurer toûjours panché vers la terre, & plongé dans la bouë ? A peine JESUS-CHRIST eut-il guéri cette femme qui avoit gémi durant dix huit ans sous la tyrannie du démon, qu'elle se redressa aussi-tôt pour regarder le ciel. Prens pour toi ce que Dieu dit *Luc* 13. 11. à Caïn : *As-tu péché ? ne péches pas davantage.* *Gen.* 7. 4. *Pourquoi t'éloigner de moi, pour aller demeurer* *Sec. LXX. dans la terre de Naïd ?* Pourquoi t'exposer à la tempête, au lieu de t'affermir sur la pierre ? Prens garde qu'un Phinées te surprenant dans le crime avec ta Madianite, ne t'enfonce un poignard dans le sein. Plus criminel qu'Amon qui abusa de sa sœur, & d'une sœur qui étoit vierge, tu tournes toute ta rage contre moi, qui, comme un autre Absalon, pleure ta mort & ta desobéïssance. Le sang de Naboth s'éleve contre toi ; & la vigne de Jezraël, c'est-à-dire, du Fils de Dieu, que tu as changée en un lieu de plaisir & de débauches, demande la punition de ton crime. Dieu t'envoïe un Elie pour t'annoncer & ton supplice & ta mort. Couvres-toi donc d'un sac, & humilies-toi aux yeux du Seigneur ; & alors il pourra dire de toi : *N'a-*

vez-vous pas vû Achab humilié & tremblant 3. Reg. 21.
devant moi ? Je ne ferai donc point tomber sur 26.
lui, tant qu'il vivra, les maux dont je l'ai menacé.

Peut-être te flates-tu d'avoir été ordonné Diacre par un Evêque d'un merite diſtingué, & d'une ſainteté univerſellement reconnuë. Mais je t'ai déja dit qu'on ne punit point le pere pour le fils, ni le fils pour le pere, & que *l'ame qui aura peché, mourra elle-même.* Samuël eut des enfans, qui perdant la crainte du Sei- Ezech.18. gneur, s'abandonnerent à l'iniquité & à l'amour 20. des richeſſes. Le Grand Prêtre Heli, tout juſte qu'il étoit, eut des enfans qui, comme porte le texte Hebreu, commettoient des abominations avec les femmes d'Iſraël dans le tabernacle du Seigneur, & qui comme toi avoient l'impudence de ſervir à l'autel. Auſſi les crimes de ces Prêtres abominables furent-ils cauſe de la ruine du tabernacle & de la deſtruction du ſanctuaire. Heli même offença Dieu par la trop grande indulgence dont il uſa envers ſes enfans. Bien loin donc que la ſainteté de ton Evêque puiſſe juſtifier tes déreglemens, il eſt à craindre que ton ordination ne ſoit la cauſe de ſa ruine & de ſa damnation éternelle. Le Levitique Oza fut frappé de mort pour avoir voulu ſoutenir l'Arche d'alliance qui panchoit, quoique ſon emploi fût de la porter. A quoi donc ne dois-tu pas t'attendre, toi qui as tâché de renverſer l'Arche du Seigneur, & de corrompre une ame affermie dans le bien ? Plus l'Evêque qui t'a ordonné eſt vertueux, plus es-tu digne d'exécration d'avoir trompé un Prelat d'un ſi grand merite. Nous ſommes ordinairement les derniers

XXVII. LETTRE

à sçavoir les desordres de nôtre famille, & souvent un mari ignore les dereglemens de sa femme & de ses enfans, tandis que ses voisins s'en entretiennent hautement.

Tu étois connu dans toute l'Italie, & on ne pouvoit, sans gemir, te voir à l'autel parmi les Ministres du Seigneur. Cependant tu ne cherchois point de voile à tes crimes, mais te livrant tout entier à tes plaisirs, & te laissant aller sans aucune retenuë au gré de tes infames desirs, tu faisois gloire de tes débauches, & tu menois le vice en triomphe. Enfin emporté par la violence de ta passion, tu ne craignois point de t'engager dans les piéges & de t'exposer à la fureur d'un mari aussi cruel que puissant; & tu fûs assez hardi pour commettre un adultere dans une maison où cet Epoux irrité pouvoit, sans être vû de personne, se venger de l'outrage que tu faisois à son honneur. Tu allois te promener avec sa femme dans des jardins qui sont aux fauxbourgs de la ville; & là enïvré de ta passion, tu vivois librement avec elle, & la regardois en l'absence de son mari, plûtôt comme ta femme que comme une adultére. Mais enfin cette femme infidelle aïant été surprise & arrêtée, tu trouvas moïen de te sauver par un chemin sous terre. Delà étant entré secretement dans Rome, tu y demeuras quelque-tems caché parmi une troupe de bandits: mais aïant apris que le mari de cette femme devoit bien-tôt arriver, & que ce nouveau [a] Hannibal avoit déja passé les Alpes; alors tu

[a] S. Jérôme voulant faire voir combien ce malheureux Diacre fut consterné en apprenant l'arrivée du mari qu'il avoit deshonoré, compare celui-ci à Hannibal, dont les appro-

te mis sur un vaisseau assez mal équippé; & ta fuite fut si précipitée, que tu te crûs plus en sûreté sur une mer agitée de tempêtes, que sur terre. Etant enfin arrivé en Syrie avec assez de peines, tu fis semblant de vouloir aller à Jérusalem pour y servir Dieu. Qui eût refusé de recevoir un homme dont les dereglemens n'étoient point connus, qui promettoit d'embrasser l'état Monastique, & qui faisoit voir des lettres de recommandation de son Evêque adressées à tous les Ecclesiastiques du païs? Mais helas! malheureux, tu te transformois en Ange de lumiere; tu cachois un ministre de satan sous les beaux dehors d'une sainteté affectée, & un loup sous la peau d'une brebis : & après avoir corrompu la femme d'un homme mortel, tu voulois encore seduire l'épouse de JESUS-CHRIST.

Je ne suis entré dans ce détail, que pour te faire la peinture de ta vie passée, & pour te mettre devant les yeux l'image affreuse de tes débauches; de peur que tu n'abuses des bontés infinies du Seigneur, & de ses excessives misericordes, pour commettre de nouveaux crimes; *crucifiant derechef le Fils de Dieu, & l'exposant aux opprobres & aux confusions,* sans faire réfléxion à ces paroles qu'ajoûte l'Apôtre saint Paul: *Lors qu'une terre étant souvent abbrevée des eaux de la pluie qui y tombe, produit des herbages propres à ceux qui la cultivent, elle reçoit la bénédiction du Seigneur : mais quand elle ne produit que des ronces & des épines, son maître l'abandonne, la menace de sa malediction, & à la fin il y met le feu.* Heb. 6. 6.

ches jetterent la terreur & la consternation dans Rome.

XXVIII. LETTRE
à Ruſtique.

Ecrite vers l'an 408. *Ruſtique & Artemie ſa femme aïant fait vœu d'un commun conſentement de garder la continence, le violerent par foibleſſe. Artemie touchée de ſa faute, alla viſiter les Lieux Saints, & s'établir dans la Paleſtine pour y faire penitence. Son mari lui avoit promis de la ſuivre; mais comme il differoit de jour en jour, S. Jérôme lui écrivit cette Lettre à la priere d'Artemie & d'Hedibie, pour l'exhorter à s'acquitter de ſa promeſſe, & à faire penitence de ſon peché.*

LA vertueuſe Hedebie, & ma chere fille Artemie vôtre Epouſe, ou plûtôt vôtre ſœur & vôtre compagne, m'ont engagé à vous écrire, quoique je n'aïe pas l'honneur de vous connoître, ni d'être connu de vous. Ce n'eſt qu'à leur ſollicitation que j'ai oſé prendre cette liberté. Artemie peu contente d'aſſurer ſon propre ſalut, ſonge encore à ménager le vôtre, & elle y travaille dans la Terre-ſainte avec le même zele qu'elle faiſoit lors qu'elle demeuroit avec vous. Elle veut en agir à vôtre endroit avec la même affection & le même desintereſſement que S. André & S. Philippe, qui aïant été aſſez heureux pour rencontrer le Sauveur, allerent chercher l'un ſon frere Simon, & l'autre ſon ami Nathanaël, afin que celui-là meritât d'entendre de la bouche de

Joh. 1. 42. JESUS-CHRIST: *Vous êtes Simon fils de Jean,*

vous serez appellé Céphas, c'est à-dire, Pierre: & que celui-ci, qui en nôtre langue veut dire *don de Dieu*, reçût de la même bouche ce bel éloge : *Voici un vrai Israëlite, sans déguisement & sans feinte.* Ibid. ỳ. 47.

 Loth voulut aussi autrefois sauver sa femme & ses filles de l'embrasement de Sodome & de Gomorrhe, & il ne craignit point de passer demi brûlé au travers des flammes qui dévoroient ces villes criminelles, afin d'en tirer son Epouse qui étoit encore engagée dans ses anciens égaremens. Mais cette femme troublée par son desespoir, regarda derriere elle, & laissa à la posterité un monument éternel de son infidelité. Au contraire son mari fut toûjours fidelle, & pour une femme qu'il perdit, il sauva par l'ardeur de sa foi toute la ville de Segor. Après qu'il fut sorti de la vallée de Sodome, qui étoit couverte de tenebres & ensevelie dans une profonde nuit, il gagna le haut des montagnes ; & alors il vit le soleil se lever sur Segor, qui veut dire *petite*, afin qu'une petite ville fut redevable de son salut à la petite foi de Loth qui n'en avoit pas eu assez pour conserver de plus grandes villes. Car un citoïen de Gomorrhe qui jusqu'alors avoit été dans l'erreur, ne pouvoit pas voir sitôt le soleil en plein midi, qui est l'heure qu'Abraham, cet ami du Seigneur, reçut Dieu en la personne des Anges ; que Joseph donna à manger à ses freres en Egypte ; & que l'Epouse des Cantiques demande à son Epoux : *Où prenez-vous vôtre repos, & où faites vous paître vôtre troupeau à midi :* Cant. 1. 6.

 Samuel ne pouvoit autrefois s'empêcher de repandre des larmes sur l'aveuglement de Saül qui ne prenoit aucun soin de guerir par la penitence les playes qu'il s'étoit faites par son orgueil. Saint Paul gemissoit de l'insensibilité des Corinthiens; qui refusoient de se purifier dans leurs larmes des crimes dont ils s'étoient soüillés. Ezechiel devora un livre où l'on avoit écrit dedans & dehors des Cantiques, des plaintes, & des maledictions: les Cantiques étoient pour les justes, les plaintes pour les ames penitentes; & les maledictions pour ceux dont il est écrit: *Lors que l'impie est tombé dans l'abîme du peché, il méprise tout.* C'est de ceux-là que parle Isaïe lors qu'il dit: *Le Dieu des armées les a invitez à avoir recours aux larmes & aux soupirs, à raser leurs cheveux, & à se revêtir de cilices: & au lieu de cela, ils n'ont pensé qu'à se réjoüir & se divertir, à tuer des veaux, à égorger des moutons, & à manger de la chair. Ne pensons,* disoient-ils, *qu'à boire & à manger, puisque nous mourrons demain.* C'est encore à eux que s'adressent les paroles du Propete Ezechiel: *Et toi, fils de l'homme, reproche à la Maison d'Israël d'avoir parlé de la sorte: Nous serons toûjours accablés sous le poids de nos dereglemens & de nos iniquités, & nous secherons dans nos crimes; comment donc pourons-nous être sauvés? Vas leur dire de ma part: Je jure par moi-même, dit le Seigneur; je ne demande point la mort du pecheur, mais seulement qu'il se retire du mauvais chemin.* Et derechef: *Revenez à moi, & quittez les voies d'iniquité par où vous marchez: pourquoi mourrez-vous, Maison d'Israël?*

Rien n'est plus criminel aux yeux de Dieu, que de vouloir perseverer dans le mal, sous

Prov. 18. 3.

Isai. 22. 12.

Ezech. 18.

pretexte qu'on defefpere de pouvoir devenir meilleur. Et même ce defefpoir ne peut venir que d'un manque de foi : car celui qui defefpere de fon falut, croit qu'il n'y aura point de jugement ; s'il étoit perfuadé du contraire, il craindroit de tomber entre les mains de fon Juge, & il fe prépareroit par la pratique des bonnes œuvres à paroître devant lui. Ecoutons ce que dit le Seigneur par la bouche de Jérémie : *Retirez vôtre pié des chemins raboteux,* *Jer.* 2. 25. *& prenez garde que vôtre gorge ne devienne tou-* Sec. LXX. *te féche de foif.* Et dans un autre endroit : *Quand on eſt tombé, ne ſe releve-t-on pas? &* *quand on s'eſt détourné du droit chemin, n'y re-* Ibid. 8. 4. *vient-on plus?* Il dit encore dans Iſaïe : *Si tu* Iſai. 30. 15. *reviens à moi touché de tes égaremens, tu ſeras* Sec. LXX. *ſauvé, & tu connoîtras l'état malheureux où tu* *étois reduit.* Un malade ne juge jamais mieux des douleurs & des incommodités qu'il a fouffertes durant fa maladie, que lors qu'il eſt rétabli en parfaite fanté : le vice fert à relever le prix de la vertu, & les tenebres à rehauſſer l'éclat de la lumiere.

Ezechiel animé du même Eſprit que ces Prophetes, tient auſſi le même langage : *Conver-* Ezech. 18. *tiſſez-vous,* dit-il, *ô Maiſon d'Iſraël, & faites* 30. fec. *penitence de toutes vos iniquités ; & vous ne* LXX. *trouverez plus vôtre ſupplice dans vôtre impieté.* *Ecartez loin de vous toutes ces actions criminel-* *les par leſquelles vous m'avez offenſé, & faites* *vous un cœur nouveau, & un eſprit nouveau.* *Et pourquoi mourrez-vous, Maiſon d'Iſraël?* *car je ne veux point la mort du pecheur,* dit le Seigneur. C'eſt pour cela qu'il ajoûte enſuite : *Je jure par moi-même,* dit le Seigneur ; *je ne*

veux point la mort du pecheur, je veux seulement qu'il se convertisse, qu'il se retire de sa mauvaise voie, & qu'il vive; de peur qu'une ame incredule ne perde l'esperance des biens qui lui sont promis, & que voïant sa perte assurée, elle ne neglige de remedier à des maux qu'elle croit incurables. C'est pourquoi le Seigneur dit: *Je jure par moi-même*; afin que si nous refusons d'ajoûter foi aux promesses d'un Dieu, nous croïons du moins au serment par lequel il s'engage à ménager nôtre salut. Delà vient cette priere qu'un Juste faisoit à Dieu: *Convertissez-nous, ô Dieu nôtre Sauveur, & détournez vôtre colere de dessus nous.* Et derechef: *C'étoit, Seigneur, par un pur effet de vôtre volonté, que vous m'aviez affermi dans l'état florissant où j'étois: mais aussi-tôt que vous avez détourné vôtre visage de moi, je me suis senti tout troublé.* Car dès que j'ai preferé la beauté de la vertu à la laideur du vice, vous avez fortifié ma foiblesse par vôtre grace. Je vous entens dire encore: *Je poursuivrai mes ennemis & les atteindrai, & je ne m'en retournerai point, qu'ils ne soient entierement defaits.* Poursuivez moi donc de peur que je ne vous échape, moi qui vous fuiois auparavant, & qui étois du nombre de vos ennemis. Ne cessez point de courir après moi, jusqu'à-ce qu'abandonnant les voies criminelles par où je marche, je retourne à mon premier Epoux, *qui me donnoit du linge, de l'huile, & de la pure farine, & qui me nourrissoit de viandes tres-delicates.* C'étoit lui qui avoit fermé & bouché ces sentiers dangereux où je m'egarois, afin de m'obliger de revenir à celui qui dit dans l'E-
vangile:

Psal. 84. 4.

Psal. 29. 8.

Psal. 17. 41.

Osée 1. 6.

vangile : *Je suis la voie, la verité, & la vie.* Joh. 14. 6.

Ecoutez ce que dit le Prophete Roi : *Ceux* Pſal. 125. 5. *qui ſement avec larmes, moiſſonneront avec joie; ils alloient & marchoient en pleurant, jettant leur ſemence ſur la terre; mais ils reviendront comblés de joie, & porteront les gerbes qu'ils auront recueillies.* Dites avec ce Prophete : *Je* Pſal. 6. 6. *laverai toutes les nuits mon lit de mes pleurs, & j'arroſerai ma couche de mes larmes.* Et derechef : *Comme le cerf ſoûpire avec ardeur après* Pſal. 41. 1. *les ſources des eaux; ainſi mon ame ſoûpire après vous, ô mon Dieu, qui êtes* [a] *une fontaine d'eau vive. Quand viendrai-je, & quand paroîtrai-je devant la face de Dieu? mes larmes ont été mon pain jour & nuit.* Et dans un autre endroit : *O Dieu, ô mon Dieu; je veille & je ſoûpire* Pſal. 62. 1. *vers vous dès que la lumiere commence à paroître. Mon ame brûle d'une ſoif ardente pour vous : & en combien de manieres ma chair ſe ſent elle auſſi preſſée de cette ardeur? Dans cette terre deſerte où je me trouve, & où il n'y a ni chemin ni eau, je me ſuis preſenté devant vous comme dans vôtre Sanctuaire.* C'eſt-à-dire : Quoique mon ame brûlât d'une ſoif ardente pour vous, cependant appeſanti que j'étois par le poids de ma propre chair, je ne vous ai cherchée qu'avec peine; & je n'ai pû me preſenter à vos yeux dans vôtre Sanctuaire, qu'après avoir établi ma demeure dans une terre d'où le vice eſt banni, où les puiſſances ennemies ne ſçauroient paſſer, & où les eaux ſales & corrompuës de la concupiſcence ne coulent jamais.

---

a On a ſuivi ici les Editions & les manuſcrits qui portent : *Ad te Deum fontem vivum.* Il y a dans nôtre Vulgate : *Ad te Deum fortem vivum :* Mon ame a une ſoif ardente pour le Dieu fort, pour le Dieu vivant.

Le Sauveur pleura aussi sur la ville de Jérusalem, parce qu'elle n'avoit pas fait penitence de ses pechez. Saint Pierre se lava dans l'amertume de ses larmes du crime qu'il avoit commis en reniant trois fois son divin Maître; accomplissant par là ce que dit le Prophete Roi: *Mes yeux ont versé des ruisseaux de larmes.* Jérémie plaignant aussi l'endurcissement d'un peuple qui ne vouloit point faire penitence, disoit: *Qui donnera de l'eau à ma tête, & une fontaine de larmes à mes yeux, pour pleurer ce peuple jour & nuit?* Et voulant faire voir quel étoit le sujet de ses larmes & de ses gemissemens, il ajoûte ensuite: *Ne pleurez point un homme mort, & ne faites point pour lui le deüil ordinaire: mais pleurez avec beaucoup de larmes celui qui sort de cette ville, parce qu'il n'y reviendra plus.* Il ne faut donc point pleurer ni les Gentils ni les Juifs, qui ne sont point membres de l'Eglise, & qui sont morts pour toûjours, selon cette parole du Sauveur: *Laissez aux morts le soin d'ensevelir leurs morts.* Mais on doit pleurer ceux qui sortent du sein de l'Eglise par une vie criminelle & libertine, & qui ne veulent plus y rentrer par la penitence. C'est pourquoi le Prophete s'adressant aux Ecclesiastiques, qui sont les murailles & les tours de l'Eglise: *Versez des larmes,* leur dit-il, *murailles de Sion; Réjoüissez-vous avec ceux qui se rejoüissent, & pleurez avec ceux qui pleurent;* afin d'exciter par vos larmes les pecheurs à rompre la dureté de leur cœur, & à pleurer leurs pechez, de peur qu'en perseverant dans le crime, ils n'entendent ces justes reproches que leur fait le Seigneur: *Pour moi je vous avois plantée*

Psal. 118.

Jerem. 9. 1.

Ibid 22. 10.

Matth. 8. 22.

Rom. 12. 15.

Jer. 2. 21.
Sec. LXX.

comme une vigne propre à porter beaucoup de fruit, & où je n'avois mis que de bon plan : comment donc êtes vous devenuë pour moi semblable à une vigne étrangère, qui ne produit que des fruits amers? *Ils ont dit au bois*, continuë le même Prophete, *Vous êtes mon Pere; & à la pierre; Vous m'avez donné la vie. Ils m'ont tourné le dos, & non le visage.* C'est-à-dire: Ils n'ont pas voulu revenir à moi par la penitence; mais toûjours endurcis dans leurs crimes, ils m'ont tourné le dos avec mépris. De là vient que le Seigneur dit à ce Prophete : *N'avez-vous point vû ce que m'ont fait les habitans d'Israël ? Ils s'en sont allez sur toutes les hautes montagnes, & sous tous les arbres chargés de feüillages, & ils s'y sont abandonnés à de honteux excès : & après avoir commis tant d'abominations, je leur ai dit : Revenez à moi; & ils ne sont point revenus.*

Ibid. ⅴ. 7.

Ibid. 3. 6.

Quelle est la bonté de Dieu de nous inviter après tant de crimes à rentrer dans les voies du salut ! & quelle est la dureté de nôtre cœur de ne vouloir pas revenir à lui, & changer de vie ! *Si une femme*, dit le Seigneur, *quitte son mari pour en épouser un autre, & qu'ensuite elle revienne à lui, la voudra-t-il recevoir, & ne la gardera-t-il pas avec horreur ?* Le Texte Hebreu ajoûte ces paroles qu'on ne trouve ni dans le Grec, ni dans le Latin : *Tu m'as quitté, cependant reviens, & je te recevrai, dit le Seigneur.* Le Prophete Isaïe dit dans le même sens, & presque dans les mêmes termes : *Revenez à moi, Enfans d'Israël, vous qui vous égarez dans de grands & pernicieux desseins. Revenez à moi, & je vous delivrerai. Je suis vôtre Dieu, &*

Ibid. ⅴ. 1.

vous n'en avez point d'autre que moi ; il n'y a que moi de juste, & je suis le seul qui puis vous racheter. Vous qui demeurez aux extremitez de la terre, revenez, & vous serez sauvez. Souvenez-vous de ce que je vous dis ; gemissez & faites penitence, vous qui êtes dans l'erreur : Convertissez-vous du fond du cœur, & rappellez dans vôtre memoire ce qui s'est passé depuis le commencement des siecles ; parce que je suis vôtre Dieu, & qu'il n'y en a point d'autre que moi.

Joël 2. 12. Le Prophete Joël dit aussi : *Revenez à moi de tout vôtre cœur, par vos jeûnes, par vos larmes, & par vos gemissemens. Brisez vos cœurs au lieu de déchirer vos habits ; car Dieu est bon & misericordieux, & il se repent du dessein qu'il avoit de vous châtier.*

Apprenons du Prophete Osée combien sont grandes les misericordes du Seigneur, & jusqu'à quel excès il porte les effets de son infinie

Osée 11. 18. Sec. LXX. bonté. *Que ferai je pour toi, Ephraïm ? comment te protegerai-je, Israël ? Que ferai-je pour toi, dis-je ? Je te traiterai comme j'ai fait* ᵃ *Adama & Seboïm. Mais non, je suis changé à ton égard ; j'ai abandonné le dessein que j'avois de te punir, & je ne suivrai point les mouvemens*

Psal. 6. 5. *de ma colere. Il n'y a personne,* dit David, *qui se souvienne de vous dans la mort ; & qui est celui qui vous loüera dans l'enfer ?* Il dit enco-

Psal. 31. 5. re dans un autre endroit : *Je vous ai fait connoître mon peché, & je ne vous ai point caché mon injustice. J'ai dit : Je parlerai contre moi-même, & je declarerai mon iniquité au Seigneur ; & vous m'avez remis aussi-tôt l'impieté de mon*

---

a C'étoient deux villes de la Pentapole, qui furent consumées par le feu du ciel avec Sodome & Gomorrhe.

cœur. C'est pour cette raison que tout homme saint vous priera dans un tems favorable ; & quelque grand que soit le debordement des eaux, elles ne viendront point jusqu'à lui. Avec quelle abondance doivent couler des larmes que l'on compare à un deluge ? Celui qui pleure de la sorte , & qui peut dire avec Jérémie : *Que la prunelle de mon œil ne cesse point de pleurer ;* celui-là, dis-je, verra accomplir en lui ce que dit le Prophete Roi : *La misericorde & la verité se sont rencontrées ; la justice & la paix se sont donné le baiser :* afin que si la justice & la verité vous ont allarmé, la misericorde & la paix vous engagent à travailler à vôtre salut.

*Thren.*2.18.

Psal. 84. 11.

David nous donne dans le Pseaume cinquantiéme une juste idée de la penitence que doit faire le pecheur. Ce Roi penitent y pleure l'adultere qu'il avoit commis avec Bethsabée femme d'Urie. Le Prophete Nathan lui aïant reproché son crime, il répondit : *J'ai peché*, & aussi-tôt il merita d'entendre ces paroles consolantes : *Le Seigneur vous a aussi remis vôtre peché.* Ce Prince coupable tout à la fois & d'homicide & d'adultere, disoit à Dieu les yeux baignés de larmes : *Aïez pitié de moi, mon Dieu, selon vôtre grande misericorde ; & effacez mon iniquité selon la multitude de vos bontez.* En effet la grandeur de son crime avoit besoin d'une grande misericorde. Aussi ajoûte-t-il ensuite : *Lavez moi de plus en plus de mon iniquité, & purifiez moi de mon peché, parce que je connois mon iniquité, & que j'ai toûjours mon peché devant les yeux. J'ai peché devant vous seul,* puisqu'étant Roi je ne craignois personne ; *& j'ai fait le mal en vôtre*

2. *Reg.* 12. 13.

Psal. 50. 1.

E e iij

préfence : deforte que vous ferez reconnu jufte & veritable dans vos paroles, & que vous demeurerez victorieux lors qu'on jugera de vôtre conduite. Car *Dieu a voulu que tous fuffent envelopés dans le peché, afin d'exercer fa mifericorde envers tous.* David fçût fi bien profiter de fa penitence, que devenu maître de pecheur & de penitent qu'il étoit, il ajoûte : *J'enfeignerai vos voies aux méchans, & les impies fe convertiront à vous.* Comme Dieu *ne voit devant lui que gloire & que fujets de loüanges* ; auffi un pecheur qui confeffe fes crimes, & qui dit avec le Prophete : *Mes playes ont été remplies de corruption & de pourriture, à caufe de mon extréme folie* ; ce pecheur, dis-je, voit fucceder à la deformité de fes playes, la beauté d'une parfaite guerifon. *Celui au contraire qui cache fon iniquité, ne profperera point.*

Achab ce Roi fi impie, fit mourir Naboth afin de s'emparer de fa vigne. Elie lui reprocha fon crime, auffi-bien que Jezabel, qui lui étoit moins unie par les liens du mariage, que par le panchant naturel qu'elle avoit à la cruauté, *Vous avez tué Naboth*, lui dît ce Prophete, *& de plus vous vous êtes emparé de fa vigne. Mais voici ce que dit le Seigneur : En ce même lieu où les chiens ont léché le fang de Naboth, ils lécheront auffi vôtre fang, & mangeront Jezabel devant les murs de Jezraël.* Achab aïant entendu ces paroles, fe couvrit d'un fac, jeûna & dormit avec le cilice. Alors le Seigneur adreffant fa parole à Elie, lui dît : *Puifque Achab a tremblé en ma prefence, je ne ferai point tomber fur lui tant qu'il vivra, les maux dont je l'ai menacé.* Achab & Jezabel étoient

Rom. 11. 32.

Pfal. 25. 6.

Pfal. 37. 5.

Prov. 28.
Sec. LXX.

3 *Reg.* 21.
19.

également coupables: mais Achab aïant fait penitence de son peché, Dieu differa son supplice, & ne le punit que dans ses descendans: au lieu que Jezabel obstinée & endurcie dans son crime, en reçut la punition sur le champ.

Jesus-Christ dit aussi dans l'Evangile: *Les Ninivites s'eleveront au jour du jugement contre ce Peuple, & le condamneront; parce qu'ils ont fait penitence à la predication de Jonas.* Et derechef: *Je suis venu non pas pour appeller les Justes, mais pour appeller les pecheurs à la penitence.* On retrouve dans la bouë la piece de monnoie qu'on avoit perduë. Un Berger laissant nonante & neuf de ses brebis dans la solitude, en va chercher une seule qui s'étoit égarée, & la rapporte sur ses épaules; & les Anges se réjoüissent dans le ciel de la conversion d'un seul pecheur qui fait penitence. Heureuses les ames penitentes qui réjoüissent les Anges, & causent tant de joie dans ce roïaume dont il est dit: *Faites penitence, parce que le roïaume du ciel est proche.* Il n'y a point de milieu entre la vie & la mort; ce sont deux extremités entierement opposées; mais la penitence sçait les unir ensemble. L'enfant prodigue aïant dépensé tout ce qu'il avoit, & se voïant éloigné de la maison paternelle, pouvoit à peine se rassasier des écosses que mangeoient les pourceaux. Il revint donc chez son pere, qui ordonna qu'on tuât le veau gras; qu'on donnât une robbe à son fils, & qu'on lui mît un anneau au doigt. On lui donne la robbe de Jesus-Christ qu'il avoit soüillée, afin qu'on pût lui dire avec le Sage: *Aïez soin que vos vêtemens soient toûjours blancs.* Il re-

Matth. 12. 41.

Luc 6. 32.

Matth. 3. 2.

Eccl. 9.

çoit le sceau & le caractere des Enfans de Dieu, afin qu'il puisse s'écrier: *Mon pere j'ai peché contre le ciel, & contre vous.* Enfin on lui donne un baiser pour marque de sa reconciliation, afin qu'il puisse dire avec le Prophete Roi: *La lumiere de vôtre visage est gravée sur nous, Seigneur.*

Psal. 4. 7.

Si le Juste vient à commettre quelque crime, sa justice ne le mettra point à couvert du châtiment: & si le pecheur se convertit, son iniquité ne lui sera point imputée. Les dispositions presentes où Dieu nous trouve, sont la regle de ses jugemens, & il n'a point égard à ce que nous avons été, mais à ce que nous sommes; pourvû neanmoins que nous aïons renoncé à nos anciens dereglemens pour mener une vie nouvelle. *Le Juste tombera sept fois, & se relevera.* S'il tombe, comment peut-il être juste? S'il est juste, comment peut-il tomber? En voici la raison; c'est qu'on ne perd point le nom de juste, pourvû qu'on ait soin de se relever toûjours par la penitence. Quand bien même on tomberoit dans le peché, *non seulement sept fois, mais septante fois sept fois,* si on se convertissoit par une penitence sincere, on obtiendroit le pardon de ses crimes. *Celui à qui on remet davantage, aime aussi davantage.* Une femme débauchée, qui étoit la figure de l'Eglise des Nations, lavant les piés du Sauveur avec ses larmes, & les essuïant avec ses cheveux, merita d'entendre de sa bouche ces paroles consolantes: *Vos pechés vous sont remis.* Le Pharisien perdit par son orgueil tout le merite de ses bonnes actions; & le Publicain attira la grace du salut par son humi-

Ezech. 18.

Prov. 24. 16.

Luc 7. 43.

lité, & par l'aveu sincere de ses crimes.

Dieu dit par la bouche du Prophete Jérémie : *Quand j'aurai prononcé l'Arrest contre un Peuple ou contre un Roïaume, pour le détruire & pour le perdre sans resource ; si cette nation fait penitence des pechez pour lesquels je l'avois menacée, je me repentirai aussi moi-même du mal que j'avois resolu de lui faire. Quand je me serai aussi declaré en faveur d'une Nation ou d'un Roïaume, pour l'établir & pour l'affermir ; si ce Roïaume ou cette Nation peche devant mes yeux, & si elle n'écoute point ma voix, je me repentirai aussi du bien que j'avois resolu de lui faire.* Il ajoûte incontinent après : *Je vous prepare plusieurs maux, je forme contre vous des pensées & des resolutions. Que chacun change de vie, faites que vos voies soient droites, & vos œuvres justes. Et ils m'ont répondu : Nous avons perdu toute esperance ; nous nous laisserons aller à l'égarement de nos pensées, & chacun de nous se livrera à la malignité & à la corruption de son cœur.* Le juste Simeon dit dans son Evangile : *Cet Enfant que vous voiez est pour la ruine & pour la resurrection de plusieurs* ; c'est-à-dire, pour la ruine des pecheurs, & pour la resurrection de ceux qui font penitence. L'Apôtre saint Paul écrivant aux Corinthiens : *Il court un bruit*, leur dît-il, *qu'il y a de l'impureté parmi vous, & une impureté telle, qu'on n'entend point dire qu'il s'en commette de semblable parmi les païens mêmes ; savoir qu'un d'entre vous abuse de la femme de son propre pere. Et après cela vous êtes encore enflez d'orgueil, au lieu que vous auriez dû être dans les pleurs, pour retrancher du milieu*

Jerem. 18. 7.

Luc 2. 34.

1. *Cor.* 5. 1.

de vous celui qui a commis une action si honteuse. Mais de crainte que ce pecheur accablé par un excès de tristesse, ne se perdit sans ressource, le même Apôtre dans sa seconde Epître tâche de le ramener à son devoir par la douceur, & prie les fidelles de Corinthe de lui donner des marques de leur charité, afin de rétablir par la penitence celui qui s'étoit perdu par son crime.

Job. 14. 4. Sec. LXX. *Il n'y a point d'homme qui soit exemt de peché, quand bien même il ne vivroit qu'un seul jour: car ses années sont comptées. Les astres mêmes ne sont pas purs aux yeux de Dieu,* *Ibid. 4. 18. Sec. LXX.* *& il pense mal de ses Anges.* Si le peché trouve place dans le ciel, combien doit-il s'étendre sur la terre? Si des creatures qui ne sont point assujetties aux mouvemens du corps, ni aux impressions des sens, ont neanmoins paru coupables aux yeux de Dieu; combien le devons nous être, nous qui sommes environnés d'une chair foible & fragile, & qui disons avec l'Apôtre: *Rom. 7. 24. Malheureux que je suis! qui me delivrera de ce corps de mort? Car il n'y a rien de bon en nôtre chair, & nous ne faisons pas ce que nous voulons; nous faisons au contraire ce que nous ne voulons pas;* la chair étant comme forcée de s'opposer aux desirs & aux inclinations de l'esprit. Au reste si l'Ecriture donne à quelques personnes le nom de Justes, & de justes aux yeux de Dieu; le mot de *Justice* doit se prendre dans le sens que je lui ai donné en expliquant ces paroles du Sage. [a] *Le Juste tom-*

---

[a] Les Editions portent; Septies in die cadit *Justus*; *Le Juste tombe sept fois le jour.* Mais ces paroles *in die*, ne sont point dans les manuscrits. Aussi ne se trouvent-elles, ni dans aucun texte original, ni dans aucune version de l'Ecriture sainte.

be & se releve sept fois; & celles-ci du Prophete Ezechiel : *Dès que le pecheur se convertira, son iniquité ne lui sera point imputée.* En effet nous voïons que l'Evangile donne le nom de Juste à Zacharie pere de saint Jean, quoi qu'il se soit rendu coupable devant Dieu par son peu de foi, & qu'il ait perdu l'usage de la parole en punition de son incredulité. Job dès le commencement du livre qui porte son nom, est appellé Juste, Innocent, Pacifique; mais dans la suite Dieu lui reproche ses pechés, & Job les confesse lui-même. Si Abraham, Isaac & Jacob ont été sujets au peché; si les Prophetes & les Apôtres n'en ont pas été exemts; si l'on a trouvé de la paille parmi le plus pur froment; que doit-on attendre de nous, de qui il est écrit : *Quelle comparaison y a-t-il entre la paille & le blé, dit le Seigneur?* Cependant la paille est destinée au feu. L'yvraïe est mêlée durant cette vie avec le bon grain; mais celui qui porte le van entre ses mains, viendra nettoïer son aire, & serrant le blé dans son grenier, il jettera les ballicures au feu. Jer. 23. 28.

Matth. 3. 12.

Je viens de parcourir toute l'Ecriture sainte comme une agreable prairie, & j'y ai ramassé tout ce que je vous ai dit, comme autant de belles fleurs dont j'ai voulu faire une couronne de penitence. Mettez-là sur vôtre tête, cette couronne; & prenant l'essort avec les aîles de la colombe, allez chercher le lieu de vôtre repos, & vous reconcilier avec Dieu, qui est le meilleur & le plus indulgent de tous les peres. Celle qui autrefois étoit vôtre Epouse, & qui maintenant est vôtre sœur & vôtre compagne, m'a apris que suivant le precepte de l'Apôtre, vous aviez fait vœu d'un commun consentement de vivre ensemble dans la continence, afin de vous appliquer à la priere; mais elle m'a dit en même-tems que vous n'aviez pas été ferme dans vôtre resolution, ou plûtôt, pour vous parler nettement, que vous étiez tombé tout-à-fait. Que pour Elle, le Seigneur lui avoit dit comme à Moïse: *Pour vous, demeurez ici avec moi*; & qu'Elle avoit dit au Seigneur avec le Prophete Roi: *Il a affermi mes piés sur la pierre.* Elle m'a dit encore que vôtre maison, qui n'étoit pas établie sur le fondement solide de la foi, avoit été renversée par les tempêtes que le démon avoit excitées; mais que le Seigneur avoit affermi la sienne, & qu'Elle vouloit bien vous y recevoir, afin qu'aïant été autrefois unis selon la chair, vous puissiez maintenant vous unir ensemble selon l'esprit; car *celui qui demeure attaché au Seigneur, devient un même esprit avec lui.* Elle m'a ajoûté que lors que vous fûtes obligés de vous separer l'un de l'autre pour vous dérober à la fureur des Barbares, & au danger où vous étiez de tomber dans l'esclavage; vous lui promîtes avec serment de le suivre bien-tôt dans la Terre-sainte, afin d'y travailler à vôtre salut, dont il sembloit que vous aviez entierement abandonné le soin.

Aquitez-vous donc d'une promesse que vous avez faite en presence de Dieu. Comme la vie de l'homme est incertaine, craignez qu'une mort precipitée ne vous enleve, avant que d'avoir degagé vôtre parole. Imitez celle que vous auriez dû instruire vous-même. Quelle honte

Deut. 5. 31.

Psal. 39. 3.

1. *Cor.* 6. 17.

pour vous, de voir qu'un sexe qui n'a que la foiblesse en partage, triomphe de tous les attraits du siecle, tandis que le vôtre qui se pique de fermeté & de courage, se rend esclave de ses vanités. Quoi ? vous voïez une femme à la tête d'une si belle & si glorieuse entreprise, & vous refusez de suivre celle dont la conversion est déja un gage assuré de vôtre foi ? Que si les debris de vôtre maison vous arrêtent encore ; si vous voulez être témoin de la mort de vos amis & de vos citoïens ; si vous voulez voir la ruine & la desolation de la campagne : servez-vous du moins de la penitence comme d'une planche pour vous sauver du naufrage de vôtre province, & pour vous mettre à couvert de la cruauté des Barbares, & des malheurs de la captivité. Souvenez-vous d'une Epouse qui demande vôtre salut à Dieu par des gemissemens continuels, & qui ne desespere pas de l'obtenir. Tandis que vous êtes errant & vagabond dans vôtre païs, ou plûtôt dans un païs étranger, puisque les Barbares s'en sont rendus maîtres ; vôtre Epouse qui desire vous sauver par sa foi, si vous ne pouvez pas le faire par vos propres merites, se souvient de vous, & tâche de vous attirer par ses prieres, en ces Lieux que Jesus-Christ a rendus respectables à toute la terre, par sa naissance, par sa mort & par sa resurrection. Le Paralytique de l'Evangile étoit couché sur son lit, si perclus de tous ses membres, qu'il ne pouvoit remuer ni les piés pour marcher, ni les mains pour prier : mais d'autres le présenterent à Jesus-Christ qui lui rendit la santé ; & alors il reporta lui-même le lit sur lequel on l'avoit apporté. C'est ainsi que vôtre chere Epouse qui vous voit des yeux de la foi, tout absent que vous êtes ; vous presente un Sauveur, en lui disant avec la femme Chananéenne : *Ma fille est miserablement tourmentée par le démon.* Car comme les ames ne sont d'aucun sexe, je crois qu'on peut appeller vôtre ame la fille de la sienne, puisque vous regardant comme un enfant incapable de digerer une viande solide, elle vous invite à venir succer le lait qui est la nourriture des enfans ; afin que vous puissiez dire avec le Prophete Roi : *J'ai été errant & vagabond comme une brebis égarée ; cherchez vôtre serviteur, puisque je n'ai point oublié vos commandemens.*

Matth. 15. 22.

Psal. 118.

XXIX. LETTRE
à Innocent.

Saint Jérôme rapporte ici une histoire arrivée de *Ecrite vers*
son tems à Verceil, ville de Ligurie. Une fem- *l'an 369.*
me fut accusée faussement par son mari d'a-
voir commis un adultere avec un jeune hom-
me. Comme ils nioient le crime dont on les ac-
cusoit, on les appliqua l'un & l'autre à la
question. Le jeune homme ne pouvant suppor-
ter la violence des tourmens, avoüa ce qu'il
n'avoit pas fait: mais la femme jalouse de sa
gloire, & sûre de son innocence, demeura toû-
jours ferme parmi les plus cruels supplices.
Enfin le Juge les condamna l'un & l'autre à
avoir la tête tranchée. On la coupa au jeune
homme du premier coup; mais on frapa la
femme jusqu'à sept fois sans pouvoir la faire
mourir. Cette histoire que saint Jérôme décrit
avec beaucoup d'éloquence, nous fait voir que
Dieu est le protecteur de l'innocence opprimée,
& que les Juges doivent craindre de confon-
dre les innocens avec les coupables.

Vous m'avez prié plusieurs fois, mon cher ami [a] Innocent, d'écrire l'histoire du miracle qui est arrivé de nos jours. Je m'en suis toûjours défendu par modestie; & je sens même aujourd'hui que je vous parlois alors tres

[a] Innocent à qui S. Jérôme adresse cette Lettre, est un de ceux qui l'accompagnerent dans le desert de Syrie. Il y mourut dès la seconde année de sa retraite, comme S. Jérôme le témoigne dans sa Lettre à Ruffin: *Innocent qui étoit une portion de moi-même m'a été enlevé tout à coup par une fievre violente.*

sincerement ; ne me croïant pas capable d'exécuter ce que vous souhaitiez de moi, soit parce que l'esprit de l'homme est trop foible & trop borné pour loüer les œuvres de Dieu; soit parce que je m'étois, pour ainsi dire, ª laissé enroüiller dans une longue oisiveté, & que j'avois perdu le peu de facilité de m'exprimer que j'avois euë autrefois. Vous me représentiez au contraire que dans les choses de Dieu, on ne doit point envisager la grandeur de l'entreprise ; qu'on ne doit consulter que son courage & son zele, & qu'on ne peut jamais manquer de paroles, quand on croit à celui qui est la parole de Dieu. Que ferai-je donc ? Je n'ose vous refuser une chose que je sens bien être au dessus de mes forces. On veut que je gouverne un gros vaisseau sur une mer agitée de tempêtes, moi qui suis sans experience, & qui n'ai pas encore essaïé à conduire seulement une petite barque sur un lac. Déja la terre disparoît à mes yeux ; de quelque côté que je me tourne, je ne vois plus que le ciel & la mer ; une nuit affreuse & d'épaises tenebres se repandent sur la face des eaux, & les flots irrités sont tout blancs d'écume. Cependant vous m'exhortez à déploïer les voiles, à étendre les cordages, à prendre le gouvernail. Je vais donc vous obéïr, & comme la charité ne trouve rien d'impossible, j'espere avec l'assistance du

a S. Jérôme n'avoit pû contracter cette roüille, pour me servir de ses termes, que durant le voïage qu'il fit dans les Gaules, immediatement après ses études. Car lors qu'il écrivit cette Lettre, il étoit encore fort jeune, & il ne faisoit que sortir de Rethorique, dont il seme ici les fleurs à pleines mains. Il venoit de faire son voïage des Gaules, & il étoit de retour à Rome, où il se préparoit à se retirer dans la Palestine ; ce qu'il fit vers l'an 371.

Saint-

Saint-Esprit, avoir dequoi me consoler, quelque succès qu'ait mon voïage. Si j'arrive heureusement au port, je passerai pour bon pilote ; & si je m'embarasse dans des détours difficiles d'où je ne puisse me dégager, vous pourrez peut-être me reprocher mon incapacité & mon peu de politesse ; mais vous ne pourrez pas vous plaindre de mon obéïssance, ni de mon zele à vous servir.

Verceil est une ville de la Ligurie, située presque au pié des Alpes. Elle étoit autrefois fort considerable, mais aujourd'hui elle est à demi ruinée, & presque deserte. L'Intendant de la Province y étant allé faire la visite selon la coûtume, fit mettre en prison un jeune homme & une femme que son mari avoit accusez d'adultere. Quelque tems après il fit appliquer le jeune homme à la question. On lui déchira tout le corps avec des ongles de fer, afin de lui arracher la vérité par la violence des tourmens. Une courte mort lui paroissant préferable à de longs supplices ; il accuse la femme en se trahissant lui même. Ce malheureux qui étoit seul à plaindre, fut donc condamné à perdre la tête. Cette punition lui étoit dûë avec justice, puisque par son mensonge il ôtoit à la femme faussement accusée, la seule resource qui restoit à son innocence.

On étendit celle-ci sur le chevalet, & on lui lia derriere le dos des mains que la puanteur d'un horrible cachot avoit déja toutes gâtées. Mais elle s'éleva par son courage au dessus des foiblesses de son sexe, & levant au ciel des yeux baignés de larmes, & qui de tous les membres de son corps, étoient les seuls que le

boureau n'avoit pû charger de chaînes: Vous
ſçavez, diſoit-elle, mon Seigneur Jeſus, vous
à qui rien n'eſt caché, & qui ſondez les reins
& les cœurs; vous ſçavez que ce n'eſt point
l'appréhenſion de la mort qui m'oblige à nier
le crime dont je ſuis accuſée, mais que c'eſt
la ſeule crainte du peché qui m'empêche de
mentir. Et toi, malheureux, diſoit-elle, au
jeune homme: ſi la mort à tant d'attraits pour
toi, pourquoi veux-tu faire mourir tout à la
fois deux perſonnes innocentes? Pour moi je
ſouhaite auſſi de mourir, & je ne crains point
de perdre une vie qui m'eſt devenuë ennuieuſe:
mais je ne veux point en ſortir tachée d'un
crime infame que je n'ai point commis. Je pré-
ſenterai ma tête au boureau, & je recevrai ſans
crainte le coup de la mort: mais je mourrai
avec innocence: & ce n'eſt pas mourir, que de
mourir pour vivre.

L'Intendant, ſemblable à une bête toûjours
alterée du ſang dont elle a une fois goûté, ſe
repaît de ce cruel ſpectacle. Il commande qu'on
redouble les tourmens, & grinçant les dents
de rage, il menace le boureau des mêmes ſupplices, s'il ne fait avoüer à une femme, ce
qu'un homme n'avoit pas eu la force de nier.
Secourez-moi, mon Seigneur Jeſus, s'écrioit
cette femme innocente, on a bien inventé d'autres ſupplices pour vous. Le boureau donc l'attache à un poteau par les cheveux, l'étend &
la lie plus fortement ſur le chevalet, lui brûle les piés, lui déchire le ſein, lui perce les
côtés: mais toutes ces tortures ne ſont point
capables de l'ébranler. Elevée par la grandeur
& la fermeté de ſon ame au deſſus des ſenti-

mens du corps, & joüissant des consolations interieures que donne une conscience pure & innocente; elle paroît insensible au milieu des plus cruels supplices. Le Juge se sentant vaincu, s'emporte de colere; & la femme toûjours tranquille fait sa priere à Dieu: On lui brise tout le corps, & elle leve les yeux au ciel. Le jeune homme veut la rendre complice d'un crime qu'il n'a point commis; elle le nie pour lui, & s'expose elle-même au péril pour l'en degager. Coupez-moi, disoit-elle, brûlez-moi, dechirez-moi; je suis innocente du crime dont on m'accuse. Si on n'ajoûte pas foi à mes paroles, j'ai mon Juge, & un jour viendra où la verité sera connuë.

Enfin le boureau las de la tourmenter, gemissoit lui-même de la voir souffrir; il ne pouvoit plus trouver sur elle de place pour y faire de nouvelles playes, & la cruauté vaincuë ne pouvoit sans horreur regarder un corps qu'elle venoit de mettre en pieces. Alors l'Intendant transporté de colere, dit à ceux qui étoient presens à ce spectacle: Pourquoi vous étonner, Messieurs, que cette femme aime mieux souffrir la rigueur des tourmens, que de se voir condamner à la mort? Une personne ne peut pas commettre un adultere sans avoir un complice; & il est bien plus naturel à un coupable de nier un crime, qu'à un innocent de le confesser. Le Juge donc prononce contre eux une même sentence, & le boureau les mene au lieu du supplice. Tout le peuple accourt à ce spectacle; on diroit que les Citoïens abandonnent leur ville pour aller s'établir ailleurs, & la foule est si grande, qu'à peine peuvent-ils passer par les portes. D'abord le boureau fait sauter la tête au jeune homme du premier coup, & le laisse nageant dans son sang. Il vient ensuite à la femme, la fait mettre à genoux, & tirant son épée, il lui en décharge un coup de toute sa force. Mais à peine l'eut-il touchée, que son épée s'arrêta, & ne fit qu'effleurer la peau d'où il sortit un peu de sang. L'exécuteur étonné de sa foiblesse, & honteux d'avoir manqué son coup, en redouble un second ; mais il ne fut pas plus heureux que le premier ; & comme si l'épée n'eût osé la toucher, & elle s'amollit & s'émousse sur son coû sans lui faire de mal. Alors le boureau étant tout hors d'haleine, & entrant en fureur, jette sa casaque en arriere, & ramassant toutes ses forces pour décharger encore un coup, il fait sauter, sans s'en appercevoir, l'agrafe de sa casaque : Voici une agrafe d'or, lui dit cette femme, que vous avez laissé tomber ; ramassez-là, de peur de perdre ce que vous n'avez gagné qu'avec bien de la peine. Quelle intrepidité ! Elle reçoit avec joie des coups qui font pâlir son propre boureau. Elle a des yeux pour voir une agrafe, & elle n'en a point pour voir l'épée qui doit lui donner le coup de la mort ; & comme si c'étoit peu pour elle de ne pas craindre de perdre la vie, elle rend encore un bon office à celui qui veut la lui ravir. Elle reçut donc un troisiéme coup sans en être endommagée ; preuve sensible qu'Elle étoit sous la protection de la Sainte Trinité. L'Exécuteur effraïé, & ne se fiant plus au tranchant de son épée, voulut là lui enfoncer dans la gorge : mais par un prodige étonnant & inoüi jusqu'alors, l'épée se replia vers le pommeau, comme si elle eût voulu regarder fon maître, & lui avoüer fon impuiſſance & ſa défaite.

Souvenons-nous ici des trois Enfans Hebreux, qui au lieu de pleurer, chanterent des hymnes au Seigneur parmi des flammes qui aïant perdu leur vivacité naturelle, ſe joüoient, pour ainſi dire, autour de leurs habits & de leurs cheveux ſans les endommager. Rappellons l'hiſtoire de Daniel que les lions intimidés careſſerent avec leur queuë, n'oſant pas toucher à ce ſaint homme qu'on leur avoit donné en proye. Remettons-nous devant les yeux la conſtance & la foi d'une Suſanne, qui aïant été injuſtement condamnée à mort, fut ſauvée par un jeune homme rempli du Saint-Eſprit. Le Seigneur prit également les intérêts de ces deux femmes innocentes. Suſanne fut ſauvée par ſon propre Juge; & celle dont nous parlons, aïant été condamnée à mort par le Juge, en fut delivrée par l'épée de ſon propre bourcau.

Enfin tout le peuple prend le parti de cette femme innocente, & s'arme pour ſa défenſe. Tous ceux qui étoient preſens, ſans exception ni d'âge ni de ſexe, ſe mettant au tour du boureau, l'obligent par leurs cris à prendre la fuite. Chacun à peine à croire ce qu'il voit. Cette nouvelle met toute la ville en émotion, & tous les Huiſſiers étant venus au lieu du ſupplice, un d'entre eux qui étoit obligé par ſa charge à faire exécuter les criminels, s'avance, & ſe couvrant la tête de pouſſiere: Meſſieurs, dit-il, aux aſſiſtans, ſi vous avez compaſſion de cette femme, & ſi vous voulez lui pardonner son crime, & l'arracher à son supplice; il faut que je perisse & que je meure à sa place. Mais est-il juste qu'on me fasse perir, moi qui ne suis coupable d'aucun crime? Tous les assistans touchés de ses larmes, & demeurant immobiles, changerent tout à coup de sentiment, & crurent qu'ils devoient par charité abandonner celle qu'ils avoient voulu un peu auparavant sauver par charité. On fait donc venir un autre boureau, avec une nouvelle épée, on lui présente cette innocente victime, qui n'avoit pour elle que JESUS-CHRIST; du premier coup il l'ébranle, du second il l'étourdit, du troisiéme il la blesse & l'abbat à ses piés. Quel prodige! Cette femme qui avoit déja reçû jusqu'à quatre coups sans en être endommagée, tombe comme morte peu de tems aprés, de peur qu'un innocent ne périsse pour elle. Les Ecclesiastiques qui avoient soin d'enterrer les morts, ensevelissent ce corps tout ensanglanté, font une fosse, & se préparent à le porter en terre selon la coûtume. Le soleil aïant, pour ainsi dire, précipité sa course, & la nuit, par une providence particuliere de Dieu, étant survenuë plûtôt qu'à l'ordinaire, on s'apperçut que le cœur de cette femme battoit encore. En effet, elle commence à ouvrir les yeux, elle revient en vie, elle respire, elle voit, elle parle, elle se leve, & a la force de dire: *Le Seigneur est mon aide, je ne craindrai point ce que l'homme me pourra faire.*

Psal. 117. 6.

Dans ce tems-là une vieille femme, qui subsistoit des aumones de l'Eglise, vint à mourir, & comme si Dieu avoit marqué exprès le moment de sa mort, on mit son corps dans le tombeau qu'on avoit préparé pour l'autre. Dès la pointe du jour un Huissier possedé de l'esprit du démon, vient chercher le corps de cette innocente, & demande à voir sa fosse, persuadé qu'elle est encore en vie, parce qu'il ne peut comprendre qu'elle ait pû mourir. Les Ecclesiastiques lui montrent la terre qu'on vient de jetter sur son corps, & qui est encore toute fraîche, en lui disant : Deterrez des os déja ensevelis, declarez une nouvelle guerre à ce tombeau, mettez ce cadavre en pieces, & donnez-le en proye aux oiseaux & aux bêtes ; portez vôtre cruauté au delà du trépas, contre une innocente qui a été frapée jusqu'à sept fois. L'Huissier s'étant retiré couvert de confusion, on porta cette femme dans une maison, où on lui donna secretement tous les secours dont elle avoit besoin. Mais de peur que des frequentes visites du Medecin ne fissent naître quelque soupçon, on la rasa, & on l'envoïa avec quelques Vierges dans une métairie fort écartée, où elle demeura en habit d'homme, jusqu'à-ce qu'elle fût entierement guerie de sa blessure. On a bien raison de dire qu'une justice trop exacte est souvent une grande injustice ; puisqu'après tant de miracles que le ciel a faits en faveur de cette femme innocente, on veut encore la soumettre à la rigueur des loix.

La suite de cette histoire m'engage naturellement à vous parler içi de nôtre cher ami [a] Evagre. Je n'ose me flater de pouvoir raconter tout

---

[a] Cet Evagre est celui dont S. Jérôme parle dans ses Lettres à Chromace & à Rufin. Il étoit Prêtre d'Antioche. Il vint en Occident avec S. Eusebe de Verceil en 362. & il retourna en Orient avec S. Jérôme, qu'il quitta à Antioche, dont il fut fait Evêque à la place de Paulin en 389.

ce que son zele lui a fait entreprendre pour les interêts de JESUS-CHRIST: mais d'ailleurs la joie que je ressens ne me permet pas de garder le silence. En effet qui pourroit exprimer comment toûjours attentif aux démarches ᵇ d'Auxence, il a ruiné les pernicieux desseins de ce tyran qui opprimoit l'Eglise de Milan? Qui pourroit dire comment ᶜ l'Evêque de Rome delivré par ses soins des piéges que le parti schismatique lui avoit tendus, & où il étoit prêt de tomber, a triomphé de ses ennemis, & pardonné aux vaincus? Mais le tems ne me permet pas d'écrire cette histoire, j'en laisse le soin à d'autres, & je me contente pour finir celle que j'ai commencée, de dire qu'Evagre alla trouver exprés ᵈ l'Empereur, & qu'il sçut si bien le fléchir par ses prieres, le toucher par son zele, le gagner par son merite, que ce Prince lui accorda la grace de celle à qui le ciel avoit conservé la vie.

ᵇ Auxence Evêque Arien avoit surpris la plûpart des Evêques de l'Illirie en leur faisant recevoir comme orthodoxes les confessions de foi faites par les Ariens dans Nicée de Thrace, & dans Rimini. Mais le Pape Damase le condamna & déposa dans un Concile de 90. Evêques tant des Gaules que de l'Italie tenuë à Rome l'an 369. S. Jérôme loüe ici Evagre d'avoir beaucoup contribué à cette condamnation.

ᶜ S. Jérôme loüe encore ici Evagre d'avoir soutenu le parti du Pape Damase contre l'Antipape Ursicin.

ᵈ Valentinien premier.

XXX. LETTRE
à Abigaüs.

Saint Jérôme écrivit cette Lettre à un Espagnol nommé Abigaüs qui avoit perdu la vûë. Après s'être justifié des reproches qu'Abigaüs lui avoit fait de n'avoir pas répondu à ses Lettres, il loüe sa pieté, & lui recommande Theodore veuve de Lucinius.

Ecrite vers l'an 408. ou 409.

QUoique je me sente coupable de plusieurs pechez, & que prosterné aux piés de Dieu, je lui dise tous les jours dans mes prieres : *Ne vous souvenez point des fautes de ma jeunesse, ni de celles que j'ai commises par ignorance*; cependant comme j'ai appris de saint Paul, Que *celui qui s'enfle d'orgueil tombe dans la même condamnation que le démon*; & de saint Pierre; Que *Dieu resiste aux superbes, & donne la grace aux humbles*, il n'y a rien que j'aie évité avec tant de soin que l'orgueil, & ces airs de fierté qui nous rendent odieux au Seigneur. Car je sçai que mon Maître, mon Seigneur & mon Dieu a dit dans le tems de ses humiliations : *Apprenez de moi que je suis doux & humble de cœur*; & par la bouche du Roi Prophete; *Seigneur, souvenez-vous de David, de l'extreme douceur avec laquelle il a souffert la persecution des hommes*. Je sçai qu'il est encore écrit ailleurs : *Le cœur de l'homme s'humilie avant que d'être élevé, & il s'eleve avant que de tomber*. Ne croïez donc pas, je vous

Psal. 24. 7.

1. Tim. 3. 6.

1. Pet. 5. 5.

Prov. 18. 12.

prie, que j'aïe negligé de répondre à vos lettres, & ne me rendez pas responsable de l'infidelité ou de la negligence de ceux qui ne me les ont pas renduës. Pourquoi ne répondrois-je pas à vos honnêtetés & à vôtre amitié, moi qui ai coûtume de rechercher celle de tous les gens de bien, & qui n'épargne rien pour m'en faire aimer? persuadé que je suis de ce que dit le Sage: *Il vaut mieux être deux ensemble, que d'être seul; car si l'un tombe, l'autre le soutient. Un triple cordon se rompt difficilement. Et le frere qui aide son frere sera élevé.* N'apprehendez donc point de m'écrire, faites-le même le plus souvent que vous pourrez, afin de me dédommager de vôtre absence par vos lettres.

N'aïez point de regret d'avoir perdu un avantage que possedent les fourmis, les mouches & les serpens, je veux dire les yeux du corps: réjoüissez-vous au contraire d'avoir cet œil dont il est dit dans les Cantiques: *Ma sœur, mon Epouse vous m'avez blessé avec un de vos yeux*; cet œil avec lequel on voit Dieu, & dont Moïse vouloit parler lors qu'il disoit: *Il faut que j'aille reconnoître quelle est cette merveille que je voi.* Nous lisons même que [a] quelques Philosophes se sont arraché les yeux, afin que leur esprit dégagé de tous les objets sensibles, pût former des idées plus pures & plus nettes. Delà cette parole d'un Prophete: *La mort est entrée par nos fenêtres.* De là ce que dit JESUS-CHRIST à ses Apôtres: *Quiconque regardera une femme avec un mauvais desir pour elle, a déja commis l'adultere dans son cœur.* De là ce qu'il dit encore ailleurs:

Eccl. 4. 9.

Exod. 3. 3.

Jer. 9. 21.
Matth. 5. 28.

[a] C'est ce que Ciceron lib. 5. de fin, dit de Démocrite.

Levez les yeux & considerez les campagnes qui Joh. 4. 35.
sont déja blanches & prêtes à moissonner.

Vous me priez de vous aider par mes conseils à vous affranchir de la servitude de [a] Nabuchodonosor, de Rapsacès, de Nabuzardan, & d'Holofernes. Si vous étiez encore leur esclave, vous n'auriez pas recours à moi. En recherchant l'amitié d'un homme que vous croïez être serviteur de JESUS-CHRIST, vous faites assez connoître que vous avez rompu leurs chaînes ; qu'à l'exemple de Zorobabel, d'Esdras, de Nehemias, & du Grand Prêtre Jesus fils de Josedech, vous avez commencé à relever les ruines de Jérusalem ; & que *vous* Agg. 1. 6. *ne mettez pas vôtre argent dans un sac percé*, mais que vous travaillez à vous amasser un tresor dans le ciel.

Quoique ma chere fille Theodore, veuve de Lucinius d'heureuse memoire, n'ait pas besoin de recommandation ; je vous prie neanmoins de la soûtenir dans le nouveau genre de vie qu'elle a embrassé, afin qu'elle puisse arriver à la Terre-Sainte malgré les peines & les fatigues qu'il y a à essuïer dans le desert. Faites lui comprendre que pour être parfaitement vertueux, il ne suffit pas d'être sorti de l'Egypte, mais qu'il faut aller à travers une foule d'ennemis jusqu'à la montagne de [b] Nebo & au fleuve du Jourdain ; qu'il faut recevoir en Galgala une seconde circoncision, & voir égorger [c] Adonizedech ; qu'il faut voir tomber au bruit

---

a C'est-à-dire, de la servitude des passions, qui nous sont representées par ces ennemis du peuple de Dieu.
b Moïse mourut sur cette montagne. Elle est dans le païs des Moabites au dessus du Jourdain, & vis-à-vis de Jéricho.
c Il étoit Roi de Jérusalem. Josué le fit mourir avec cinq

des trompettes les murailles de Haï, d'Azor, & de Jericho. Nos Freres qui demeurent ici avec moi vous saluënt; je vous prie aussi de saluer de ma part tous ceux qui me font la grace de m'aimer.

autres Rois qu'il avoit vaincus. Quelques manuscrits portent, *Adonibesec*; mais celui-ci ne fut défait qu'après la mort de Jo- | sué, & on se contenta de lui couper les doigts des piés & des mains sans le faire mourir. C'est donc une faute de Copiste.

LETTRE XXXI.

à Castruce.

Ecrite vers l'an 392.   *Saint Jérôme écrivit aussi cette Lettre à Castruce, qui étoit de son païs, pour le consoler de la perte de la vûë. Il lui fait voir par plusieurs passages de l'Ecriture, que les afflictions ne sont pas toûjours une peine du peché.*

LE Diacre Heracle, qui est mon fils en JESUS-CHRIST, m'a mandé que vous étiez venu jusqu'à Cissa, dans le dessein de me venir voir; que quoique né dans la Pannonie & au milieu des terres, vous n'aviez point appréhendé de vous exposer aux tempêtes & aux dangers de la mer; & que vous auriez exécuté vôtre dessein, si nos Freres, qui vous aiment tendrement ne vous avoient pas contraint de l'abandonner. Je ne laisse pas de vous en tenir compte. C'est l'affection & non pas les effets qu'on doit chercher dans les amis : ceux-ci se trouvent quelquefois dans les plus grands ennemis, mais celle-là ne peut venir que d'un bon cœur & d'un fond d'amitié.

Au reste ne croïez pas que vôtre disgrace soit une peine du péché. C'est ainsi qu'en jugerent les Apôtres, lorsque voïant un homme qui étoit aveuglé dès sa naissance, ils demanderent à Jesus-Christ : *Est-ce le peché de cet homme,* *Joh. 9. 2.* *ou celui de son pere & de sa mere, qui est cause qu'il est né aveugle?* Mais le Sauveur leur répondit : *Ce n'est point qu'il ait peché, ni son pere ou sa mere, mais c'est afin que les œuvres & la puissance de Dieu éclatent en lui.* En effet combien voïons-nous de païens, de Juifs, & d'heretiques, de gens de toutes sortes de religions, qui se plongent dans de honteuses débauches, qui trempent leurs mains dans le sang de leurs freres, qui sont plus cruels que les loups, & plus carnaciers que les milans ; & qui neanmoins sont à couvert des fleaux de la divine justice, & n'ont point de part aux calamités publiques ; prenant sujet de là de s'élever contre Dieu, & de blasphemer contre le ciel ? Combien au contraire voïons-nous de Saints affligés de maladies, accablés de miseres, reduits à la derniere indigence, & qui disent peut-être : *C'est donc en vain que j'ai travaillé* *Psal. 72. 13.* *à purifier mon cœur, & que j'ai lavé mes mains dans la compagnie des Innocens?* mais qui rentrant en eux-mêmes, ajoûtent aussi-tôt : *Je ne puis avoir ces sentimens-là, Seigneur, sans condamner la sainte société de vos Enfans.*

Si vous croïez que la perte de la vûë, & les autres maladies qui occupent si souvent les Medecins, sont une punition du peché & un effet de la colere de Dieu ; il faut donc que vous condamniez Isaac, qui voïoit si peu, que prenant le change, il donna sa benediction à celui *Gen. 27. 28.*

Ibid. 48.15. qu'il ne vouloir pas benir. Il faut que vous attribuïez au peché l'aveuglement de Jacob, qui ne pût distinguer Ephraïm d'avec Manassés, quoique d'ailleurs par une lumiere interieure & un esprit prophetique il perçât jusques dans l'avenir, & prévît que le Messie devoit naître de la famille roïale de Juda. Fut-il un Roi plus Saint que Josias ? il perit dans la bataille qu'il donna au Roi d'Egypte. Fut-il rien de plus grand que S. Pierre & S. Paul ? ils ont été les victimes de la cruauté de Neron. Mais pour ne rien dire des hommes, le Fils de Dieu même n'a-t-il pas souffert les opprobres & les humiliations de la croix ? Peut-on après cela regarder comme des gens veritablement heureux, ceux qui joüissent des prosperités du siecle, & qui goûtent les douceurs de la vie présente ? Jamais Dieu n'est plus en colere, que quand il épargne les pecheurs. *Je ne me mettrai plus en colere contre vous*, dit-il à Jerusalem par la bouche d'un Prophete; *& vous ne serez plus l'objet de mon zele & de ma jalousie. Car le Seigneur châtie celui qu'il aime, & il frappe de verges tous ceux qu'il reçoit au nombre de ses enfans.* Un pere ne corrige que l'enfant qu'il aime; un maître ne châtie que ceux en qui il remarque beaucoup de vivacité d'esprit; quand un medecin abandonne son malade, c'est une marque qu'il desespere de sa santé. Si vous dites qu'à l'exemple de Lazare, qui passa toute sa vie dans l'affliction & dans la misere, vous êtes prêt de souffrir tous les maux de la vie présente, afin de vous ménager une gloire immortelle dans la vie future; vous n'avez qu'à lire le livre de Job, & vous y verrez quelle fut la

Ezech. 16. 42.

Hebr. 12. 6.

cause de tous les malheurs dont cet homme si saint, si innocent & si juste fut accablé.

Mais pour me renfermer dans les bornes d'une lettre, & laisser là tous ces exemples qui me meneroient trop loin, je me contente de vous rapporter ici une petite histoire qui s'est passée lors que je n'étois encore qu'un enfant. Saint Athanase Evêque d'Alexandrie aïant prié saint Antoine de venir en cette ville pour confondre les [a] heretiques ; & Didyme qui étoit aveugle, mais d'ailleurs fort sçavant, étant allé rendre visite à cet illustre Solitaire, après une longue conversation qui roula toute sur les saintes Écritures, saint Antoine charmé de son érudition & de la vivacité de son esprit, lui demanda s'il n'étoit pas fâché d'avoir perdu la vûë. Didyme confus & un peu deconcerté, ne lui répondit rien d'abord ; mais enfin voïant qu'il le pressoit, il lui avoüa franchement que cette perte lui étoit tres-sensible. Je suis surpris, lui dit alors saint Antoine, de ce qu'étant aussi sage que vous êtes, vous soïez fâché de n'avoir pas ce qu'ont les fourmis & les moucherons ; & qu'au contraire vous ne vous réjouïssiez pas de posseder ce que les Saints & les Apôtres seuls ont merité d'avoir. De là vous devez aprendre, mon cher Castruce, qu'il vaut mieux être privé de la vûë corporelle, que de ces yeux spirituels où la paille du peché ne sçauroit entrer.

Au reste, quoique vous ne soïez pas venu ici cette année, je ne desespere pas d'avoir un jour le plaisir de vous y voir. Si par les ami-

---

[a] C'est-à-dire, les Ariens qui se vantoient que S. Antoine étoit dans leurs sentimens.

tiés & les caresses que vous ferez à Heracle, qui doit vous rendre cette lettre, vous l'engagez à rester long-tems avec vous ; je me consolerai aisément de son absence, pourvû que vous m'en dédommagiez en venant ici avec lui.

LETTRE XXXII.
à Julien.

Ecrite vers l'an 407. *Julien, homme de qualité, aïant perdu sa femme, deux de ses filles, & presque tous ses biens ; S. Jérôme lui écrivit pour le consoler dans ses malheurs : Il l'exhorte à les souffrir avec patience, à l'exemple de Job, cet homme si juste & si malheureux. Enfin il lui conseille de consommer son sacrifice en renonçant entierement au monde à l'exemple de saint Paulin & de Pammaque, qui avoient tout quitté pour se consacrer à Dieu.*

Votre frere Ausone, que je regarde comme mon fils, ne m'étant venu voir qu'au moment qu'il étoit prêt à partir, & m'aïant dit bon jour & adieu en même tems, a crû que ce seroit s'en retourner à vuide, s'il ne vous portoit quelque lettre de ma part. Quoiqu'il eût déja son habit de campagne, & qu'on lui sellât actuellement un cheval de loüage, neanmoins il m'a forcé de dicter quelque chose. Je l'ai fait, mais avec tant de précipitation, que le Copiste pouvoit à peine me suivre, & écrire en abregé ce que je lui dictois. Je vous écris donc aujourd'hui après un long silence, & je ne me suis hazardé de le faire si à la hâte, que pour vous donner des marques de mon estime & de mon amitié. Cette lettre n'est qu'un *impromtu* où vous ne trouverez ni ordre, ni exactitude, ni delicatesse, tout y est sans art, & l'amitié seule s'y fait sentir. Je l'ai dictée sur le champ, & abandonnée aussi-tôt à vôtre frere qui étoit pressé de partir. *Un discours hors* *Eccl. 22. 6.* *de saison*, dit l'Ecriture, *est comme une musi-* *que dans un tems de dueil.* C'est pour cela que negligeant ici tous les ornemens de la rethorique, & ces tours delicats qui flatent si fort la vanité des jeunes gens ; je me suis attaché à la solidité de l'Ecriture sainte, où nous trouvons d'infaillibles remedes à nos maux & à nos playes ; où nous voïons Jesus-Christ rendre à une mere affligée l'enfant qu'elle avoit perdu, résusciter Lazare qui étoit mort depuis quatre jours, & dire à ceux qui pleuroient la mort d'une jeune fille. *Elle n'est pas morte,* *Luc 8. 52.* *elle n'est qu'endormie.*

J'ai appris qu'une mort précipitée, après vous avoir ravi presque en même-tems deux filles encore toutes jeunes, vous avoit aussi enlevé Faustine, cette chaste & fidelle Epouse, qui étoit vôtre sœur par la foi, & qui seule pouvoit vous consoler de la perte de vos enfans. C'est-là ce qui s'appelle tomber entre les mains des voleurs en sortant du naufrage ; ou pour me servir des termes d'un Prophete : *C'est* *Amos 5. 19.* *comme si un homme fuïoit de devant un ours, &* *qu'il rencontrât un lion ; ou que mettant la main* *sur la muraille, il trouvât un serpent qui le* *mordît.* On m'a ajoûté que cette disgrace avoit été suivie de la perte de vos biens, que vôtre païs avoit été ravagé par les Barbares, vos terres envelopées dans la ruine de toute la Province, vos troupeaux enlevés, vos domestiques tués ou menés en esclavage ; & qu'une seule fille qui vous restoit, & que tant de malheurs rendoient plus chere, étoit mariée à un jeune homme de qualité, qui pour ne rien dire de plus, augmentoit vos chagrins, au lieu de les adoucir.

Voilà les épreuves où Dieu vous a mis ; voilà les combats que vous avez eu à soûtenir contre l'ancien ennemi. Ils sont rudes à la verité si vous les envisagez par rapport à vôtre propre foiblesse ; mais si vous jettez les yeux sur un Heros qui les a soûtenus avec une constance invincible, ils vous paroîtront comme un jeu, & comme des combats en peinture. Vous voïez bien que je veux parler du saint homme Job. Le démon qui l'avoit déja exercé par toutes sortes de disgraces, lui laissa une femme pleine de malignité & d'artifices, pour le porter par son exemple à blasphemer contre le ciel : & Dieu pour vous priver de la seule consolation que vous pouviez avoir dans vos malheurs, vous a enlevé la meilleure femme du monde. Or il est bien plus difficile de souffrir malgré soi les emportemens d'une méchante femme, que de supporter patiemment l'absence d'une Epouse qu'on aime. Ce saint homme eut la douleur de ne pouvoir donner à ses enfans d'autre sepulture, que les ruines mêmes de sa maison sous lesquelles ils avoient été écrasées ; & dechirant ses habits pour faire voir qu'il étoit pere, il se jetta par terre, & adora

Job. 1. 21. Dieu en disant : *Je suis sorti nud du ventre de* ma mere, & j'y retournerai nud. *Le Seigneur m'avoit tout donné, le Seigneur m'a tout ôté; il n'est arrivé que ce qu'il lui a plû; que le nom du Seigneur soit beni.* Pour vous, vous avez eu la consolation de rendre les derniers devoirs à vôtre femme & à vos enfans, parmi vne foule de parens & d'amis qui prenoient part à vôtre douleur. Job se vit en un moment depoüillé de tout ce qu'il possedoit; mais parmi tous ces malheurs qui se succedoient tour à tour, & dont ses gens venoient les uns après les autres lui apprendre la nouvelle, il fit toûjours paroître une constance inébranlable; semblable en cela à ce Sage dont un prophane a dit:

L'univers tout brisé s'en iroit en éclats,   Horat l. 3.
Que cet affreux debris ne l'étonneroit pas.   carm. od. 3.

Dieu ménageant vôtre foiblesse, & proportionnant la tentation à vos forces, vous a laissé la meilleure partie de vôtre bien, parce qu'il sçavoit que vôtre vertu n'est pas à l'épreuve des grandes disgraces. Job, cet homme si riche, ce pere si heureux, se voit tout à coup sans biens & sans enfans : mais toûjours soûmis aux ordres du ciel, *il ne pecha point devant le Seigneur*, & jamais il ne laissa échaper, même au fort de sa misere, *aucune parole indiscrete* contre la divine Providence. Aussi Dieu se réjoüissant de la victoire que son serviteur avoit remportée, & regardant sa patience comme son propre triomphe, *As-tu consideré*, disoit-il *Job. 1. 3.* au démon, *mon serviteur Job, qui n'a point de Sec. LXX.* *pareil sur la terre ? as-tu vû cet homme innocent, ce veritable serviteur de Dieu, qui s'abstient de tout mal, & qui conferve encore toute fon innocence?* Remarquez ces paroles: *Qui conferve encore toute fon innocence*; parce qu'en effet il eft bien difficile qu'un homme innocent qui fe voit accablé de malheurs, n'éclate en plaintes & en murmures, & que des châtimens qu'il croit n'avoir pas merités n'ébranlent fa foi. Le

Ibid. ℣. 4. démon repondit au Seigneur: *L'homme donnera toûjours peau pour peau, & abandonnera tout pour fauver fa vie: mais étendez vôtre main, & frapez fes os & fa chair, & vous verrez s'il ne vous maudira pas en face.* Cet ennemi artificieux & confommé dans fa malice, n'ignoroit pas qu'il eft de deux fortes de biens, les uns hors de nous, que les Philofophes appellent *indifferens*, & qu'un homme d'une vertu mediocre peut perdre & meprifer fans peine: les autres au dedans de nous-mêmes, & qu'on ne perd jamais fans douleur. C'eft pour cela qu'il rejette infolemment le glorieux témoignage que Dieu rendoit à fon ferviteur, prétendant que celui-là ne meritoit point de loüanges, qui n'avoit rien donné de fon propre fond, mais feulement tout ce qui étoit hors de lui, c'eft-à-dire, qui *pour fa propre chair avoit donné la chair & la peau de fes enfans,* & facrifié fes biens à la confervation de fa fanté. Apprenez de là que dans toutes les difgraces par lefquelles Dieu vous a éprouvé jufqu'à prefent; vous n'avez encore donné que *peau pour peau*, & que le plus grand effort de vôtre vertu a été de facrifier toutes vos richeffes pour vous conferver la vie. Mais le Seigneur n'a pas encore *étendu fa main fur vous, il ne vous a pas frapé en vôtre chair ni en vos os.* Ces derniers coups font neanmoins les plus rudes & les plus senſibles, & il eſt bien difficile de les ſouffrir ſans ſe plaindre & ſans *maudire Dieu*. (Le mot *benedicere*, dont l'Ecriture ſe ſert ici, ſignifie en cet endroit *maudire :* elle ſe ſert encore de la même expreſſion dans le livre des Rois, où il eſt dit que Naboth fut lapidé pour avoir maudit *Dieu & le Roi*. (Le Seigneur prévoïant que ce dernier combat tourneroit encore à la gloire de ſon ſerviteur : *Vas*, dit-il au démon, *je te l'abandonne, mais ne touche point à ſon ame*. Dieu livre le corps de ce ſaint homme à la puiſſance du démon, & il lui défend de *toucher à ſon ame*, car s'il l'avoit attaqué par cette partie où reſide l'eſprit, les pechez que Job avoit commis dans cet état, ne lui auroient pas été imputés, mais à celui qui auroit troublé ſa raiſon.

3. Reg. 21. 10.

Que les autres donc loüent les victoires que vous avez remportés ſur le démon ; qu'ils publient avec éloge qu'on vous a vû conſerver à la mort de vos filles vôtre tranquillité ordinaire ; quitter quarante jours après vos habits de dueil, & en prendre de blancs, pour celebrer avec joie le triomphe d'un Martyr & la dedicace de ſes reliques, ſans paroître touché d'une diſgrace que toute la ville reſſentoit pour vous : qu'on ajoûte que vous avez regardé la mort de vôtre femme non pas comme une perte irreparable pour vous, mais comme un voïage qu'elle faiſoit. Pour moi je ne veux point vous ſeduire ici par des loüanges flateuſes & pleines d'adulation. J'aime mieux vous donner cet avis ſalutaire, & vous dire avec le Sage : *Mon fils, lors que vous vous engagerez à ſervir Dieu,*

Eccl. 2. 1.

preparez-vous à être éprouvé par les tentations. Et après vous être acquité de tous vos devoirs, dites : *Je suis un serviteur inutile, j'ai fait ce que j'étois obligé de faire.* Vous m'avez enlevé mes enfans ; vous me les aviez donnez, Seigneur : Vous m'avez ôté ma femme, vous ne me l'aviez prêtée que pour un tems, & pour me consoler dans les peines de la vie presente : je ne me plains pas de ce que vous m'en avez privé ; je vous remercie de me l'avoir prêtée.

Luc 17. 10.

Jesus-Christ disoit autrefois à un jeune homme qui se vantoit d'avoir accompli tous les preceptes de la loi : *Il vous manque encore une chose ; si vous voulez être parfait, allez, vendez tout ce que vous avez, donnez-le aux pauvres, puis venez & me suivez.* Ce jeune homme qui se flatoit d'avoir gardé exactement tous les commandemens de Dieu, succombe dès le premier assaut à l'amour des richesses, tant il est vrai que les riches n'entrent qu'avec peine dans le roïaume du ciel, & que ceux-là seuls peuvent y entrer, qui se detachant des biens de la terre, s'élevent au dessus de tout ce qui est crée. *Allez*, dit Jesus-Christ, *& vendez*, non pas une partie de vôtre bien, mais *tout ce que vous possedez, & donnez-le*, non pas à vos amis, à vos parens, à vôtre femme, à vos enfans ; & pour dire encore quelque chose de plus, ne vous en reservez rien du tout par une timide prévoïance, de peur que vous ne soïez puni comme Ananie & Sapphire ; mais *donnez tout aux pauvres, & emploiez ces richesses d'iniquité à vous faire des amis qui vous reçoivent dans les tabernacles éternels.* Ce n'est qu'à ce prix que vous pouvez me suivre ; si vous vou-

Ibid. 18. 22.

Ibid. 16. 9.

lez posseder le Maître du monde, & dire avec David, *Le Seigneur est mon partage*, il faut que vous soïez un veritable Levite qui ne possede rien sur la terre.

C'est le parti que vous devez prendre, mon cher Julien, si vous voulez être parfait : il faut vous élever à la perfection des Apôtres, porter vôtre croix à la suite de JESUS-CHRIST, ne point regarder derriere-vous après avoir mis la main à la charuë, ne point descendre du haut du toit pour prendre vos anciens habits ; il faut enfin abandonner vôtre manteau pour vous dégager des mains d'une maîtresse Egyptienne. Elie ne pût s'élever au ciel avec le sien, & il fut obligé de laisser au monde des habits qui appartenoient au monde.

Vous me direz peut-être qu'il n'appartient qu'aux Apôtres, & à ceux qui aspirent à la perfection, de vivre dans un si grand détachement des choses de la terre. Mais pourquoi ne voudriez-vous pas être parfait ? pourquoi refuserez-vous de tenir le premier rang dans la famille de JESUS-CHRIST, comme vous le tenez dans le monde ? Est-ce parce que vous avez été marié ? Saint Pierre l'étoit aussi, & cependant il quitta sa femme avec sa barque & ses filets. Au reste le Seigneur qui desire le salut de tous les hommes, & qui aime mieux la conversion du pecheur que sa mort, vous a ôté ce pretexte specieux, en vous enlévant vôtre Epouse, qui bien loin de vous retenir sur la terre, vous invite maintenant à la suivre dans le ciel. Si vous amassez du bien, que ce soit pour les enfans que vous avez déja devant Dieu ; ne donnez point à leur sœur la part qui leur est dûë ; faites-la servir à la subsistance des pauvres, & à vôtre propre salut : ce sont là les joyaux & les pierreries que vos filles attendent de vous. Elles souhaitent que vous emploïiez à revêtir les pauvres, ce qu'elles auroient consumé inutilement à entretenir leur luxe & leur vanité. Elles vous demandent la portion de l'heritage qui leur appartient, afin de paroître aux yeux de leur Epoux avec des ornemens conformes à leur qualité, & non point comme des filles nées dans la bassesse & dans l'indigence.

Et ne pretendez pas que vôtre illustre naissance & vos grands biens soient un obstacle à vôtre perfection. Jettez les yeux sur le saint homme Pammaque, & sur Paulin, ce Prêtre d'une foi si vive & si ardente. Ils ne se sont pas contentés d'avoir donné à Dieu tout ce qu'ils possèdoient, il lui ont encore consacré leurs propres personnes ; de maniere que le démon n'a plus aucun pretexte pour les chicanner, puis qu'ils n'ont pas donné *peau pour peau*, mais qu'ils ont sacrifié au Seigneur *leur chair*, *leurs os*, & leur propre vie. Ces deux grands Hommes peuvent vous porter par leurs discours & par leurs exemples à un haut degré de perfection. Si vous êtes de qualité, leur naissance n'est pas moins illustre que la vôtre ; ils en ont même rehaussé l'éclat en se consacrant à Dieu. Si vous êtes riche & grand selon le monde ; ils ne vous cedent point en cela : ou plûtôt ils ont renoncé aux honneurs & aux biens de la terre, pour mener une vie pauvre & obscure ; mais c'est cela même qui fait aujourd'hui leur gloire & leur richesse, & jamais ils n'ont été ni plus grands ni plus riches, que depuis qu'ils sont devenus pauvres & méprisables aux yeux du monde pour l'amour de Jesus-Christ.

C'est faire un bon usage de vos biens, que de les emploïer à soulager les besoins des serviteurs de Dieu, à secourir les Solitaires, à orner les Eglises ; mais ce n'est encore là que le commencement de la perfection. Si vous méprisez les richesses, les Philosophes du siecle les ont méprisées comme vous. ª Un de ceux-là, pour ne rien dire des autres, jetta dans la mer le prix de plusieurs terres qu'il avoit venduës : *Allez*, dit-il, *malheureuses richesses, objet de la cupidité des hommes, je vous perdrai, de peur que vous ne me perdiez*. Quoi ? un Philosophe, un esclave de la vanité qui ne cherche que l'estime & les applaudissemens des hommes, se dépoüille sans reserve de toutes ses richesses ; & vous vous flaterez d'être arrivé au comble de toute la perfection, en donnant seulement à Dieu une partie de ce que vous possedez ? Le Seigneur veut que vous vous sacrifiez à lui comme une hostie vivante & agreable à ses yeux. Ce n'est point vos biens qu'il cherche, c'est la possession de vôtre cœur qu'il demande, & c'est dans cette vûë qu'il vous éprouve aujourd'hui par tant de disgraces, de même qu'il éprouva autrefois Israël par toutes sortes de playes & de châtimens : *car* Hebr. 11. 6. *le Seigneur châtie celui qu'il aime, & il frappe de verges tous ceux qu'il reçoit au nombre de ses enfans*. La pauvre veuve de l'Evangile ne mît dans le tronc que deux petites pieces de

ª Cratés de Thebes.

monnoie; mais comme elle donnoit tout ce qu'elle avoit, Dieu qui juge du prix des presens qu'on lui fait, non point par leur valeur, mais par le cœur de ceux qui les lui font, prefera son offrande à celles des riches. Quand bien même vous distribueriez tous vos biens aux pauvres, vous ne pouvez les repandre que sur un petit nombre de miserables; & il y en aura toûjours une infinité qui ne se ressentiront point de vos bienfaits; car toutes les richesses d'un Darius & d'un Crésus ne suffiroient pas pour subvenir aux necessités de tous les pauvres qui sont au monde. Mais si vous vous consacrez vous-même au Seigneur, & si à l'exemple des Apôtres vous renoncez à tout pour suivre JESUS-CHRIST; vous comprendrez alors ce qui manquoit à vôtre vertu, & combien vous étiez éloigné de la veritable perfection.

Vous n'avez point pleuré la mort de vos Filles, & la crainte du Seigneur a arrêté sur vos joüës les larmes que la tendresse paternelle fait verser. Mais combien êtes vous inferieur en cela à Abraham, qui consentit à immoler lui-même son fils unique; persuadé qu'il étoit qu'un enfant à qui Dieu avoit promis la possession de toute la terre, ne pouvoit manquer de vivre après sa mort. Jepthé sacrifia aussi sa propre fille, & c'est par là qu'il s'est rendu *Heb.* 11. 32. digne d'être mis par l'Apôtre saint Paul au nombre des Justes. Ne vous contentez pas d'offrir à Dieu des biens qu'un voleur, un ennemi, une confiscation peut vous enlever, des biens qui nous échapent souvent dans le tems même que nous les possedons, & qui semblables aux flots de la mer passent tour à tour à de nouveaux maîtres ; des biens enfin que vous serez obligé malgré vous d'abandonner en mourant. Mais offrez-lui des biens qui vous accompagneront jusqu'au tombeau, ou plûtôt qui vous suivront jusques dans le ciel. Vous emploïez vos richesses à bâtir des Monasteres, & à nourrir un grand nombre de Solitaires qui demeurent dans les Isles de la Dalmatie ; vous feriez encore mieux de vivre & de vous sanctifier en la compagnie des Saints ; selon ce que dit le Seigneur : *Soïez Saints, parce que je suis Saint.* *Levit.* 11. 44.

Quoique les Apôtres n'aïent abondonné que leur barque & leurs filets, neanmoins ils se font un merite & une gloire d'avoir tout quitté pour suivre Jesus-Christ. Ils ont même merité d'être loüés de la bouche de celui qui doit un jour être leur Juge, parce qu'en se donnant eux-mêmes, ils ont renoncé à tout ce qu'ils possedoient sur la terre. Je ne prétens point par là vous dérober la gloire de vos bonnes œuvres ; ni diminuer le merite de vos charitez & de vos aumônes : mais je ne veux point que vous viviez en Solitaire parmi les gens du monde, ni en homme du monde parmi les Solitaires ; & comme j'ai appris que vous aviez dessein de vous consacrer au service de Dieu, je veux que vous vous donniez à lui sans reserve. Si vos amis & vos parens vous donnent d'autres conseils, & veulent vous engager à entretenir une table magnifique & delicate ; soïez persuadé qu'ils recherchent leurs plaisirs plûtôt que vôtre salut. Faites reflexion que la bonne chere finira avec la vie, & que la mort vous enlevera tôt ou tard toutes vos richesses.

Après avoir vû mourir en moins de vingt jours deux de vos filles, l'une âgée seulement de six ans, & l'autre de huit, pouvez-vous vous flater, vous qui êtes déja sur vôtre retour, de vivre encore long-tems ? Quelque longue que soit la vie de l'homme, *elle ne va ordinairement*, dit *Pfal. 89. 10.* le Prophete Roi, *qu'à soixante & dix ans, ou à quatre-vingt tout au plus ; tout ce qui est au delà n'est que peine & que douleur.* Heureux celui qui passe sa vieillesse à servir JESUS-CHRIST, & qui meurt à son service ; *il ne Pfal. 126. 5. craindra point de parler à ses ennemis en présence de son juge*, & on lui dira en entrant dans le ciel : Vous avez passé vôtre vie dans l'affliction, venez goûter ici de solides plaisirs. Dieu ne punit point deux fois une même faute. Ce riche impitoïable qui vivoit dans le luxe & dans la delicatesse, brûle dans les enfers ; tandis que le pauvre Lazare qui étoit couvert de playes & d'ulceres que les chiens venoient lécher, & qui vivoit à peines des miettes qui tomboient de la table du riche, est dans le sein d'Abraham, où il a la joye d'être reconnu pour l'enfant de ce grand Patriarche. Il est bien difficile, ou plûtôt il est impossible d'être heureux en ce monde & en l'autre ; de goûter dans le ciel les plaisirs de l'esprit, après avoir goûté sur la terre les plaisirs des sens ; de voir succeder les delices de la vie future, aux douceurs de la vie presente ; d'être le premier homme du monde, & le premier saint du Paradis ; de joüir des honneurs du siecle, & de la gloire de l'éternité.

Si vous vous étonnez de ce que quelques-uns tombent au milieu de leur carriere, & de ce que moi même qui vous donne ces avis, je ne suis pas tel que je souhaite que vous soïez ; faites reflexion, je vous prie, que c'est Jesus-Christ même, & non pas moi, qui vous donne ces conseils ; que je ne me propose pas ici pour exemple, & que je vous avertis seulement de ce que doivent faire tous ceux qui veulent s'engager au service de Dieu. Un athlete sent redoubler ses forces quand on l'anime au combat, quoique ceux qui l'y excitent soient plus foibles que lui. Ne vous arrêtez point à considerer un Judas qui trahit son divin Maître, jettez plûtôt les yeux sur un saint Paul qui reconnoît le Sauveur. Jacob qui étoit fils d'un pere tres riche, se retira en Mesopotamie seul, dépoüillé de tout, & n'aïant qu'un bâton à la main. Quoiqu'élevé par sa mere Rebecca avec beaucoup de delicatesse, il se coucha au milieu du chemin pour se delasser, & prît une pierre pour lui servir d'oreiller. Dans *Gen.* 22.12. cette situation il vit une échelle qui alloit de la terre jusqu'au ciel, & des Anges qui montoient & descendoient le long de l'échelle. Il vit aussi le Seigneur qui étoit appuïé sur le haut de cette échelle, pour donner la main à ceux qui étoient tombés, & encourager par sa presence ceux qui montoient. C'est pourquoi il appella ce lieu-là *Bethel*, c'est-à-dire, *Maison de Dieu*, dans laquelle on monte & descend tous les jours. En effet les justes mêmes tombent quand ils viennent à s'oublier de leurs devoirs ; & les pecheurs se rendent dignes par les larmes de la penitence d'être rétablis dans leur premier état. Je ne vous ai parlé ici de cette vision de Jacob, que pour animer vôtre zele par l'exemple de ceux qui montent à cette échelle myſtique, & non pas pour vous allarmer par la chute de ceux qui tombent. Car on ne doit jamais regler ſa conduite ſur celle des méchans ; & nous voïons même que dans les affaires du monde, on s'attache toûjours à ſuivre l'exemple des plus ſages & des plus vertueux.

J'avois deſſein de vous en dire davantage, & de paſſer les bornes que demande une lettre, & que je m'étois preſcrites moi-même ; perſuadé que je ſuis qu'on ne ſçauroit jamais en dire aſſez ſur un ſi beau ſujet, & pour une perſonne de vôtre merite. Mais Auſonne me preſſe de finir & de lui donner ma lettre. Il n'y a pas juſqu'au hanniſſement de ſon cheval qui ſemble me reprocher ma lenteur. Je vous prie donc de vous ſouvenir de moi, & de ménager vôtre ſanté dans la vûë de ſervir JESUS-CHRIST. Vous avez dans vôtre famille en la perſonne de l'illuſtre Vera, pour ne rien dire des autres, un beau modelle de vertu ; elle ſuit veritablement JESUS-CHRIST, & ſupporte courageuſement les peines & les ennuis de la vie preſente. Suivez donc les exemples de cette vertueuſe Dame qui vous ſert de guide dans les voyes de la perfection.

XXXIII. LETTRE
Paule & Euſtoquie à Marcelle.

Paule & Euſtoquie que Marcelle avoit formées à la pieté, lui écrivirent cette Lettre de Bethléem, pour l'inviter à venir viſiter les Lieux Saints. Elles font voir que la ville de Jéruſalem, quoique teinte du ſang de JESUS-CHRIST, *eſt une terre de benediction, & non pas une terre maudite, comme le prétendoient quelques-uns. Elles font l'éloge du bourg de Bethléem, & de la creche où le Sauveur du monde eſt né. Elles finiſſent par la deſcription des lieux les plus ſaints de la Paleſtine, & promettent à Marcelle de les viſiter avec elle. Quoique cette Lettre ſoit écrite au nom de Paule & d'Euſtoquie, cependant le ſtyle fait aſſez voir que S. Jérôme en eſt l'auteur.*

Ecrité vers l'an 387. ou 388.

LA charité toûjours vive & empreſſée ne ſçait ce que c'eſt que de garder des meſures, & de donner des bornes à ſes deſirs. Oubliant donc nôtre propre foibleſſe, & conſultant nôtre cœur plûtôt que nos forces, nous entreprenons aujourd'hui, nous qui ne ſommes que vos écolieres, de vous inſtruire, & de faire des leçons à celle de qui nous devrions en recevoir. Quoi, Madame, vous qui nous avez inſpiré la premiere l'amour de la retraite, qui nous y avez portées & par vos diſcours & par vos exemples, & qui *ſemblable à une poule qui raſſemble ſes petits ſous ſes aîles*, nous avez mis à couvert de la corruption du ſiecle ; pou-

vez-vous bien aujourd'hui nous abandonner à
nôtre propre conduite, & nous exposer foibles
& tremblantes comme nous sommes, à tous les
oiseaux de proye qui volent sans cesse autour
de nous, & dont la seule ombre nous fait peur ?
Tout ce que nous pouvons faire donc, éloignées que nous sommes de vous, c'est de vous
témoigner par nos larmes & nos gemissemens,
l'empressement que nous avons de vous voir ;
c'est de nous plaindre de vôtre absence ; c'est
de vous conjurer de nous rendre nôtre chere
Marcelle, & de ne pas souffrir que cette aimable & charmante personne traite avec tant de
rigueur & de cruauté, celles que sa douceur &
sa bonté ont engagées à suivre son exemple.
Au reste si nous ne souhaitons de vous que ce
qui est d'une plus grande perfection, vous ne
pouvez condamner l'empressement de nos desirs : & si nos sentimens s'accordent avec les
maximes de l'Ecriture sainte, vous ne sçauriez
blâmer la liberté que nous prenons de vous inviter à prendre un parti que nous n'avons embrassé que par vôtre conseil.

Dès la premiere fois que Dieu parla à Abra-
Gen. 12. 1. ham : *Sortez de vôtre païs*, lui dit-il, *quittez
vos parens, & venez en la terre que je vous
montrerai.* Il commande à ce Patriarche, qui
est le premier à qui JESUS-CHRIST a été promis, de sortir du païs des Chaldéens, de
quitter la ville & les grandes ruës de Babylone ; d'abandonner la campagne de Sennaar, où
l'orgueil humain avoit élevé une tour jusqu'au
ciel ; de se mettre à couvert du tumulte & des
agitations du siecle, en s'éloignant de ces fleuves sur le bord desquels les Saints étoient assis
soupirant

soupirant après la celeste Sion, & pleurant les malheurs de leur esclavage; de quitter enfin le fleuve de l'Eufrate, d'où le Prophete Ezechiel fut transporté par un cheveu jusqu'à Jerusalem; & de venir demeurer dans la terre de Promesse, *qui est arrosée des pluïes du ciel, & non pas, comme l'Egypte, des eaux de la terre*; & qui ne produit pas des legumes, ᵃ qui sont la nourriture des foibles, mais qui attend les rosées du soir & du matin. Comme *cette terre est fort élevée & remplie de montagnes*, les delices que l'esprit y goûte, sont d'autant plus pures & plus solides, que les plaisirs du siecle en sont entierement bannis. De là vient que Marie aïant appris de la bouche d'un Ange, qu'elle étoit destinée pour être la Mere du Seigneur, & que son sein alloit devenir le temple du Fils de Dieu; quitta le plat-païs pour aller sur les montagnes. Ce fut de cette ville que l'on vit autrefois sortir une foule de peuple, chantant les loüanges de David, & celebrant la victoire qu'il avoit remportée sur ce superbe Philistin, qui étoit la figure du démon, & qu'il renversa par terre d'un coup de fronde. Ce fut là qu'un Ange exterminateur, qui ravageoit cette ville criminelle, marque la place du Temple dans l'aire d'Ornan Roi des Jebuséens, pour faire voir deslors que l'Eglise de JESUS-CHRIST devoit prendre naissance, non point dans Israël, mais parmi les Gentils. Lisez le livre de la Genése, & vous verrez que Melchisedech Roi de Salem regna dans cette ville. Ce grand homme qui étoit une des figures de JESUS CHRIST,

Deut. 11. 10.

Ibid. ⅴ. 11.

1. *Reg.* 17.

1. *Paral.* 21.

---

a S. Jérôme fait ici allusion à ce que dit S. Paul Rom. 14. 2. *Que celui qui est foible dans sa foi, ne mange que des legumes.*

offrit à Abraham du pain & du vin, & nous représenta deslors une image du sacrifice des Chrétiens, où l'on immola le corps & le sang du Sauveur.

Peut-être trouverez-vous à redire de ce qu'au lieu de suivre l'Ecriture pié-à-pié, nous en rapportons les passages selon qu'ils se presentent à nôtre imagination, sans ordre & sans choix. Mais nous vous avons déja avertie dès le commencement de cette Lettre, que l'amour, quand il est vif & empressé, ne garde aucunes mesures. C'est pour cela que l'Epouse des Cantiques, qui sentoit combien il lui étoit difficile de reprimer l'impetuosité de ses desirs, disoit : *Mettez de l'ordre dans mon amour.* Nous vous prions donc, Madame, d'attribuer ce petit dérangement, non pas à nôtre ignorance, mais à la tendresse que nous avons pour vous. Neanmoins pour mettre un peu plus d'ordre dans nôtre discours, nous allons reprendre les choses de plus loin.

Cant. 2. 4.
Sec. LXX.

On dit qu'Adam a demeuré, & est mort dans cette ville, ou plûtôt dans le lieu où elle a été bâtie depuis. De là vient que la montagne où l'on crucifia nôtre Sauveur s'appelle *Calvaire*, parce qu'on y a enterré la tête du premier homme, afin que le sang du second Adam coulât sur le tombeau du premier, & effaçât ses pechez, & qu'on vît l'accomplissement de ce que dit l'Apôtre saint Paul : *Levez-vous, vous qui dormez, sortez d'entre les morts, & Jesus-Christ vous éclairera.* Nous n'aurions jamais fait si nous voulions compter tous les Prophetes, & tous les Grands-Hommes que cette ville a produits. Il suffit de dire que c'est

Ephes. 5. 14.

en elle que tous les myſteres de nôtre Religion ſe ſont accomplis. Elle a eu trois noms, ſçavoir *Jebus, Salem, & Jeruſalem*; & ces trois noms marquent le myſtere de la ſainte Trinité. Jebus ſignifie *foulée aux piés*, Salem veut dire *paix*, & Jeruſalem *viſion de paix*; car ce n'eſt que peu à peu qu'on arrive au terme; ce n'eſt qu'après avoir été foulé aux piés, qu'on joüit d'une heureuſe paix. Salomon, qui veut dire *Pacifique*, prit naiſſance dans cette ville, & *établit ſa demeure dans ce lieu de paix*; & comme il étoit la figure de Jesus-Christ, on l'appella, ſelon l'étymologie du nom de Jeruſalem, *le Roi des Rois, & le Seigneur des Seigneurs*. Que dirons-nous de David & de ſes deſcendans qui y ont regné? Enfin cette ville eſt autant au deſſus de toute la Judée, que la Judée eſt au deſſus des autres Provinces du monde: ou plûtôt la Judée eſt redevable à Jeruſalem de toute ſa grandeur, & c'eſt de la capitale que les autres villes de la Province empruntent toute leur gloire.

Il y a long-tems que nous nous appercevons de l'envie que vous avez de nous interrompre, & nous preſentons déja l'objection que vous allez nous faire. Vous nous direz ſans doute que cela étoit vrai autrefois, c'eſt-à-dire, lors que *les fondemens de Jeruſalem étoient poſés ſur les montagnes Saintes, & que le Seigneur aimoit les portes de Sion plus que toutes les tentes de Jacob.* (Quoiqu'au reſte on puiſſe auſſi donner à ce paſſage un ſens plus ſpirituel & plus relevé.) Mais que depuis que le Seigneur abandonnant les Juifs, leur a dit: *Le tems s'approche que vos maiſons demeureront toutes deſertes.*

Pſal. 86; 1.

Matth. 23. 38.

Depuis qu'il leur a prédit la ruine de leur ville,
Luc 13. 34. en leur disant les larmes aux yeux : *Jerusalem, Jerusalem qui tuez les Propheres, & qui lapidez ceux qui sont envoïez vers vous; combien de fois ai-je voulu rassembler vos enfans, comme une poule rassemble ses petits sous ses aîles, & vous ne l'avez pas voulu? Le tems s'approche que vos maisons demeureront desertes.* Depuis que le voile du Temple a été déchiré en deux, que les Juifs ont trempé leurs mains dans le sang du Sauveur, & que Jerusalem a été assiegée par une armée ennemie : que depuis ce tems-là JESUS-CHRIST ne repand plus ses graces & ses benedictions sur cette ville ingrate, & que les Anges l'ont entierement abandonnée. Que Josephe même, qui étoit Juif de nation, assûre dans son histoire que lors qu'on crucifia le Sauveur, on entendit du fond du
Joseph l. 6. temple les Anges qui disoient : *Sortons d'ici.*
de bel. Jud. Ce qui fait voir, comme on pouroit encore le prouver par plusieurs autres passages, que là où il y a eu autrefois une abondance de graces, il y a aujourd'hui une surabondance de peché. Enfin vous ajoûterez que depuis que le Fils de Dieu a dit à ses Apôtres : *Allez, & instruisez*
Matth. 28. *tous les peuples,* & que les Apôtres eux-mêmes
19. ont dit aux Juifs : *Vous étiez les premiers à qui*
Act. 13. 46. *il faloit annoncer la parole de Dieu; mais puisque vous la rejettez, nous nous en allons presentement vers les Gentils ;* la Judée s'est vûë dépoüillée de tout ce qu'elle avoit de plus saint, que son Dieu a rompu l'ancienne liaison qu'il avoit avec elle, & que les faveurs qu'il lui faisoit, ont passé aux Gentils par le ministere des Apôtres.

Il est vrai que cette objection est forte, & qu'elle est capable d'étourdir ceux mêmes qui ont quelque teinture de l'Ecriture sainte : mais neanmoins il est aisé d'y répondre. Si Jesus-Christ n'aimoit pas Jerusalem, la ruine & les malheurs dont cette ville criminelle étoit menacée, lui feroient-ils verser des larmes ? Il pleura la mort de Lazare ; parce qu'il l'aimoit. Au reste, faites reflexion s'il vous plaît, que ce n'étoit pas la ville, mais le peuple de Jerusalem, qui etoit coupable : la ville n'est tombée en la puissance de ses ennemis, qu'après que tous ses citoïens ont été massacrés : si elle a été entierement ruinée, ç'a été pour châtier les Juifs : Si le Temple a été détruit, ç'a été pour abolir les sacrifices de l'ancienne loi, qui n'étoient que les ombres & les figures de celui de la nouvelle alliance. Mais après tout, a considerer l'état present de cette ville, il est certain qu'elle est plus auguste aujourd'hui, qu'elle n'a jamais été. Les Juifs avoient autrefois une grande veneration pour le Saint des Saints, où étoient les Cherubins, le propitiatoire, l'Arche d'alliance, la manne, l'autel d'or, & la verge d'Aaron. Mais le sepulcre du Fils de Dieu ne vous paroît-il pas plus digne de veneration que tout cela ? Nous n'entrons jamais dans ce lieu saint que nous ne voïons le Sauveur enveloppé d'un linceul ; & pour peu que nous y demeurions, nous y apercevons l'Ange assis à ses piés, & le suaire plié tout proche de sa tête. Isaïe avoit prédit la gloire de ce saint sepulcre long-tems avant que Joseph d'Arimathie l'eût fait tailler dans le roc : *Le* *Isai.* 11. 10. *lieu de son repos*, dit ce Prophete, *sera couvert* Sec. LXX.

de gloire; pour faire voir qu'il devoit être un jour en veneration à toute la terre.

Vous nous demanderez peut-être, pourquoi saint Jean dit dans son Apocalypse : *La bête qui monte de l'abîme les tuera.* (c'est-à-dire les deux Prophetes,) *& leurs corps seront étendus dans les ruës de la grande ville, qui est appellée spirituellement Sodome & Egypte, où le Seigneur a été crucifié ?* Car si par cette grande ville où JESUS-CHRIST a été crucifié, on ne peut entendre que la ville de Jerusalem ; & si l'on donne le nom de *Sodome* & d'*Egypte* à cette ville où le Seigneur a été crucifié ; il s'ensuit que la ville de Jerusalem où le Fils de Dieu a été crucifié est une *Sodome* & une *Egypte*.

Apoc. 11. 7.

Il faut que vous conveniez d'abord, Madame, qu'il est impossible que l'Ecriture sainte se contredise elle-même, sur tout dans un même livre, & encore moins dans un même endroit. Or dans l'Apocalypse d'où vous avez tiré le passage que vous venez de citer, saint Jean dit environ dix versets plus haut : *Allez mesurer le Temple de Dieu, & l'Autel, & ceux qui y adorent ; mais laissez le parvis qui est hors du Temple, & ne le mesurez point, parce qu'il a été abandonné aux Gentils, & ils fouleront aux piés la Ville Sainte pendant quarante-deux mois.* Si saint Jean, qui a écrit son Apocalypse long-tems après la Passion de nôtre Seigneur, appelle Jerusalem *la Ville sainte*, comment peut-il l'appeller spirituellement *Sodome & Egypte ?* Vous ne pouvez pas dire qu'il appelle *Ville sainte* la Jerusalem celeste, qui doit être le sejour des Bienheureux ; & qu'il nomme *Sodome* celle qui a été ruinée ; car c'est de

Ibid. ỷ. 1.

celle qui doit être le séjour des Bienheureux, qu'on doit entendre ces paroles: *La bête qui monte de l'abîme, fera la guerre aux deux Prophetes, les vaincra & les tuera, & leurs corps seront étendus dans les ruës de la grande Ville.* C'est encore de cette Ville que saint Jean dit sur la fin du même Livre: *La Ville en son assiete est quarrée, & elle est aussi longue & aussi large que haute. Et il mesura la Ville avec sa canne d'or, & il la trouva de douze mille stades. Sa longueur, sa largeur, & sa hauteur sont égales. Il en mesura aussi les murailles qui étoient de cent quarante quatre coudées de mesure d'homme, tel que paroissoit cet Ange. Cette muraille étoit bâtie de jaspe, & la ville étoit d'un or pur, &c.* Ce qui est quarré n'a proprement ni longueur ni largeur: quelle est donc cette sorte de mesure dont *la longueur & la largeur sont égales à sa hauteur?* Qui est cette ville qui étoit d'un or pur, dont les murailles étoient de jaspe, les fondemens & les ruës de pierres precieuses, & les douze portes toutes brillantes de perles? Puis donc que tout cela ne peut être vrai à la lettre, & qu'il est impossible de trouver une ville de douze mille stades d'étenduë, & dont la longueur & la larsteur soient égales à la hauteur, il faut necessairement donner à ce passage un sens spirituel & mysterieux.

Par cette grande ville que a saint Jean vit la

Apoc. 21. 16.

---

a On a suivi ici les plus anciens manuscrits qui portent: *Civitas magna quam videbat* (S. Johan.) *prius, ædificavit Cain,* &c. Il y a dans les Editions: *Civitas magna quam videlicet pri-* *mus ædificavit Cain.* La premiere leçon nous a paru plus conforme au sens du passage que Paule & Eustoquie entreprennent d'expliquer ici.

première fois, & que Caïn bâtit, & appella du nom de son fils, on doit entendre le monde que le démon, *cet accusateur de ses freres, ce fratricide destiné à la mort*, a bâti par le vice, fondé par le crime, & rempli d'iniquité. C'est cette ville que saint Jean appelle spirituellement Sodome & Egypte, & dont il est écrit : *Sodome sera rétablie dans son premier état* ; parce que le monde doit être rétabli dans le même état où il étoit autrefois : car il n'y a pas d'apparence que Sodome, Gomorrhe, Adama, & Seboïm soient jamais rebâties, & il est à croire qu'elles demeureront éternellement ensevelies dans leurs cendres. Pour ce qui est du nom d'*Egypte*, il n'y a aucun endroit dans l'Ecriture sainte où il signifie la ville de Jerusalem ; il se prent par tout pour le monde. De peur de vous ennuïer par une foule de citations, nous nous contenterons de rapporter ici un seul passage, où le monde est appellé *Egypte* en termes tres clairs. Saint Jude Apôtre & frere de saint Jacques dit dans son Epître Canonique : *Or je veux vous faire souvenir de ce que sans doute vous aurez appris autrefois, qu'après que Jesus eut sauvé le peuple en le tirant de l'Egypte, il fit perir ensuite ceux qui furent incredules.* Et de peur que par le nom de *Jesus* on n'entende Josué fils de Navé, cet Apôtre ajoûte aussi-tôt : *Et il retient dans des chaînes éternelles & dans de profondes tenebres, & reserve pour le jugement du grand jour, les Anges qui n'ont pas conservé leur premiere dignité, mais qui ont quitté leur propre demeure.* Et pour faire voir que toutes les fois qu'il nomme l'*Egypte*, *Sodome*, & *Gomorrhe*, il veut parler du

Ezech. 16. 55.

Jud. 5.

monde, & non pas de ces villes criminelles ; il les cite elles-mêmes pour exemple : *De même*, dit-il, *que Sodome & Gomorrhe & les villes circonvoisines qui s'étoient abandonnées comme elles à des excès d'impureté, en courant après une chair étrangere, ont été proposées pour un exemple du feu éternel par la peine qu'elles ont souffertes.*

Mais pourquoi s'étendre davantage, puisque saint Matthieu parlant de ce qui arriva après la mort & la resurrection du Sauveur, dit : *Les pierres se fendirent, les sepulcres s'ouvrirent,* *& plusieurs corps des Saints qui étoient dans le sommeil de la mort, resusciterent, & sortant de leurs tombeaux après sa resurrection, ils vinrent en la Ville Sainte, & apparurent à plusieurs personnes.* On ne peut pas entendre ce passage de la Jerusalem celeste, comme font quelques-uns fort mal à propos ; car si ces Saints resuscités dont parle saint Matthieu, ne s'étoient fait voir que dans le ciel, quelles marques les hommes auroient-ils pû avoir de la resurrection du Sauveur ? Puis donc que les Evangelistes & toute l'Ecriture appellent Jerusalem *Ville Sainte*, & que David nous commande d'adorer le Seigneur dans les lieux où il a marché, ne souffrez pas qu'on donne le nom de *Sodome* & d'*Egypte* à une ville par laquelle JESUS-CHRIST nous défend de jurer, *parce qu'elle est la ville du grand Roi.*

Matth. 27.
51.

Psal. 131. 7.

Matth. 5. 35.

Cette terre, disent quelques-uns, est une terre maudite, parce qu'elle a été teinte du sang du Sauveur. Mais comment donc peut-on appeller des Lieux de benediction, ceux où saint Pierre & saint Paul, ces chefs de l'armée Chré-

tienne, ont répandu leur sang pour JESUS-CHRIST? Pourquoi refuser aux supplices du Maître qui est Dieu, la gloire que l'on attache au martyre des serviteurs qui ne sont que des hommes mortels? Quoi? on croira que le sepulcre où le Sauveur du monde a été enfermé, n'est digne d'aucun respect, tandis qu'on a de la veneration pour les tombeaux des martyrs, qu'on se met de leurs cendres sur les yeux, & qu'on les baise même, quand on a la liberté de le faire? Si on ne veut pas nous en croire, qu'on en croïe du moins le démon & ses Anges. Quand on les chasse du corps des possedés en presence de ce saint sepulcre, on les y voit comme des criminels devant le tribunal de JESUS-CHRIST, tremblans, rugissans, & se repentans, mais trop tard, d'avoir crucifié celui dont ils ne sçauroient soutenir la presence. Si la ville de Jerusalem (comme une bouche impie & sacrilege a osé le proferer) est devenuë abominable depuis la mort du Sauveur, d'où vient donc que S. Paul se hâta d'y venir celebrer la fête de la Pentecôte? D'où vient, disoit-il à ceux qui vou-
Act. 21. 12. loient l'arrêter: *Pourquoi pleurer ainsi & m'attendrir le cœur? Je vous declare que je suis tout prêt de souffrir à Jerusalem, non seulement la prison, mais la mort même, pour le nom du Seigneur Jesus?* D'où vient que tant de personnes illustres par leur pieté, après avoir été instruits des verités de l'Evangile, envoïoient-ils leurs offrandes & leurs aumônes aux fidelles qui demeuroient à Jerusalem?

Nous n'aurions jamais fait si nous entreprenions de compter ici combien d'Evêques, de

Martyrs, de gens savans & consommés dans la science de l'Eglise sont venus à Jerusalem depuis l'Ascension du Fils de Dieu jusqu'à present, persuadez qu'ils étoient qu'il eût manqué quelque chose à leur religion, à leur science, & à leur vertu, s'ils n'avoient pas adoré Jesus-Christ dans le lieu même où la croix a donné naissance à l'Evangile. Si Ciceron a crû qu'il pouvoit reprocher à un [a] certain personnage, d'avoir appris le Grec non pas à Athenes, mais à Lilybée, & le Latin non pas à Rome, mais en Sicile ; parce que chaque païs a quelque chose de particulier qui le distingue, & qui ne se trouve pas dans les autres : pourquoi ne pourrons-nous pas dire qu'il est impossible de se perfectionner dans la science des Saints, sans avoir demeuré à Jerusalem, qui est l'Athenes du Christianisme ? Il est vrai que le roïaume de Dieu est au dedans de nous, & que la sainteté est de tous païs : mais on a l'avantage de voir ici les premiers hommes du monde pour la vertu ; & nous y sommes venuës, non pas comme les premieres, mais comme les dernieres en merite, pour y voir ce que toutes les autres Nations ont de plus illustre & de plus grand. On ne peut disconvenir que les Solitaires & les Vierges ne soient, pour ainsi dire, la fleur de la religion, la richesse & l'ornement de l'Eglise. Or s'il y en a quelqu'un dans les Gaules qui se distingue par sa vertu, il se fait un devoir de venir à Jerusalem. S'il s'en trouve dans la Grand'-Bretagne qui ait fait quelque progrès dans la perfection, il quitte

---

a Ciceron l. 1. in Ver. fait ce reproche à Q. Cecilius qui vouloit plaider la cause des Siciliens contre Verrés.

son païs, & vient des extremités du monde, chercher une Ville qu'il ne connoît que par sa reputation, & parce qu'il en a lû dans les Saintes Ecritures. Que dirons-nous des Solitaires d'Armenie, de Perse, des Indes, d'Ethiopie & d'Egypte, qui est voisine de la Palestine, & si fertile en Solitaires; de ceux de Pont, de Cappadoce, de Cele-Syrie, de Mesopotamie, & de tout l'Orient, qui verifiant ce que dit le Sauveur : *Par tout où le corps mort se trouvera, les aigles s'y assembleront*; viennent en foule visiter ces Lieux-Saints, & nous donnent des exemples de toutes sortes de vertus ? Leur langage est different, mais leur religion est la même. On y entend chanter les loüanges de Dieu par autant de chœurs, qu'on y voit des Nations differentes. L'humilité, qui tient le premier rang parmi les vertus Chrétiennes, est leur vertu favorite; c'est à qui sera le plus humble, & le dernier de tous y passe pour le premier. Leurs habits simples & communs n'attirent point les regards & l'admiration des autres; un chacun peut s'habiller comme il lui plaît, sans craindre d'en être ni loüé ni blâmé. Ce n'est point par le jeûne qu'on se distingue parmi eux; & comme ils ne font point consister la vertu dans de longues abstinences, aussi ne condamnent-ils point ceux qui mangent avec moderation. *Si quelqu'un tombe, ou s'il demeure ferme, cela regarde son maître*; & personne ne condamne les autres, de peur que le Seigneur ne le condamne lui même. On ne se déchire point ici, comme on fait ailleurs, par de cruelles medisances : le luxe & le libertinage en sont entierement bannis; & il y a dans la

Matth. 24. 28.

Rom. 14. 4.

ville seule tant de lieux de devotion, qu'il est impossible de les visiter tous en un seul jour.

Mais pour venir au lieu où JESUS-CHRIST a pris naissance, & où la sainte Vierge le mît au monde, (car on prend plaisir à loüer ce qu'on possede ;) de quels termes & de quelles expressions pouvons-nous nous servir pour vous en donner une juste idée ? Il vaut mieux honorer par un respectueux silence cette créche où le Sauveur encore enfant jetta ses premiers cris, que d'en faire un éloge qui ne réponde pas à la dignité d'un lieu si saint & si auguste. Où sont ces vastes galeries, ces lambris dorez, ces magnifiques maisons qui ne sont ornées, pour ainsi dire, que des peines des miserables, & des travaux criminels ? Où sont ces superbes bâtimens, que l'on prendroit pour autant de palais, & que de simples particuliers ont élevés, afin qu'un corps de boüe, qui n'est digne que de mépris, ait le plaisir de se promener dans de riches appartemens, & d'en preferer la beauté à celle du ciel, comme s'il y avoit rien au monde de plus beau & de plus digne de nos regards que le monde même ? Ici l'on voit dans un petit coin de la terre le lieu où le Createur du ciel est né, où il a été envelopé de langes, reconnu par les Pasteurs, découvert par une étoile, adoré par les Mages. Oseroit-on comparer à un lieu si saint ^a le Mont Tarpeïen, qui n'a été si souvent frapé de la foudre, que parce que le Seigneur ne l'aimoit pas ? Lisez l'Apocalypse, & voïez ce que dit saint Jean

Apoc. 17. 3.

---

a C'est-à-dire le Capitole, qui fut appellé *Tarpeïen* du nom de *Tarpeïa* qui livra cette place à Tatius general des Sabins, & qui fut enterrée sur cette montagne.

d'une [a] femme vêtuë de pourpre, des noms de blaspheme qu'elle portoit sur son front, des sept montagnes & de la multitude des eaux sur lesquelles elle étoit assise, & enfin de la destinée de Babylone. *Mon peuple, dit le Seigneur, sortez de cette ville, de peur que vous n'aïez part à ses pechez, & que vous ne soïez enveloppé dans ses playes. Fuïez du milieu de Babylone, & que chacun ne pense qu'à sauver sa vie. Elle est tombée cette grande Babylone, elle est tombée, & elle est devenuë la demeure des démons, & la prison de tous les esprits impurs.* Il est vrai que l'Eglise de Rome est sainte, on y voit les trophées des Apôtres & des Martyrs ; c'est-là qu'ils ont prêché & confessé la foi de JESUS-CHRIST ; c'est-là que le nom des Chrétiens victorieux du Paganisme, devient de jour en jour plus glorieux & plus éclatant. Mais la pompe & la magnificence de cette grande ville, le faste qui y regne, la passion qu'on a de voir & d'être vû, de faire & de recevoir des complimens, de loüer & de medire, d'entendre & de debiter des nouvelles ; la necessité même où l'on se trouve de voir une si grande foule de monde ; tout cela ne convient nullement à des Solitaires, & n'est propre qu'à troubler leur repos. En effet, consent-on à recevoir des visites ? ce ne peut être qu'aux dépens du silence. Ne veut-on voir personne ? on passe pour un orgueilleux. Veut-on rendre les visites que l'on a reçûës ? il faut aller à la porte des Grands, & passer dans des anti-chambres dorées à travers une foule de laquais qui vous donnent

Ibid. 18. 4.

---

[a] S. Jérôme applique ici à la ville de Rome, où demeuroit Marcelle, tout ce que S. Jean dit de Babylone.

toûjours quelque coup de dent en paſſant.

Ici tout eſt champêtre, & hors le tems de la pſalmodie, un profond ſilence y regne par tout. De quelque côté qu'on ſe tourne, on entend le laboureur chanter alleluïa en menant ſa charuë, le moiſſonneur tout en eau ſoulager ſon travail par le chant des Pſeaumes, & le vigneron chanter quelques Cantiques de David en taillant ſa vigne. Voilà quels ſont les airs du païs ; voilà, comme on dit ordinairement les chanſons amoureuſes que chantent les bergers ; voilà à quoi les païſans s'occupent en cultivant la terre.

Mais que faiſons-nous ? occupées que nous ſommes de ce que nous ſouhaitons, nous ne penſons point à ce que la bienſéance exige de nous. Quand ſera ce, Madame, qu'un Courier tout hors d'haleine viendra nous apprendre vôtre arrivée dans la Paleſtine ? Quand ſera-ce que des troupes de Solitaires & de Vierges répandront par tout cette heureuſe nouvelle ? Déja tranſportés de joie nous nous hâtons d'aller à pié au devant de vous, l'impatience que nous avons de vous voir ne nous permettant pas d'attendre de voiture. Nous aurons le plaiſir de vous regarder, de vous prendre les mains, & de vous embraſſer ſi tendrement, qu'à peine pourrons-nous nous arracher d'entre vos bras. Aurons-nous jamais le bonheur d'entrer enſemble dans la creche du Fils de Dieu ? d'y pleurer dans ſon ſepulcre, & d'y mêler nos larmes avec celles de la ſainte Vierge & de [a] ſa ſœur ?

---

[a] C'eſt-à-dire, de Marie femme d'Alphée, ou de Cleophas ſelon ſaint Jean; mere de ſaint Jacques le Mineur, & ſœur de la ſainte Vierge.

de baiser sa croix, de l'accompagner sur la montagne des olives, & de le suivre en esprit dans le ciel ? de voir resusciter Lazare lié de bandes ? de considerer les eaux du Jourdain que Jesus-Christ a purifiées par son batême ? d'aller au lieu où étoient les Bergers lors qu'ils apprirent la naissance du Sauveur ? de faire nos prieres dans le mausolée de David ? de voir le Prophete Amos sonner de la trompette sur le haut de son rocher ? de visiter les tentes & les tombeaux d'Abraham, d'Isaac & de Jacob, & de ᵃ trois femmes qui se sont renduës si illustres par leur vertu ? de voir la fontaine où Philippe baptisa l'Eunuque ? d'honorer dans Samarie les cendres de saint Jean-Baptiste, d'Elisée & du Prophete Abdias ? d'entrer dans les cavernes où l'on fit subsister tant de Prophetes dans les tems de la persecution & de la famine ? Nous irons à Nazareth, qui est *la fleur* de la Galilée, (car c'est ce que ce mot signifie en Hebreu.) Nous découvrirons près de là la ville de Cana ou Jesus-Christ changea l'eau en vin. Nous monterons sur le Thabor pour y voir le Sauveur, non pas avec Moïse & Elie, comme saint Pierre le souhaitoit autrefois, mais avec le Pere & le Saint Esprit. De là nous viendrons sur le rivage de la mer de Genezareth, & nous y passerons par le desert où Jesus-Christ rassasia ᵇ quatre & cinq mille hommes, de cinq & de sept pains.

ᵃ S. Jérôme veut parler de Sara, de Rebecca & de Lia, qui furent ensevelies avec leurs époux dans l'antre double qu'Abraham acheta d'Ephron, comme il est rapporté au ch. 49. de la Genes. ỳ. 31.

ᵇ S. Jérôme parle ici de deux differens miracles que fit Jesus-Christ ; l'un lorsqu'il rassasia cinq mille hommes de cinq pains & de deux poissons, Matth. 14. 21. & l'autre lors qu'il rassasia quatre mille hommes de sept pains & de quelques petits poissons. ibid. 15. 38.

Nous entrerons dans la ville de Naïm à la porte de laquelle le Fils de Dieu reſuſcita le fils d'une veuve. Nous verrons la montagne d'Hermon, le Torrent d'Endor où Siſara fut defait, & Capharnaum où le Sauveur a fait tant de miracles : enfin nous parcourrons toute la Galilée. Nous repaſſerons enſuite par Silo, par Bethel, & par tous les autres lieux où l'on a bâti des Egliſes qui ſont comme autant de trophées élevés à la gloire du Seigneur. Quand nous ſerons de retour à Bethléem, toute nôtre occupation ſera de pſalmodier jour & nuit, de pleurer ſouvent, de prier ſans ceſſe ; & percées que nous ſerons d'un de ces traits dont Jesus-Christ ſe ſert pour bleſſer les ames, & pour s'en faire aimer, nous dirons de concert : *J'ai trouvé celui que mon ame cherchoit, je le tiendrai, & ne le quitterai jamais.* Cant. 3. 4.

XXXIV. LETTRE
à la même.

Ecrite la mê-me année que la précedente.

Saint Jerôme joignit cette Lettre à celle de Paule & d'Eustoquie, pour prier Marcelle de venir à Bethléem. Il lui fait voir que le sejour de Rome n'est propre qu'à corrompre les ames, & à troubler le repos des Solitaires : qu'au contraire on goûte à Bethléem des plaisirs tranquilles, & qu'on n'y voit rien qui n'inspire la pieté.

[a] Ambroise aux dépens duquel Origéne, qui est nôtre [b] Chalcentére & nôtre Adamante, composa ce nombre prodigieux de livres qu'il a mis au jour, dit dans une lettre qu'il lui écrivoit d'Athenes, qu'il ne se mettoit jamais à table en la compagnie de ce Grand-Homme sans faire lire quelque livre durant le repas ; ni au lit sans entendre la lecture de l'Ecriture sainte que faisoit un de leurs Freres ; & qu'ils faisoient jour & nuit succeder la priere à la lecture, & la lecture à la priere. Lâches & sensuels que nous sommes, avons-nous jamais rien fait de semblable ? Helas ! à peine

---

a Cet Ambroise, comme dit Eusebe lib. 6. hist. Eccl. c. 15. suivoit les erreurs des Valentiniens ; ou des Marcionites selon S. Jerôme lib. de script. Eccl. Origénes étant venu à Alexandrie le convertit à la Religion Chrétienne.

b Chalcentére, selon l'étimologie Greque, veut dire *qui a des entrailles de fer.* Ammien Marcellin liv. 22. donne ce nom à Didyme le Grammairien. S. Jerôme est le premier qui l'art appliqué à Origéne, pour marquer qu'il étoit infatigable dans le travail. C'est aussi pour cela qu'on l'appelloit *Adamantius*, c'est-à-dire *qui est de diamant*

avons-nous donné une ou deux heures à la lecture, que nous baaillons d'ennui, nous nous
frotons le visage, nous nous plaignons de la
poitrine; & comme si nous avions beaucoup
travaillé, nous cherchons à nous delasser dans
des occupations toutes mondaines. Je ne dis
rien de ces festins qui appesantissent l'esprit;
de cette demangeaison qu'on a de faire ou de
recevoir des visites; de ces conversations où
l'on parle sans aucune retenuë, où l'on déchire
la reputation des absens; où l'on fait le portrait
d'un chacun, où l'on se mord & se devore les
uns les autres. Tout le repas se passe dans ces
sortes d'entretiens. Après que la compagnie s'est
retirée, on compte à combien se montent les
frais du festin, & alors ou l'on entre en fureur
comme un lion; ou l'on se donne mille soins
& mille mouvemens inutiles pour amasser de
quoi vivre durant plusieurs années, sans pen-
ser à ce que dit l'Evangile: *Insensé que tu es,* *Luc 12. 20.*
on enlevera ton ame cette nuit; & pour qui se-
ra-ce ce que tu as amassé? On cherche dans
les habits non pas ce qui peut satisfaire aux besoins de la nature, mais ce qui peut contenter
le luxe & la delicatesse. Trouve-t-on quelque
chose à gagner? on est toûjours alerte: a-t-on
fait quelque perte, comme il arrive ordinairement dans les familles? on se chagrine,
on languit: le moindre petit gain nous trans-
porte de joie; la moindre petite perte nous ac-
cable de tristesse. De là vient que le Prophete
Roi, voïant qu'un même homme changeoit à
tout moment de visage, disoit à Dieu: *Sei-* *Psal. 72.*
gneur, effacez leur image dans vôtre cité. Créés 20.
que nous sommes à l'image & à la ressemblance

I i ij

d'un Dieu, nous prenons plusieurs formes differentes par le panchant malheureux que nous avons au mal ; & comme un Comedien fait sur le theatre le personnage tantôt d'un Hercule robuste & vigoureux, tantôt d'une Cibéle foible & chancelante : de même nous que le monde haïroit si nous n'appartenions pas au monde, nous joüons autant de differens personnages, que nous commettons de crimes differens.

Puis donc que nous avons déja passé la meilleure partie de nôtre vie dans le trouble & dans l'agitation, & que nous avons ou essuïé tant de tempêtes, ou donné contre tant d'écueils ; pourquoi ne pas profiter de la premiere occasion qui se presente de nous retirer dans la solitude comme dans un port assuré ? Là nous vivons de gros pain, de legumes que nous avons arrosés nous-mêmes, & de lait qui fait toutes les delices de la campagne. Nos repas sont simples, mais ils sont innocens ; & en vivant de la sorte, le somméil n'interromp point nos oraisons, ni l'excès des viandes nos lectures. En Esté couchez à l'ombre d'un arbre, nous nous en faisons un lieu de retraite : en automne l'air doux & temperé qu'on respire, & les feüilles qui sont sous les arbres, nous invitent à y prendre nôtre repos : au prin-tems toute la campagne y est couverte de fleurs, & le ramage des oiseaux nous fait trouver un nouvel agréement dans la psalmodie : en hyver nous n'avons point besoin d'acheter de bois, nous veillons & nous dormons chaudement parmi les frimats & les neiges ; & tout pauvres que nous sommes, nous ne laissons pas de nous bien chauffer. Que Rome donc mette son plaisir & sa vanité dans la multitude de ses habitans, dans la fureur de ses gladiateurs, dans les folies de son cirque, dans la pompe & la magnificence de ses theatres. Que les solitaires mêmes de cette grande ville se fassent une occupation de voir tous les jours les Dames, de se trouver dans leurs cercles; pour nous *nous trouvons nôtre avantage à demeurer attachés à Dieu, & à mettre nôtre esperance dans le Seigneur;* afin de pouvoir dire dans le ciel, qui doit être la recompense de nôtre pauvreté, *Qu'y a-t-il à desirer pour moi dans le ciel, Seigneur, & qu'ai-je souhaité sur la terre que vous seul?* En effet, nous trouverons dans ce roïaume celeste une si grande abondance de biens, que nous nous repentirons de nous être occupés sur la terre à rechercher les biens fragiles & perissables de ce monde.

Psal. 72. 27.

Ibid. ℣. 24.

ᵃ Mais pour venir à nôtre petit bourg de Bethléem, & à la demeure de Marie, (car on se fait un plaisir de loüer ce qu'on possede,) quelle idée assez grande puis-je vous donner de cet antre où le Sauveur du monde est né, & de cette creche où il jetta ses premiers cris ? Il vaut mieux ne rien dire d'un lieu si saint, que de n'en dire pas assez. Où sont ces vastes galeries, ces lambris dorés, ces maisons magnifiques qui ne sont ornées, pour ainsi dire, que des sueurs des miserables, & des travaux des criminels ? où sont ces superbes palais que des particuliers bâtissent, pour donner à une creature vile & méprisable le plaisir de se promener dans des apartemens richement meublés, &

---

a Tout le reste de cette Lettre est mot pour mot dans la precedente.

XXXIV. LETTRE

d'en considerer la beauté plûtôt que celle du ciel, comme si le monde n'étoit pas le plus agreable de tous les objets, & le plus digne d'attirer nos regards ? C'est à Bethléem, c'est dans ce petit coin de la terre que le Createur du ciel a voulu naître : c'est là qu'il a été envelopé de langes ; c'est-là que les Bergers l'ont vû, que l'étoile l'a fait connoître, que les Mages l'ont adoré. Peut-on douter que ce lieu, tout petit qu'il est, ne soit plus saint que le mont Tarpeïen, qui n'a été si souvent frapé de la foudre, que parce que Dieu l'avoit en aversion ? Il est vrai que l'Eglise de Rome est sainte ; qu'on y voit les tombeaux des Apôtres & des Martyrs, que c'est là qu'ils ont prêché l'Evangile, & rendu témoignage à JESUS-CHRIST ; & que la gloire du nom Chrétien s'établit tous les jours sur les ruines mêmes du paganisme. Mais au reste la magnificence, la pompe, la grandeur de cette ville ; la demangeaison qu'on a de voir & d'être vû, de faire des civilités & d'en recevoir, de loüer & de medire, d'écouter & de parler ; cette foule de monde qu'on y voit tous les jours, tout cela est entierement contraire à la profession & au repos des Solitaires. Car si on reçoit des compagnies, on est obligé de rompre le silence : si on ne veut voir personne, on passe pour un superbe ; si on veut rendre les visites qu'on a reçües, il faut aller à la porte des Grands du monde, & entrer dans des antichambres dorées, à travers une foule de laquais qui vous donnent toûjours quelque lardon en passant. A Bethléem tout est champêtre, & le silence n'y est interrompu que par la psalmodie. De quelque côté qu'on se tourne, on entend le laboureur chanter *alleluia*, le moiſſonneur tout en eau pſalmodier pour adoucir ſon travail, & le vigneron chanter quelques Pſeaumes de David en taillant ſa vigne. Voilà les airs, & comme on dit communément, les chanſons amoureuſes que l'on entend ici. Adieu.

XXXV. LETTRE
à la même.

Saint Jérôme remercie Marcelle de quelques preſens qu'elle lui avoit envoïez, auſſi-bien qu'à Paule & Euſtoquie, & il en explique ici les uſages d'une maniere ſpirituelle & morale.

L'année de cette Lettre & de la ſuivante eſt incertaine.

Nous faiſons tout ce que nous pouvons les uns & les autres pour nous conſoler mutuellement de nôtre abſence. Vous nous envoïez des preſens, & nous vous envoïons des lettres pour vous en remercier. Mais comme les preſens que vous nous avez envoïez conviennent à des Religieuſes, il faut déveloper ici ce qu'ils ont de myſterieux. Le ſac eſt le ſymbole de l'oraiſon & du jeûne : les tabourets aprennent à une Vierge à ne point ſortir de ſon cloître : les bougies lui font voir quelle doit toûjours avoir ſa lampe allumée, en attendant l'arrivée de ſon Epoux : les coupes l'inſtruiſent de l'obligation qu'elle a de mortifier ſa chair, & d'être toûjours prête à ſouffrir le martyre, ſelon ce que dit le Prophete Roi : *Que le calice du Seigneur, qui a la force d'enivrer, eſt admira-*

Pſal. 22. 5.

ble! Enfin les petits éventails dont vous faites présent à nos Dames, & qui servent à chasser les mouches, marquent qu'on doit avoir soin d'étouffer dès leur naissance les desirs dereglés de la chair, parce que *les mouches qui meurent dans le parfum en gâtent la bonne odeur.* Voilà des instructions pour les Vierges & pour les Dames. Ces presens me conviennent aussi parfaitement bien, quoique dans un sens different : car les tabourets sont propres aux gens oisifs ; le sac est necessaire aux pecheurs qui font penitence, & la coupe à ceux qui boivent. Ceux même qui durant la nuit se sentent troublés par les fraïeurs d'une conscience inquiete & chargée de crimes, sont bien aises d'avoir une bougie allumée pour dissiper leurs craintes, & calmer les agitations de leur esprit.

Eccl. 10. 11.

XXXVI. LETTRE

à Eustoquie.

Saint Jérôme écrivit cette Lettre à Eustoquie, pour la remercier de quelques presens qu'Elle lui avoit faits, le jour de la feste de saint Pierre. Il moralise sur chaque present en particulier, & prend occasion de là d'instruire cette Vierge de ses obligations.

A Juger des choses par les apparences, la Lettre, les brasselets, & les pigeons que vous m'avez envoïés, sont des presens de peu de consequence : mais l'affection avec laquelle vous me les avez faits, leur donne tout leur prix, & me les rend tres-considerables. Cependant comme Dieu deffendoit dans l'ancienne loi d'offrir du miel dans les sacrifices qu'on lui faisoit, aussi avez vous sçû l'art d'épicer, pour ainsi dire, vos presens, & de mêler l'amertume à vos douceurs. Les choses les plus agreables & les plus douces selon Dieu, paroissent fades & insipides, à moins qu'on n'ait soin de les relever par les traits de quelque verité un peu piquante. L'amertume est l'assaisonnement de la Pâque de JESUS-CHRIST. Mais comme nous celebrons aujourd'hui la fête de saint Pierre, il est juste de passer cette journée un peu plus agreablement que les autres ; ensorte neanmoins que nous ne nous écartions pas trop de nos pratiques ordinaires, & que nous mêlions toûjours à nos divertissemens quelque trait de l'Ecriture sainte.

Nous lisons dans les livres Saints que le Seigneur mît des brasselets aux mains de Jérusalem, que Jérémie donna une lettre à Baruch ; & que le Saint-Esprit descendit sous la forme d'une colombe. Pour assaisonner donc cette Lettre de quelque chose de vif & de piquant, & vous faire ressouvenir de ª celle que je vous ai écrite autrefois ; prenez garde, je vous prie, d'abandonner la pratique des bonnes œuvres, qui sont vos veritables ornemens, & qui doivent vous tenir lieu de brasselets : de déchirer *la lettre qui est écrite dans vôtre cœur*, de même qu'un ᵇ Roi impie coupa celle que Jeremie avoit donnée à Baruch : prenez garde enfin que

Ezech. 16. 11.

2. *Cor.* 3. 2.
Jer. 36. 23.

---

a S. Jérôme veut parler du livre de la Virginité qu'il dédia à Eustoquie, & contre lequel tout Rome se dechaîna, comme il le dit lui-même dans sa lettre à Nepotien.

b Joachim Roi de Juda.

le Prophete Osée ne vous dise comme à Ephraïm : *Vous êtes devenuë semblable à une colombe sans intelligence.*

Osée 7. 11.

Vôtre stile, me direz-vous, est un peu trop mordant, & je ne m'attendois pas à recevoir une lettre si seche à un jour de fête. Vous vous l'êtes attirée, Madame, cette lettre, par l'amertume dont vous avez assaisonné les presens que vous m'avez envoïés : je veux aujourd'hui vous rendre la pareille, & mêler un peu d'aigreur à mes complimens. Mais de peur que vous ne croïiez que j'ai dessein de diminuer le prix de vos presens, je vous remercie aussi du panier de cerises que vous m'avez envoïé. Elles m'ont paru si fraîches & si vermeilles, que j'ai crû que Lucullus ne faisoit que de les apporter. (Car ce fut lui qui après avoir conquis le Pont & l'Armenie, apporta le premier de Cerasonte à Rome cette sorte de fruit, qui a pris son nom du païs où il croît.) Puisque l'Ecriture sainte nous parle *d'un panier plein de figues*, & qu'elle ne dit rien des cerises, j'appliquerai à celles-ci, ce qu'elle dit de celles-là. Je souhaite donc que vous soïez comme ces figues que Jeremie vit devant le Temple de Dieu, & dont le Seigneur disoit : *Celles qui sont bonnes, sont tres-bonnes.* En effet le Sauveur ne veut rien de mediocre, il prend ses delices dans une ame toute de feu ; il ne rebute pas même celle qui est toute de glace, mais il nous assûre dans l'Apocalypse qu'il rejette les ames tiedes & languissantes. Nous devons donc avoir soin de passer la fête que nous celebrons aujourd'hui, non pas dans les festins, mais dans une joie toute spirituelle ; car ce se-

Jer. 24. 1.

Apoc. 3. 16.

roit une chose indigne de vouloir honorer par la bonne chere, un Martyr qui s'est rendu agreable à Dieu par ses jeûnes. Mangez en-sorte que vous puissiez vous appliquer à l'orai-son & à la lecture immediatement après le re-pas ; & si quelqu'un n'approuve pas vôtre conduite en cela, dites lui avec l'Apôtre saint Paul : *Si je voulois encore plaire aux hommes*, Gal. 1. 10. *je ne serois pas servante de* JESUS-CHRIST.

REMARQUES

SUR LES ENDROITS

les plus difficiles des Lettres de S. Jérôme.

Lettre III. à Julien Diacre. [*L'Hidre Espagnolle, toûjours envenimée contre moi, a beau me déchirer.*]

SAint Jérôme parle ici de quelque Espagnol qui déchiroit sa réputation par de cruelles medisances. On ne sçait point qui étoit ce calomniateur. Gravius a crû que ce pouvoit être le Prêtre Lupicin, dont saint Jérôme parle dans sa Letrre à Chromace. Mais Lupicin étoit d'Hongrie, & non pas d'Espagne. On avoit crû d'abord que ce medisant que saint Jérôme appelle, *Hibera excetra*, étoit Vigilance, qui a été un des plus grands ennemis de ce saint Docteur. On fondoit cette conjecture sur ce que saint Jerôme écrivant contre cet Heretique, dit qu'il demeuroit au-pié des Pirenées, & sur les frontieres d'Espagne. *Ad radices Pyrenai habitas, vicinusque es Hiberia*, soit parce que Vigilance s'étoit établi dans le Diocese de Barcelone, soit à cause qu'il étoit de la ville de Cominges, qui est située au pié des Pirenées. Mais comme les disputes de saint Jérôme avec Vigilance n'éclaterent qu'en 406. & que cette époque ne s'accorde point avec celle de la Lettre au Diacre Julien, qui a été écrite vers l'an 372. on a été obligé d'abandonner cette conjecture.

[*Domestique de sainte Melanie.*] Il y a dans le texte : *Sancti Melanii famulus* ; & c'est ainsi que portent toutes les editions, & tous les manuscrits, ce qui a obligé quelques Auteurs de traduire : *Domestique de saint Melan*, au lieu de, *sainte Melanie*. Mais ils se sont trompés ; car les Peres donnoient quelquefois une terminaison masculine aux noms des femmes qui se distinguoient par leur vertu. S. Paulin écrivant à Sulpice Severe, & parlant d'une partie de la vraie Croix dont cette même Melanie lui avoit fait present, dit Epist. 31. *Quod nobis bonum benedicta* Melanius *ab Hierusalem attulit.* Il dit encore Epist. 29. *De sancta fœmina* Melanii *benedictione mihi pignus est.* S. Augustin dans l'inscription de la Lettre 124. donne aussi le nom d'*Albinus* à Albine mere de la jeune Melanie, qu'il appelle aussi Melanius : *Albino, Piniano, & Melanio.* S. Jérôme en parlant aussi d'Albine dans sa Lettre à S. Augustin & à Alypius, dit : *Albinus, Pinianus, & Melania plurimùm vos salutant.*

Lettre XII. à Rufin.

[*J'ai reçû ici le saint Prêtre Vigilance.*] Gravius croit que ce Vigilance dont parle ici saint Jérôme, est different de celui dont ce Pere combatit depuis les erreurs. Mais il est aisé de juger que c'est le même. Car 1°. Vigilance étoit de même païs que saint Paulin, c'est-à-dire, d'Aquitaine, saint Paulin étant né à Bourdeaux, & Vigilance à Cominges, comme le témoigne saint Jerôme dans le Livre qu'il a fait contre cet heretique : *Respondet*, dit-il, *generi suo,*

Lettre XVII. à S. Paulin.

ut qui de latronum & convenarum natus est semine, quos Cn. Pompeius in unum oppidum congregavit, unde & convenarum urbs nomen accepit. 2°. S. Paulin & Vigilance s'étoient connus en Espagne, car dans le tems que S. Paulin demeuroit à Barcelone, Vigilance étoit Curé dans le Diocese de Barcelone. 3°. Vigilance avoit fait un voïage en Palestine, & il y avoit été connu de S. Jerôme, comme ce Pere le témoigne dans sa Lettre à Riparius : *Vidi hoc aliquando portentum* ; & dans le livre qu'il a fait contre cet heretique : *Recordare, quaso, illius diei, quando me de resurrectione prædicante, ex latere subsultabas.* 4°. Lors que Vigilance partit d'Espagne pour aller en Palestine, saint Paulin lui donna des Lettres de recommandation pour saint Jerôme. C'est ce que ce Pere nous apprend au même endroit : *Credidi sancti Presbyteri Paulini Epistolis, & illius super nomine tuo non putavi errare judicium.* Tout cela fait voir que Vigilance dont parle ici S. Jerôme, est le même que celui dont il combatit depuis les erreurs.

Lettre XVIII. Rustique.

[*N'arrivent à la tres-grande ville.*] On ne sçait point quelle est cette *grande ville* dont parle ici S. Jerôme. Comme ce Pere donne quelquefois aux lieux la signification qu'ils ont dans la langue Hebraïque, on avoit crû d'abord que cette *tres grande ville* pouvoit être *Rabbath*, qui dans la langue Hebraïque signifie *tres-grande*, selon la remarque de saint Jerôme dans ses commentaires sur le 25. chap. d'Ezechiel : *Rabbath,* dit-il, *vel proprie hoc appellatur nomine, vel ob magnitudinem ; Rabbath enim Maxima dicitur.* Mais on a été obligé d'abandonner cette conjecture, parce que S. Jerôme nous apprend dans son commentaire sur le 21. chap. du même Prophete, que la ville de Rabbath s'appelloit de son tems *Philadelphie* du nom de Ptolemée Philadelphe. Or Philadelphie n'étoit point une ville maritime, comme le remarque S. Jerôme dans son commentaire sur le chap. 3. de Nahum: *Philadelphia*, dit-il, *non est sita super flumina, nec opes ejus de mari congregantur, nec aquæ sunt muri ejus, quippe quæ mediterranea sit.* Ainsi Rabbath ne peut être cette *tres-grande ville* dont parle ici saint Jerôme, d'où l'on commençoit à découvrir l'Ocean, & où l'on s'embarquoit pour faire le voïage des Indes. Si l'on en juge par la description que saint Jerôme en fait ici, elle devoit être située vers le détroit de Bebel-mandel, où la mer Rouge se joint avec la mer d'Arabie, à peu près où est aujourd'hui la ville d'Aden.

[*Les gruës en ont une à leur tête que toutes les autres suivent dans un si bel ordre, qu'elles forment en l'air la figure d'une Lettre.*] Il y a dans le texte: *Grues unam sequuntur ordine litterato.* Pline nous a donné quelque jour pour expliquer ces paroles comme nous avons fait; car ce sçavant naturaliste remarque l. 10. hist. nat. c. 23. que les gruës forment en l'air une espece d'escadron, dont les deux aîles s'étendent insensiblement vers la queüe: *à tergo sensim dilatante se cuneo porrigitur agmen.* Celle qui les conduit en fait la pointe, & les autres sont sur les deux aîles. Ainsi elles forment en volant la figure d'un Y. Martial qui attribuë cette observation à Palamede dit aussi:

Ibid.

Turbabis versus, nec littera tota manebit
Unam perdideris si Palamedis avem.

Claudien en fait aussi la description dans son poëme de la guerre de Gildon :

Ordinibus variis per nubila texitur alis
Littera, pennarumque notis inscribitur aër.

Lettre XIX. à Léta. [La caverne du Dieu Mithra.] Mithra est un nom sous lequel les Perses adoroient le soleil. Ils le representoient avec une face de lion, & une espece de tiare ou bonnet Persan sur la tête. C'est pour cela, selon Porphire, que l'on donnoit à ce culte superstitieux le nom de *ceremoniæ leoninæ*. S. Jerôme dans son commentaire sur le 3. chap. d'Amos, dit que ce Dieu Mithra est le même à qui Basilides donnoit le nom d'*Abraxas*, à cause que le soleil fait son cours en 365. jours, dont le nombre est marqué par les lettres Grecques qui composent ce nom barbare : *Basilides omnipotentem Deum portentoso nomine appellat ἀβραξαϛ & eundem secundùm Græcas litteras, & annui cursûs numerum dicit in solis circulo contineri ; quem Ethnici sub eodem numero aliarum litterarum vocant* μύθραν.

Ibid. [Et ces monstrueuses idoles à qui l'on rendoit un même culte sous le nom de *Corax*, de *Nimphus*; du *soldat*; du *lion*, de *Perses*, & d'*Heliodrome*.] Il y a dans les editions : *Quibus Corax, Niphus, Miles, Leo, Perses, Helios, Bromius pater initiantur*. Mais on a suivi les manuscrits qui portent: *Quibus Corax, Nimphus,*

phus, *Miles*, *Leo*, *Perses*, *Heliodromus pariter initiantur*. Le sens de ces paroles est tres-obscur, & on n'ose pas se flater de l'avoir attrapé. On avouë de bonne foi qu'on ne sçait ce que c'est que toutes ces idoles, ou plûtôt tous ces monstres dont parle ici saint Jerôme. Voici neanmoins ce qui nous a paru de plus vraisemblable. Il y a quelque apparence que ces idoles étoient dans la caverne du Dieu Mithra, & qu'elles avoient toutes quelque rapport avec le soleil. Peut-être étoit-ce des figures d'animaux qui representoient les signes du Zodiaque, & qui marquoient le cours du soleil. On peut fonder cette conjecture sur ce que dit Porphyre l. 4. de abstin. *Qui ceremonias Leonicas suscipiunt, omnimodis animantium figuris induuntur, quarum rationem reddens Pallas in iis quæ de Mithræ mysteriis scripsit, ait se putare occasionem datam à communi circuli Zodiaci latione, ad quam intendunt sua mysteria.* Il faut donc expliquer ces mots barbares par le rapport qu'ils peuvent avoir avec le soleil.

Corax, qui en Grec signifie *corbeau*, étoit apparemment une idole qui representoit le Dieu Mithra avec un corbeau sur la tête, car c'est ainsi selon Albricus lib. de Imag. deor. c. 4. que les païens representoient Apollon (qui est le soleil des Anciens) pour marquer par là l'obscurité de ses oracles. A quoi l'on peut ajoûter ce que dit Hesiode dans sa Theogonie, qu'à la journée des Titans, la peur fit changer de figure à Apollon, & qu'il devint corbeau.

[*Nymphus*,] ce mot peut venir de νυμφεύω, qui en grec veut dire *marier*, & apparemment que *Nymphus* étoit un idole qui representoit le

Dieu Mithra sous les deux sexes, car c'est ainsi que les anciens Gaulois le representoient, pour montrer que le soleil étoit l'auteur de toutes les productions de la terre. Aussi est-ce l'idée qu'en donne Orphée dans une Ode qu'il a composée à l'honneur du soleil,

Germinum & idem autor, pariter puer atque puella.

[*Miles*] c'étoit peut-être une idole qui representoit les ceremonies que l'on pratiquoit, selon Tertullien, lors que l'on initioit quelqu'un aux mysteres du Dieu Mithra, c'est-à dire, un homme à qui l'on offroit une couronne, & qui la rejettoit pour faire voir qu'il vouloit que Mithra fût lui même sa couronne ; car c'est ainsi que Tertullien décrit cette ceremonie lib. de cor. mil. cap. 15. *Mithra, Miles,* dit-il, *cùm initiatur in spelæo... coronam sibi oblatam.. monetur obviâ manu capite depellere, dicens Mithram esse coronam suam.* Pamelius s'est servi du passage de S. Jerôme pour expliquer celui de Tertullien, de même que nous nous servons du passage de Tertullien pour éclaircir celui de S. Jerôme.

[*Leo.*] Les Perses representoient leur Dieu Mithra avec une face de lion, soit parce que le soleil est dans sa force lors qu'il est dans le signe du lion ; soit, comme dit Tertullien lib. 1. adv. Marc. c. 13. parce que le temperamment sec & ardent du lion, nous represente la vivacité & les ardeurs du soleil: *sicut arida & ardentis natura sacramenta, Leones Mithræ philosophantur.* On peut ajoûter à cela ce que nous lisons dans la fable, qu'Apollon, qui étoit le Dieu Mithra ou le soleil des Anciens, s'est changé en Lion. De là vient qu'Ovide lib. 6. metam. dit qu'Arachné representa dans son ouvrage Apollon changé en Lion & en éprévier :

—— *Est illic agrestis imagine Phœbus,*
Utque modò accipitris pennas, modo terga
Leonis gesserit.

[*Persés.*] Nous lisons dans la fable que Persés étoit fils du Soleil & de la Nimphe Perseïs. Peut-être donc que les païens mettoient son idole dans l'antre de Mithra, afin que le fils eut part aux honneurs que l'on rendoit au pere.

[*Heliodromus.*] Ce mot est composé de ἥλιος qui en grec signifie le soleil, & de δόρμος qui veut dire *course*. Cette idole étoit donc peut-être une espece de Zodiaque qui representoit le cours du soleil. On peut fortifier cette conjecture par le sentiment de Monsieur du Rondel, savant Professeur de Mastricht, qui dit dans une lettre raportée par l'Auteur de la Republique des Lettres, au mois de Decembre 1684. Que le Dieu Mithra étoit representé chez les Caldéens sous la figure de tous les animaux du Zodiaque.

Le lecteur doit regarder ces remarques comme des conjectures, & non point comme des explications. Mais je croi lui faire plaisir d'ajoûter ici celles du R. P. Dom Guillaume Fillâtre Religieux de Fecamp, l'un des plus beaux genies & des plus savans hommes que nous aïons, & qui auroit brillé dans la Republique des Lettres, si sa modestie ne l'avoit pas porté à demeurer toûjours caché sous le boisseau. Je l'ai consulté sur cet endroit de S. Jérôme, & voici comme il s'en explique dans une Lettre qu'il m'a fait l'honneur de m'écrire.

» Si nous avions encore l'histoire de Mithra
» qu'Eubulus avoit écrite en plusieurs volumes,
» comme dit S. Jerôme l. 2. in Jovin. Elle nous
» seroit d'un grand secours pour entendre ce
» qu'en dit ici ce Pere, par rapport à ce qu'il
» y avoit pû lire, & à quoi il y a sujet de croi-
» re qu'il fait ici allusion. Pour moi je vous
» avoüe que comme tous les mots dont ce passa-
» ge est composé sont autant d'énigmes, je n'o-
» se me flater d'en avoir attrapé le veritable sens.
» Voici mes conjectures que j'abandonne à vô-
» tre censure, pour y faire tel fond que vous ju-
» gerez à propos.

» [*Specum Mithræ.*] Les Perses adoroient le
» soleil sous le nom de *Mithra*, dont les Let-
» tres Grecques, comme le remarque saint Jé-
» rôme in Amos cap. 3. & que nous le dirons
» ci-après, font le nombre de 365. qui est celui
» des jours de l'année & du cours annuel de cet
» astre. Comme tout le monde lui sert de tem-
» ple, on ne lui en bâtissoit point en particu-
» lier, mais on l'honoroit dans des cavernes con-
» sacrées à cet usage, pour plusieurs raisons al-
» legoriques qu'en donnent les Auteurs, chacun
» selon son sentiment particulier; car ils ne s'ac-
» cordent pas bien là-dessus. La premiere de ces
» cavernes fut consacrée par Zoroastre : *Primus*
» *apud Persas, ut narrat Eubulus*, dit Porphy-
» re in antro Nymphar. *Speluncam naturâ factam*
» *in Persiæ montibus consecravit in honorem rerum*
» *omnium conditoris ac parentis Mithræ, ut per*

speluncam significarent mundum à Mithra esse conditum. Socrate l. 3. c. 12. en décrit une que les Chrétiens trouverent à Alexandrie : *Aditum, dit-il, repertum est immensæ altitudinis, in quo mysteria Gentium recondita erant.* Et Sozomene ajoûte que les choses que l'on y trouva étoient tout-à-fait bizarres & ridicules : *In Mithrio simulacra nescio quæ & instrumenta reperta sunt, ea vero ridicula admodum & peregrina visa sunt.* Si ces Auteurs étoient entrés dans un plus grand détail, on en auroit pû tirer quelque lumiere pour éclaircir cet endroit qui n'est pas moins obscur que la caverne même. A leur defaut nous apprenons du moins de Lactace ad lib. 1. Thebaid. Statii, que Mithra y étoit representé *Leonis vultu cum thiara, Persico habitu, & utriusque manibus bovis cornua comprimens.* On peut croire raisonnablement que les autres figures qui accompagnoient celle-là, en étoient des simboles, ou y avoient quelque rapport, comme nous allons tâcher de faire voir.

[*Corax.*] A ce que vous rapportez d'Alberic touchant le corbeau representé sur la tête d'Apollon ; on peut ajoûter que cet oiseau lui étoit consacré au rapport d'Elian liv. 7. de animal. c. 18. soit parce qu'il prédit les changemens de tems, comme dit Vossius, soit pour d'autres raisons qu'on en donne. Pierius hierogl. l. 22. c. 33. represente Apollon sous la figure d'un corbeau placé sur un piédestal comme une idole. Bulenger de magia l. 1. c. 4. dit qu'on voit encore une ancienne pierre ou *Mithra paroît fusâ chlamyde succinctus, veste breviori braccatus & manicatus, respiciens corvum,* avec cette inscription Ἡλίῳ μίθρᾳ ἀνικήτῳ, *Soli Mithræ in-*

» *victo.* Gruterus en rapporte encore une autre
» presque semblable. L'Auteur des commentaires
» sur les Epîtres de saint Paul attribués autrefois
» à saint Ambroise dit : *Coracina sacra habebant*
» *Pagani.* Je ne sçai si on ne pouvoit pas ajoûter
» à tout cela ce que Porphyre remarque, que ceux
» qui servoient aux sacrifices de Mithra s'appel-
» loient *Corbeaux*, de même que ceux qui étoient
» initiez à ses mysteres étoient nommés *Lions*;
» & que ceux qui avoient entre eux la qualité de
» Peres, portoient le nom d'*aigles* & d'*épreviers.*
» *Orgia ipsorum celebrantes mystas omnes mares*
» *leones vocabant; fœminas hyænas; ministros cer-*
» *vos, Patres aquilas & accipitres.* On peut ajoû-
» ter cette remarque à ce que nous dirons dans
» la suite sur les mots de *Niphus* & de *Leo.*

» [*Niphus*] *Niphus* & *Nimphus* sont des mots
» qu'il est mal-aisé de trouver ailleurs, aussi-bien
» que leur explication. C'est ce qui a fait prendre
» à Victorius le parti de mettre *Nisus* à leur pla-
» ce, *ita enim lego*, dit-il, *quia ipse etiam cole-*
» *batur.* Sa conjecture n'est pas tout-à-fait sans
» vraisemblance. *Nisus* est une espece d'éprevier,
» & il en porte souvent le nom ; *præ cæteris,*
» dit Aldrovandus, l. 5. c. 2. *accipitris nomine*
» *venit.* Et Vossius remarque que *accipiter com-*
» *plectitur etiam* ἀλιαίετον, *qui Nisus est veteribus.*
» Pierius dit que Zoroastre, au rapport d'Eusebe,
» representoit Dieu avec une tête d'éprevier, &
» il lui donne lui-même cette figure pour hiero-
» glyphique, de même que celle de l'éprevier en-
» tier pour celui d'Apollon ou du Soleil. En effet
» il lui étoit consacré comme son messager ;
»
» *Nam celer accipiter fit Phœbi nuncius ales,*

dit Homére dans l'Odiffée. Surquoi Euftathius dit : *Accipiter Apollini facer eft ob motus velocitatem.* On lui donne même par excellence le nom d'oifeau facré, comme on voit dans l'Eneïde de Virgile,

Celer accipiter faxo facer ales ab alto.

Il pourroit donc bien trouver fa place avec les autres auprès de Mithra.

[Miles] au fujet des paffages de Tertullien que vous citez ici fort à propos, il me femble avoir lû quelque part : *Mithræ facerdotes Milites vocamus.* Ce nom ne leur étoit pas donné fans fondement, puifque leurs exercices & leurs emplois ne convenoient pas moins à des foldats qu'à des Prêtres. Car il faloit qu'ils fuffent faits à la fatigue & à la patience des chofes les plus dures & les plus difficiles à fouffrir, & qu'auparavant qu'ils puffent être admis aux myfteres, ils paffaffent par les épreuves du feu, de la neige, de la faim, de la foif, des foüets, & de plufieurs autres femblables tortures, jufqu'au nombre de quatre-vingt; ce qui a fait appeller à Tertullien l. de cor. mil. le noviciat de Mithra *mimum martyrii*, & à faint Gregoire de Nazianze Orat. in fancta lumina, *juftum fupplicium*. Il faloit de plus qu'ils euffent une inhumanité plus que militaire pour égorger les hommes & les facrifier à la cruauté de leur Dieu : car Socrate remarque lib. 3. cap. 12. qu'entre plufieurs chofes qui furent trouvées dans la foffe de Mithra, il y avoit quantité de têtes de mort, *complures calvaria*. Et c'eft peutêtre par rapport à cela que Lampridius in Com-

» modo, écrit que l'Empereur Commode souilla
» les sacrifices de Mithra par un homicide: *Mi-*
» *thriaca sacra homicidio polluit.* Enfin on hono-
» roit les fêtes de Mithra par des combats, afin
» que tout y sentit le soldat: *Mithram colimus*
» *& agimus soli certamina*, dit Julien l'Apostat
» dans une hymne composée à l'honneur du so-
» leil. Selon cette conjecture saint Jerôme auroit
» peut-être voulu dire que Gracchus en renver-
» sant les idoles de Mithra, il en auroit aussi ex-
» terminé les Prêtres ou soldats. Mais si au lieu
» de *Miles* on vouloit lire *Melis* ou *Meles*, com-
» me fait Victorius, on pourroit dire en prenant
» cet animal pour un chat (car il signifie selon
» quelques-uns au moins un chat sauvage) on
» pourroit dire qu'il représentoit aussi le soleil
» selon Cælius Rhodoginus antiq. lect. l. 8. c.
» 15. qui nous aprend que *Apud Urbem Helio-*
» *polim solis simulacrum Æluromorphum id est*
» *figura felis effingebatur, cum palpebra felium mo-*
» *tum solis demonstrent.*

» [*Leo*] Comme *Mithra* n'étoit rien autre
» chose que le soleil représenté avec un visage ou
» une tête de lion, comme le remarque Luctace
» ad Theb. Stat. *Mithra est ipse sol Leonis vultu*,
» il ne faut pas s'étonner qu'il fût accompagné
» de quelque autre figure de Lion, pour mieux
» marquer le rapport que cet animal avoit avec
» le soleil. Les Auteurs en ont remarqué plusieurs,
» & c'est à quoi Tertullien semble aussi faire al-
» lusion dans le passage que vous en avez cité:
» *Sicut arida & ardentis naturæ Leones Mithra*
» *philosophantur.* Quoiqu'il en soit les lions
» avoient beaucoup de part aux mysteres de
» *Mithra*, qui pour ce sujet étoient appellés

sacra λεοντικὰ, de même que *Mystæ* λέοντες, «
comme le remarque Vossius après Porphyre. «
Enfin le lion étant consacré à Apollon, c'est- «
à-dire, au soleil, il ne faut pas être surpris «
s'il se trouve ici à la suite de *Mithra*. «

[*Persés.*] Soit que ce Persés dont il est ici «
parlé fut celui qui étoit fils de Perseus & d'An- «
dromede dont les Perses ont pris leur nom, «
selon Herodote l. 7. ou un autre fils du soleil «
& de la Nymphe Perseis; il étoit bien juste «
qu'il eût aussi sa place auprès de *Mithra*, com- «
me celui qui selon toutes les apparences avoit «
beaucoup contribué à établir son culte. Il est «
au moins certain que les Auteurs qui parlent «
de *Mithra* le font ordinairement avec quelque «
rapport à Perseus ou à Persés. C'est ainsi que «
Stace a dit Thebaïd. lib. 1. «
«
——— *Persei sub rupibus antri* «
Indignata sequi torquentem cornua Mithram. «
«
& qu'un Prêtre de *Mithra* est appellé dans une «
ancienne inscription rapportée par Gruterus, «
Persidici Mithræ antistes. «

[*Helios*] *Mithra* n'étant qu'une figure alle- «
gorique du soleil, on y en ajoûtoit une propre «
pour la mieux expliquer; c'étoit peut-être celle «
du soleil même (ἥλιος) representé au naturel. «
Nous en voïons une preuve dans une ancienne «
pierre sur laquelle au rapport de Bulenger de «
Mag. l. 1. cap. 4. on dépeint proche de Mithra «
le soleil environné de raïons, & tenant un crois- «
sant à sa main gauche: *Propè Mithram adscul-* «
ptus est sol radiatus ad lævam Lunæ cornua ge- «
rens. «

[*Bromius pater*] Le soleil étoit adoré sous plusieurs noms, comme on l'a pû remarquer par ce que nous avons dit jusqu'à present. C'est pour cette raison qu'il est appellé par Nonnus ; *Phaeton multinomis Mithra*, & que Capella dit que les honneurs qu'on lui rendoit n'étoient pas par tout semblables :

Te Memphis veneratur Osirim,
Dissona sacra Mithram.

Ce poëte apostrophe le soleil sous les noms differents qu'on lui donnoit en differens lieux. *Bromius* étoit un des noms que l'on donnoit à Bacchus aussi-bien qu'au soleil par divers rapports ; car Bacchus & le Soleil étoient la même chose sous divers noms, comme le prouve Diodore de Sicile lib. I. par ce vers d'Onomocrite :

Phaneta illum vocarunt ac Dionysum.

Et Eumolpus par celui-ci :

Sidereum Dionysum igni radiante coruscum.

C'est peut-être la raison que l'on peut donner de la devotion qu'eut autrefois un certain Septimius Zozimus Prêtre de Bacchus, de consacrer une grotte à *Mithra* avec cette inscription que rapporte Gruterus : *Deo Soli invicto Mithra FL. Septimus Zozimus V. P. Sacerdos Dei Brontontis. hoc spelaum constituit.* Il marquoit par là le rapport que ces deux fausses divinités avoient entre elles ; de même que les

Rois de Perse qui s'enivroient le jour de la fête de *Mithra*, pour honorer en même-tems par cette ceremonie le Dieu de la lumiere & celui du vin tout ensemble ; ce qui ne leur étoit permis que ce jour-là, comme remarque Xenophon in Cyrop. *Persarum Regibus*, dit-il, *uno tantùm die permittebatur ut ebrii fierent, quo die Mithra sacra procurabant.* Par cet endroit *Bromius Pater* pouvoit encore entrer dans la caverne de *Mithra* aussi-bien que les autres.

[*Heliodromus.*] Cette leçon au lieu de celle de *Helios Bromius* n'est pas aussi sans fondement, outre qu'elle se trouve dans la plûpart des manuscrits. En effet comme rien ne fait tant d'honneur au Soleil que la vitesse & la regularité de son cours, les païens ont toûjours pris un soin particulier de mêler dans les ceremonies qu'ils faisoient pour l'honorer, quelque simbole qui y eût rapport. En voici seulement quelques exemples dont il est aisé de faire l'aplition. *Basilides*, dit saint Jerôme, *omnipotentem Deum portentuoso nomine appellat ἀβραξας, & eumdem secundùm Græcas Litteras & annui cursus numerum dicit in solis circulo contineri ; quem Ethnici sub eodem numero aliarum Litterarum Mithram vocant.* On voit par là que les païens aussi-bien que cet heretique marquoient dans le nom qu'ils donnoient au soleil & à *Mithra* le nombre des jours de son cours. C'est ce qui paroît encore dans la marche pompeuse de l'armée de Darius décrite par Q. Curce l. 3. c. 7. *Imago solis*, dit-il, *crystallo inclusa fulgebat : trecenti sexaginta quinque juvenes sequabantur, diebus totius anni pares numero.* Manés qui étoit

» Perse de nation avoit apporté cette superstition
» de son païs, & l'avoit jointe à son heresie S. Aug.
» l. 20. cont. Faust. c. 5. le reproche à Fauste un
» de ses principaux sectateurs: *Ad gyrum solis*,
» lui dit-il, *vestra oratio convertitur*. C'est enco-
» re ce que les Perses vouloient marquer par un
» cheval blanc qu'ils sacrifioient à cet astre pour
» representer la vitesse de son cours, selon la re-
» marque d'Ovide fast. l. 1.
»
» *Ne detur celeri victima tarda Deo.*
»
» aussi bien que par ce chariot magnifique, qu'ils
» appelloient le chariot du soleil, & qu'ils fai-
» soient marcher après la victime dans la pom-
» pe des sacrifices qu'ils faisoient à son honneur,
» comme le rapporte Xenophon in Cyropæd.
» C'est enfin dans le même sens que Q. Curce
» écrit que, *Post aurum Jovi sacratum, eximiæ*
» *magnitudinis equus, quem solis appellabant se-*
» *quabatur.*
»   On ne rapportoit pas seulement au soleil ce
» qui regardoit son cours, mais encore celui des
» autres astres, & on en faisoit mention parti-
» culierement au sujet de *Mithra*. *Mithræ sacris*,
» dit Celse au rapport d'Origéne, *duplex stella-*
» *rum circumactio pratenditur, affixarum & erro-*
» *num.* C'est ainsi qu'en parle Claudien de Laud.
» Stilic. par rapport aux étoiles:
»
» *Et vaga testatur volventem sidera Mithram.*
»
» de même que Stace Theb. l. 1. par rapport à
» la lune
»   —— *Torquentem cornua Mithram.*

quæ explicatio, dit Luctace, *ad lunam refertur.* « Tout cela marque assez que *Heliodromus*, ou « quelque autre chose qui representoit le cours « du soleil n'étoit point placé mal-à-propos au- « près de *Mithra*. Mais qu'étoit-ce que cet *He-* « *liodromus*? peut-être quelqu'une de ces choses « que nous avons remarquées ci dessus, comme « un chariot, un cheval, ou quelque autre chose « semblable qui représentoit ou proprement ou « allegoriquement le cours du soleil, & à laquel- « le on en donnoit le nom. «

[*Ce rejetton est la mere de nôtre Seigneur; re-jetton simple, pur, franc, qui n'est mêlé d'aucun germe étranger, & qui seul & sans le secours d'aucune autre créature, a produit son fruit, par une fecondité semblable en quelque façon à celle de Dieu même.*] Le texte de saint Jerôme porte : *Virga.... ad similitudinem Dei unione fœcunda.* Erasme a crû que cet endroit étoit corrompu, & s'est fort déchaîné contre les corrupteurs. Comme il n'avoit point de manuscrits d'où il pût tirer quelque lumiere pour expliquer ce passage, il s'est imaginé qu'il faloit lire : *ad concha similitudinem Dei unione fœcunda*, c'est-à-dire, comme il l'explique lui-même, que la Vierge semblable à la nacre a produit une perle qui est Dieu même ; pretendant que *unio* dans cet endroit signifie *une perle*. Cette critique nous a paru un peu trop hardie, pour ne dire rien de plus ; & nous avons crû devoir nous en tenir aux manuscrits, qui tous sans exception portent : *Ad similitudinem Dei unione fœcunda.* S. Jerôme se sert de cette même expression dans son commentaire sur le 13. chap. d'Osée : *Desertum intelligimus sanctæ*

Lettre
XXI. à
Eustoquie.

Mariæ uterum Virginalem, quod absque semine humano nulla frutice pullulaverit ; sed Virga simplex atque purissima & unione fœcunda ediderit eum florem, &c. C'est dans ce même sens qu'expliquant à Principie le Pseaume 44. il dit : *Tu unum quotidie concipis, unione fœcundum, majestate multiplicem, trinitate concordem.* Toute la difficulté consiste dans le mot *unione*, qui dans cet endroit signifie non pas *union*, & encore moins une *perle* comme l'a pretendu Erasme, mais *unité*; comme il est aisé de le justifier par S. Jerôme même, qui se sert assez souvent du mot *unione* pour *unitate*. En voici quelques exemples : Dans son commentaire sur le 5. chap. d'Amos, il dit : *Perfectus est numerus qui* unione *retinetur.* Et plus bas : *Decas decimâ* unione *completur.* Dans son commentaire sur le 40. chap. d'Ezechiel, expliquant ces paroles du Prophete : *Et columnæ earum in frontibus, una hinc & altera inde*, il dit : *Non dixit duæ, ne in dualem incurreret numerum, sed una, qui perfectus est numerus, & unione sui imitantur Deum.* Il dit encore ibid. cap. 43. *Inferiora.. duali numero... continentur : superiora autem... unius cubiti habent latitudinem ; ut dualis numerus transeat ad solitarium, & bonum nuptiarum, quod inferius est, ad unionis perveniat beatitudinem.* Il est aisé de voir que *unio* est pris dans tous ces passages pour *unitas* ; & que le sens de celui que nous expliquons est, Que comme le Pere éternel engendre son Verbe sans la cooperation d'aucun être étranger ; de même la sainte Vierge a engendré Jesus-Christ sans la coopération d'aucune autre creature ; & que comme Jesus-Christ est engendré dans l'éternité d'un Pere sans Mere, il a aussi été engendré dans le tems d'une Mere sans Pere.

[*Il juge d'un repas par le fumet des viandes, & comme il est fort friand de volailles, & particulierement de petites gruës, on l'appelle communément Pipizo.*] Il n'y a peut-être point d'endroit dans tous les ouvrages de saint Jerôme plus defiguré que celui-ci, & sur lequel les Editions & les Manuscrits soient moins d'accord. L'édition d'Erasme porte : *Prandium nidoribus probat, & altilis* γερανομπιπης *vulgò pipizo nominatur*. Celle de Marianus : *Prandium nidoribus probat, & altili* γειον ο πιπων *vulgo pipizo nominatur*. Parmi les manuscrits, les uns portent γερανόπιπαν, d'autres γερονόπιπαν; ceux-ci γερν ο πιπαν, &c. Voici ce que le R. P. Dom Guillaume Fillâtre, dont nous avons déja donné les savantes remarques sur un endroit de la Lettre à Léta, m'a fait l'honneur de m'écrire sur celui-ci.

Ibid.

« Les leçons de l'endroit que vous proposez de la Lettre à Eustoquie sont si differentes & si obscures, que Gravius a eu raison de dire que l'on n'avoit pû savoir encore à laquelle il faloit s'arrêter. *Quid hic legendum sit*, dit-il, *nondum liquet*. Erasme aïant trouvé γερανοπέπα, & n'en sachant pas la signification, a crû qu'il faloit lire, γερανομπτα *à coquendis gruibus* ou γεραυοκοτα *ab instrumento quodam farinaceo*. C'est la remarque que Marianus Victorius a fait là-dessus. Mais fondé sur ce que ce Solitaire dont il est parlé, étoit un vieillard, *senex importunus*, comme l'appelle saint Jerôme ; il a fait de *geranopepan* ou *geronopepan* qu'il avoit vû

» dans quatre manuscrits & dans autant d'impri-
» mez, γέρων ὁ τένων, senex effæminatus, exso-
» lutus ac mollis; ajoûtant qu'il étoit appellé *pi-*
» *pizo*, parce qu'il aimoit les repas qui sentoient
» la volaille grasse & rôtie. Cela n'est pas sans
» vraisemblance. D'autres cependant donnent un
» autre tour à ce passage. Cœlius Rhodiginus
» l. 3. antiq. lect. c. 11. change γεραvoτίπης en
» γεραvόπτας, *senex temulentus*, dit-il, *quem*
» *plebea voce pipizonem dici conjectamus, nam*
» *πιπίζειν sugere significat*. Mais Aldrovandus l.
» 20. Ornithol. c. 5. critique cette correction
» par bien des endroits, & croit qu'il faut lire
» γεραvoυτίπος, *vipio* ou *gruis Gallus*. Cette expli-
» cation me paroît d'autant plus probable, qu'el-
» le semble plus conforme à la pensée de saint
» Jerôme, & nous represente mieux le caractere
» de ce Moine friand que ce Pere nous veut dé-
» peindre. Car il est certain que les gruës étoient
» de ces sortes de volailles que l'on engraissoit
» pour les bonnes tables, & que l'on appelle *al-*
» *tilia* en latin. En effet nous apprenons de Var-
» ron de re rust. lib. 3. que les Romains en nour-
» rissoient pour cet usage *in aviariis ad gulam*
» *& luxuriam institutis*. Et Cornelius Nepos ajoû-
» te qu'elles étoient en estime parmi les friands,
» *in pretio erant*. Mais Pline l. 10. c. 49. le re-
» marque particulierement à l'égard des petits
» des gruës : *Erant*, dit-il, *in mensarum honore*
» *vipiones, sic vocant minores grues*. Quant à *pi-*
» *pizo*, c'étoit un mot dont le peuple pouvoit
» se servir, comme le remarque Rhodiginus, &
» qui a été encore en usage dans la basse Latini-
» té, selon Monsieur du Cange, pour signifier
» la même chose que *vipio* ou *pipio*, c'est-à-dire,

un petit de volaille qui a encore la voix pi- «
pante; tels que font par exemple les pigeon- «
neaux, qui ont pris leur nom de là, comme «
le dit Monsieur Menage. Ainsi en lisant avec «
Aldrovandus *altilis γεραvoυμένος vulgò pipizo* «
nominatur, il semble que tous ces mots s'accor- «
deroint assez bien ensemble pour expliquer la «
pensée de saint Jerôme, & pouroient signifier «
dans le propre un petit de gruë nourri pour la «
delicatesse de la table, & qui seroit encore jeu- «
ne & pipant; mais dans le figuré & appliquez «
au Moine friand, ils marqueroient qu'il aimoit «
ces sortes de bons morceaux, & que pour cela «
on lui avoit donné par raillerie le nom de «
gruau, comme si nous donnions celui de pi- «
geonneau à un homme qui en seroit friand. «

[*Le Brennus de nos jours s'est contenté d'emporter ce qu'il a trouvé dans Rome; & toi tu cherches ce que tu ne sçaurois trouver.*] Erasme & Marianus après lui ont crû que celui que saint Jerôme appelle ici *le Brennus de nos jours*, est le Comte Heraclien. Mais cette explication est entierement contraire au sens de saint Jerôme; car ce Pere oppose ici la conduite du Comte Heraclien à celle de celui qu'il appelle *le Brennus de nos jours*; ce qui fait voir qu'il parle d'un autre que du Comte Heraclien. Pour peu qu'on sçache l'histoire du tems de saint Jerôme, on jugera aisément que c'est d'Alaric qu'il veut parler. Il compare ce Roi des Goths à Brennus Capitaine des Gaulois, 1°. parce qu'ils furent l'un & l'autre ennemis du Peuple Romain. 2°. parce que l'un & l'autre assiégerent & prirent Rome. 3°. parce qu'Alaric aïant mis le siége devant Rome l'an 409. les Ro-

Lettre XXII à Démétriade.

mains lui donnerent une somme considerable d'argent pour l'engager à le lever : ce que les anciens Romains avoient fait aussi à l'égard de Brennus, de qui ils racheterent leur liberté, comme le témoigne Tite-Live dec. 1. lib. 5. La comparaison que fait ici saint Jerôme consiste donc en ce que Alaric à l'exemple de Brennus s'étoit contenté de prendre toutes les richesses qu'il avoit trouvées dans Rome, au lieu que le Comte Heraclien vouloit dépoüiller de pauvres fugitifs qui avoient déja tout perdu, & qu'il *cherchoit l'or dans la captivité*, comme dit saint Jerôme dans sa Preface du 7. livre de son commentaire sur Ezechiel ; où il parle de la cruauté avec laquelle les gens d'Heraclien traitoient les Romains qui s'étoient refugiés en Afrique après la prise de Rome par Alaric : *Pannos eorum*, dit-il, *& sarcinulas discutiunt, aurum in captivitate quærentes.*

Lettre XXIII. à Furia. [Nous voïons dans le livre de Judith, si neanmoins on veut bien recevoir ce Livre comme canonique.] Les Juifs ne mettoient point le livre de Judith au nombre des saintes Ecritures, & même on ne le reconnoissoit point pour canonique dans les premiers siecles de l'Eglise. S. Jerôme qui l'a traduit de Caldéen en Latin dit dans sa préface qu'on le lisoit publiquement pour l'édification des fidelles, mais qu'on ne s'en servoit pas pour autoriser les dogmes de la foi. Il ajoûte neanmoins au même endroit que le Concile de Nicée avoit mis ce livre au nombre des Ecritures saintes : *Hunc librum Synodus Nicæna in numero Sanctarum Scripturarum legitur computasse.* Ce n'est que sur ce passage qu'on s'appuie pour prouver que le Concile de Nicée a fait un Canon des Livres Saints. Ce qui n'est pas sans difficulté ; car enfin ce Canon ne se trouve point. D'ailleurs le Concile de Laodicée tenu 39. ans après celui de Nicée, S. Gregoire de Nazianze, Amphilochius, & S. Athanase même qui avoit assisté au Concile de Nicée, ne mettent point le livre de Judith dans le Canon qu'ils ont fait des saintes Ecritures. Quoiqu'il en soit il n'est plus permis aujourd'hui de douter de l'authenticité de ce livre, puisque le Concile de Trente l'a inseré dans le Canon des livres Saints.

Nebride fut si cher à l'Empereur, que ce Prince invincible prit soin lui-même de le marier à une personne de la premiere qualité, afin de s'assurer par ce gage precieux, de la fidelité & de l'obéissance de l'Afrique, qui étoit divisée par des guerres civiles. On a supposé dans les notes que ce fut l'Empereur Theodose qui maria Nebride avec Salvine, & on s'est reservé à éclaircir ici ce point d'histoire qui n'est pas sans difficulté. Car ce que dit ici saint Jerôme des guerres civiles de l'Afrique, ne peut s'entendre que de la revolte de Firmus, ou de celle de Gildon son frere, & pere de Salvine. Or la guerre que Firmus excita dans l'Afrique, fut terminée par sa mort en 373. c'est-à-dire, six ans avant que Theodose montât sur le thrône, puisqu'il ne fut élû Empereur qu'en 379. Celle de Gildon commença & finit en 398. trois ou quatre ans après la mort de Theodose, qui mourut au commencement de l'année 395. Ainsi l'Afrique fut paisible durant tout le regne de ce Prince. Il semble donc que ce ne fut point

Lettre XXIV. à Salvine.

lui qui maria Nebride avec Salvine. Mais d'ailleurs on ne peut pas dire que ce mariage ait été fait ou par Arcadius, ou par Honorius enfans de Theodose & ses successeurs à l'Empire. Il ne peut pas avoir été fait par Arcadius, puisque ce Prince qui gouvernoit l'Orient, ne prenoit aucun interêt aux affaires de l'Afrique, qui faisoit partie de l'Empire d'Occident, & qui appartenoit à son frere Honorius, Il ne peut pas aussi avoir été fait par Honorius, parce qu'il auroit marié Salvine à quelque Seigneur de sa Cour, & non pas à Nebride qui demeuroit à Constantinople. D'ailleurs si ce mariage avoit été fait par l'un ou l'autre de ces Princes, il n'auroit pû être conclu qu'après la mort de Gildon, c'est-à-dire, vers l'an 399. ou 400. Or comment accorder cette époque avec ce que saint Jerôme dit des enfans de Nebride, & avec le veuvage de Salvine, qui comme dit Pallade s'étoit déja distinguée par sa vertu dans l'état des veuves dès l'an 404. lors que saint Jean Chrysostome fut exilé de Constantinople? Il faut donc dire que ce fut Theodose qui maria Nebride avec Salvine, afin de s'assurer de la fidelité de l'Afrique par la guerre de Firmus, qui s'étoit revolté sous le regne de son predecesseur, lui avoit renduë suspecte, & qui pouvoit conserver encore quelque semence de revolte. S. Jerôme semble assez insinuer que ce mariage a été fait par l'Empereur Theodose, 1°. parce qu'il l'appelle *Prince tres invincible*, qualité qui convient mieux à Theodose, qu'à ses enfans. 2°. Parce qu'il dit que Nebride avoit été élevé avec les deux enfans de l'Empereur: *contubernalis & condiscipulus Augustorum...*

Purpuratorum propinquus, socius, consobrinus, iisdem cum ambobus studiis eruditus; ce qui ne peut s'entendre que d'Arcadius & d'Honorius fils de l'Empereur Theodose.

[Le nombre cent, qui est une figure de la couronne des Vierges, tient le premier rang: le nombre soixante est au second, & représente l'état laborieux des veuves: enfin le nombre trente que l'on marque en joignant les doigts ensemble, est en cela même le simbole de l'union conjugale. Il y a dans le texte: *Centenarius* (numerus) *pro virginitatis corona primum gradum tenet; sexagenarius, pro labore viduarum, in secundo est numero; tricenarius fœdera nuptiarum ipsa digitorum conjunctione testatur.* On trouve dans le 1. livre de saint Jerôme contre Jovinien un passage qui peut donner beaucoup de jour à celui-ci: Le nombre trente, dit ce Pere, est pour les gens mariées, dont l'union nous est representée par celle des doigts qui semblent s'embrasser & se baiser tendrement. Le nombre soixante, que l'on marque en mettant un doigt sur l'autre, est pour les veuves qui menent dans leur état une vie penible & laborieuse. Enfin le nombre cent que l'on marque en passant de la main gauche à la droite, & en faisant un cercle avec les mêmes doigts dont on s'étoit servi à la main gauche pour marquer l'état des veuves & des personnes mariées, nous represente la couronne de la virginité: *Trigenta referuntur ad nuptias; nam & ipsa digitorum conjunctio, quasi molli se complexans osculo & fœderans, maritum pingit & conjugem. Sexaginta verò ad viduas, eo quod in angustia & tribulatione sunt posita; unde & superiori digito de-*

Lettre XXV. à Ageruquie.

primuntur.... Porrò centesimus numerus... de sinistrâ transfertur ad dexteram, & eisdem quidem digitis, sed non eâdem manu, quibus in lævâ nupta significantur & viduæ circulum faciens, exprimit virginitatis coronam.

Pour bien entendre ces deux passages, il faut remarquer deux choses; 1°. que saint Jerôme fait ici allusion à cette semence dont il est parlé dans l'Evangile Matth. 13. 8. qui étant tombée dans de bonne terre, porta du fruit, quelques grains rendant cent pour un, d'autres soixante, & d'autres trente. Car les Peres parlant des differens degrés de la chasteté, ont appliqué le nombre cent aux Vierges, le nombre soixante aux veuves, & le nombre trente aux personnes mariées. Il faut remarquer, 2°. que saint Jerôme fait encore allusion à la maniere de nombrer des Anciens, qui marquoient les nombres par les differentes attitudes de leurs doigts. On seroit trop long-tems si l'on vouloit expliquer ici cette espece d'arithmetique dans tout son étenduë. Il suffit pour l'éclaircissement du passage que nous examinons de savoir que pour marquer le nombre trente, qui se rapporte aux personnes mariées, on joignoit l'ongle de l'index avec celui du pouce; ce qui étoit selon S. Jerôme un simbole de l'union conjugale : pour marquer le nombre soixante, qui se rapporte aux veuves, on mettoit l'index sur le pouce : Enfin quand on avoit compté jusqu'à 99. sur la main gauche, on passoit à la droite pour compter cent, & on le marquoit en mettant l'ongle de l'index dans la jointure du pouce, ce qui faisoit un cercle & une espece de couronne, que saint Jerôme applique aux Vierges.

NOTES CHRONOLOGIQUES

Sur le premier Tome des Lettres de Saint Jerôme ;

Où l'on fait voir en quel tems elles ont été écrites.

LETTRE I.
à Heliodore.

Ecrite l'an 371.

COmme saint Jerôme s'étoit déja retiré dans le desert de Syrie, lorsqu'il écrivit cette Lettre à Heliodore, & quelques-unes des suivantes ; avant que de marquer en quel tems il les a écrites, il est à propos d'examiner celui de sa retraite. Il est certain qu'il étoit encore en Italie l'an 369. comme il paroît par sa Lettre à Innocent, où il parle avec éloge du zele avec lequel son ami Evagre avoit soutenu les interêts du Pape Damase contre Ursicin, & combatu les erreurs d'Auxence Evêque de Milan, que Damase condamna & déposa dans un Synode tenu à Rome l'an 369. Ce fut donc vers l'an 370. que S. Jerôme partit d'Italie avec Heliodore, Evagre, & quelques autres de ses amis. Il parcourut la Thrace, le Pont, la Bithinie, la Galatie, la Cilicie, & la Cappadoce, où saint Basile qui venoit d'être élû Evêque de Césarée reçut une lettre qu'Evagre lui apporta d'Italie, comme ce Pere le témoigne dans une de ses Lettres à Eusebe Evêque de Samosate. Après avoir emploïé l'année 370. à parcourir toutes ces Provinces, saint Jerôme arriva enfin en Syrie vers l'an 371. Avant qu'il eût choisi le lieu de sa retraite, Heliodore le quitta pour retourner en Italie. Quelque tems après saint Jerôme s'étant arrêté dans le desert de Syrie, écrivit cette Lettre à Heliodore pour l'engager à suivre son exemple. Elle a donc été écrite vers la fin de l'année 371. Il y a bien de l'apparence qu'elle n'a pas été écrite plus tard, car saint Jerôme n'auroit pas manqué d'apprendre à Heliodore la mort de ses compagnons Innocent & Hilas, qui moururent la seconde année de sa retraite, c'est-à-dire, en 372.

Ecrite vers l'an 370. ou 371.

LETTRE II.
à Theodose, & à quelques autres Solitaires.

La seule lecture de cette Lettre fait assez voir que lors que saint Jerôme l'écrivit, il n'avoit pas encore executé le dessein qu'il avoit de se retirer dans le desert, puisqu'il prie Theodose & toute sa Communauté de lui obtenir par leurs prieres la grace de rompre les liens qui l'attachoient encore au monde. Il avoit vû ces illustres Solitaires en passant par la Syrie, & il y a bien de l'apparence qu'il étoit encore à Antioche avec Evagre, lors qu'il leur écrivit cette Lettre, ce qui fait voir qu'elle a été écrite vers la fin de l'année 370. ou au commencement de l'année 371.

LETTRE III.
à Julien Diacre.

Ecrites vers l'an 371.

LETTRE IV.
à Chromace, Jovin & Eusebe.

LETTRE V.
à Nicée Soûdiacre d'Aquilée.

LETTRE VI.
à Chrysogone Solitaire d'Aquilée.

LETTRE VII.
à Antoine.

LETTRE VIII.
à un vieillard nommé Paul.

LETTRE IX.
à Exuperance.

LETTRE X.
à Castorine tante de S. Jerôme.

Saint Jerôme écrivit ces Lettres à ses amis d'Occident, peu de tems après qu'il fut entré dans le desert de Syrie. Comme il n'y parle ni de la mort d'Innocent & d'Hilas, qui étoient connus de la plûpart de ceux à qui il écrivoit ; ni de l'arrivée de Rufin en Egypte, il y a bien de l'apparence qu'il les écrivit la même année, & qu'il les envoïa en Occident par la même voïe que celle qu'il écrivit à Heliodore. On peut fortifier cette conjecture par ce que dit saint Jerôme dans le catalogue qu'il nous a laissé des ouvrages qu'il avoit composés jusqu'à la quatorziéme année de l'Empire de Theodose ; car avant que de parler de sa Lettre à Heliodore, il fait mention de plusieurs Lettres qu'il écrivit à diverses personnes, & qu'il met à la tête de tous ses ouvrages. Ce sont apparemment celles dont il s'agit ici : *Hac scripsi*, dit-il, *Vitam Pauli Monachi : Epistolarum ad diversos Librum unum : ad Heliodorum exhortatoriam*. Ces huit Lettres ont donc été écrites vers l'an 371.

Ecrite vers l'an 373. ou 374.

LETTRE XI,
à des Religieuses qui demeuroient sur la montagne d'Hermon.

Saint Jerôme écrivit cette Lettre du desert de Syrie, & comme il marque qu'il avoit déja écrit plusieurs fois à ces Religieuses sans recevoir de leurs réponses, il paroît que cette Lettre est de la troisiéme ou quatriéme année de sa retraite, c'est-à-dire, de l'an 373. ou 374.

Ecrite vers l'an 372. ou 373.

LETTRE XII.
à Rufin.

Saint Jerôme aïant sçû que Rufin étoit arrivé en Egypte avec Melanie, il lui écrivit cette Lettre pour lui en témoigner sa joie. Il ne peut l'avoir écrite que vers la fin de l'année 372. ou au commencement de l'année 373. 1°. parce qu'il lui aprend la nouvelle de la mort d'Innocent & d'Hilas, qui moururent la seconde année de sa retraite, c'est-à-dire, en 372. 2°. Parce que Rufin & Melanie n'arriverent en Egypte qu'en 372. car saint Athanase qui selon la plus exacte chronologie mourut en 373. étoit encore en vie lorsqu'ils y arriverent, puisque Pallade & Rufin assurent que ce grand Saint donna à Melanie une peau de mouton dont l'Abbé Macaire lui avoit fait present.

LETTRES XIII. & XIV.
à Florent.

Ecrite la même année que la précedente.

Ces deux Lettres sont de la même année que la precedente, car saint Jerôme écrivant à Florent lui adressa en même-tems celle qu'il écrivoit à Rufin qui étoit encore en Egypte.

LETTRE XV,
à Nepotien.

Ecrite vers l'an 394.

Saint Jerôme a eu soin de nous marquer lui-même l'époque de cette Lettre, en disant qu'il l'a écrite à Bethléem dix ans après le traité de la Virginité qu'il composa à Rome vers l'an 384. & qu'il dedia à Eustoquie. Celle-ci qu'il écrit à Nepotien est donc de l'année 394.

LETTRE XVI.
à S. Paulin.

Ecrite vers l'an 393.

Cette Lettre est la premiere des deux que saint Jerôme a écrites à saint Paulin, comme il le donne à entendre par ces paroles : *Vous faites paroître dès les commencemens d'une amitié naissante, toute la droiture & toute la fidelité d'un ancien ami.* S. Paulin étoit en Espagne lors que S. Jerôme lui écrivit cette Lettre. Il s'y retira en 390. Il y vendit son bien peu à peu pour en distribuer le prix aux pauvres, & il en partit en 394. pour aller en Italie, Comme il n'y vendit ses grands biens que morceau à morceau, il lui falut du moins deux ans pour en faire la distribution aux pauvres ; ce qui fait juger que saint Jerôme qui condamne sa lenteur par cette Lettre, n'a pû l'écrire que vers l'an 393. De plus, saint Jerôme y fait mention d'un Eusebe grand ami de saint Paulin, & qui étoit actuellement à Bethléem lorsque saint Jerôme écrivit cette Lettre. [C'étoit apparemment Eusebe de Cremone, en faveur duquel S. Jerôme traduisit de Grec en Latin la Lettre de saint Epiphane à Jean de Jerusalem, comme il le témoigne dans une de ses Lettres à Pammaque.] Or saint Jerôme fit cette traduction en 393. d'où l'on peut conclure que cette Lettre qu'il écrit à saint Paulin, est aussi de la même année. Elle n'a pas été écrite plus tard, parce que S. Jerôme n'auroit pas manqué d'y parler de Vigilance qui étoit dans la Palestine en 394. & qui lui avoit été recommandé par saint Paulin, comme nous verrons dans la Lettre qui suit.

LETTRE XVII.
au même.

Ecrite vers l'an 395. ou 396.

Cette Lettre a été écrite vers l'an 395. ou 396. Car, 1°. S. Jerôme dit que Vigilance n'étoit plus à Bethléem, & qu'il n'y avoit pas fait un long séjour : or il y étoit encore en 394. puisque saint Jerôme lui reproche dans les ouvrages qu'il a fait contre lui, de s'être mis dans une posture des-honête durant un tremblement de terre qui se fit sentir en Palestine vers la fin de l'année 394. 2°. Gennade parlant du panegyrique que saint Paulin avoit fait en l'honneur de Theodose, dit qu'il y loüé ce Prince de la victoire qu'il avoit remportée sur les Tirans. (Il veut sans doute parler de la défaite de Maxime & d'Eugéne.) Or Eugéne ne perdit la victoire avec la vie qu'au mois de Septembre de l'année 394. Ce fut donc sur la fin de cette année que saint Paulin composa le panegyrique de Theodose, ou tout au plus tard au commencement de la suivante, c'est-à-dire, après la mort de cet Empereur qui arriva au mois de Janvier 395. Ainsi saint Jerôme à qui saint Paulin fit present de cet ouvrage n'a pû l'en remercier par cette Lettre que vers l'an 395. ou 396.

Deux choses pouroient faire croire que cette Lettre a été écrite avant que saint Paulin eût été élevé au sacerdoce, c'est-à-dire, avant l'an 393. 1°. parce que saint Jerôme dit à saint Paulin: *Si vous avez dessein de vous engager dans les fonctions du sacerdoce*; mais il faut remarquer que saint Jerôme ne parle pas ici du caractere de Prêtrise, mais seulement du ministére & des fonctions du Sacerdoce, que tous les Prêtres n'exercent pas. S. Jerôme lui-même ne se laissa ordonner Prêtre par Paulin Evêque d'Antioche, qu'à condition qu'il ne seroit attaché à aucune Eglise particuliere, & qu'on ne l'engageroit point dans les fonctions du sacerdoce. 2°. S. Jerôme ajoûte: *Puisque vous êtes encore attaché à une femme vertueuse qui est vôtre sœur en* JESUS-CHRIST. Mais tout le monde sçait que dans les premiers siecles de l'Eglise, on élevoit souvent au sacerdoce des hommes mariés, en leur interdisant seulement tout commerce charnel avec leurs femmes. Aussi saint Jerôme appelle-t-il l'épouse de saint Paulin, *sa sœur en* JESUS-CHRIST. On peut donc expliquer les paroles de ce Pere par celles de saint Augustin, qui écrivant à saint Paulin en 395. c'est-à-dire, deux ans après que celui-ci eût été fait Prêtre, lui dit: Je saluë vôtre Epouse, qui vous est unie par des liens d'au-

Aug. ep. 27. tant plus forts qu'ils sont plus chastes: *Conjugem.... tibi tantò firmioribus quantò castioribus nexibus copulatam... in te uno resalutamus.*

Ecrite vers l'an 396.

LETTRE XVIII.
à Rustique.

Ce que dit saint Jerôme sur la fin de cette Lettre: *Dans ces tems malheureux où nous vivons, exposés aux fureurs d'une guerre allumée de toutes parts, &c.* fait juger qu'elle a été ecrite l'an 396. car ce fut sur la fin de l'année 395. que les Huns & les Goths attirés par Rufin Prefet du Pretoire, inonderent & ravagerent tout l'Empire Romain. Ce fut aussi dans cet occasion que saint Exupére, dont saint Jerôme fait ici l'éloge, touché des calamités publiques & particulieres, distribua tout son argent aux pauvres.

Ecrite vers l'an 400.

LETTRE XIX.
à Léta.

Il est assez difficile de marquer au juste le

tems de cette Lettre. On peut neanmoins conjecturer qu'elle a été écrite vers l'an 400. Elle ne l'a été guére plus tard, parce qu'il y est parlé de sainte Paule, qui demeuroit alors à Bethléem, & qui mourut au mois de Janvier 404. Elle n'a pû aussi être écrite guére plûtôt, car 1°. Saint Jerôme dit qu'il y avoit déja quelques années, [*ante paucos annos*] que Gracque étant Prefet de Rome, avoit détruit l'idole de Mithra. Or Gracque étoit Prefet de Rome l'an 383. comme il paroît par plusieurs rescrits des Empereurs qu'on trouve dans le Code Theodosien. On peut, sans faire violence au texte de saint Jerôme, entendre son *paucos annos* de 16. ou 17. ans ; puisque ce Pere exprime quelquefois dans ses ouvrages 10. ou 12. années par un *nuper*, comme il seroit aisé de la prouver. On peut donc juger par le tems de la Prefecture de Gracque, que la Lettre à Léta a été écrite vers l'an 400. 2°. S. Jerôme remarque dans l'oraison funebre de sainte Paule, que lors que cette illustre veuve quitta Rome pour aller à Jerusalem, Toxotius son fils n'étoit encore qu'un enfant : *Parvus Toxotius supplices manus tendebat in littore.* Or sainte Paule partit de Rome l'an 385. Toxotius n'a donc pû épouser Léta, & avoir des enfans de ce mariage que vers l'an 398. ou 399. & par consequent S. Jerôme qui donne ici à Léta des regles pour bien élever sa petite fille, n'a pû lui écrire que vers l'an 400.

LETTRE XX.
à Gaudence.

Écrite vers l'an 414. ou 415.

Tout ce que saint Jerôme dit au commencement de cette Lettre, fait assez voir que lorsqu'il l'écrivit, la petite Pacatule ne pouvoit avoir tout au plus que 4. ou 5. ans. Or il remarque sur la fin de sa Lettre que Pacatule étoit venuë au monde dans l'année même de la prise de Rome par les Goths, c'est-à-dire, l'an 410. d'où l'on doit conclure que cette Lettre a été écrite vers l'an 414. ou 415.

Ecrite vers l'an 384.

LETTRE XXI.
à Eustoquie.

S. Jerôme étoit à Rome lorsqu'il écrivit cette Lettre. Il y vint en 382. avec saint Epiphane Evêque de Salamine, & Paulin Evêque d'Antioche. Il en partit en 385. Il y soutint d'abord les interêts de la Virginité contre l'hérétique Helvide ; & ensuite il releva encore le merite & la gloire de cette vertu dans ce Traité qu'il dédia à Eustoquie fille de sainte Paule, ce qui fait croire qu'il le composa vers l'an 384.

Ecrite vers l'an 414.

LETTRE XXII.
à Demetriade.

S. Jerôme nous fournit lui-même une époque pour connoître l'âge de cette Lettre : car il dit qu'il y avoit environ 30. ans qu'il avoit composé le traité de la Virginité pour la Vierge Eustoquie. Or nous avons déja remarqué qu'il composa ce Traité à Rome l'an 384. & par conséquent il écrivit cette Lettre à Demetriade en 414. On peut confirmer cette époque par ce que dit saint Jerôme du Comte Heraclien ; car il en parle, comme d'un homme qui

qui étoit mort : or ce Tyran fut tué par les soldats Romains sous le neuviéme Consulat d'Honorius, & le sixiéme de Theodose le jeune, selon Orose, c'est à-dire, l'an 413. ce qui fait voir que la Lettre à Demetriade est de l'an 414.

LETTRE XXIII.
à Furia.

Ecrite vers l'an 393.

Saint Jerôme écrivit cette Lettre, comme il le dit lui-même, deux ans après ses Livres contre Jovinien. Or il composa ceux-ci l'an 391. & il en fit l'apologie l'an 392. car c'est par là qu'il finit le catalogue des Ecrivains Ecclesiastiques, & de ses propres ouvrages, qu'il conduit jusqu'à la quatorziéme année du regne de Theodose le Grand, qui revient à la 392. année de Jesus-Christ. C'est ce qui nous oblige de mettre la Lettre à Furia en 393.

LETTRE XXIV.
à Salvine.

Ecrite vers l'an 399. ou 400.

Il est assez difficile de marquer au juste en quelle année cette Lettre a été écrite : il faudroit pour cela sçavoir en quel tems Nebride épousa Salvine. Comme ce jeune Seigneur avoit été élevé avec Arcadius & Honorius, enfans de l'Empereur Theodose le Grand, il est à croire qu'il étoit à peu près de leur âge. Or Arcadius l'aîné des deux Princes avoit 18. ans selon quelques-uns, ou 20. selon quelques autres, lors que Theodose son pere mourut,

Tome I. Mm

c'est-à-dire, en 395. Ainsi Nebride peut avoir épousé Salvine quelques années avant la mort de cet Empereur, c'est-à-dire, vers l'an 392. ou 393. Et comme S. Jerôme parle dans cette Lettre des enfans que Salvine avoit eûs de Nebride, d'une maniere qui fait juger qu'ils ne pouvoient avoir tout au plus que 6. ou 7. ans, on peut conjecturer qu'il l'écrivit vers l'an 399. ou 400. Ce qu'il y a de certain c'est que Salvine étoit déja veuve en 404. lors que saint Jean Chrysostome fut chassé de son siége, car Pallade nous apprend que ce saint Evêque la fit venir dans le baptistére, avec quelques autres Dames de qualité pour leur dire adieu: *Ingressus autem baptisterium Olympiadem vocat.... Salvinam quoque beati Nebridii conjugem, quæ viduitatem suam præcipuâ virtute & honestate decorabat.*

Ecrite l'an 409.

LETTRE XXV.
à Ageruquie.

Baronius dit que cette Lettre a été écrite en 407. parce que ce fut en cette année que les Vandales firent dans les Gaules ces horribles ravages dont parle ici saint Jerôme. Mais comme ce Pere ajoûte, Que Rome avoit livré à ses ennemis son or & ses meubles les plus précieux pour se racheter la vie; il y a plus d'apparence que cette Lettre a été écrite en 409. puisque ce fut en cette année-là que les Romains donnerent à Alaric une grosse somme d'argent, pour l'obliger à lever le siége qu'il avoit mis devant Rome.

LETTRE XXVI.
à deux Dames Françoises.

Ecrite avant l'an 406.

Tout ce que l'on peut dire de l'âge de cette Lettre, est qu'elle a été écrite avant l'an 406. parce que saint Jerôme en fait mention dans son livre contre Vigilance; qu'il composa cette année-là.

LETTRE XXVII.
à Sabinien.

Saint Jerôme ne dit rien dans cette Lettre, ni dans ses autres ouvrages, qui puisse faire connoître en quelle année elle a été écrite.

LETTRE XXVIII.
à Rustique.

Ecrite l'an 408.

Saint Jerôme parle dans cette Lettre, comme d'une chose toute nouvelle, des ravages que les Vandales avoient fait dans les Gaules, d'où étoit Rustique; c'est ce qui nous a obligé à mettre cette Lettre en l'an 408. puisque ce fut en 407. que les Vandales ravagerent les Gaules.

LETTRE XXIX.
à Innocent.

Ecrite l'an 369.

Ce que saint Jerôme dit du zele que son ami Evagre fit paroître, soit pour défendre les interêts du Pape Damase contre le parti Schismatique qui soûtenoit l'anti-Pape Ursicin; soit pour s'opposer aux desseins d'Auxence Evêque de Milan, fait voir que cette Lettre a été écrite vers l'an 369. puisque le schisme d'Ursicin fut étouffé en 367. & Auxence condamné en 369. Saint Jerôme étoit pour lors à Rome, d'où il ne partit qu'en l'année suivante pour se retirer dans le desert.

LETTRE XXX.
à Abigaüs.

Ecrite vers l'an 407.

Theodore, que saint Jerôme recommande ici à Abigaüs, ne fut veuve que vers l'an 406. car saint Jerôme écrivit à Lucinius son mari l'an 405. qu'il travailloit actuellement à traduire l'Octateuque, ouvrage qu'il entreprit peu de tems après la mort de sainte Paule, arrivée en 404. Lucinius mourut vers l'an 406. comme il paroît par la lettre que saint Jerôme écrivit à sa veuve. Ce qui fait juger que la Lettre à Abigaüs a été écrite vers l'an 407.

LETTRE XXXI.
à Castruce.

Ecrite en 392.

Le Diacre Heracle, qui étoit chargé de rendre à Castruce la Lettre de saint Jerôme, vint d'Occident en Orient vers l'an 394. comme il paroît par la Lettre de saint Jerôme à Vital. Il étoit en Pannonie chez Castruce l'an 393. ce qui fait voir que la Lettre de saint Jerôme à Castruce, dont Heracle étoit le porteur, a été écrite vers l'an 392.

LETTRE XXXII.
à Julien.

Ecrite vers l'an 406. ou 407.

Puisque saint Jerôme pour porter Julien à renoncer entierement au monde, l'exhorta de suivre l'exemple de Pammaque & de saint Paulin, qui n'étoit alors que simple Prêtre; il s'ensuit que cette Lettre n'a pû être écrite ni avant l'an 397. ni après l'an 410. car Pammaque embrassa la vie Monastique en 397. & mourut en 410. & saint Paulin fut élevé au Sacerdoce en 393. & à l'Episcopat en 409. Pour découvrir maintenant au juste l'année de cette Lettre, on peut se servir de la description que saint Jerôme fait des ravages que les Barbares avoient fait dans le païs de Julien. Il y a bien de l'apparence que ce Julien étoit d'Italie; car saint Jerôme lui dit, Que l'exemple & les discours de Pammaque & de saint Paulin (ils demeuroient tous les deux en Italie) pouvoient lui être d'un grand secours pour le fortifier dans les voïes de la perfection. Or l'Italie fut ravagée par Rhadagaise en 405. selon saint Prosper, ou en 406. selon Marcellin. Ce qui fait juger que cette Lettre a été écrite vers l'an 406. ou 407.

LETTRES XXXIII. & XXXIV.
à Marcelle.

Ecrites vers l'an 387.

Il y a bien de l'apparence que ces deux Lettres ont été écrites quelque tems après que sainte Paule se fut retirée en Bethléem, c'est-à-dire, vers l'an 387. car elle partit de Ro-

550 NOTES CHRONOLOGIQUES
me pour aller en Palestine l'an 385.

LETTRES XXXV. & XXXVI.
à Marcelle & à Euſtoquie.

Le tems de ces deux Lettres eſt incertain.

ERRATA.

Page.	Ligne.	Liſez.	Page.	Ligne.	Liſez.
2.	15.	daigniez.	3 8.	15.	ici.
6.	12.	lâches.	325.	25.	l'étude.
13.	32.	deſirer l'Épiſcopat.	374.	24.	de ces.
62.	24.	Steſicore	368	26.	deux choſes.
68	29.	ne puiſſiez.	387.	16.	pour le nom.
71.	28	huitres.	402.	8.	affectation.
82.	16.	piſtaches.	409.	23.	élevé Saul.
89.	16.	le conſacrer.	425.	26.	le Levite.
96.	19.	de ce fils.	438.	21.	qu'à Jézabel.
128.	8.	joigniez.	469.	16.	auroit commis.
140.	12.	s'écrier.	481.	25.	manqua.
149.	17.	parrent.	482.	3.	immole
171.	18.	mains	493.	16.	des criminels.
206.	21.	m'en voir.	517.	16.	utrisque.
226.	27.	autour.	518.	5.	pourroit.

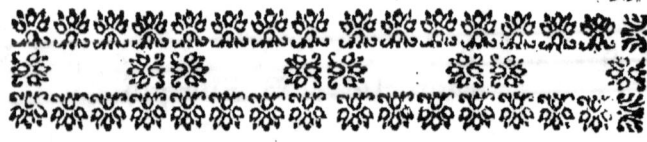

SOMMAIRES
DES LETTRES
DE SAINT JERÔME.
Contenuës dans ce premier Volume.

PREMIERE LETTRE
à Heliodore.   page 1

Heliodore s'étoit retiré avec saint Jerôme dans le desert de Syrie, pour y faire profession de la vie Solitaire; mais il abandonna & son ami & le desert, sous prétexte de quelques affaires de famille. Saint Jerôme sensible à la perte d'un ami qui lui étoit si cher, l'exhorte par cette Lettre à revenir; & pour l'y engager, il lui represente d'une maniere vive & touchante, les obligations de son Etat, les dangers du siecle, le poids des dignitez Ecclesiastiques, & les douceurs de la vie solitaire.

II. LETTRE
à Theodose, & à quelques autres Solitaires.
    pag. 19

Lors que saint Jerôme meditoit sa retraite, &

parcouroit les deserts de Syrie, il écrivit cette Lettre à quelques Solitaires qu'il y avoit vûs en passant. Il leur témoigne le desir qu'il avoit de demeurer avec eux, & les conjure de lui obtenir de Dieu la grace de perseverer dans le nouveau genre de vie qu'il avoit dessein d'embrasser.

III. LETTRE
à Julien Diacre. pag. 21

Saint Jérôme écrit cette Lettre à Julien pour se justifier de son silence dont il lui avoit fait quelques reproches. Il le remercie aussi de lui avoir appris que sa sœur perseveroit toûjours dans ses bons sentimens, & le prie de continuer à prendre soin de sa conduite.

IV. LETTRE
à Chromace, Jovin & Eusebe. pag. 23

Chromace & Eusebe étoient freres, & natifs d'Aquilée ; Jovin étoit leur ami commun. Saint Jérôme leur adressa cette Lettre peu de tems après sa retraite pour se plaindre de leur silence. Il y releve les vertus de Bonose son ancien ami, & y parle de lui-même avec des grands sentimens d'humilité. Enfin il les prie d'écrire à sa sœur pour la soutenir dans la pratique de la vertu.

V. LETTRE
à Nicée Soûdiacre d'Aquilée. pag. 30

Saint Jérôme écrivit cette Lettre à Nicée du

desert de Syrie. Il s'y plaint de son silence, & le prie très-instamment de lui apprendre de ses nouvelles.

VI. LETTRE
à Chrysogogne Solitaire d'Aquilée. pag. 31

Sur le même sujet.

VII. LETTRE
à Antoine. pag. 33

Sur le même sujet.

VIII. LETTRE
à Paul de Concorde. pag. 35

Paul à qui saint Jerôme adresse cette Lettre, étoit un vieillard âgé de cent ans, natif de Concordia, petite ville d'Italie. Saint Jerôme le felicite de son heureuse vieillesse, qu'il attribuë à sa vertu. Il le prie aussi de lui envoïer les Commentaires de Fortunatien, l'Histoire d'Aurelius Victor, & les Letres de Novatien.

IX. LETTRE
à Exuperance. pag. 38

Exuperance étoit un homme de guerre. S. Jerôme lui écrivit cette Lettre pour lui demander son amitié. Il fait l'éloge de sa vertu, & il l'exhorte à vendre son bien, & à en distribuer le prix aux pauvres.

X. LETTRE
à Castorine. pag. 41

Saint Jerôme aïant eu quelque different avec Castorine, qui étoit sa Tante maternelle, lui écrivit cette Lettre du desert de Syrie, pour la prier d'oublier le passé, & d'étouffer dans son cœur ses anciens ressentimens.

XI. LETTRE
aux Vierges de la montagne d'Hermon. pag. 43

Saint Jerôme adresse cette Lettre à des Religieuses qui demeuroient sur la montagne d'Hermon. Il s'y plaint de leur silence, & leur montre par plusieurs exemples de l'Ecriture, que tout pécheur qu'il est, il ne merite pas d'être traité avec tant de mépris.

XII. LETTRE
à Ruffin. pag. 45

Saint Jerôme aïant appris que Ruffin étoit arrivé de Rome en Egypte, lui témoigne par cette Lettre la joie que cette heureuse nouvelle lui a donnée, & l'empressement qu'il a de le voir. Il lui rend compte ensuite de tout ce qui lui est arrivé depuis leur separation, c'est-à-dire, de ses voïages, de la mort de ses compagnons Innocent & Hilas, & de l'état present où il se trouve dans le desert de Syrie. Il finit par le recit de la vie Solitaire & penitente que Bonose, leur ami commun, menoit dans une Isle deserte.

XIII. LETTRE
à Florent. pag. 53

Saint Jerôme touché du merite de Florent, originaire d'Aquilée, & qui alors étoit à Jerusalem, lui donne par cette Lettre des assurances de son amitié & de son estime. Après avoir loüé sa charité envers les pauvres, il le remercie en particulier des bons offices qu'il avoit rendus à Heliodore. I'y parle de Ruffin avec éloge, & de soi même avec des sentimens d'une profonde humilité.

XIV. LETTRE
au même. pag. 55

Florent aïant fait réponse à saint Jerôme, ce saint lui témoigne par celle-ci, que sa Lettre lui avoit fait naître un violent desir d'aller à Jerusalem. Il le prie de demander à Ruffin le Commentaire de Rethice Evêque d'Autun sur le Cantique des Cantiques ; celui de saint Hilaire sur les Pseaumes, avec son Traité des Synodes. Il le supplie aussi de lui faire transcrire quelques autres ouvrages qui lui manquoient, lui offrant en recompense de lui communiquer les livres de sa Bibliothéque.

XV. LETTRE
à Nepotien. pag. 58

Nepotien, neveu d'Heliodore, avoit prié plusieurs fois saint Jerôme de lui donner quelques regles pour bien vivre dans l'état Ecclesiastique. Saint Jerôme se rendant à ses prieres, lui écrivit cette Lettre, dans laquelle il commence par lui faire l'éloge de la vieillesse, qui semble avoir la sagesse en partage. Il passe ensuite aux devoirs des Ecclesiastiques, qu'il fait consister à se détacher du monde, à fuir la compagnie des Clers déreglés, à n'avoir aucune liaison avec les personnes du sexe, ni avec les grands du monde; à étudier l'Ecriture sainte, à prêcher la parole de Dieu, à méprifer les applaudissemens des hommes, à préferer le soulagement des pauvres aux vains ornemens des Eglises; à jeûner, mais avec discretion; à servir le prochain, mais sans interêt.

XVI. LETTRE
à saint Paulin.   pag. 89

Saint Jerôme après avoir remercié saint Paulin des presens qu'il lui avoit envoïez, l'exhorte à se donner tout entier à l'étude de l'Ecriture sainte. Il lui propose l'exemple de plusieurs grands hommes qui n'ont rien épargné pour devenir sçavans. Il l'avertit de ne se point engager à cette étude sans le secours d'un Maître. Il se plaint de ce que tous les Arts n'étant exercez que par ceux qui en font une profession particuliere, il n'y a que la science de l'Ecriture sainte dont tout le monde veut se mêler. Pour lui faciliter cette étude, il fait une espece d'analyse de chaque livre de l'Ecriture, & des remarques courtes, mais très curieuses, sur le caractere des Ecrivains sacrez. Enfin il le presse de rompre entierement *avec le monde, pour se consacrer à Dieu sans reserve.*

XVII. LETTRE
au même. pag. 112.

Saint Paulin aïant distribué ses grands biens aux pauvres, & embrassé une pauvreté volontaire, demanda à saint Jerôme des regles pour bien vivre dans son état, & pour s'avancer dans les voies de la perfection; lui témoignant à même tems le desir qu'il avoit d'aller demeurer à Jerusalem. Saint Jerôme lui répond par cette Lettre, Que le merite ne consiste pas à demeurer à Jerusalem, mais à y bien vivre; Que la sainteté n'est point attachée aux lieux; Qu'il n'y a aucun endroit sur la terre d'où l'on ne puisse aller au ciel; Que la ville de Jerusalem, quoique consacrée par les mystéres de la vie du Sauveur, n'est pas moins corrompuë que les autres, & qu'on y trouve aussi-bien qu'ailleurs des objets capables d'infecter les ames les plus pures. Que s'il veut vivre en veritable Solitaire, il doit s'éloigner du commerce des hommes & du tumulte des villes; Que la lecture, la priere, les jeûnes & les veilles doivent faire toute son occupation. Il le remercie ensuite du panegyrique de l'Empereur Theodose qu'il lui avoit envoïé; & après avoir fait l'éloge de cet ouvrage; il exhorte l'Auteur à s'appliquer serieusement à l'étude & à l'Ecriture sainte.

XVIII. LETTRE
au Moine Ruſtique. pag. 136

Saint Jerôme inſtruit Ruſtique, Moine originaire de Marſeille, des obligations d'un veritable Solitaire. Il commence par le feliciter de la bonne éducation que ſa Mere lui a donnée, & il l'exhorte à avoir toûjours pour elle un grand reſpect; mais il l'avertit en même tems d'éviter la compagnie des perſonnes du ſexe. Il lui fait voir enſuite les avantages de la vie Cénobitique, & les perils de la vie Solitaire; d'où il prend occaſion de condamner la vanité & l'avarice de quelques Moines, qui ne l'étoient que de nom. Il lui conſeille de s'appliquer au travail des mains, afin d'écarter les mauvaiſes penſées qui pourroient troubler la paix de ſon cœur. Après avoir fait un portrait de la médiſance capable de lui en inſpirer de l'horreur, il finit par l'éloge de ſaint Exupére Evêque de Toulouze, & l'exhorte d'imiter les vertus de ce grand homme.

XIX. LETTRE
à Léta. pag. 162

Léta fille d'Albin Prêtre des Idoles, fut mariée à Toxotius fils de ſainte Paule. De ce mariage vint une fille nommée Paule, comme ſa grand'-mere, & conſacrée à Dieu dès ſa naiſſance. Saint Jerôme avertit Léta de l'engagement où elle eſt de conſerver à JESUS-CHRIST une Vierge qu'elle lui a conſacrée. Il lui donne des regles pour la bien élever. Il *veut qu'on lui apprenne de bonne heure l'Ecriture sainte; & qu'on l'exerce dans la pratique du jeûne, de l'oraison, de la pfalmodie & du travail des mains. Il lui recommande fur tout de ne mettre auprès d'elle que des perfonnes d'une vie bien reglée, & d'en éloigner tous ceux qui pourroient corrompre fon innocence.*

XX. LETTRE
à Gaudence. pag. 184

Saint Jerôme prefcrit ici à Gaudence pour l'éducation de fa fille Pacatule, les mêmes regles qu'il a données à Léta dans la Lettre précedente pour l'éducation de fa fille Paule. Il rapporte les raifons dont fe fervent ceux qui veulent qu'on permette aux filles toutes fortes de parures. Il condamne la liberté fcandaleufe que fe donnent & les hommes de parler aux femmes, & les femmes d'entretenir les hommes tête-à-tête & fans témoins. Il parle de la prife de Rome par Alaric Roi des Goths, & de là il prend occafion de s'élever contre les defordres de fon fiecle, où l'on voïoit toûjours regner le crime parmi les ruines mêmes de l'Empire Romain.

XXI. LETTRE
à Euftoquie. pag. 196

Saint Jerôme étant à Rome, y tint, pour ainfi dire, une école de virginité. Entre les Vierges qui par fes confeils fe confacrerent à JESUS-CHRIST, *Euftoquie fille de fainte Paule,* fut la premiere & la plus illustre. Ce fut pour la confirmer dans son pieux dessein, & pour lui apprendre à conserver le précieux tresor de la chasteté, que saint Jerôme lui écrivit cette Lettre. Il commence par lui faire une peinture de la foiblesse humaine, & des périls où nous sommes exposés à tout moment de perdre nôtre innocence. Il veut qu'elle renonce au vin, à la bonne chere, à la compagnie des gens du siecle, au luxe, à l'avarice, aux lectures curieuses & profanes. Il lui conseille d'aimer le jeûne, l'oraison, l'étude de l'Ecriture sainte, l'humilité, la retraite. Pour l'encourager à souffrir avec joie toutes les peines de la vie présente, il lui fait voir qu'elles doivent être pour nous la source d'une gloire immortelle. Au reste saint Jerôme éleve ici la virginité si haut, que cette Lettre, comme il le témoigne lui-même dans celle qu'il écrivit à N. potien dix ans après, revolta tout Rome dès qu'elle y parut, & fit croire que ce Pere condamnoit le mariage comme une chose illicite.

XXII. LETTRE
à Demetriade.   pag. 268

Saint Jerôme adresse cette Lettre à une fille de la premiere qualité nommée Demetriade, qui s'étant refugiée en Afrique après la prise de Rome par les Goths, y prit le voile des Vierges par les conseils de saint Augustin. Saint Jerôme, après avoir loué son illustre famille, fait voir qu'elle en a rehaussé l'éclat par la profession Religieuse. Il décrit ensuite les combats qu'elle eût à soutenir dans l'execution d'un
si grand

ſi grand deſſein; la joie qu'il cauſa à ſon Ayeule & à ſa Mere, & les applaudiſſemens que toute l'Egliſe lui donna. Enfin il lui preſcrit des regles pour vivre d'une maniere qui réponde à la dignité & à la ſainteté de ſa profeſſion. Il lui recommande ſur toutes choſes de lire la ſainte Ecriture, de renoncer aux pompes du ſiecle, de fuir la compagnie des femmes mondaines, de jeûner avec moderation, de s'occuper toûjours à quelque ouvrage, de ſe précautionner contre le poiſon des Origeniſtes, & de ſuivre la foi du Pape Innocent ſucceſſeur d'Anaſtaſe.

XXIII. LETTRE
à Furie.   pag. 311

Furie étoit de l'ancienne & illuſtre famille des Camilles. Après la mort de ſon mari, elle reſolut de demeurer veuve, & pria ſaint Jerôme de lui donner des regles pour vivre ſaintement dans cet état. Ce Pere lui en marque ici les devoirs, & l'exhorte à ne ſe point rendre aux ſollicitations de ſes parens, à ſe refuſer tout ce qui peut flater la delicateſſe de la nature; à lire l'Ecriture ſainte, à exercer la charité envers les pauvres. Après avoir détruit les pretextes dont on ſe ſert pour autoriſer les ſecondes nôces, il lui fait le détail des chagrins qu'il y a à eſſüier dans un ſecond mariage. Enfin il lui propoſe pour modéle de ſa conduite l'exemple des Veuves qui ſe ſont renduës recommandables par leur vertu.

XXIV. LETTRE
à Salvine. pag. 336

Nubel un des plus puissans Rois de Mauritanie, eut trois fils qui vivoient sous la protection des Romains, sçavoir Firmus, Gildon, & Mascezil. Salvine à qui saint Jerôme adresse cette Lettre, étoit fille de Gildon. L'Empereur Theodose la maria à Nebride Neveu de l'Imperatrice, afin de calmer par ce mariage les troubles d'Afrique. Après la mort de Nebride, saint Jerôme à la priere d'Avitus, écrivit cette Lettre à Salvine pour la consoler de la perte de son mari, dont il fait l'éloge, & pour l'exhorter à demeurer veuve. Il lui prescrit ici des regles pour vivre saintement dans cet état, & lui conseille sur tout la pratique du jeûne, de la lecture & de l'oraison.

XXV. LETTRE
à Ageruquie. pag. 359

Saint Jerôme ne donne ici à Ageruquie aucunes regles pour vivre dans l'état de Veuve qu'elle avoit embrassé; il la renvoie aux traités qu'il avoit déja faits pour Eustoquie, pour Furie & pour Salvine. Il explique dans cette Lettre le sens de quelques passages de saint Paul, où cet Apôtre permet les secondes nôces. Il releve le merite de la continence par les plus beaux endroits de l'Ecriture sainte; & même par l'exemple des Prêtres des faux Dieux & des femmes païennes, qui avoient sacrifié leur vie à l'amour de la chasteté. Enfin pour faire perdre à cette Dame le souvenir des plaisirs du siecle, il lui fait une peinture très-vive de la desolation de l'Empire Romain, & des ravages que les Vandales venoient de faire dans les Gaules.

XXVI. LETTRE
à deux Dames des Gaules.   pag. 390

Une mere & une fille, dont l'une étoit veuve & l'autre vierge, demeuroient dans une même ville, mais en differentes maisons, & retiroient chez elles des hommes pour prendre soin de leurs affaires. Un Solitaire qui étoit fils de celle-là & frere de celle-ci, étant allé à Jerusalem visiter les Saints Lieux, avertit saint Jerôme de ce desordre, & le pria d'y remedier. Ce Pere se rendant à ses prieres, leur écrivit cette Lettre, dans laquelle il les exhorte à rentrer dans leur devoir, à ménager leur reputation, & à faire cesser le scandale qu'elles faisoient dans la ville par une conduite si irreguliere.

XXVII. LETTRE
à Sabinien Diacre.   pag. 409

Sabinien aïant quitté Rome pour se dérober à la colere d'un homme qu'il avoit deshonoré, en abusant de sa femme, se retira à Bethléem. Après y avoir demeuré quelque-tems, il y débaucha une Vierge, & l'engagea à sortir de son Cloître pour le suivre. Ce dessein aïant été découvert, Sabinien demanda pardon de sa faute à saint Jerôme, & ce Saint lui pardonna. Mais enfuite ce malheureux Didcre s'étant retiré de Bethléem, il se déchaîna cruellement contre faint Jerôme, qui lui écrivit cette Lettre, pour lui reprocher ses impostures, & l'exhorter à faire penitence.

XXVIII. LETTRE
à Ruſtique. pag. 428

Ruſtique & Artemie sa femme aïant fait vœu d'un commun conſentement de garder la continence, le violerent par foibleſſe. Artemie touchée de sa faute, alla viſiter les Lieux-Saints, & s'établir dans la Paleſtine pour y faire penitence. Son Mari lui avoit promis de la ſuivre : mais comme il differoit de jour en jour, ſaint Jerôme lui écrivit cette Lettre, à la priere d'Artemie & d'Heibdie, pour l'exhorter à s'acquitter de sa promeſſe, & à faire penitence de son péché.

XXIX LETTRE
à Innocent. pag. 447.

Saint Jerôme rapporte ici une hiſtoire arrivée de son tems à Verceil, ville de Ligurie. Une femme fut accuſée fauſſement par son mari d'avoir commis un adultere avec un jeune homme. Comme ils nioient le crime dont on les accuſoit, on les appliqua l'un & l'autre à la queſtion. Le jeune ne pouvant ſupporter la violence des tourmens, avoüa ce qu'il n'avoit pas fait : mais la femme jalouſe de sa reputation, & ſûre de son innocence, demeura toûjours ferme parmi les plus grands ſupplices. Enfin le Juge les condamna l'un & l'autre à avoir la tête tranchée. On la coupa au jeune homme du premier coup: mais on frapa la femme jusqu'à sept fois sans pouvoir la faire mourir. Cette histoire que saint Jerôme décrit avec beaucoup d'éloquence, nous fait voir que Dieu est le protecteur de l'innocence opprimée; & que les Juges doivent craindre de confondre les innocens avec les coupables.

XXX. LETTRE
à Abigaüs. pag. 457

Saint Jerôme écrivit cette Lettre à un Espagnol, nommé Abigaüs, qui avoit perdu la vûe. Après s'être justifié des reproches qu'Abigaüs lui avoit fait de n'avoir pas répondu à ses Lettres, il loüe sa pieté, & lui recommande Theodore veuve de Lucinius.

XXXI. LETTRE
à Castruce. pag. 460

Saint Jerôme écrivit aussi cette Lettre à Castruce, qui étoit de son païs, pour le consoler de la perte de la vûe. Il lui fait voir par plusieurs passages de l'Ecriture, que les afflictions ne sont pas toûjours une peine du péché.

XXXII. LETTRE
à Julien. pag. 464

Julien, homme de qualité, aïant perdu sa femme, deux de ses filles & presque tous ses biens, saint Jerôme lui écrivit cette Lettre pour le consoler dans ses malheurs. Il l'exhorte à les souffrir avec patience à l'exemple de Job, cet homme si juste & si malheureux. Enfin il lui conseille de consommer son sacrifice en renonçant entierement au monde, à l'exemple de saint Paulin, & de Pammaque, qui avoient tout quitté pour se consacrer à Dieu.

XXXIII. LETTRE
à Marcelle.   pag. 479.

Paule & Eustoquie, que Marcelle avoit formées à la pieté, lui écrivirent cette Lettre de Bethléem, pour l'inviter à venir visiter les Lieux-Saints. Elles font voir que la ville de Jerusalem, quoique teinte du sang de JESUS-CHRIST, est une terre de bénédiction, & non pas une terre maudite, comme le pretendoient quelques-uns. Elles font l'éloge du bourg de Bethléem, & de la créche où le Sauveur du monde est né. Elles finissent par la description des lieux les plus Saints de la Palestine, & promettent à Marcelle de les visiter avec elle. Quoique cette Lettre soit écrite au nom de Paule & d'Eustoquie, cependant le stile fait assez voir que saint Jerôme en est l'Auteur.

XXXIV. LETTRE
à la même.   pag. 498.

Saint Jerôme joignit cette Lettre à celle de Paule & d'Eustoquie, pour prier Marcelle de venir à Bethléem. Il lui fait voir que le séjour de Rome n'est propre qu'à corrompre les ames, & à troubler le repos des Solitaires ;

qu'au contraire on goûte à Bethléem des plaisirs tranquilles, & qu'on n'y voit rien qui n'inspire la piété.

XXXV. LETTRE
à la même. pag. 503

Saint Jerôme remercie Marcelle de quelques presens qu'elle lui avoit envoïé, aussi bien qu'à Paule & à Eustoquie; & il en explique ici les usages d'une maniere spirituelle & morale.

XXXVI LETTRE
à Eustoquie. pag. 504

Saint Jerôme écrivit cette Lettre à Eustoquie, pour la remercier de quelques presens qu'elle lui avoit faits, le jour de la fête de Saint Pierre. Il moralise sur chaque present en particulier, & prend occasion de là d'instruire cette Vierge de ses obligations.

TABLE
DES MATIERES

Contenües dans le premier Volume des Lettres de Saint Jerôme.

A

Aaron s'oppofa aux flammes qui devoroient les Ifraëlites. page 193
Aaron tenoit parmi fes Enfans le rang que les Evêques tiennent aujourd'hui parmi les Prêtres. 73
Abifag ; ce que fignifie ce mot. 63
Abifag eſt l'image de fageſſe. 61
Abſtinence indifcrete & fuperftitieufe. 82
Abſtinence des enfans de Jonadab. 140
Abſtinence des Brachmanes des Indes, & des Gimnofophites d'Egypte. 175
Abſtinence des adorateurs d'Iſſis & de Cibéle. 178
Achab Roi d'Ifraël detourne la colere de Dieu par fa penitence. 439
Adam & fes defcendans fujets à la mort. 35
Les Hebreux croient qu'Adam a été enterré fur le mont Calvaire. 482
Adonis. On lui avoit confacré un bois proche Bethléem. 118
On pleuroit fa mort tous les ans. *ibid.*

Adultere puni de mort. 449
Sœurs Agapétes. 215
Ageruquie, sa famille. 360
Elle cherche dans l'Eglise un azile à sa chasteté. 361
Albin Prêtre des idoles, pere de Léta. 163
Alexandre le Grand imite les deffauts de son Précepteur Leonide. 169
Ambroise fait subsister Origéne par ses liberalitez. 498
Il ne se mettoit jamais à table sans faire lire quelque Livre durant le repas. ibid.
Il est difficile de trouver un veritable ami. 52
Un ami qui peut cesser d'aimer, ne fut jamais un veritable ami. ibid.
L'Amour doit se mettre en colere, quand il est offensé. 3
L'Amour de Dieu nous fait aisément surmonter tout ce qui peut mettre quelque obstacle à nôtre salut. 5
Le Pape Anastase s'oppose aux erreurs des Origenistes. 301
Vie des Anachoretes d'Egypte. 257
Famille des Anices. 271
Un Ange apparoît à Pretextate, & la menace de mort. 171
Ananie & Sapphire punis de mort. 297
Belle parole de saint Antoine à Didyme. 463
Apollinius Thianée. 91
Personne n'a tant quitté que les Apôtres. 40
Pourquoi les Fidelles mettoient leurs biens aux piés des Apôtres? 119. 297
Il n'y avoit autrefois dans chaque Eglise qu'un Archiprêtre & un Archidiacre. 150
Beau sentiment d'Architas de Tarente. 354

Aristote precepteur d'Alexandre le Grand. 169
L'Arianisme banni d'Aquilée par les soins de Chromace. 29
Arnobe, il n'y a ni ordre ni justesse dans ses ouvrages. 127
La femme d'Asdrubal se jette dans le feu avec ses enfans. 370
S. Athanase prie saint Antoine de venir à Alexandrie. 463
Attalus Roi de Pergame envoie des parchemins à Rome. 25
L'Avarice est le vice d'une ame païenne. 249
Avarice d'un Solitaire de Nitrie. Sa punition. 252
Avarice de quelques femmes devotes. 250
Faire l'aumône aux veritables pauvres. 124 326 329
Faire l'aumône soi-même. 122
Ne se point charger des aumônes d'autrui. 123
Dieu seul doit être le témoin de nos aumônes. 239
Aurelius Victor; son histoire des persecutions. 37
Auxence Evêque Arien, opprime l'Eglise de Milan. 456

B

LE Baptême nous engage à tout sacrifier pour Dieu. 4
Il nous ensevelit avec Jesus-Christ. *ibid.*
Le deluge universel fut pour le monde une espece de baptême. 35
S. Jean Baptiste ne croit pas sa chasteté en assurance dans la maison paternelle. 138
Sa penitence dans le desert. 139 167

Il s'y prépare aux fonctions de son ministere. 167
Une Vierge ne doit point prendre le bain. 179
La ville de Bethléem est plus auguste que la ville de Rome. 493 501
Elle est le lieu le plus auguste de l'univers. 118
Elle a été souillée par le culte des idoles. 117
On ne peut aimer le bien, sans haïr le mal. 149
Deux sortes de biens, les uns exterieurs, & les autres interieurs. 468
Les Bigames exclus des Ordres sacrez. 87 367
Blesille sœur d'Eustoquie, devient veuve après sept mois de mariage. 217
Brennus Capitaine des Gaulois prend Rome. 387
Bonose. 26
Il est élevé avec saint Jerôme. 51. 49
Il fait le voïage de France avec S. Jerôme. *ibid.*
Sa penitence. 49
Il se retire dans une Isle. 26
Description de son desert. 49

C

LE mont Calvaire, pourquoi ainsi appellé. 482
Les Casques, anciens peuples d'Italie. 30
Caton étant déja fort âgé, s'appliqua à l'étude de la Langue Grecque. 68 294
Vie des Cenobites. 150
La vie Cenobitique est preferable à la vie Solitaire. 142 304
Origine des Cerises. 506

DES MATIERES. 573

La chair est opposée à l'esprit. 442
Charité interessée. 77
La charité de la veuve de Serepta. 332
La chasteté separée des autres vertus ne sçauroit couronner une Vierge. 292
Sans la chasteté personne ne verra Dieu. *ibid.*
Le jeûne est necessaire pour la conservation de la chasteté. 289
La moderation & la frugalité sont les compagnes de la chasteté. 321
Exemples de la chasteté dans les païens. 370 371
Le Chrétien est toûjours en butte aux tentations. 7. 10. 133
Un Chrétien est quelque chose de grand. 124
Quelle doit être la simplicité & la prudence du Chrétien ? 123
Quelle est la condition d'un Chrétien ? 130
Ce n'est point par les commencemens, mais par la fin, qu'on doit juger de la vie d'un Chrétien. 318
Un Chrétien ne doit point mettre son esperance dans les biens de la terre. 9
Ciceron égal à Demosthène. 76
S. Cyprien ; ses ouvrages contre Novatien. 38
Son traité de la virginité. 231 308
Il n'a point travaillé sur l'Ecriture sainte. 127
Son style est doux & coulant. *ibid.*
Etymologie du nom de Clerc. 66
Un Clerc ne doit point avoir d'autre possession que Dieu. *ibid.*
Les ordres du Clergé ont chacun leur chef. 150
Colere, l'homme s'abandonne à ses mouvemens, le Chrétien les reprime. 34 295 354
Il est toûjours tems de se convertir. 164

Cornelie mere des Gracques. 189
Elle étoit naturellement éloquente. ibid.
Ses enfans ont pris le goût de la veritable éloquence en l'entendant parler. ibid.
Elle a été illustre par sa fecondité & par sa continence. 315
Elle n'a pas eu sujet de se réjoüir d'avoir mis les Gracques au monde. ibid.
Crassus n'a jamais ri qu'une seule fois : à quel sujet ? 28 294
Crates de Thebe renonce aux richesses pour se donner tout entier à l'étude de la Philosophie. 115 473
Cromace, ami de S. Jerôme, preserve la ville d'Aquilée des erreurs d'Arius. 29
Les Croix sont les partages des Justes sur la terre. 263
La cupidité porte tous les hommes au mal. 322
Elle domine également dans les riches & dans les pauvres. 355
Elle est insatiable. 380

D

Daniel refuse de se nourrir des viandes qu'on servoit sur la table du Roi de Babylone. 210
Pourquoi il est appellé *Homme de desirs* ? ibid.
David, sa chute. 212
Sa penitence. 437
Quelle instruction nous devons tirer de sa chute & de sa penitence. 349
Debora, ce que signifie ce mot. 333
Debora n'étoit ni veuve, ni mere de Barach. ibid.

Le deluge universel a été une espece de batême pour les hommes. 35
Demetriade, sa famille. 271
Elle mene dans le monde une vie penitente & mortifiée. 272
Les combats qu'Elle eut à soûtenir lorsqu'elle fut sur le point de se consacrer à Dieu. 274
Elle renonce aux vanitez du monde, & prend l'habit des Vierges. 275
Son exemple engage plusieurs personnes à embrasser la virginité. 277
Le Démon comparé à un Pirate. 10
Il nous tend sans cesse des embuches. 133
Il tâche d'étouffer JESUS-CHRIST dans nôtre cœur. 4
Les Demons tremblent devant le sépulcre du Sauveur. 490
Demosténe & Ciceron excellent l'un & l'autre dans l'éloquence. 76
Le plaidoïer de Demosténe contre Esquinés. 92
Les desirs déreglez du cœur sont autant de crimes. 139
Mort de Didon. 370
Didyme va rendre visite à S. Antoine. 463
Diacres, ministres du troisiéme ordre. 14
Dieu nous juge selon les dispositions presentes où il nous trouve. 440
Les playes dont il frapa Pharaon furent des avertissemens d'un pere charitable, plûtôt que des châtimens d'un Dieu irrité. 410
Jamais il n'est plus en colere que lors qu'il épargne les pécheurs. 462
Il hait les superbes, & aime les humbles. 33
Il ne regarde en nous que le cœur. 40
Il invite sans cesse les pécheurs à rentrer dans

les voies du salut. 435
Il est le meilleur & le plus indulgent de tous les peres. 443
Disgrace de Dina. 235
Les disgraces de la vie ne sont pas toûjours la peine du péché. 461
Une fausse devote qui outrage les pauvres en leur donnant l'aumône. 251

E

Dignitez Ecclesiastiques, elles sont dangereuses pour le salut. 15 16
Il ne faut pas s'engager indiscretement dans les fonctions Ecclesiastiques. 13
Les Ecclesiastiques ont le Seigneur pour partage. 66
Ils doivent subsister des oblations des fidelles. *ibid.*
Ils doivent exercer la charité envers les pauvres. 67
Ils doivent éviter les compagnies des personnes du sexe. 68
Il est deffendu par une loi des Empereurs de rien léguer aux Ecclesiastiques. 70
Rien de plus honteux à un Ecclesiastique que d'amasser des richesses. 71
Les Ecclesiastiques doivent pratiquer ce qu'ils enseignent aux autres. 72
Ils doivent se soûmettre à leur Evêque. 73
Comment un Ecclesiastique doit s'acquitter du ministére de la parole. 75
Les Ecclesiastiques doivent être modestes dans leurs habits. 77
Ils doivent se rendre plus recommandables

par

par leur vertu que par leurs richesses. 80
Un Ecclesiastique ne doit point être sujet au vin. 81
Ni chercher à s'attirer l'estime & les applaudissemens des hommes. 83
Ni se mêler de faire des mariages. 86
Il doit être sçavant dans la loi de Dieu. 72. 94
Complaisance basse & servile de quelques Ecclesiastiques qui font la cour aux Dames de qualité. 218
Portrait d'un Ecclesiastique mondain. 242
Les Ecclesiastiques sont les Peres des fidelles. 317
Ils sont chargez du soin d'enterrer les morts. 454
Ils ne doivent point recevoir de presens. 86
Ecriture sainte ; on a besoin d'un Maître pour l'apprendre. 96
Tout le monde se mêle de l'expliquer. 98
Il n'étoit pas permis aux Hebreux de lire la Genese, ni le commencement & la fin d'Ezechiel avant l'âge de 30. ans. 106
Le livre des Paralypomenes est necessaire pour bien entendre l'Ecriture sainte. 107
Esdras & Nehemias ne font qu'un seul livre. *ibid.*
Tout brille dans l'Ecriture sainte. 126
Les beautez de l'Ecriture sainte sont cachées sous la lettre. *ibid.*
Il n'y a que JESUS-CHRIST qui puisse donner l'intelligence des Ecritures. *ibid.*
Lire souvent l'Ecriture sainte. 72. 139. 144. 325
L'amour de l'Ecriture sainte étouffe l'amour

des plaisirs charnels. 745
Nous trouvons dans l'Ecriture sainte des remedes à tous nos maux. 465
L'éducation des enfans est un œuvre très agreable à Dieu. 347
Vains ornemens des Eglises. 78
Elie & Elizée ont fait profession de la virginité. 227
Ils sont les Maîtres des Solitaires. 120
Eloge de la vie solitaire. 16
Eloge des Solitaires de Jerusalem. 492
Eloge de Bonose. 26. 49
d'Eustoquie. 328
De Florent. 53
De Ruffin. 54
De saint Paulin. 114. 125. 472
d'Olibre pere de Demetriade. 272
De Proba grand'-mere de Demetriade. 279
De Marcelle. 335
De Salvine. 337
De Nebride mari de Salvine. 338
De Pammaque. 472
Humilité d'Ester. 341
Evagre ami de saint Jerôme. 24
Il le visite souvent dans le desert. ibid.
Il l'accompagne dans le desert. 48
Il fait échoüer les mauvais desseins d'Auxence Evêque de Milan. 456
Il soutient les interêts du Pape Damase contre les Schismatiques. ibid.
Il obtient de l'Empereur la grace d'une femme sauvée du supplice par miracle. ibid.
Les 4. Evangelistes comparez à un chariot. 108
L'Eucharistie figurée par le sacrifice de Melchisedech. 482

Eve principe de mort pour tous les hommes. 228

Eustoquie est la premiere de toutes les filles Romaines qui se soit consacrée à Dieu par le vœu de virginité. 216

S. Exupére Evêque de Toulouze, sa charité envers les pauvres. 160

La charité envers les pauvres est la gloire des Evêques. 71

Les Evêques doivent traiter les Prêtres avec respect. 73

Quel rang l'Evêque tient parmi les Prêtres. *ibid.*

Coûtume de quelques Eglises où les Evêques deffendoient aux Prêtres de prêcher en leur presence. 74

F

LE fard dont usent les femmes est le voile de l'Antechrist. 320

Il est la marque d'une ame impure & déreglée. *ibid.*

Il sied mal à une femme de se farder. 319

Eviter la compagnie des femmes. 138. 189

Rien n'est plus délicat que la reputation d'une femme. 351

Une femme ne doit point avoir à son service des gens qui puissent donner quelque atteinte à sa reputation. 353

Une femme chaste est toûjours frugale. 316

Une femme qui avoit été mariée vingt-deux fois, épouse un homme qui avoit été marié vingt fois. 373

Une femme de Verceil accusée faussement d'adultere. 449

On la tourmente cruellement pour lui faire avoüer ce crime prétendu. 450
Sa conſtance dans les tourmens. *ibid.*
Elle eſt préſervée de la mort par miracle. 454
Les Filles des Prêtres de l'ancienne Loi mangeoient des viandes conſacrées. 369
Lors qu'elles ſe remarioient, elles n'avoient aucune part aux ſacrifices. *ibid.*
Les filles de Lot enïvrent leur Pere. 209
Une fille de Dieu ne cherche point d'ornemens étrangers. 31
Un flateur eſt un ennemi dangereux. 199
Il faut ſe défier des flateurs. 155
Nous avons un panchant naturel à croire ceux qui nous flatent. 233
La foi n'appréhende point la faim. 17
La foi attaquée par les plus tendres ſentimens de la nature. 6
Les belles Lettres fleuriſſoient en France du tems de S. Jerôme. 136
Fécondité & politeſſe de la Langue Françoiſe. *ibid.*
La fraude eſt une eſpece d'idolatrie. 9

G

LE Gange appellé *Phiſon* dans la ſainte Ecriture. 134
Les Gaules ravagées par les Barbares. 385
Les Gaulois vainqueurs de l'Orient & de l'Occident. 387
La vaine gloire corrompt nos meilleures actions. 82
Il eſt difficile de ſe mettre par ſa vertu au deſſus de ſa propre gloire. 345

La grace n'est pas une récompense, mais une pure liberalité de celui qui nous la donne. 294

C'est nous qui voulons & qui ne voulons pas ; mais c'est par la grace de Dieu que nous avons la liberté de vouloir & de ne pas vouloir. *ibid.*

Les Gracques ont pris le goût de la veritable éloquence en attendant parler leur mere. 169

Grecque Prefet de Rome fait détruire la caverne de Mithra. 164

Les Orateurs Grecs se faisoient païer des loüanges qu'ils donnoient. 37

S. Gregoire de Nazianze Maître de saint Jerôme. 75

Les Grües forment en volant la figure d'une Lettre. 149. 511

Portrait de Grannius ou de Rufin. 155

H

UN cœur plein de haine, est un cœur homicide. 41

Le soleil ne doit point se coucher sur nôtre haine. *ibid.*

Hannibal n'ose assiéger Rome. 387

Il meurt de poison dans la Bithinie. *ibid.*

Le Grand Prêtre Heli se rend coupable aux yeux de Dieu des crimes de ses enfans. 171

Sa trop grande indulgence le rend criminel. 425

Heliodore ami de S. Jerôme. 1

Il se retire dans le desert avec saint Jerôme. 22

Il quitte saint Jerôme & le desert. 2

Il est fait Evêque d'Altino. 65

Vanité d'Hermagoras. 110

On ne peut être heureux en ce monde & en l'autre. 4, 6

Hiarchas Maître des Brachmanes. 91

S. Hilaire; les tours de la langue Grecque dont il se sert quelquefois, rendent son style obscur & embarassé. 127

S. Hilarion n'a été qu'une seule fois à Jerusalem, quoiqu'il demeurât dans la Palestine. 117

Mort d'Hilas ami de saint Jerôme. 48

Serment qu'Hypocrates exigeoit de ses disciples. 86

Ne point faire ses actions par hypocrisie. 240

Hipocrisie de quelques Vierges. 241

Tous les hommes sont formez d'une même boüe & sujets aux mêmes miseres. 355

Le mot *Honorer* signifie dans quelques endroits de l'Ecriture *faire l'aumône*, ou *récompenser*. 366

Hortensius apprend à bien parler dès son enfance & entre les bras de son pere. 169

Exercer l'hospitalité avec zele. 149

Les plus humbles sont ceux qui ont moins de vanité. 240

La veritable humilité est une vertu très rare. *ibid.*

L'humilité du Publicain lui merita la grace du salut. 440

I

JAcob voit en songe une échelle misterieuse. 383. 477

Le nom d'idolatrie donné à certains pechez. 8

DES MATIERES. 583
L'idolatrie détruite dans Rome. 164
L'idole de Jupiter adorée dans le lieu même
 où JESUS-CHRIST est résuscité. 117
L'idole de Venus adorée sur le Calvaire. *ibid.*
Un chacun se fait un idole de l'objet de sa
 passion. 211
Le Jeûne doit être moderé. 82. 138. 178. 292.
 324
Jeûne du Carême. 178
La perfection ne consiste pas dans le jéûne.
 292.
Le Jeûne est le fondement des autres vertus.
 ibid.
Eloge du Jeûne. 289.
La jeunesse est exposée à de grands dangers.
 27.
S. Jerôme. Il est né parmi des hommes rusti-
 ques & barbares. 28
Il se retire dans le desert de Syrie. 48
Situation de son desert. 24. 55
Ses tentations & sa penitence dans le desert.
 205
Il fait d'inutiles efforts pour retenir Heliodo-
 re avec lui. 2
Combien cette séparation lui fut sensible. *ibid.*
Il l'invite à revenir dans le desert. *ibid.*
Il avoüe que sa jeunesse n'a pas été exemte de
 foiblesses & de chutes. 9. 27. 124
Son amitié pour Ruffin. 45
Il transcrit à Tréves le traité de saint Hilaire
 des Synodes. 57
Il est riche en livres & en traitez sur l'Ecriture
 sainte. *ibid.*
Il a des Ecrivains sous lui pour transcrire les
 livres. 57. 464

O o iiij

On se déchaîne à Rome contre son livre de la Virginité. 88. 308
Sa jeunesse est exposée à de rudes tentations. 146.
Il étudie l'Hebreu pour mortifier sa chair. 147
Il est châtié pour avoir trop aimé les Auteurs profanes. 246
Il sert de Secretaire au Pape Damase. 473
Il recherche l'amitié de tous les gens de bien. 458
Il envoie à Paul de Concordia la vie de saint Paul Hermite. 38
Sa sœur mene une vie peu reguliere. 27
Elle se convertit par les soins de Julien Diacre. ibid.
Elle se met sous la conduite de ce Diacre. 22
S. Jerôme la recommande à Chromace. 28
Il cherche & amasse avec soin tous les traitez des Ecrivains Ecclesiastiques. 56
Il regarde les villes comme une prison, & la solitude comme un paradis. 141
Il aime tous les Chrétiens comme ses propres enfans. 338
Sa passion pour l'étude de l'Ecriture sainte. 109
Son aversion pour la flaterie. 343
Sa clemence envers Sabinien. 421
Sa tendresse pour ses amis. 24. 31. 32. 46
Son amour pour la retraite. 20
Son humilité. 19. 20. 22. 26. 43. 52. 54. 113
Ses voïages. 47
Jerusalem. Elle a eu trois noms. 483
Elle est l'Athenes des Chrétiens. 491
Elle est plus auguste aujourd'hui qu'elle n'étoit autrefois. 485

Elle est aussi corrompuë que les autres villes du
monde. 119
Jezabel punie à cause de son impenitence. 439
Un ignorant n'est bon que pour lui-même. 94
L'impenitence est le seul crime qui ne merite
point de pardon. 416
Desordres que cause l'impureté. 213
L'intemperance source de l'impureté. 207
Elle nous a bannis du paradis. 211
Le Pape Innocent disciple & successeur d'A-
nastase. 301
Mort d'Innocent ami de S. Jerôme. 48
Patience de Job au milieu de ses disgraces. 466
Elle est le triomphe de Dieu. 467
Joseph conserve sa liberté & sur le trône &
dans les fers. 340
Josephe est le Tite-Live des Grecs. 257
Endurcissement de Judas. 131
Judith modéle des veuves. 358
Nous devons regler nos jugemens par la natu-
re des choses, & non point par la qualité
des personnes. 337
Jugement dernier. 18. 44
Julien. Ses disgraces. 465. Sa constance. 469
Le Juste en tombant ne perd point le nom de
Juste, pourvû qu'il se releve par la peni-
tence. 440
En quel sens l'homme est appellé Juste aux
yeux de Dieu. 442

L

Lactance est aussi éloquent que Ciceron.
127
Lamech a introduit la bigamie, ou la pluralité des femmes. 356. 375

Le larron passe du gibet au paradis, & trouve dans la peine de ses crimes, la couronne du martyre. 114
Leonide precepteur d'Alexandre. 169
Les Levites n'entroient point en partage avec les autres Tribus. 66
Ce ne sont point les lieux, mais les vertus qui sanctifient. 116
Origine du mot *Librarius*. 30
Le Linx, sa nature. 32
La meditation de la loi de Dieu est la nourriture de l'ame. 57
Loi des Empereurs contre l'avarice des Ecclesiastiques. 70
On respecte les loix des Empereurs, tandis qu'on méprise celles de Jesus-Christ. 71
S. Luc Medecin de profession. 108
Lupicin Prêtre indigne de la conduite des ames. 28
Lucrece se poignarde de peur de survivre à sa honte. 370
Lot tire sa femme & ses filles de l'embrasement de Sodome. 429
Il s'enïvre, & commet un inceste par ignorance. 209
Lucellus est le premier qui ait apporté de cerises à Rome. 506

M

Madelaine, sa penitence. 319. 440
Elle se baptise dans ses larmes. 319
Plus elle est sale & negligée, plus elle paroît belle. *ibid.*
La ville de Maïence prise par les Barbares. 385

On a besoin d'un Maître dans quelque art que ce soit. 120. 149
Marcelle, son éloge. 335
On la compare avec Anne fille de Phanuel. *ibid.*
Elle instruit Paule & Eustoquie dans la vertu. 479
Mardoché s'éleve par son humilité au dessus des grandeurs. 341
Le mariage est une servitude. 39. 188. 364
Il est une suite de la désobéïssance du premier homme. 224
Les seconds mariages traînent après eux mille chagrins. 331
Marie source de vie pour tous les hommes. 228
Sa fécondité semblable à celle de Dieu même. 234
Elle est le modelle des Vierges. 260
Marius defait les Teutons. 371
Marnas faux Dieu adoré dans la ville de Gaze. 165
Portrait de la medisance. 316
Fermer sa bouche & son oreille à la medisance. 84. 155. 157
La caverne de Mithra détruite par Gracque Préfet de Rome. 164
Idoles que l'on adoroit dans la caverne de Mithra. 165. 512
Melanie va à Jerusalem avec Ruffin. 54
Moïse passe quarante ans dans le desert pour apprendre à conduire le peuple de Dieu. 141
Le monde est une mer qui sous un calme apparent cache de veritables tempêtes. 10
Il est appellé dans l'Ecriture *Sodome & Egypte.* 488

N

NAbuchodonosor vivant parmi les bêtes, en avoit le cœur & la figure. 164
Naissance de JESUS-CHRIST dans l'étable de de Bethléem. 493. 502
Diverses Nations embrassent la Religion Chrétienne. 165
Eloge de Nebride. 339
Sa naissance. 338
Son éducation. 344
Sa modestie. *ibid.*
Sa charité envers les pauvres. 345
Ses enfans. 346
Nicolas d'Antioche Auteur de l'hérésie des Nicolaïtes. 15. 417
Il y avoit dans le desert de Nitrie jusqu'à cinq mille Solitaires dans des cellules séparées. 252
Noé s'enivre parce qu'il ne sçavoit pas qu'elle étoit la force du vin. 208
Noëmi revient en son païs après avoir perdu son mari & ses enfans, & elle en rapporte sa chasteté avec elle. 334
S. Paul ne permet les secondes nôces que comme un remede necessaire à l'incontinence des veuves. 368
Novatien Schismatique. Ses Lettres. 37
Quand on se nourrit de JESUS-CHRIST, on se met peu en peine de la nourriture du corps. 122

O

Obéïssance aveugle. 151
Occupations d'un Solitaire. 145
Oedipe tragedie de Sophocle. 62
Offrandes des Fidelles. 13
Il ne faut jamais être oisif. 145
Eloge d'Olibrius pere de Demetriade. 271
l'Oraison est un bouclier contre les mauvaises pensées. 353
Le sommeil même est pour les Saints une espece d'oraison. 258
l'Orgueil est un obstacle à la foi. 238
l'Orgueil fait perdre au Pharisien le merite de ses bonnes œuvres. 440
Origéne surnommé Chalcentére & Adamante. 498
Il subsistoit par la liberalité d'Ambroise. *ibid.*
Les Origenistes viennent à Rome semer leurs erreurs. 301
Faux raisonnemens des Origenistes. 302
l'Origenisme se répand en Egypte & en Orient. *ibid.*

P

PAmmaque, son éloge. 472
L'amour des Parens doit ceder à l'amour de Jesus-Christ. 6
Parens qui forcent leurs enfans d'embrasser l'état de la virginité. 279
Il faut quitter ses parens pour suivre Jesus-Christ. C'est une espece de pieté que d'être cruel à leur endroit dans ces occasions. 4. 140

Papier d'Egypte. 24
Parchemins de Bergame. ibid.
Il y a moins de gloire à triompher de ses passions, que de honte à y succomber. 132
S. Paul supérieur en merite aux autres Apôtres. 114
Il a toûjours été vierge. 225
Il a été assujetti aux mouvemens & aux rebellions de la chair. 140. 202
Paule fille de Toxotius & de Léta, & petite fille de sainte Paule. Son éducation. 167
S. Paulin. Son éloge. 472
Il a fait le panegyrique ou l'apologie de l'Empereur Theodose. 125
Son style est pur, aisé & éloquent. 128
C'est être fort riche que d'être pauvre avec Jesus Christ. 5
Il y a plus de merite à secourir les pauvres, qu'à orner les Eglises. 123. 298
Patience dans les afflictions. 470
Les Pécheurs sont dignes de larmes. 434
La Penitence est une seconde planche après le naufrage. 289. 355. 414
La Penitence d'un pecheur converti est un sujet de joie pour les Anges. 439
Penitence de l'enfant prodigue. ibid.
La penitence efface tous les crimes. 440
Elle rend les Pécheurs dignes d'être rétablis dans leur premier état. 477
Sacrement de penitence. 12
C'est un crime que de ne vouloir pas tendre à la perfection. ibid.
La perfection ne consiste pas à renoncer aux richesses, mais à se consacrer entierement à Dieu. 471

Les Peres & les Meres sont responsables de la conduite de leurs enfans. 172. 173
Rien n'est plus criminel aux yeux de Dieu que de perseverer dans le mal. 430
Philon a imité le style de Platon. 257
Les Philosophes ne surmontent un vice que par un autre. 148
Orgueil & hypocrisie des Pharisiens. 83
Quelques Philosophes se sont arraché les yeux afin d'avoir l'esprit plus libre. 458
Pithagore quitte son païs pour aller consulter les sages de Memphis. 90
Platon vient à Tarente écouter Architas. *ibid.*
Il soutient par sa sagesse tout le poids d'une dure captivité. *ibid.*
Portrait du Prêtre Lupicin. 28
Portrait d'un Ecclesiastique friand & sensuel. 71. 243
Portrait d'un Ecclesiastique avare & interessé. *ibid.*
Portrait d'un Ecclesiastique mondain. 242
Portrait de Ruffin sous le nom de Grunnius. 155
Portrait des Vierges hypocrites. 242
Portrait de quelques Solitaires hypocrites. *ibid.*
Portrait de la medisance. 316
Les Prêtres sont au dessus des Solitaires. 13
Ils ont le pouvoir d'excommunier les fidelles. 15. 307
Il ne faut pas croire facilement les rapports qui sont au desavantage des Prêtres. 158
Les Prêtres tiennent dans l'Eglise la place des Apôtres. 12
Ils consacrent le corps de JESUS-CHRIST par la vertu des paroles qu'ils prononcent. *ibid.*

Ils ont les clefs du roïaume du ciel. ibid.
Ils vivent dans le celibat. 13
Ils sont les Pasteurs du troupeau de JESUS-
 CHRIST. ibid.
Ils vivent de l'Autel. ibid.
Il n'est pas permis à un Laïque ou à un simple
 Solitaire de s'asseoir en presence d'un Prê-
 tre. ibid.
Punition de ceux qui dans l'ancienne loi refu-
 soient d'obéïr aux Prêtres. ibid.
Ceux qui désobéïssent aux Prêtres sont excom-
 muniez. ibid.
Un Predicateur doit chercher à toucher ses
 Auditeurs, & non pas à leur plaire. 74
Il ne doit pas avoir l'air d'un déclamateur. 75
La présomption est un dangereux maître. 305
Châtiment de Pretextate. 171
La priere desarme la colere de Dieu. 194
Eloge de Proba grand'-mere de Demetriade.
 279.
Elle eut trois enfans Consuls, sçavoir Probi-
 nus, Olibrius & Probus. ibid.
Avec quelle inhumanité elle fut traitée par le
 Gouverneur d'Afrique. 282
Profaner les choses sacrées, c'est le comble du
 libertinage. 232
Chaque profession a ses heros, & ses maîtres.
 120
Ptolomée défend le commerce du papier d'E-
 gypte. 24
Pyrrhus n'ose aller assiéger Rome. 387

Q

Question que S. Antoine fait à Didime. 463

Raab

R

RAab attache à sa fenêtre un morceau d'écarlate qui étoit la figure de la Passion du Sauveur. 64
Vie des Rechabites. 121. 140
La ville de Reims prise par les Allemans. 385
Remoboth, nom que l'on donnoit à quelques Solitaires d'Egypte. 253
Honneur rendu aux Reliques des Martyrs. 469. 490. 496.
Rhetice Evêque d'Autun. 56
Il a fait des Commentaires sur le Cantique des Cantiques. *ibid.*
Les Riches n'entrent qu'avec peine dans le Roïaume du ciel. 470
Le Roïaume du ciel ne s'emporte que par violence. 265
l'Empire Romain exposé en proïe aux Barbares. 386
La prise & le saccagement de Rome. 193
Rome rachete sa liberté. 386
Rome est la cité des Rois. 387
Hannibal n'ose assieger Rome. *ibid.*
Pyrrhus s'éloigne de Rome. *ibid.*
Sainteté de la ville de Rome. 494
Rome prise par Brennus Capitaine des Gaulois. 387
Rome devenüe Chrétienne. 164
Rome ne peut souffrir deux freres sur un même thrône. 150
Ruffin visite les Monasteres d'Egypte. 45
Son union avec saint Jerôme. *ibid.*
Il va à Jerusalem avec Melanie. 54

Tome I. P p

Son éloge. *ibid.*
Rustique & Artemie sa femme font vœu de garder la continence. 444

S

Vie dereglée d'un Diacre nommé Sabinien. 412. *& suivantes.*
Il s'enfuit de Rome pour éviter le châtiment de ses crimes. 426
Il se retire à Jerusalem. 427
Il séduit une Religieuse de Bethléem. 417
Il se dechaîne contre saint Jerôme. 422
Les sacrifices de l'ancienne loi étoient la figure de celui de la nouvelle alliance. 485
Le sel entroit dans les sacrifices que l'on offroit à Dieu dans l'ancienne loi. 131
On n'offroit point de miel dans les sacrifices de l'ancienne loi. 187
C'est un sacrilége que de s'abandonner aux plaisirs charnels. 8
La sagesse se fortifie par le nombre des années. 61
La sagesse est toûjours pure & toûjours vierge. 65
Les cheveux blancs ne sont pas toûjours une marque de sagesse. 113
Salomon Roi de paix figure de JESUS-CHRIST. 483
La sagesse s'est expliquée par la bouche de Salomon. 213
Eloge de Salvine. 337
La sainteté ne consiste ni dans l'ignorance ni dans la science. 78
Une sainteté sans politesse vaut mieux qu'une

DES MATIERES. 595
éloquence vicieuse. ibid.
Conversion de la Samaritaine. 131
Samson se laisse seduire par Dalila. 212
Il est consacré au Seigneur dès son enfance. 166
Samüel est consacré à Dieu par sa mere. 166. 183
Il est nourri dans le temple. 166
Il ne bût jamais de vin, ni aucune autre liqueur capable d'enïvrer. 167
Il pleure l'aveuglement de Saül. 409. 429
Le sang du second Adam efface les pechez du premier. 482
Endurcissement de Saül. 430
Il faut éviter le scandale même dans les choses permises. 382
Il faut joindre la science à la vertu. 94
Le sel de la discretion doit assaisonner tous nos discours. 131
Le sepulcre du Sauveur est plus venerable que l'ancien temple de Jerusalem. 483
La gloire du saint sépulcre prédite par Isaïe. ibid.
Les demons tremblent devant le sépulcre du Sauveur. 490
Les Autels des Serapis consacrez au vrai Dieu. 165
Ce que signifie dans l'Ecriture sainte le mot Sicera. 81
Un veritable soldat de JESUS-CHRIST méprise également & les rigueurs & les douceurs de la fortune. 83
Table du soleil. 91
Eloge de la vie Solitaire. 16. 17
Douceurs de la vie Solitaire. 500

Pp ij

La solitude est un Paradis & les villes une prison. 141
Idée d'un veritable Solitaire. 143
Devoirs d'un veritable Solitaire. 137
Un Solitaire doit se dépoüiller de tout pour arriver à la perfection de son état. 3
Il doit éviter la compagnie des personnes du sexe. 138. 154
Il est obligé par le nom qu'il porte à se separer du commerce des hommes. 9. 120
Il est engagé par état à tendre à la perfection. 11
Il ne doit point avoir d'autre possession que JESUS-CHRIST. *ibid.*
Les villes ne sont point la demeure des Solitaires. 120
La vie des Solitaires est exposée à bien des dangers. 304
Particulierement à la vanité. 142
Les Solitaires sont la gloire de la Religion & l'ornement de l'Eglise. 491
Vie des Solitaires d'Egypte. 253
Trois sortes de Solitaires en Egypte. *ibid.*
Vie dereglée de quelques Solitaires d'Egypte appellez *Remoboth*. *ibid.*
Sordide avarice de quelques Solitaires. 152
Portrait d'un Solitaire friand. 243
Sophocle rétablit sa réputation par une tragedie intitulée Ædipe. 62
La sunamite qui servoit David dans sa vieillesse, étoit une image de la sagesse. 61

T

Origine du mot Tabellarius. 30
Le mont Tarpein (ou le Capitole) frapé de la foudre. 493. 502
Thamar outragée par son frere. 213
Thammus, ou Adonis ; on pleuroit sa mort tous les ans. 118
Fontaine de Tantale. 91
Le témoignage d'un homme qu'aucun interêt n'oblige à mentir, ne doit point être suspect. 343
Magnificence du Temple de Jerusalem. 78
Le temple de Jerusalem abandonné. 484
Tentation de Jesus-Christ. 296
Comment un jeune Solitaire fut delivré des tentations dont il étoit tourmenté. 148
Les deux Testamens figurez par Agar & Sara, & par les montagnes de Sina & de Sion. 378
Le stile de Tertullien est dur & embarassé. 127
Les Teutons peuples d'Allemagne defaits par Marius. 371
Constance admirable de quelques femmes Teutonnes pour conserver leur chasteté. ibid.
Beau sentiment de Themistocle. 62
Theodore veuve de Lucinius. 459
Panegirique ou Apologie de Theodose fait par S. Paulin. 125
Tite-Live, sa grande reputation. 90
Eloge de Titienne mere de Furia. 318
Les tombeaux d'Abraham, d'Isaac & de Jacob, & de leurs épouses. 496

Les tombeaux de saint Jean-Baptiste, d'E-
lisée & d'Abdias reverez dans Samarie.
ibid.

Les tombeaux des Martyrs honorez par le
Peuple Romain. 164

La ville de Touloufe conservée par les merites de saint Exupére. 386

Ruinée par les Barbares. *ibid.*

Toxotius fils de sainte Paule & mari de
Léta. 163

Travail des mains. On ne recevoit dans les
Monasteres d'Egypte que des gens capables
de travailler des mains. 146

Les riches ne sont pas dispensez du travail
des mains. 300

Turpilius Poëte comique. 30

V

Il y en a très peu qui ne soient sensibles à
la vaine gloire.

Eloge de Vera. 478

Verceil ville de Ligurie à demi ruinée du
tems de saint Jerôme. 449

La vertu sans la science est inutile, & quelquefois préjudiciable à l'Eglise. 94

La vertu est toûjours exposée aux traits de
l'envie. 283

Elle cesse d'être vertu dès qu'elle ne garde
plus de mesure. 292

Les quatre Vertus Cardinales comparées à un
chariot. 84

Les Vestales se consacroient au culte des faux
Dieux par le vœu d'une perpetuelle virginité. 370

L'idole de Venus adorée sur le Calvaire. 117
Une vertu sans politesse, vaut mieux qu'une politesse sans vertu. 78
Le veuvage est le second degré de la chasteté. 217
Le veuvage rend la liberté. 364
Quelle doit être la vie d'une Veuve. 320
Prétextes dont les Veuves se servent pour autoriser les secondes nôces. 330
Les Veuves qui se remarient s'exposent à mille chagrins. 331
Quelles sont les Veuves à qui l'on doit faire l'aumône. 348
Les Veuves doivent renoncer au luxe & à la vanité. 350
Pourquoi saint Paul permet aux Veuves de se remarier. 356. 361
Avantages de la vieillesse. 62
Une heureuse vieillesse est la recompense de la vertu. 37
La vieillesse nous rend moins propres à la pratique des vertus exterieures. 61
Victorin martyr; son stile est obscur. 127
Le vice nous séduit sous les apparences de la vertu. 172
La briéveté de la vie est la peine du peché. 35
Education d'une Vierge consacrée à JESUS-CHRIST. 167. 185
Punition d'une Dame qui avoit voulu élever une Vierge selon les maximes du monde. 171
La sainte Vierge se trouble à la vûë de l'Ange Gabriël. 174. 260

Les Vierges doivent vivre dans la retraite. 174. 219. 235

Elles doivent s'appliquer à la lecture de l'Ecriture sainte. 176. 180. 191. 284

Elles doivent sur tout fuir le vin & la bonne chere. 207

Portrait des fausses Vierges. 213. 306

Portrait des Vierges hypocrites. 241

La gloire des Vierges est d'inspirer aux autres l'estime & l'amour de la chasteté. 245

Une Vierge ne doit point se piquer d'érudition. 246

Les Vierges sont semblables aux Martyrs, aux Apôtres, à JESUS-CHRIST même. 261

Fausses Vierges parmi les Manichéens. *ibid.*

Consecration d'une Vierge. 270

Une Vierge doit renoncer à toutes les vanitez du siecle. 285

JESUS-CHRIST est le chef des Vierges, & l'auteur de leur virginité. 287

Une Vierge doit éviter la compagnie des femmes mariées. 305

Dans les Monasteres d'Egypte & de Syrie on coupoit les cheveux aux Vierges & aux Veuves qui se consacroient à JESUS-CHRIST. 419

Voile des Vierges consacrées à Dieu. 270. 419

Les Vierges faisoient des vœux. 420

Les Vierges sont l'ornement de l'Eglise. 491

Une Vierge ne doit point aimer la musique. 176

Vigilance Prêtre. Saint Jerôme le reçoit

avec amitié à la recommandation de saint
Paulin. 129
Le vin & la bonne chere font les premieres
armes dont le démon se sert pour perdre
la jeunesse. 207
Le vin & la jeunesse font un double embrasement. *ibid.*
Les mauvais desirs font perdre la virginité
du cœur. 203
Jesus-Christ & Marie ont consacré la
virginité. 222
La virginité n'est point de précepte. 226
La virginité a commencé par une femme, &
a brillé aussi plus long-tems parmi les femmes. 228
Jesus-Christ a formé par la profession
de la virginité des societez d'Anges qui
l'adorent sur la terre, comme les Anges
l'adorent dans le ciel. *ibid.*
C'est meriter la gloire du martyre, que de
combattre pour la conservation de la virginité. 275
Injustice des parens qui obligent leurs enfans
d'embrasser l'état de la virginité. 278
La perte de la virginité est irreparable. 202
La virginité est preferable au mariage. 222
Elle est comme naturelle à l'homme. 224
Le visage est le miroir de l'ame. 327
La volonté de l'homme est sans cesse agitée
de differentes passions. 353
La volupté étouffe la sagesse dans les jeunes
gens, de même qu'un bois verd éteint le
feu. 62
La ville de Wormes ruinée par les Barbares. 385

Tome I. Qq

X

Xenocrate a rendu sa vieillesse illustre par l'étude de la sagesse. 62

Y

Les yeux de l'esprit doivent nous être plus chers que les yeux du corps. 463
Les yeux découvrent les mouvemens les plus secrets du cœur.

Fin de la Table du premier Volume.